国家卫生健康委员会"十四五"规划教材

全国高等学校教材

供养老服务管理专业用

养老机构运营管理

养老
服務管理

主　编　肖明朝　刘安诺

副主编　黄　璜　康胜利　蒋　晶

编　委　(按姓氏笔画排序)

牛啸尘（山东女子学院）　　周　强（沈阳医学院）

田晓燕（齐鲁医药学院）　　孟朝琳（首都医科大学）

刘安诺（安徽医科大学）　　黄　璜（南京中医药大学）

李　静（西安文理学院）　　康胜利（江西中医药大学）

李晓莲（安徽医科大学）　　梁蕊缨（山西中医药大学）

肖明朝（重庆医科大学附属　　蒋　晶（大连医科大学）
　　　　　第一医院）　　　　谢　燕（重庆医科大学附属

吴　上（广西医科大学）　　　　　　　第一医院）

吴柏良（成都信息工程大学）　楚　婷（浙江中医药大学）

张　喜（贵州中医药大学）

人民卫生出版社
·北京·

图书在版编目（CIP）数据

养老机构运营管理 / 肖明朝，刘安诺主编 . -- 北京 ：人民卫生出版社，2024. 7. -- ISBN 978-7-117-36566-6

I. C913. 6

中国国家版本馆 CIP 数据核字第 20245W3U92 号

人卫智网	www.ipmph.com	医学教育、学术、考试、健康，购书智慧智能综合服务平台
人卫官网	www.pmph.com	人卫官方资讯发布平台

养老机构运营管理
Yanglao Jigou Yunying Guanli

主　　编：肖明朝　刘安诺

出版发行：人民卫生出版社（中继线 010-59780011）

地　　址：北京市朝阳区潘家园南里 19 号

邮　　编：100021

E - mail：pmph @ pmph.com

购书热线：010-59787592　010-59787584　010-65264830

印　　刷：三河市宏达印刷有限公司

经　　销：新华书店

开　　本：850×1168　1/16　　印张：20

字　　数：524 千字

版　　次：2024 年 7 月第 1 版

印　　次：2024 年 7 月第 1 次印刷

标准书号：ISBN 978-7-117-36566-6

定　　价：69.00 元

打击盗版举报电话：010-59787491　E-mail：WQ @ pmph.com

质量问题联系电话：010-59787234　E-mail：zhiliang @ pmph.com

数字融合服务电话：4001118166　　E-mail：zengzhi @ pmph.com

人口老龄化是今后较长一段时期我国的基本国情。习近平总书记强调，有效应对我国人口老龄化，事关国家发展全局，事关亿万百姓福祉。养老服务管理专业作为新兴专业于 2020 年开始招生，专业建设亟待加强。为贯彻落实习近平总书记关于养老服务工作重要指示精神和党中央国务院决策部署，响应实施积极应对人口老龄化国家战略，补齐养老服务管理专业教材建设短板，加快推进养老服务管理专业建设，提升养老服务管理人才培养质量。在教育部、民政部和国家卫生健康委员会的领导下，人民卫生出版社和南京中医药大学依托全国养老服务管理专业高质量建设联盟，联合全国相关院校组织和规划了国家卫生健康委员会"十四五"规划教材全国高等学校养老服务管理专业规划教材的编写工作。

为了贯彻落实党的二十大报告关于"加强教材建设和管理"的要求，做好首轮全国高等学校养老服务管理专业规划教材的出版工作，人民卫生出版社在南京中医药大学和全国养老服务管理专业高质量建设联盟的大力支持下，成立了首届全国高等学校养老服务管理专业规划教材评审委员会，以指导和组织教材的遴选、评审和出版、选用工作，确保教材的编写质量。在充分调研论证的基础上，根据养老服务管理学专业人才培养目标和人才培养方案，确定了第一批《养老服务管理学》《养老政策法规》《中国传统养老文化》《居家社区养老服务管理》《老年健康管理》《养老机构运营管理》6 种规划教材。在全国 33 所高等院校 400 余位专家和学者申报的基础上，经过教材评审委员会遴选，近 200 位专家教授参与了教材的编写工作。

本套教材致力于满足当前养老服务管理学专业本科层次的教学需求，主要编写特点如下：

1. **面向老龄社会，服务国家战略**　本套教材贯彻积极应对人口老龄化国家战略，力求编写出符合我国国情，适应我国养老行业发展需求，紧跟养老服务管理学人才培养教育教学改革步伐，促进学生综合素养提升的适宜教材，致力于培养"厚知识、融人文、懂服务、精管理"的高素质复合型养老服务管理人才。

2. **坚持立德树人，注重价值引领**　牢牢把握正确的政治方向和价值导向，融入思政元素，把立德树人贯穿教材建设全过程、各方面，发挥中国优秀传统养老文化育人优势，促进传统和现代养老文明与专业教育有机融合，指导学生树立正确的世界观、人生观、价值观，帮助学生确立投身养老行业的职业信念和理想。

3. **汇集专家智慧，坚持质量第一**　本套教材的编者不仅包括开设养老服务管理学专业院校一线教学专家，还包括本学科领域行业协会、养老机构的权威学者，充分发挥院校、行业协会、养老社会机构合作优势，凝聚全国专家智慧，打造具有时代特色、体现学科特点、符合教学需要的精品教材。

4. **以学生为中心，体现发展理念**　注重教材编写对教学改革和课堂革命的适应性、引领性，体例设置和内容编排坚持以"学"为主导，体现学生在教学中的主体性，注重培养学生自主性学习和终身学习的习惯和能力。

5. **坚持与时俱进，打造融合教材**　本套教材采用纸质教材和数字资源融合的编写模式，教材使用者可通过移动设备扫描纸质教材中的"二维码"获取更多的教材相关富媒体资料，包括教学课件、

复习思考题答案、模拟试卷、拓展资料等,为广大师生提供了丰富的教学资源和广阔的互动空间。

本套教材的编写,得到了相关部门的指导和大力支持,凝聚了全国养老服务管理高等教育工作者和行业学者的集体智慧,谨向有关单位和个人致以衷心的感谢!希望本套教材的出版能够助推高等学校养老服务管理专业建设与教学改革创新,为我国养老事业和养老产业高质量发展提供有力的人才支撑。

尽管在编写过程中各位编者和工作人员尽心竭力、精益求精,但本套教材仍可能存在不足之处,敬请各相关院校广大师生在使用过程中能够多提宝贵意见和建议,以便今后修订和完善。

人民卫生出版社

2024 年 7 月

◇◇◇ 前　言 ◇◇◇

在我国人口老龄化发展迅速,老年人多样化、多层次、高品质养老服务需求也随之快速增加的宏大背景下,促进养老事业产业协同发展,加快银发经济规模化、标准化、集群化、品牌化发展,培育高精尖产品和高品质服务模式,加强养老服务人才培养,引领和带动养老从业人员队伍素质的提升,是深入贯彻实施积极应对人口老龄化国家战略和新时代人才强国战略,推动新时代新征程养老服务高质量发展的重要举措。2024年1月民政部等12部门制定出台了我国首个关于养老服务人才队伍建设的综合性政策文件《关于加强养老服务人才队伍建设的意见》,从养老服务人才的"引、育、评、用、留"等关键环节,进行全方位制度设计,对于推动一支规模适度、结构合理、德技兼备的养老服务人才队伍建设具有里程碑式意义。

《养老机构运营管理》编写团队联合了全国10余所高校的养老服务管理专业教师和多名养老机构管理人员。本书立足于高等学历教育的人才培养方案,以"懂专业、有技能、重人文、会管理"的养老服务管理人才培养为目标,从养老行业发展背景、养老机构分类及特点、养老机构发展的机遇、运营管理基础理论、现代企业管理理念在养老机构管理实践中的应用等不同维度进行介绍,围绕养老机构的筹建与申报审批、组织体系与管理、人力资源管理、行政办公管理、服务管理、质量管理、风险管理、财务管理、后勤管理、公共关系管理、营销管理、数智化管理、规模化运营管理等养老机构运营管理的各个方面,进行深入浅出的理论和方法阐述。每章开篇结合该章节主要内容,精心选取养老机构生动案例,引导学生进行思考。课后设置的复习思考题,帮助学生更好地理解和掌握现代企业管理的理论知识在养老机构的实践应用。

本书的编写参考了大量现代企业管理和养老机构服务管理书籍,得到了多位养老行业专家的大力支持和精心指导,在此表示衷心感谢!

限于编者水平,本教材难免有不足之处,恳请各位专家和同仁不吝赐教和指正。

策马扬鞭正当时,矢志笃行绽芳华!希望有更多的有志青年投身到养老事业和养老产业的高质量发展中来,共同开启养老行业的美好明天!

编　者
2024年3月

◇◇◇ 目 录 ◇◇◇

第一章
绪　论

学习目标

知识目标

1. 掌握现代企业运营管理的基本原理和方法。
2. 熟悉我国养老行业发展现状。
3. 了解我国养老机构的分类及发展的主要特点。

能力目标

能根据养老机构运营管理的特点及基本要求,阐述养老机构运营管理的主要内容。

素质目标

具备人文关怀理念、团队合作精神和自主学习的职业素养。

思政目标

弘扬我国尊老、爱老、敬老、助老的优秀传统文化,树立投身养老事业和养老产业发展的职业理想。

　　我国是全球老年人口最多的国家,也是老龄化速度最快的国家之一。随着我国人口老龄化快速发展,构建多元化的社会养老服务体系,优化老年人健康养老服务供给,满足老年人多层次、多样化的养老服务需求,已经成为政府和社会关注的焦点。

案例分析

　　某敬老院成立于 2004 年,坐落于风景秀美的郊区,建筑面积约 2 500 平方米,有 80 张床位,主要接收当地失能失智老年人、残疾人、"三无"人员、五保户等低收入群体,提供清洁卫生、膳食、生活照料等基本养老服务,入住率常年保持在 90% 以上。该机构是一家由政府投资兴建、民政局负责日常运营维护的事业单位。机构日常运行主要由 2 名管理者和 5 名招聘的养老护理员负责,主要采取老年人互助养老模式。经过多年发展,先后获得了市级敬老模范单位、全国敬老文明号、全国民政系统行风建设示范单位等荣誉称号,同时也是多所大学的志愿者服务基地。近年来,为积极响应国家关于发展普惠型养老的号召,该机构计划面向全市接收失能失智老年人,开展辖区内的居家社区养老服务。

　　分析:

1. 根据养老机构的分类标准,该机构属于什么类型的养老机构?
2. 在我国当前养老行业发展背景下,该机构的发展面临哪些挑战和机遇?
3. 管理者在机构运营过程中承担着什么样的角色,应该具备哪些素质要求?

第一节 养老行业发展现状及趋势

实施积极应对人口老龄化国家战略,发展养老事业和养老产业,推动实现全体老年人享有基本养老服务,满足全体老年人的健康和照护需求是当前我国养老行业发展的重要目标。

一、我国养老行业发展背景

(一)人口老龄化规模大速度快

我国自1999年正式进入老龄化社会以来,老年人口数量快速增长。据国家统计局数据,截至2023年年末,我国有60岁及以上人口29 697万人,占全国人口的21.1%,其中65岁及以上人口21 676万人,占全国人口的15.4%。据预测,2035年我国60岁及以上老年人口将突破4亿,占比将超过30%,进入重度老龄化阶段。到21世纪中叶,我国老年人口的数量将达到亚洲老年人口的2/5,全球老年人口的1/4。与发达国家相比,我国是在尚未实现现代化、经济尚不发达的情况下进入老龄社会,具有老年人口规模大、增长速度快、未富先老的特点。

(二)养老服务需求多层次多样化

不同年龄段老年人养老服务需求呈现多层次、多样化的特点。第七次全国人口普查数据显示,我国60~69岁阶段的老年人占老年人总数的56%,以低龄老年人为主。出生于20世纪50年代的新老年群体,以及开始进入老年阶段的"60后"老年人经历了国家经济快速发展、生活水平大幅提高的时代,他们的健康状况更好、受教育程度更高、社会保障待遇更优,对于养老服务的内容和品质也有更高要求。随着人均预期寿命的不断延长,高龄老年人比重不断增加,增龄带来的身体机能不断下降,使失能半失能老年人的数量也将不断增加。据北京大学一项人口学研究显示,预计到2030年我国失能老年人规模将超过7 700万,失能老人将经历7.44年的失能期。庞大的高龄失能老年人群对生活照料、长期照护、医疗护理、康复等服务需求将大幅增长,要求老年人健康养老服务体系在较短时间快速做出相应调整以应对老年人口结构的变化。

(三)家庭养老功能逐渐弱化

居家养老是我国老年人的主要养老模式。家庭在满足社会的基本需要和维持社会秩序方面发挥着极其重要的功能。由家庭成员提供的照护在传统的居家养老模式中发挥着重要作用。近年来,我国城镇化率呈现快速增长的态势,青年一代生育观念的转变,使家庭结构日益简化,传统的"四代同堂"的大家庭居住模式逐渐被"一家三口"的核心家庭居住模式取代,老年群体与子女同住的比例也逐步下降。随着现代社会的快速发展,少子化、空巢化导致家庭养老功能持续弱化,无论城市还是农村,老年人都需要社会化的养老服务供给来解决养老问题。

(四)区域和城乡老龄化差异大

我国幅员辽阔,不同地区的人口老龄化程度存在较大差异。如上海市的人口结构于1979年就转变为老年型,是我国最早进入人口老龄化社会的城市,而西藏至今尚未进入人口老龄化社会。经济发展水平较高的一线城市,对劳动力的需求旺盛,吸引了更多年轻人迁入,在一定程度上缓解了老龄化的发展速度。随着城镇化建设快速推进,大量农村劳动力人口涌入城市,使农村和城乡人口老龄化程度呈现明显差异。截至2020年年末,我国60岁及以上的老年人口中,农村占比为23.81%,城市占比为15.82%,农村比城市的老龄化程度高出 7.99%。预计在 2050 年之前,农村人口老龄化程度将始终高于城市。与城市相比,农村的经济发展、社会保障和社会服务水平等相对落后,应对人口老龄化面临更严峻挑战。

二、我国养老服务体系发展历程

我国养老服务相关政策经历了从单一政策发展到注重综合政策体系构建,从侧重宏观改革到注重精细发展的不同阶段。我国养老服务体系的发展也大致经历了探索服务体系建立、扩大康养服务供给、促进多元化模式融合、关注高质量发展等四个阶段。本节主要从我国养老服务政策演变的视角,对养老服务体系发展的历程进行简要介绍。

(一)探索服务体系建立阶段

20 世纪 80 年代初期开始,社会力量和市场作为服务供给主体开始纳入养老服务体系。这一时期,国家关于养老服务体系建设的相关政策文件数量相对偏少。1996 年《中华人民共和国老年人权益保障法》指出,鼓励扶持社会组织或者个人兴办老年福利院、敬老院、老年公寓、老年医疗康复中心和老年文化体育活动场所等设施。这是我国第一部老年人权益保障法,意味着我国养老服务体系建设正式步入法治化时代,解决养老问题的视角由家庭逐步转向社会。2000 年《关于加强老龄工作的决定》提出,坚持家庭养老与社会养老相结合,充分发挥家庭养老的积极作用,建立和完善老年社会服务体系的基本架构。从 21 世纪初到 2010 年,我国养老服务体系逐步形成。

(二)扩大康养服务供给阶段

"十二五"期间(2011—2015 年),我国养老服务体系发展的重点在于加快养老机构建设,扩大养老服务供给。2011 年《中国老龄事业发展"十二五"规划》明确了社会养老服务体系建设应以居家为基础、社区为依托、机构为支撑。2013 年《关于加快发展养老服务业的若干意见》提出了"90-7-3"的养老模式,该年被称为我国养老产业元年。同年,《关于促进健康服务业发展的若干意见》和《关于开展公办养老机构改革试点工作的通知》等文件,提出要加快发展健康养老服务,增加市场和社会力量参与养老服务供给,推进医疗机构与养老机构加强合作。2014 年《关于加强养老服务标准化工作的指导意见》和《关于推进城镇养老服务设施建设工作的通知》要求推进养老服务标准化的建设和养老服务基础设施的建设。这一时期,各地政府将加快养老机构建设、增加的养老床位数量作为政府的财政投入重点和工作考核指标,养老机构的数量快速增加。

(三)促进多元化模式融合阶段

"十三五"期间(2016—2020 年),养老服务相关政策大量出台,养老事业战略地位显著提高。2016 年《全面放开养老服务市场提升养老服务质量的若干意见》的发布标志着我国养老服务体系进入以市场化为导向的新阶段。2017 年《"十三五"国家老龄事业发展和养老体系建设规划》指出,未来养老服务体系的发展方向应该是要夯实居家养老服务基础、加强农村养老服务体系建设、推进养老机构提质增效及健全养老服务体系。2019 年《关于推进养老服务发展的意见》和《国家积极应对人口老龄化中长期规划》提出,健全以居家为基础、社区为依托、机构充分发展、医养有机结合的多层次养老服务体系,深化养老服务"放管服"改革,拓宽其融资渠道,扩大养老服务消费市场。我国养老服务供给更加丰富,养老服务市场呈现出繁荣发展的局面,多元化的养老服务模式开始融合发展。

(四)关注高质量发展阶段

"十四五"期间(2021—2025 年),贯彻落实积极应对人口老龄化国家战略成为这一阶段的重点任务。2021 年《关于加强新时代老龄工作的意见》提出构建居家社区机构相协调、医养康养相结合的养老服务体系和健康支撑体系。2022 年《"十四五"国家老龄事业发展和养老服务体系规划》要求进一步扩大覆盖城乡、惠及全民、均衡合理、优质高效的养老服务供给,健全兜底养老服务,持续扩大普惠养老服务资源,促进多层次多样化养老服务优质规范发展。2023 年《关于印发居家和社区医养结合服务指南(试行)的通知》引导医疗卫生机构通过多种方式到老年人家中或社区养老服务设施或机构,提供医疗巡诊、家庭病床、居家医疗服务等医疗卫生服务。2024 年《关于发展银发经济增进老年人福祉的意见》提出促进养老事业产业协同,加快银发经济规模化、标准化、集群化、品牌化发展,培育高精尖产品和高品质服务模式。我国养老服务体系建设已经进入高质量发展期,完善医养康养服务供给模式、扩大健康养老服务覆盖人群、提升养老服务品质、促进银发经济发展是当前养老行业的主要发展方向。

综上所述,我国养老服务相关政策历年变化大致归纳如下(表 1-1)。

表 1-1 我国养老服务相关政策摘录(2000—2024 年)

发文时间	政策名称	重点内容
2000 年 9 月	《关于加强老龄工作的决定》	坚持家庭养老与社会养老相结合,充分发挥家庭养老的积极作用,建立和完善老年社会服务体系的基本架构
2011 年 12 月	《社会养老服务体系建设规划(2011—2015 年)》	机构养老要具备为老年人提供突发性疾病和其他紧急情况的应急处置救援服务能力;鼓励老年养护机构中内设医疗机构,重点推进医护型养老设施建设
2013 年 9 月	《关于加快发展养老服务业的若干意见》	到 2020 年,全面建成以居家为基础、社区为依托、机构为支撑的,功能完善、规模适度、覆盖城乡的养老服务体系
2014 年 9 月	《关于做好政府购买养老服务工作的通知》	立足各地经济社会发展实际,积极探索,不断创新政府购买养老服务机制,改进购买服务的方式方法
2015 年 11 月	《关于推进医疗卫生与养老服务相结合的指导意见》	首次明确提出了"医养结合机构"的概念;提出到 2017 年,医养结合政策体系、标准规范和管理制度初步建立,建成一批兼具医疗卫生和养老服务资质和能力的医疗卫生机构或养老机构
2016 年 3 月	《关于金融支持养老服务业加快发展的指导意见》	促进养老服务业发展的金融组织更加多层次,产品更加多元化,服务更加多样化,金融支持养老服务业和满足居民养老需求的能力和水平明显提升
2017 年 2 月	《"十三五"国家老龄事业发展和养老体系建设规划》	统筹落实好医养结合优惠扶持政策;深入开展医养结合试点;建立健全医疗卫生机构与养老机构合作机制
2017 年 8 月	《关于运用政府和社会资本合作模式支持养老服务业发展的实施意见》	鼓励运用政府和社会资本合作模式推进养老服务业供给侧结构性改革,加快养老服务业培育与发展,形成多层次、多渠道、多样化的养老服务市场,推动老龄事业发展
2018 年 7 月	《促进护理服务业改革与发展指导意见》	健全健康养老服务网络。鼓励有条件的地区统筹整合医疗、护理、康复和养老服务资源,逐步形成有序共享、功能合理的健康养老服务网络
2019 年 3 月	《关于推进养老服务发展的意见》	强化信用为核心、质量为保障、放权与监管并重的服务管理体系,确保到 2022 年在保障人人享有基本养老服务的基础上,有效满足老年人多样化、多层次养老服务需求
2019 年 9 月	《关于进一步扩大养老服务供给 促进养老服务消费的实施意见》	力争到 2022 年所有街道至少建有一个具备综合功能的社区养老服务机构;完善相关服务、管理、技术等规范以及建设和运营政策,健全上门照护服务标准
2020 年 12 月	《关于印发医疗卫生机构与养老服务机构签约合作服务指南(试行)的通知》	医疗卫生机构与没有设置医疗卫生机构的养老服务机构签约合作;医疗卫生机构与已经设置医疗卫生机构但尚不能满足入住老年人医疗卫生服务需求的养老服务机构签约合作

续表

发文时间	政策名称	重点内容
2021 年 11 月	《关于加强新时代老龄工作的意见》	构建居家社区机构相协调、医养康养相结合的养老服务体系和健康支撑体系,大力发展普惠型养老服务,促进资源均衡配置
2021 年 12 月	《"十四五"国家老龄事业发展和养老服务体系规划》	扩大养老服务供给;健全老年健康支撑体系;促进为老服务多业态创新融合发展;增强要素保障能力;推进适老宜居社会环境建设
2022 年 6 月	《关于推进基本养老服务体系建设的意见》	将政府购买服务与直接提供服务相结合,优先保障经济困难的失能、高龄、无人照顾等老年人的服务需求
2023 年 3 月	《养老和家政服务标准化专项行动方案》	养老服务标准体系结构不断优化,服务标准加速提档升级,形成多元共治格局;树立一批养老服务标准化工作标杆、标准创新应用典范
2023 年 11 月	《关于印发居家和社区医养结合服务指南(试行)的通知》	明确了居家和社区医养结合服务的定义、服务机构的资质、设施设备和服务人员资质要求,以及服务对象、服务内容、服务流程及服务要求
2024 年 1 月	《关于发展银发经济增进老年人福祉的意见》	促进养老事业产业协同,加快银发经济规模化、标准化、集群化、品牌化发展,培育高精尖产品和高品质服务模式
2024 年 1 月	《关于加强养老服务人才队伍建设的意见》	以发展养老服务技能人才为重点,打造一支规模适度、结构合理、德技兼备的养老服务人才队伍

三、国内外养老服务发展现状

(一) 国外养老服务发展概况

由于历史发展进程和经济发展水平的不同,西方发达国家早于我国进入老龄化社会。1850 年,法国成为世界上最早出现人口老龄化现象的国家。此后,瑞典、挪威、英国、德国、美国、瑞士、荷兰等欧美国家的人口老龄化也快速发展。到 20 世纪 60 年代,西方国家几乎全部进入老龄化社会。各国在老年人医疗和养老服务供给方面进行了深入探索,形成了符合本国国情的养老保障制度和养老服务体系。

1. 美国　美国养老服务系围绕居家养老、社区养老、机构养老三种模式展开,养老服务的参与主体包括政府、商业组织和社会组织。政府通过向社会组织购买服务,使基本养老服务能覆盖至大多数普通老年人。美国的养老社区模式主要包括活跃退休社区(active adult retirement community,AARC)和持续照料退休社区(continue care retirement community,CCRC)两类,前者主要针对低龄、健康状况较好的活跃老人,后者可接纳的老年群体年龄覆盖范围更广,针对不同健康状况的老人都设置有不同的服务单元和区域。为满足老年人养老服务的需求,美国政府和一些慈善机构及非营利机构兴建了不同类型的老年福利机构。根据机构的服务类型和收住老年人的健康状况,一般分为四种类型。

(1)生活自理型养老机构:主要接收 70~80 岁,生活自理的老年人。

(2)生活协助型养老机构:主要接收 80 岁以上、没有重大疾病但需要生活照料的老年人,或为出院后处于疾病恢复期、家人暂时外出的老年人提供短期照护服务。

(3)特殊护理型养老机构:主要接收患慢性病、术后恢复期、认知障碍的老年人,提供专业医疗护理服务。

(4)持续照料退休社区:主要为不愿意频繁更换居所的老年人提供连续性护理服务,一般分为生活自理单元、生活协助单元和特殊护理单元。

2. 英国 1990年英国相继颁发《社区照护白皮书》和《国家健康服务与社区照护法令》,提出推进以人为中心、以提高人群健康为目标的医养整合服务体系建设,让老年人在家庭或熟悉的环境中,获得全方位和系统化的生活照料、医疗护理和康复训练等整合服务。经过三年实践,于1993年正式推行社区照护服务的养老服务模式,对老年人实行医疗机构和社会服务部门之间的整合照料。多元化、市场化、专业化的服务供给和严格的监督管理体制是英国养老机构管理的主要特点。养老机构主要包括以下类型。

(1)护理院:主要提供除医疗机构外的最密集和持续的护理照顾,以及专业的医疗、康复、护理和基本的生活照护服务。这类机构受到政府部门的严格管理,配置有24小时值班的合格护理人员。

(2)养老院:主要为失能老年人提供多种服务,促进社会参与和个人生活方式维持的同时,提供助餐、助浴、助行、助厕等生活照料服务,以及长期治疗和健康照顾服务。

(3)老年人公寓:主要为身体健康、能够独立生活或偶尔需要协助的老年人设立的公寓。公寓内设置有老年人居住的单元房和公共生活设施,有管理员提供帮助。

(4)其他养老机构:专门针对有特殊服务需求的老年人提供服务的护理院或养老院,如临终关怀机构、看护认知障碍患者的养老院等。

3. 瑞典 瑞典是世界上最早建立普遍养老保障制度的国家之一。1982年《社会服务法》提出将照顾老年人的重心,由集中护理、住院治疗,改为生活支持援助,拓展了家庭和社区服务的范围,鼓励老年人生活在原来的居住地,并为老年人能够尽可能长时间地独立生活创造条件。同时,通过一系列改革措施明确了中央政府和地方政府在社会福利负担方面的责任和关系,建立了相对完善的老年人社区养老服务体系。市级地方政府根据老年人的特殊需要兴建的老年福利机构包括以下几种类型。

(1)入户服务公寓:提供一室一厅或两室一厅的单元房供老年人租住,由政府社会工作部门提供各项入户服务。

(2)老年公寓:主要接收生活无法完全自理并需要经常性照料的老年人,可以租住带卫生间、客厅和餐厅,面积较小的单人间。由工作人员提供24小时的照料服务和定时的膳食服务。

(3)疗养院:以认知障碍、疾病晚期以及需要经常性医疗护理的老年人为服务对象,配置有专门的护士。

(4)类家庭:主要收住存在认知障碍的老年人。一个类家庭通常入住6个老年人,各自有独立的房间,有专业工作人员和他们一起生活并提供24小时服务。

4. 日本 日本经过多年发展,已形成由国民年金、医疗保险和介护保险等组成的多层次养老金保险体系。在多元养老保障体系的保护下,日本的养老服务模式呈现出居家医养结合、机构医养结合、老年健康生活大社区医养结合(CCRC)三种形态,针对因年老而引发多种疾病、陷入需要照顾状态的国民,提供生活照顾、功能训练、护理、疗养等必要的介护服务。介护服务主要分为居家介护服务和设施介护服务两种模式。设施介护服务是指老年人入住介护保险设施所接受的服务,这类设施主要分为两种。

(1)老年福祉设施:主要由政府创办,根据服务类型和老年人的不同需要可细分为老年人日托服务中心、老年人短期入住设施、养护老年人之家、特别养护老年人之家、低费用老年人之家、老年人护理援助中心等。

(2)收费老年人之家:主要由社会资金和力量举办、经营,按照功能和形式的不同,又分为看护型、住宅型和健康型三种。

(二)国内养老服务发展概况

我国进入老龄化社会的时间相对较晚,庞大的老年人口数量和快速发展的老龄化进程,对养老服务提出了严峻的挑战,也带来了新的发展机遇。近年来,在国家养老服务相关政策的指引下,全国各省市因地制宜,对老年人健康养老服务的供给进行了大量探索与实践。以下主要介绍我国部分省市的典型做法。

1. 北京市 北京市围绕老年人周边、身边、床边的"三边"养老服务需求,构建了"市 - 区 - 街道 - 社区"四级养老服务网络和覆盖"床、护、助、餐、医、康"的全链条、全周期、全要素普惠型居家养老服务供给体系。围绕老年人的迫切需求,打造养老服务网,整合居家养老、机构养老、养老助餐、政策咨询、资源对接等多个领域的服务、信息、资源和人才队伍,并不断拓展适老化产品及养老辅具租赁、养老科研项目和企业合作等养老产业板块,促进养老服务市场的良性发展。

2. 上海市 上海市搭建了养老时间银行信息系统,形成全市统一的数据库。通过建设"15 分钟服务圈"、养老地图、监管平台、养老服务平台和交易平台等方式,汇集养老服务资源和点位,不断完善机构、社区、居家三类养老服务业态,逐步实现街与镇、城与乡均衡发展。2022 年推出集数字养老健康、社区医疗服务、居家康复管理、无触化动态监测四大功能为一体的全国首个 5G+ 数字养老健康融合平台,精准对接辖区内居民的康复养老需求。

3. 山东省 山东省高度重视养老服务标准化建设,发布的地方养老服务标准数量位居全国前列,并率先建立与养老服务机构等级挂钩的运营奖补机制。积极探索医养结合服务模式,扎实推进医养结合工作高质量发展,2024 年被国家卫生健康委命名为全国医养结合示范省。发布的《山东省养老服务高质量发展三年行动计划(2024—2026 年)》,明确实施养老机构固本强基、居家社区扩围增效、医养康养提质赋能、农村养老提档达标、养老人才提升培育、养老服务质量提升、养老产业提速发展等行动方案。

4. 江苏省 江苏省构建了"供给高质量、普惠高水平、享老高品质"的"苏适养老"服务体系。链接社区养老资源,让老年人在家就能享受到更加专业便利的养老服务。同时,采取学历教育、在职培训、实践锻炼相结合的方式打造立体化养老服务人才培养体系,推动养老服务提质增效。2023 年发布全国首个养老护理专业技术职称体系,增强了养老护理职业的社会认可度和获得感、荣誉感,推动养老服务人才队伍向专业化、职业化建设。

四、我国养老服务发展趋势

我国人口老龄化正处于快速发展阶段,老年人的健康养老服务需求日益增加。探索完善老年人健康养老服务体系建设,构建具有中国特色的养老服务模式,是我国养老行业发展的重要方向。

(一) 养老机构发展与管理进一步规范

各地继续通过直接建设、委托运营、购买服务、鼓励社会投资等多种方式发展机构养老,通过新建改扩建、转型发展,加强老年医院、康复医院、护理院(中心、站)以及优抚医院建设,建立医疗、康复、护理双向转诊机制。进一步扩大普惠型养老服务供给,加强光荣院建设,要求公办养老机构优先接收经济困难的失能、失智、孤寡、残疾、高龄老年人以及计划生育特殊家庭老年人、为社会作出重要贡献的老年人,提供符合质量和安全标准的养老服务。同时,建立健全养老服务标准和评价体系,加强对养老机构建设和运营的监管,加强对养老机构预收服务费用管理的监督,严防借养老机构之名圈钱、欺诈等行为。

(二) 居家社区养老服务能力逐步提升

家庭是社会的基础单位,是老年人晚年生活和精神的重要依托。为满足我国大多数老年人居家养老的需求,《"十四五"国家老龄事业发展和养老服务体系规划》提出强化居家社区养老服务能力。通过新建、改造、租赁等方式,建设街道(乡镇)、城乡社区两级养老服务

笔记栏

网络,依托社区发展,以居家为基础的多样化养老服务;培育一批以照护为主业、辐射社区周边、兼顾上门服务的社区养老服务机构,推动集中管理运营和标准化、品牌化发展;通过建设和运营家庭养老床位,将服务延伸至家庭;发挥物业企业贴近住户的优势,与社区养老服务机构合作提供居家养老服务;结合实施乡村振兴战略,加强农村养老服务机构和设施建设,以村级邻里互助点、农村幸福院为依托,发展互助式养老服务。

(三) 养老服务与多产业融合速度加快

养老产业是在人口老龄化的背景下,为满足老年人对养老服务和产品的需求发展而来,兼具公益性事业和专门性产业特征的新兴产业形态,具有福利性和市场性的特点。基于我国的基本国情和社会特征,养老产业的发展要求构建"政府 - 国资国企 - 社会企业"的多元养老服务供给主体,以政府推动和政策引导为主,社区和市场参与为辅,引导养老服务与多产业融合,逐步完善养老产业生态的上游资金投入拉动(包括投资、金融、保险等),中游聚焦于实体建设(包括地产、服务、医疗等),下游发展支撑性产业(包括老年用品、文化、旅游和教育等)的服务生态链。

(四) 智慧养老服务新业态不断完善

科技进步和专业养老服务人员的短缺催生了智慧养老新型业态的发展。围绕老年人的生活起居、安全保障、健康管理、娱乐休闲、学习分享等服务需求,利用互联网、物联网、云计算、大数据等现代信息技术,自动检测涉老信息、预警甚至主动处置、链接服务资源,实现友好、自主式、个性化的智能交互,提升老年人晚年生活质量。在养老机构内开展智慧养老院建设,集成应用智慧健康养老产品及信息化管理系统,提供入住管理、餐饮管理、健康管理、生活照护等运营智慧化服务,可以有效弥补人力资源不足,实现机构服务管理标准化,提升养老机构的运营效率和服务质量。

(五) 养老机构向标准化和连锁化发展

加强标准化建设是养老机构提升服务质量、实现持续发展的必由之路,要求养老机构依据国家标准和行业规范来进一步建立健全机构内部管理和标准化建设。在国家发展银发经济、推动养老服务高质量发展、增进老年人福祉等政策指引下,探索养老机构的规模化、标准化、集群化、品牌化发展,及时了解养老市场需求和动态,发展特色专业产品和服务,提升员工的服务和管理能力,通过整合多方资源、规范服务和管理、培育专业养老人才、重视品牌建设与市场营销等方式,逐步实现规模化、连锁化运营。

第二节 养老机构的分类及特点

根据 2020 年民政部发布的《养老机构管理办法》中的定义,养老机构是指依法办理登记,为老年人提供全日集中住宿和照料护理服务,床位数在 10 张以上的机构。在社会现代化和人口老龄化双重作用下,养老机构成为养老服务社会化的重要载体。目前,我国养老机构的分类还没有统一的标准。不同属性的养老机构享有不同的权利、义务,适应不同的标准和政府补贴。

一、养老机构的性质与分类

(一) 按营利性质分类

是否以营利为目的是养老机构的基本分类标准,决定了机构的运营主体、服务对象及提供服务的范围和服务水平。依据营利性质分类,养老机构可分为营利性养老机构和非营利性养老机构两种类型。

1. 营利性养老机构　营利性养老机构是指在当地市场监管、税务部门注册登记的养老机构。这类养老机构主要从满足老年群体多层次、多样化的服务需求出发,采取以市场形成价格为主的收费管理机制,提供各类养老服务。采取企业自筹、项目建设、招商引资等市场融资方式,以追求利益为目标,是典型的自建自营类型。

2. 非营利性养老机构　非营利性养老机构是提供养老基本公共服务,以谋求社会效益为目标,具有福利性质的养老机构。这类养老机构的性质属于事业单位或民办非企业单位,如敬老院、社会福利院等。通常不以营利为目的,主要依靠政府财政拨款或者公益募捐等方式,营利所得不能用于分配,主要用于机构的发展。

(二) 按承办主体分类

根据创建主体的不同,我国养老机构可分为公办养老机构和民营养老机构两种类型。

1. 公办养老机构　公办养老机构是指由国家或集体举办,不以营利为目的,提供基本公共服务的养老机构。公办养老机构具有保障基本养老服务的职能,属于公益性。按照运营模式的差别,公办养老机构可分为公办公营机构、公办民营机构和公建民营机构。

(1)公办公营机构:完全由政府投资兴办,享有政府预算和行政编制,其资金和人事管理由政府决定。

(2)公办民营机构:是指已有的公有制养老机构,按照市场要求进行改制、改组和创新,交由民间组织或社会力量管理,实现多种经济成分并存、多种管理和运营模式并存。

(3)公建民营机构:是指政府通过承包、委托、联合经营等法定程序,将政府或集体拥有所有权或使用权的养老服务设施交由企业、社会组织或个人运营管理的模式。该模式既可以保持机构的各种福利性服务性质,又可以充分发挥民间组织的专业性,提高资源配置和管理效率。

2. 民办养老机构　民办养老机构是指国家政府以外的组织或个人作为主体举办者,面向多种类型的老年人提供养老服务的机构。民办养老机构根据运营模式,又可分为民办公助机构和民办民营机构。

(1)民办公助机构:是指政府为民办养老机构提供场地、资金、设施等投入的机构,不包括税收、水电气等各项优惠。由于接受了政府的资助,占用了公共资源,因此民办公助机构具有非营利性质。

(2)民办民营机构:是指在工商部门登记的,遵循市场规则,自负盈亏的机构。民办民营机构的逐利性决定了其营利性质。

(三) 按法人登记分类

按照不同的法人登记类型,我国养老机构又分为事业法人、民办非企业法人、企业法人等三种类型。

1. 事业法人　事业法人是指由国家机关举办或者其他组织利用国有资产举办的,依法取得法人资格的,从事非营利性公益活动的社会组织,如乡镇敬老院和社会福利院。敬老院主要面向农村"五保户"老年人,社会福利院主要面向城市无法定赡养人、无固定生活来源、无劳动能力的"三无"老年人,承担着集中供养人员的兜底保障。

2. 民办非企业法人　民办非企业法人是指利用企业事业单位、社会团体和其他社会力量以及公民个人利用非国有资产举办的,从事非营利性服务活动的社会服务组织。该类型养老机构的资产及盈利归集体所有,不能进行分红。具有民间性、社会性、公益性和非营利性等特性,其宗旨主要是承担社会责任,履行社会公益职能,促进公共社会事业的进步与发展。

3. 企业法人 企业法人是指具有符合国家法律规定的资金数额、企业名称、章程、组织机构、住所等法定条件,能够独立承担民事责任,经主管机关(市场监督管理局)核准登记取得法人资格的社会经济组织。如社会力量举办的各类养老机构,采取自主经营模式,盈利按市场规则分红。

二、我国养老机构发展的主要特点

根据民政部关于养老机构的统计数据分析,随着国家鼓励社会力量参与养老机构建设和服务供给、发布规范管理法规和行业标准、开展养老服务质量建设专项行动等政策的实施,我国养老机构的发展主要呈现出从量变到质变的结构性调整、医养结合服务能力稳步提升、服务市场多元化发展格局的特点。

(一)从量变到质变的结构性调整

2010—2022 年,我国养老机构的发展经历了从重"数量"向重"质量"发展的转变,养老机构数量及床位数变化情况见图 1-1。目前我国以社会福利院和敬老院为主体的公办养老机构,与社会办养老机构基本呈现 1∶1 的比例。公办敬老院仍是我国农村养老服务机构的主体。城市公办社会福利院开始突破原有的收养范围,积极拓展院外服务功能,举办养老、育幼、助残、康复等多种活动,逐步承担社会化养老职能。社会力量举办的养老机构快速发展,成为城市养老机构中的主体。

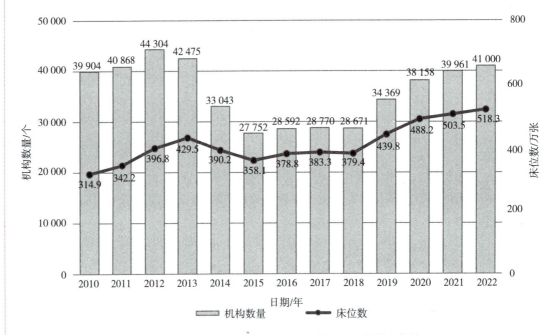

图 1-1 2010 年至 2022 年养老机构数量及床位数变化情况

(二)医养结合服务能力稳步提升

2021 年全国养老机构收住的失能、半失能老年人达 121.1 万,与 2010 年的 51.8 万相比,在所有收住老年人中的占比从 21.35% 增长到 53.69%,整体保持持续增长的态势,侧面反映出养老机构的专业化照护服务能力正在逐步提升。由于失能、半失能的老年人大多数都伴有多种慢性疾病,存在不同程度的功能性损伤和生活自理能力下降,除了日常生活照料,还需要健康教育、健康管理、定期巡诊、常见病多发病诊疗、急诊救护、中医药服务、护理服务、康复服务、心理精神支持服务、危重症转诊、安宁疗护等医疗照护,要求推动养老机构通过多种形式整合医疗卫生和养老服务资源,稳步提升医养结合服务能力。截至 2022 年年末,全国共有两证齐全(具备医疗卫生机构资质并进行养老机构备案)的医养结合机构 6 986 家,比上年增长 7.6%;医疗卫生机构与养老服务机构建立签约合作关系 8.4 万对,比上年增长 6.7%。

📖 知识链接

医养结合服务模式

医养结合机构是指兼具医疗卫生资质和养老服务能力的医疗机构或养老机构,主要为入住老年人提供生活照护、医疗、护理、康复、安宁疗护、心理精神支持等服务。目前我国医养结合服务模式主要分为五种类型。

1. 养老机构引入医疗资源　养老机构通过设立老年病医院、康复医院、护理院、中医医院、安宁疗护中心等医疗机构,或者机构内设门诊部、诊所、医务室、护理站等形式引入医疗资源。

2. 医疗机构提供养老服务　医疗机构通过设立养老机构,综合医院开设老年病科或增设老年病床,为养老机构开通预约就诊、危重症转诊绿色通道等服务。

3. 医疗机构转型为养老机构　医疗资源丰富地区的二级及以下医疗机构转型,开展康复、护理以及医养结合服务。

4. 养老机构与医疗机构合作　医疗机构与养老机构通过签订合作协议,提供医疗救治、康复护理、生活照料等服务。

5. 居家社区医养结合服务　有条件的医疗卫生机构通过多种方式为居家养老和社区养老的老年人提供所需的医疗卫生服务,包括到老年人家中,或社区养老服务设施及机构,为有需求的老年人提供医疗巡诊、家庭病床、居家医疗服务等医疗卫生服务。

(三)服务市场多元化发展格局

2013 年《关于加快发展养老服务业的若干意见》提出充分发挥社会力量在养老服务市场的主体作用。2014 年,房地产开发、金融保险、医疗服务、适老化产品、康复辅具等企业开始进入养老行业。其后,医疗、康护、器械、互联网、大健康等企业也快速跟进。2017 年国家全面放开养老服务市场,实施先照后证制度,极大地降低了各类服务主体的准入门槛,社会力量在养老服务业的积极作用得到充分发挥,养老服务业的市场活力逐步增强。目前,养老金融、养老地产、养老软件及信息系统、福利器械(含药品)及设施、养老旅游、综合性医护服务管理、家政及其他服务等养老产业蓬勃发展;国有大型企业、民营企业、跨国企业建设的养老机构快速发展,涌现了一批规模发展、连锁化运营的品牌化、专业示范星级养老机构,养老服务的参与主体多元化发展格局凸显。

三、我国养老机构高质量发展的机遇

(一)良好的养老事业政策环境

2021 年 5 月,习近平总书记主持中央政治局会议时强调:"积极应对人口老龄化,事关国家发展和民生福祉,是实现经济高质量发展、维护国家安全和社会稳定的重要举措。""十四五"时期,我国养老行业发展的主要任务包括构建居家社区机构相协调、医养康养相

笔记栏

结合的养老服务体系,推动养老机构的专业服务向社区延伸,整合利用存量资源发展社区嵌入式养老;强化对失能、半失能特困老年人的兜底保障服务;深化公办养老机构改革,扩大养老机构护理型床位供给等。经过前期集中大量建设和养老服务提质增效后,在相关政策的指引下,我国养老机构将进入新的发展阶段。

(二)不断增长的养老服务需求

国家卫生健康委员会统计数据显示,2021 年我国人均预期寿命为 78.2 岁,预计到 2035年,人均预期寿命将达到 80 岁以上。长寿时代,老年人与疾病共存的现象更为普遍,意味着老年人的健康需求和照料需求将大幅度增加。人口结构的变化和医疗服务水平的提升,正在给我国经济和社会发展带来深远影响。由于高龄老人快速增长,失能失智老年人增加,对专业的医疗护理、康复、居家护理服务等呈现庞大的刚性需求,要求养老机构根据市场需求适时调整服务功能,实现传统养老功能向医养康养功能转变,推动养老服务高质量发展。

(三)高效的数智化管理技术

通过运用物联网、互联网、移动互联网技术、智能呼叫、云技术、人工智能、全球定位系统(global positioning system,GPS)等信息技术,创建"系统 + 服务 + 老人 + 终端"的数智化养老服务模式,应用于机构养老、居家养老、社区日间照料等多种场景。通过智慧养老产品的广泛应用,养老服务机构的管理也日趋规范化和标准化。依靠数智化管理平台的信息技术支撑,养老机构高效整合线上线下的资源,持续提升服务质量和管理效率;利用大数据统计分析,了解最全面、最实时的行业消息,促进养老服务的延伸和拓展,形成养老产业集群;通过跨地域、跨机构的信息互通共享,实现规模化运营养老机构,合理布局调度、集中统一管理、同质化发展。

第三节　养老机构运营管理概述

运营是一切社会组织都要从事的基本活动。运营管理涉及管理整个生产或服务系统,是将以原材料、劳动力、设备、信息、技术和能源等形式的投入转换为产出(产品和服务等形式)的一系列活动。运营管理是确保能够成功地向顾客提供和传递产品和服务的一门管理科学。

一、运营管理的概念

(一)运营管理的定义

运营管理(operation management,OM)是指对运营过程的计划、组织、实施和控制,是与产品和服务价值创造密切相关的各项管理工作的总称。换言之,运营管理是对生产和提供主要产品与服务的系统进行设计、运行、评价和改进,将投入转化为产出并创造价值的一系列活动的集合。养老机构运营管理的目标是实现服务供给与需求的精准匹配,支持和完成机构的总体战略目标。

(二)运营管理的核心内涵

要深刻理解运营管理的定义,必须对运营管理的核心内涵进行了解。一般而言,运营管理的核心内涵包括要素、关系和增值三个方面。

1. 运营管理的要素　要素是指在实现顾客价值的过程中,必须具备的生产条件、人力资源、工具方法及外部资源等生产要素。这些要素存在于养老机构运营管理的体系框架中。养老机构通过设计不同的运营管理体系结构和实施方式,将这些零散的要素进行有效的分类组合。

2. 运营管理的关系 关系是指在运营管理体系下,各个部门实现要素之间有效连接的方式。这种连接方式直接决定了养老机构实现顾客价值的服务方式。运营管理关系评估的关键点是效率。

3. 运营管理的增值 增值是指养老机构上述要素的连接方式及其服务方式,是否能够实现面向顾客的最终价值、实现服务过程的增值。一般用效益这一指标对增值进行评估。

二、养老机构的运营管理体系

运营管理体系,又称为生产运作系统,是由生产要素按照一定的数量、质量和秩序结合而成,将投入转化为特定产出的有机整体。养老机构运营管理体系是将各生产要素根据机构实际情况进行排列组合,面向老年人群提供养老服务或老年产品的运作系统。

(一) 养老机构运营管理的对象

养老机构运营管理的对象包括运营过程和运营系统两个方面。运营过程是投入 - 转化 - 产出的过程,也是一个劳动或价值增值的过程,是运营管理的主要对象。运营系统是指上述变换过程得以实现的手段(图 1-2)。

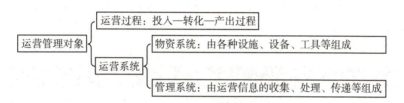

图 1-2 养老机构运营管理的对象

1. 过程管理 过程管理的内容是围绕着产品或服务价值创造的投入、转化、产出三个关键点,开展全面的评估与改善。以养老机构提供医疗护理服务为例:

(1)投入阶段:要求对生产要素的对应性和连续性进行评估与改善。养老机构在正式开展医疗护理服务之前,需要对提供疾病诊疗、护理、康复等服务的专业人员资质、人力资源配置,以及硬件设施、仪器设备等进行充分评估,对缺项的内容积极改善,以确保服务正常开展。

(2)转化阶段:要求对岗位职责的完整性和员工的职能匹配度进行评估与改善。养老机构在提供医疗护理服务过程中,要有明确的岗位职责和服务管理制度,合理配置专业人员,按照技术规范和操作流程提供医疗护理服务,并及时规范记录。

(3)产出阶段:要求根据对产品或服务的最终价值定义,评估价值实现过程中每个环节业务价值增值的可行性。养老机构要根据自身的功能定位和服务能力,提供力所能及的定期巡诊、健康管理、健康教育、常见病多发病诊疗、康复、护理、中医药服务等医疗卫生服务。当老年人的医疗服务需求超出机构的服务范围和能力水平时,应及时与老年人及其家属沟通,积极协助转诊到医疗机构,以保障老年人的安全。

2. 系统管理 养老机构运营系统管理包括物资系统和管理系统管理,是机构维持正常运行、满足老年人服务需求、保障服务质量、创造经济效益和社会效益的重要保障。

(1)物资系统:物资是养老机构运营管理要素中的重要内容之一。物资系统管理要求在为顾客提供服务、创造价值的过程中,每个环节所需的物资能够按照服务设计的要求一一对应地准备与供给,并按照价值实现的每个环节,实现连续的物资供给。例如,养老机构提供生活照料过程中,需要相关企业进行生活环境的适老化建设与改造,并定期进行维护;需要

笔记栏

购买椅子、桌子、衣柜、床及床上用品、家电、拐杖、轮椅、助行器、餐具等基本设施设备;需要供应商提供粮油、蔬菜水果、肉蛋奶、调味品等必要的生活物资,以及尿壶、便盆、纸尿裤、尿片、尿垫、纸巾等清洁物资和洗涤消毒用品等。养老机构在服务的每个环节中,需要准备好相应的物资,数量充足并确保持续供应,满足老年人的各种服务需求。

(2)管理系统:管理系统是通过必要的管理手段,提高养老机构业务整体运营效率管理,评估每个环节和过程的价值增值,以保证提供的服务能满足老年人的需求,实现经济价值和社会价值。例如,养老机构通过建立质量管理部门,或成立有相关第三方参与的服务质量管理委员会,定期开展服务质量自查;邀请第三方评估机构或行业专家对机构服务进行检查与指导;定期开展满意度调查,收集老年人及家属意见;接受行业主管部门的例行检查与督导等,以加强机构服务质量的监管与持续改进,确保老年人能得到高品质的专业服务。

(二)养老机构运营管理的职能

养老机构运营系统对机构的运行状态、绩效、产品或服务质量有着直接的影响。养老机构运营管理的职能主要包括产品或服务的开发设计、运营系统的总体战略、运营系统的设计、运营系统的运行等,属于养老机构的运营战略或发展战略的范畴。规划设计运营系统时,需要综合考虑养老机构计划提供的产品或服务的类型,这类产品或服务的特点及市场需求,与之对应的服务管理制度、服务质量控制、服务效果评价与改进等管理的要素。养老机构运营管理的范畴见表1-2。

表1-2　养老机构运营管理的范畴

运营系统的总体战略	运营系统的设计	运营系统的运行
1. 产品或服务的类型 2. 产品或服务的形式 3. 产品或服务的成本与数量 4. 产品或服务的质量保障 5. 养老机构的发展规划	1. 产品或服务的选择、开发与设计 2. 组织架构设计 3. 质量管理设计 4. 数据统计过程设计 5. 流程策略分析与设计 6. 能力培训计划设计 7. 运营设施的定点选择 8. 运营设施布置 9. 运营机制设计 10. 工作流程设计	1. 运营计划(包括需求预测、产品种类或服务项目、数量和时间、人员班次安排等) 2. 运营实施情况 3. 运营控制(包括作业指令、运行监测、运行控制) 4. 运营统计分析(包括产品或服务统计及分析报表、成本核算及分析报表)

(三)养老机构运营管理的基本要求

养老机构运营管理的根本目的是把投入的各种要素资源转化为老年人所需要的满意的产品或服务。运营过程管理一般遵循以下基本要求。

1. 准时性　准时性是指在顾客需要的时间、地点,将其需要的服务按照要求的数量和质量,以合理的价格提供给顾客。运营过程的准时性要求养老机构准确理解和把握老年人的服务需求及其变化规律,合理配置服务资源,达到服务的需求与供给精准匹配。

2. 适应性　适应性是指养老机构为适应外部环境和老年人服务需求的不断变化,而对提供的服务进行及时调整。适应性不仅包括对服务类型和数量变化的应变能力,还包括对变化做出快速响应的能力。良好的适应性可以灵活地满足老年人多样化、多层次的服务需求,降低机构经营成本,缩短服务提供的周期。

3. 比例性　比例性是指养老机构在提供服务的各个环节中对设施设备、专业人员、工作班次、服务效率的管理上做到相互适应和协调。在设计运营系统时,要从满足老年人的需求出发,合理配置资源,使其具有与服务项目和服务规模相适应的运作能力,保持各个环节的比例关系和能力处于平衡状态。

4. 连续性　连续性是指养老机构各个部门、服务的各个阶段和环节之间的活动,在时间上是平行交叉、紧密衔接和连续进行的。保证运营过程的连续性,可以提高工作和服务效率,使人员和设施设备得到充分利用。

5. 安全性　安全性是指养老机构提供的服务是安全的。由于服务对象是风险高危人群,保障老年人安全是养老服务最基本的要求,也是养老机构应承担的一项社会责任。

6. 增值性　增值性是指养老机构在服务的过程中以合理的资源投入,形成服务的最大增值,不仅满足老年人及家属的需求,也有利于提高机构的市场竞争力和顾客满意度,并创造良好的经济效益和社会效益。

三、养老机构不同发展阶段的运营管理重点

养老机构的发展一般会经历初创期、快速发展期、形成规范期、规范固化期和变革期五个阶段。在不同的发展阶段,养老机构运营管理的关键任务、要素、关系和价值追求侧重点不同。

(一) 初创期

在创立初期,养老机构运营管理的关键任务是识别并界定养老服务的市场需求,开发相应的产品或服务,获取配置所必需的要素资源。其中,专业人员的招聘和专业技术的培训是最关键的要素。这一时期,机构运营管理主要围绕养老产品或服务开发,建立支持体系,补充和完善各种资源,以便快速实现产品或服务的价值。

(二) 快速发展期

进入快速发展期,养老机构运营管理的关键任务就转变为快速将产品或服务推向市场,形成规模经营管理体系,以及为满足市场需求的生产或服务供应链管理体系。要素是制定机构发展的业务规划以及各个业务的子规划。重点关注各种规划的衔接性和一致性,不断对其相互之间的协同、资源的衔接进行优化,从而实现销售业绩不断提升。

(三) 形成规范期

在形成规范期,养老机构运营管理的关键任务是基于稳定的核心业务,全面推进业务管理和质量管理的标准化建设。围绕产品、信息、资金等要素,形成机构独有的管理规则及完整的信息管理系统。构建从部门的业务流程到机构整体价值的规章和制度化管理机制,并对运营过程不断调整和优化,持续提升运营效率。

(四) 规范固化期

养老机构在规范固化期的运营管理关键任务是从业务管理逐步上升到组织文化管理,通过视觉、制度和活动三个维度构建养老机构独有的组织文化。总结凝练机构在发展过程中所积累的成功经验,并将其在执行层面进行有效、快速复制。围绕机构经营的关键指标,不断优化和调整整体价值和业务流程,以保障机构经营效益的可持续性和运营效率的稳定性。

(五) 变革期

这一时期,养老机构运营管理的关键任务是根据业务的发展方向以及养老行业的变化趋势,确定机构的变革方向。强化和复用以往业务发展过程中所构建的核心竞争力,是降低机构变革期风险的关键要素。围绕机构对产品或服务迭代升级的要求,将各类要素进行重组、调整和补充,实现业务的变革,及时推出新的产品或服务。

四、养老机构运营管理的发展趋势

养老机构的生存和发展不仅要满足外部环境的需要,还要能适应环境变化并及时做出

调整。在养老产业快速发展的进程中,养老机构的运营管理也呈现出以下几个特点。

(一) 运营管理的范围拓展

随着养老产业不断发展,养老机构运营管理的业务范围已经突破了传统的生活照料服务范围,拓展到养老照护、老年医疗护理、老年健康促进与社会参与、养老教育培训、智慧养老、适老化环境改造,以及老年用品和相关产品的制造、销售、租赁等不同业务类型,服务涉及老年人日常生活各个方面的需求。运营管理的范围也随之扩展到对产品或服务的开发设计、服务过程的系统管理、机构发展战略规划等内容。

(二) 服务供给多样化个性化

针对老年人群的服务需求变化,养老机构的服务供给也逐步向多样化、个性化的模式发展。通过运用老年人能力评估工具,全面了解老年人的身体功能、疾病诊断及治疗方案、日常生活能力、认知功能、心理情绪、社会支持与社会参与等情况,将老年人划分为不同类型的服务等级,结合其服务需求,以个案管理的形式提供服务。为保障服务的有效供给,要求机构的运营管理也应做出相应的调整和优化。

(三) 运营管理战略化品牌化

现代企业管理将运营系统作为保障企业核心竞争力的重要支撑。为顺应养老行业的发展潮流,养老机构运营管理的重心应逐步从单纯关注特定产品或服务竞争力的管理,向关注机构自身建设和发展的运营系统管理转变,强调运营系统的有效性和核心竞争力的维持。通过制定机构的运营战略管理和战略性运营决策,促进机构的规模化、标准化和品牌化建设。

(四) 运营管理技术化数智化

信息技术作为现代运营系统控制与管理的重要手段,给养老机构的业务流程、组织结构、管理体制、管理模式、管理方法等带来了一系列的变革,有力地推动了养老服务和养老产业的发展。利用互联网、物联网、云计算、大数据等现代科学技术发展数智化管理,是提高养老机构运营管理效率,实现规模化经营的重要支撑。

第四节 养老机构管理人员的素质要求

在现代的组织中,每一个知识工作者出于他们的职位和知识,对组织负有贡献的责任,进而能够实质性地影响该组织经营及达成成果的能力者,即为管理者。管理是指通过发掘、培养员工的能力,创造有安全感的、能获得支持的工作环境,使员工愿意全力以赴去达成组织的目标。领导是运用正式命令之外的影响力、专长及模范作用,带领、引导和鼓励属下或追随者为实现某一目标而努力。

一、养老机构管理者的角色

养老机构的主要负责人可以既是管理者,又是领导者,但有时也存在两者分离的现象。管理者注重效率,领导者注重效果。管理者通过控制过程对属下施加影响从而把事情做正确,而领导者主要靠角色的力量推动他人做正确的事情。在养老机构的运营管理过程中,管理者除了要具备被组织赋予的职务和权利之外,还需要拥有影响员工的领导力。

(一) 引领者

养老机构日常运营是由众多员工和职能部门共同参与的集体活动,要求管理者主动了解利益关系人(包括顾客、管理人员、员工和商业伙伴等)的意图和需求,能高瞻远瞩、运筹帷喔地帮助员工认清所处的环境和形势,指明养老机构各项工作及活动开展的目标和实现目标的途径。

(二) 协调者

养老机构的各项集体活动需要许多员工的共同协作。即使有了明确的目标,也可能因个人的才能、理解能力、工作态度、进取精神、性格、作风、地位等不同,以及外部因素的干扰,使员工在思想上发生各种分歧,甚至在行动上出现偏离。管理者需要不断整合、优化组织架构和工作流程,充分发挥各种人才的优势,有效利用信息资源,制定科学决策,从而在根本上改善团队的综合表现能力。

(三) 赋能者

帮助员工胜任岗位工作,保持较好的工作热情和积极性,需要养老机构的管理者运用好"双赢"规则,建立起独特的组织文化,营造有安全感的环境,做好员工的日常培养工作。对员工进行授权赋能,引导员工从工作中获取经验、汲取教训,从而早日实现员工成长和养老机构稳步发展的"双赢"目标。

(四) 激励者

引导养老机构中不同岗位的员工朝着同一个目标努力,激发工作热情,使其保持高昂的积极性,需要管理者倾听和理解员工的需求和期望;鼓励关怀员工,为员工完成工作提供便利和帮助;肯定员工的重要性,激发员工的认同感;进行有效的沟通,找到员工心中的渴望,把员工心中的渴望与工作联结到一起,激发每个人的自驱力。

(五) 创新者

在养老行业快速发展的背景下,创新是探索新机会和新途径以获得养老机构持续竞争优势的重要途径。管理者要具有开阔的胸襟,善于发现和思考问题;能及时总结工作经验和教训,抓住问题关键;具有打破常规、独辟蹊径的勇气,和探索新道路的魄力;身先士卒参与改革创新,带领机构在激烈的市场竞争中寻找新的发展方向。

二、如何做好一名养老机构管理者

管理者是养老机构维持日常运行的关键因素,是机构内生力量的源泉。管理者的价值在于依靠自己的知识、才能和贡献意识,用于养老机构或个人的行动决策,从而影响养老机构运营的有效性和结果。

(一) 思想素质要求

1. 具有尊老、敬老、爱老、助老的职业素养,热爱养老事业,具有强烈的事业心、责任感和使命感。

2. 具有科学严谨的工作作风,能结合养老机构实践工作灵活应用现代企业运营管理知识和技能,及时发现问题并运用科学的方法解决问题。

3. 谦虚谨慎,善于学习,经常深入老年群体和养老机构服务一线,了解老年人的需求、倾听员工的诉求,与工作人员同甘共苦。

(二) 专业素质要求

1. 专业知识要求

(1) 了解市场经济及现代企业运营管理的基本原理,具备政治思想工作、心理学、管理学、行为科学、社会学等养老机构管理相关知识。

(2) 熟悉国内外养老服务模式及特点、我国养老事业和养老产业发展趋势。

(3) 掌握养老机构的运营管理及各项服务流程、服务技术规范;能熟练运用计算机、信息管理系统及网络等工具,及时了解机构运营情况,并处理相关信息。

2. 专业技能要求

(1)分析、判断和概括能力：能通过现象看本质，抓住工作中的主要矛盾。运用逻辑思维，进行有效的归纳、概括、判断，带领员工找出解决问题的办法。

(2)科学决策能力：通过周密细致的调查、准确有预见的分析判断、结合丰富的专业知识和实践经验，运用集体智慧和负责的精神进行科学预测，权衡利弊，选择最有利于机构发展的方案。

(3)组织、指挥和控制能力：掌握因事设职、因人设职、职权一致、命令统一、管理幅度等组织设计的基本原则，熟悉并善于运用各种组织形式，综合运用组织的力量协调人力、物力和财力。能够及时发现问题并采取措施解决。当确认目标无法实现时，能及时果断地调整目标。

(4)协调各种关系的能力：善于与人沟通交流，妥善处理各种人际关系。尊重上级，并能积极争取帮助和支持；对待下属要谦虚谨慎，平等待人；有自知之明，明确知道自己的长处和短处；处理外部关系时，要热情、公平而客观。

(三) 行为要求

1. 以身作则　明确养老机构的发展方向，确定机构的管理服务和管理理念，做好自身定位。积极推动各项管理制度的落实，忠实于理念，使自己的行动与共同的理念保持一致，为员工树立榜样。

2. 共启愿景　对于养老行业的发展具有前瞻性思考，通过展望养老机构的未来，想象令人激动的各种可能。将养老机构发展的各种设想诉诸为共同愿景，感召全体人员为共同的愿景而努力奋斗。

3. 前瞻革新　建立对错误的敏感性，善于从错误中学习，及时总结经验教训。具有果敢的行动力，能及时改进养老机构的管理与服务。对新鲜事物保持敏感，思路开阔，善于提出新的设想和方案，提出新的目标。

4. 团结协作　强调养老机构发展的共同目标，与其他人员建立信任并促进团队合作。适当时充分授权与赋能，扩大员工自主权来增强团队成员的实力。

5. 激励员工　营造追求卓越、积极向上的养老机构组织文化。通过各种有形或无形的表彰方式，对员工优秀的工作表现进行肯定和赞赏，认可他人的贡献，创造一种集体主义精神来庆祝价值的实现和成功。

（肖明朝　谢　燕）

复习思考题

1. 我国养老服务体系建设主要经历了哪些发展阶段？

2. 简述我国养老行业的发展趋势。

3. 按承办主体的不同，我国养老机构可分为哪几种类型？

4. 养老机构运营管理的对象是什么？

PPT 课件

◆◆◆ 第二章 ◆◆◆
养老机构的筹建管理

学习目标

知识目标

1. 掌握养老机构选址、规划、设备配置及审批流程的核心原则。
2. 熟悉我国养老机构建设的国家标准。
3. 了解我国养老机构建设政策的发展历程。

能力目标

具备制定科学的养老机构建设规划和完成申报审批任务的实际操作能力。

素质目标

树立尊老敬老的职业操守,以细致入微的态度确保养老机构筹建工作的卓越品质。

思政目标

深化对养老政策的理解,强化法治与诚信意识,践行社会主义核心价值观,传承尊老爱幼美德。

在人口老龄化趋势日益加剧的背景下,养老机构的筹建与运营不仅是社会福利事业的重要组成部分,更是关乎亿万老年人福祉的民生工程。随着老龄化进程的加速,养老机构筹建管理的需求和挑战也日益突出。这一过程中不仅涉及硬件设施的规划与建设,还包括服务体系的设计、团队的组建、风险的防范以及资源的整合等多个方面。有效的养老机构筹建管理不仅能够满足老年人的多元化需求,还能够提升机构的运营效率和服务质量,进而推动整个养老行业的健康发展。

案例分析

位于浙江省杭州市的一家养老机构近日盛大开业。该机构在筹备期间严格遵循养老机构建设原则,选址于交通便利、环境优美的区域,为老年人提供舒适的居住环境。机构内设施完善,配备先进的医疗康复设备和专业的服务团队,致力于向老年人提供全方位的养老服务。经过细致的筹建规划及持续的运营管理优化,为杭州市养老机构的筹建与管理树立了新的标杆。

分析:

1. 该养老机构筹备期间主要参考了哪些标准?
2. 如何确保养老机构的设施设备符合开业标准?
3. 养老机构设计和选址的原则是什么?

第一节　养老机构建设相关政策

随着人口老龄化态势的持续深化,养老服务已成为国家战略发展的重点领域。为有效回应这一社会挑战,政府高度重视养老机构的建设与发展,通过系统性的政策法规体系,促进其由初步探索向规模化、系统化转型升级。这些政策举措全面覆盖了土地资源配置、税收优惠、财政补贴等多元化支持措施,同时着重强调了人才培养与队伍建设、金融服务与创新投融资机制、服务质量监管与标准化建设等核心要素,为养老机构的全面优化和高质量发展提供了坚实的基础和保障。

一、养老机构建设政策发展历程

随着我国改革开放的深入进行,社会经济快速发展,人口老龄化问题日益凸显。国家开始高度关注养老问题,明确提出了加强养老保障、发展养老服务的战略目标。我国养老机构的发展经历了起步阶段、初步探索、体系化发展和规模化发展等阶段,每一步都伴随着政策法规的完善和服务质量的提升。

(一) 起步阶段(1996—2000 年)

在起步阶段,国家意识到了养老问题的紧迫性和重要性,开始着手制定相关的养老机构建设政策法规。1996 年,《中华人民共和国老年人权益保障法》的通过,标志着我国老年人的合法权益得到了全面保障。这部法律对养老机构的设立、运营和管理提出了基本要求,明确了政府和社会在养老服务中应承担的责任和义务。1999 年,民政部发布的《社会福利机构管理暂行办法》进一步细化了社会福利机构的设立、运营和管理要求,为养老机构提供了更为具体和可操作的指导。

(二) 初步探索阶段(2001—2005 年)

进入初步探索阶段,国家进一步加强对养老机构建设的管理和扶持,试图探索建立基本的机构养老体系。这一时期,民政部等相关部门发布了一系列规范,如《老年人社会福利机构基本规范》《老年人建筑设计规范》,对养老机构的服务内容、管理原则、设施设备以及老年人的居住环境等方面提出了具体要求。这些规范的出台为养老机构的建设和管理提供了重要依据,推动了养老机构向标准化、规范化方向发展。

(三) 体系化发展阶段(2006—2011 年)

在体系化发展阶段,国家致力于养老机构政策法规体系的完善,强化监管与绩效评估,确立构建中国特色养老服务体系的战略方向。2006 年,第二次全国老龄工作会议首次提出了"以居家养老为基础、社区服务为依托、机构养老为补充"的养老服务体系建设方针。2008 年,全国民政工作会议进一步确立了"以居家为基础、社区为依托、机构为补充"的养老服务体系框架。《社会养老服务体系建设规划(2011—2015 年)》(2011 年)提出了社会养老服务体系建设的指导思想、基本原则、建设目标和任务,明确了建设资金、政策支持、运行机制等方面的要求。其中强调要大力发展居家养老服务,加强社区养老服务设施建设,统筹发展机构养老服务,并鼓励社会力量参与养老服务。此阶段标志着我国养老服务体系向多元化、层次化迈进,为未来的成熟与完善奠定了基础。

(四) 规模化发展阶段(2012 年至今)

在规模化发展阶段,我国养老服务行业在政策法规与标准化的双重推动下取得了显著进步。在政策法规建设方面,国家出台了一系列重要文件。国务院《关于加快发展养老服务业的若干意见》(2013 年)明确了养老服务业发展的总体要求、主要任务和保障措施,为养老服务行业的发展提供了政策支持。民政部《养老服务体系建设"十三五"规划》(2016年)提出了养老服务体系建设的主要目标、任务和措施,为养老服务行业的发展提供了指导。党的十九大报告(2017 年)明确提出要大力发展养老服务业,完善养老服务体系,加快发展养老护理事业,加强养老服务人才队伍建设等。民政部《养老服务标准化三年行动方案(2018—2020 年)》旨在推进养老和家政服务标准化工作,以满足老年人多样化和多层次的养老服务需求,促进家政服务业提质扩容。国务院《"十四五"国家老龄事业发展和养老服务体系规范》(2021 年)提出构建多层次、可持续、包容性的养老服务体系,以满足不同老年人的基本生活,提高老年人的生活质量,促进社会和谐稳定。

在标准化和质量提升方面,也取得了重要突破。民政部等五部门发布的《关于加强养老服务标准化工作的指导意见》(2014 年),确立了养老服务标准化工作的总体目标、主要任务和保障措施,为规范服务、提升效率及保障民生奠定了基础。2012 年发布的《养老机构基本规范》,进一步规范了养老机构的运营要求,确保其规范运营。2017 年发布的《养老机构服务质量基本规范》为养老机构提供了服务质量的参考框架和指导,以推进养老服务的高质量发展。2019 年发布的《养老机构服务安全基本规范》是我国养老服务领域的强制性国家标准,明确了养老机构服务的安全"红线",以防范、排查和整治养老机构服务中的安全隐患,推进养老服务高质量发展。人力资源和社会保障部等多部门联合制定《养老护理员国家职业技能标准》(2019 年),规范了养老护理员的职业技能和评价体系,提升了养老服务质量和水平。国家市场监督管理总局发布《老年人能力评估规范》(2022 年)是一项针对老年人独立生活能力的评估标准,旨在科学划分老年人能力等级,并为养老服务提供依据。民政部等五部委发布《〈养老机构等级划分与评定〉国家标准实施指南(2023 版)》,其主要内容包括了养老机构的等级划分标准、评定流程、评定结果的应用等方面,旨在推动养老机构服务质量的整体提升和管理的标准化。

二、养老机构建设政策

养老机构建设政策涵盖了土地供应、税费优惠、补贴支持、人才培养、金融服务和投融资以及服务监管六大方面,通过多元化的政策扶持和标准化的行业监管,推动养老机构健康、可持续发展,确保老年人能够享受到高质量、规范化的养老服务。

(一)土地供应政策

政府将养老服务设施建设用地纳入年度建设用地供应计划,民间资本举办的非营利性养老机构与政府举办的养老机构享有相同的土地使用政策,可以依法使用国有划拨土地或者农民集体所有的土地。对营利性养老机构建设用地,按照国家对经营性用地依法办理有偿用地手续的规定,优先保障供应。同时,制定支持发展养老服务业的土地政策,严禁养老设施建设用地改变用途、容积率等土地使用条件进行地产开发。

(二)税费优惠政策

对养老机构提供的养护服务免征营业税,对非营利性养老机构自用房产、土地免征房产税、城镇土地使用税,对符合条件的非营利性养老机构按规定免征企业所得税。对企事业单位、社会团体和个人向非营利性养老机构的捐赠,符合相关规定的,准予在计算其应纳税所得额时按税法规定比例扣除。对非营利性养老机构建设免征有关行政事业性收费,对营利性养老机构建设减半征收有关行政事业性收费。

(三)补贴支持政策

根据国家相关政策规定,各地区需建立和完善针对民办养老机构的补贴制度。对于新

笔记栏

建和改扩建的民办养老机构,应给予一次性建设补贴或运营补贴,以支持其建设和运营发展。补贴的具体标准需由地方政府结合当地经济社会发展状况和养老服务需求等实际情况进行确定,确保补贴政策的合理性和有效性。同时,政府将通过购买服务的方式,积极支持民办养老机构为政府供养对象提供养老服务。对于民办养老机构接收并安置的政府供养对象,各地应按照规定标准将其生活、医疗等相关补助费用及时转入民办养老机构,以保障其基本生活需求。如补助费用不足以覆盖实际支出,当地政府应给予适当补助,确保民办养老机构能够持续、稳定地为政府供养对象提供优质的养老服务。这些政策的实施将有助于促进民办养老机构的发展,提升养老服务的质量和水平。

(四)人才培养和就业政策

政府支持高等院校和中等职业学校增设养老服务相关专业和课程,扩大人才培养规模,加快培养老年医学、康复、护理、营养、心理和社会工作等方面的专门人才,制定优惠政策,鼓励大专院校对口专业毕业生从事养老服务工作。此外,还加强对养老机构和家政服务人员的职业技能培训和职业道德教育,提高服务质量。

(五)金融服务和投融资政策

政府拓宽投融资渠道,鼓励社会资本投入养老服务业。金融机构要创新金融产品、服务方式和抵押担保方式,强化中小养老服务企业融资服务。加强养老服务机构信用体系建设,增强对信贷资金和民间资本的吸引力。逐步放宽限制,鼓励和支持保险资金投资养老服务领域。开展老年人住房反向抵押养老保险试点。鼓励养老机构投保责任保险,保险公司承保责任保险。

(六)服务监管政策

政府加强对养老机构的监督管理,建立养老机构等级评定制度,健全养老服务行业准入、退出和监管机制。对服务质量差、群众反映强烈、违规运营的养老机构,要限期整改。加强对养老机构的安全监管,建立健全消防安全、食品安全、卫生防疫等日常管理制度,确保入住老年人的人身安全。

第二节 养老机构建设规划

由于养老机构建筑的特殊性,其建筑设计除应符合一般建筑设计规范外,还应当符合《老年人社会福利机构基本规范》《老年人照料设施建筑设计标准》《养老机构服务安全基本规范》《养老机构预防老年人跌倒基本规范》等标准、规范要求,以实现全面设计。

一、养老机构的设计原则

养老机构的设计应与机构的规模、经营模式挂钩,环境影响着老年人居住舒适度,也影响着员工的工作流程,与工作效率、劳动强度至关密切。养老机构设计应遵循以下原则。

(一)以人为本的原则

由于生理功能的老化和心理状态的转变,老年人对住宅形式、居住方式和居住环境的要求异于普通人。养老机构设计应当充分考虑到老年人体能、心态的变化,自理老人、部分自理老人和完全不能自理老人的需求,本着一切为了老年人、一切方便老年人的"以人为本"原则,实行人性化设计,从根本上减少或消除安全隐患,方便老年人生活,为老年人营造一个安全、舒适、方便的居住环境。

(二)无障碍设计原则

随着增龄衰老,老年人出现不同程度的功能障碍,为防止老年人因设计的缺陷而导致跌倒摔伤等意外,养老机构必须考虑无障碍设计。无障碍设计旨在充分满足老年人在移动、听觉及视觉方面的特殊需求。实施过程涉及对建筑的多个关键部分进行精心设计,包括入口区域、通行路径、垂直交通设施(例如电梯)、辅助支撑元素(例如扶手)以及卫生间等,为老年人提供一个无障碍、安全且便捷的居住和使用环境,如扩大入口空间、将高低差转换为坡道、采用圆角楼梯踏步边缘、放宽空间尺寸等,以确保老年人的身体安全和行动自主。从建筑环境心理学的角度来看,老年人往往对环境变化较为敏感,容易感受到孤独和被边缘化的情绪。在养老机构的设计中,还应注重创造一个宽敞明亮、充满生活气息的室内环境,并结合室外景观设计,以促进老年人的身心健康,实现"心理无障碍"的设计目标。

(三) 弥补性原则

弥补性设计是针对老年人、残疾人、儿童等特殊生理和心理特点导致的感官能力不足或行动障碍而进行的人性化设计。对于视觉障碍,设计应采用鲜明的色彩对比来增强环境感知,提高照明水平并确保照度分布均匀,以减少明暗变化对老年人造成的适应困难。在听觉方面,可以通过声响设备辅助老年人定位自身和环境。此外,弥补性设计应强调居住空间、场地和标识的个性化特征,并通过空间布局和物质形态的视觉识别,促进老年人对环境的控制和理解。

(四) 安全性原则

老年人身体机能衰退甚至出现功能障碍时,应充分考虑到老年人平时生活起居出行的安全,减少各种潜在的危险因素。"安全性"居住环境应具备四个特征。

1. 空间易于识别 居住区空间和标识性设施宜有鲜明的个性化特征,视觉上清晰显著,光线充足明亮。

2. 物品易于取放和操作 老年人动作不便,物品取放、操作要方便安全,家具要稳定牢固。

3. 无障碍设计 去除各种危险因素,防止跌撞、跌倒等意外事故发生。

4. 智能装置 在居住空间安装紧急呼救装置、应急电源开关、光控小夜灯以及"不活动通知"感应设备。这些装置能确保老年人在紧急情况下快速求助,方便夜间活动,并能在老年人长时间未活动时自动报警,以保障他们的安全。

(五) 舒适性原则

在建筑设计中,舒适性原则强调老年人居住环境的生理和心理适宜性。这包括居室色彩的选择应简洁明亮,以适应老年人的视觉需求;空间布局应最大限度地利用自然光照,同时提供均匀分布的人工照明,以减轻封闭空间内的封闭感;设计应包含多样化的休息和活动空间,以增加老年人的活动选项;对于失能老年人,设计应提供一个更加人性化的内部空间环境,以保障其居住的舒适性和自主性。

(六) 照护需求原则

在建筑设计中应考虑到老年人的照护需求。设计应包含专门的照护空间,以适应失智老年人可能出现的精神行为症状,如多疑、猜忌、幻觉和妄想。为了避免与健康老年人发生冲突,应将他们的活动区域独立设置,并由专业的照护人员提供相应的服务。

(七) 可选择性原则

可选择性原则强调对老年群体多样化的背景、爱好和生活方式的尊重。设计应灵活多变,以适应老年人不同的生活方式和需求,同时在居住环境中维护老年人的个性和选择。此外,设计应确保隐私保护,并增加促进社会交往的空间。

为了增进老年人之间的交流与互动,减少孤独感,设计应遵循心理学和社会学原则,创造更多的社交空间。例如,在公共区域如门厅、过厅、电梯厅等设置"谈话角"和"休憩角",并配备舒适的座椅,以提供一个休息和社交互动的环境。这种设计不仅有助于促进老年人的心理健康,还能提升他们的生活质量。

二、养老机构的选址

养老机构的选址是确保其长期运营成功和满足老年人需求的重要环节。一个合适的选址不仅能够提供便捷的服务,还能为老年人创造一个舒适、安全的居住环境。

(一)养老机构的选址原则

养老机构选址应综合考虑交通便利性、安全性、环境舒适性、社区融合性和可持续发展性等多个方面,从实际出发,制定出合理、科学且具有前瞻性的选址策略。

1. 交通便利原则　养老机构应位于交通便利的地段,无论是家人日常探访,还是紧急医疗救援,都能迅速抵达,为老年人提供无忧的生活保障。

2. 安全性原则　选址应避免自然灾害频发区域,如洪水易发区、地质灾害区等,确保老年人的生命安全。

3. 环境舒适性原则　优先选择自然环境优美、空气清新、噪声低的区域,这样的环境有助于老年人放松心情,享受宁静舒适的晚年生活。

4. 社区融合原则　养老机构应与周边社区保持紧密的联系和融合。通过参与社区活动、与社区居民互动等方式,老年人能够保持与社会的联系,减少孤独感,增强归属感。

5. 可持续发展原则　养老机构选址应综合考虑人口老龄化趋势、多代家庭需求、社会文化因素、环境保护和政策法规等多方面因素,选择具有扩展潜力和良好环境条件的地块,以提供可持续的、高质量的养老服务。

(二)养老机构选址的影响因素

1. 市场需求　老年人口的数量、密度及其分布情况是决定养老机构需求规模的重要因素。同时,家庭对养老机构的期望和需求也直接影响着选址决策,包括服务类型、价格定位等。

2. 土地成本　不同地段的土地价格差异显著,直接影响到养老机构的建设成本和运营可行性。在选址时,必须权衡土地成本与机构长期发展之间的关系。

3. 政策法规　政府对养老产业的规划布局、扶持政策,以及相关的建筑法规、环保标准等都会对养老机构的选址产生深远影响。了解和遵循这些政策法规是确保养老机构顺利建设和运营的关键。

4. 基础设施　周边交通的便捷性、医疗资源的丰富程度、教育设施的完善与否等公共基础设施条件,是评估养老机构选址优劣的重要指标。这些设施的完善程度将直接影响老年人的生活质量和机构的运营效率。

5. 自然环境　气候、地形、空气质量等自然因素对老年人的居住体验有重要影响。在选址时,应充分考虑这些因素,为老年人营造一个宜居的环境。

6. 社会文化　当地的社会文化背景、老年人的生活习惯以及他们对养老方式的偏好等,都是选址过程中不可忽视的因素。了解和尊重这些社会文化因素,有助于提升养老机构的吸引力和竞争力。

(三)不同选址模式的特点分析

在养老机构的选址中,存在多种模式,每种模式均以其独特的地理布局、服务特色和资源利用情况,展现出其鲜明的特点和适用场景。

1. 城市中心模式　该模式将养老机构置于城市的中心或繁华地段,以其优越的地理位置和便捷的服务网络,为老年人提供了丰富的城市生活体验,如医疗、文化、娱乐等,同时也有利于亲属的探访与照顾。该模式面临着土地成本高昂、运营成本攀升等挑战。城市中心区域寸土寸金,不仅建设成本高昂,且土地资源的稀缺性使得养老机构的扩张受到限制。此外,城市中心的环境较为嘈杂,对于追求宁静生活的老年人而言,并非理想选择。

2. 郊区模式　该模式将养老机构置于城市郊区或城乡结合带,能够享受更为宁静、优美的自然环境,有利于老年人的身心健康。该模式存在交通不便、设施配套不足等问题,如远离城市中心,交通网络不够完善,给老年人的出行带来不便。此外,郊区区域的医疗、商业等公共服务设施相对匮乏,需要增加基础设施投资以满足养老机构的运营需求。

3. 度假地模式(休闲养老与服务可达性的平衡)　该模式将养老机构置于风景名胜区或度假胜地附近,充分利用其自然环境的优越性和休闲度假的氛围,为老年人提供高品质的养老体验。该模式存在服务可达性不足的问题,如远离城市中心,老年人就医、购物等日常需求难以满足,需要进一步完善公共服务和设施以满足老年人的多元化需求。

4. 社区嵌入模式(社区融合与资源整合的挑战)　该模式强调养老机构与社区资源的融合与共享,通过嵌入社区内部,为老年人提供更为便捷、贴心的服务,有助于增强老年人的社区归属感和融入感,减少孤独感。该模式需面对社区合作与资源整合的挑战,需要充分协调社区与养老机构之间的关系,确保资源的有效利用和服务的顺利开展。

三、养老机构内部规划与设计

科学合理的空间布局、人性化的设施配置以及舒适宜人的环境设计,是确保老年人能够在养老机构中安享晚年的关键因素。养老机构应高度重视内部规划与设计工作,以满足老年人在生活、健康、安全及社交等多方面的需求。

(一) 设计原则和要求

养老机构内部规划与设计应遵循"以人为本、安全舒适、科学合理、绿色环保"的原则。这些原则不仅是满足老年人基本生活需求的保障,也是提升养老机构服务质量和竞争力的重要手段。

1. 适老化设计　适老化设计是养老机构内部规划与设计的核心原则。设计要求充分考虑老年人的生理、心理和行为特点,以满足老年人的需求为出发点。在空间布局上,应合理划分功能区域,确保各区域间联系便捷,方便老年人使用。在家具和设备的设计上,应符合老年人的使用习惯,尺寸适中,操作简便。同时,还应关注老年人的情感需求,为他们创造一个温馨、舒适、有归属感的生活环境。

2. 安全性设计　安全性是养老机构内部规划与设计的首要考虑因素。老年人身体功能下降,行动不便,很容易发生意外事故。养老机构应确保建筑结构和材料的安全稳固,符合国家相关标准。室内外环境应实现无障碍设计,方便老年人通行。同时,还应该配置完善的安全设施,如消防设施、紧急呼叫系统等,确保老年人在紧急情况下能够及时得到救援。此外,养老机构还应加强对食品安全和卫生的管理。厨房和餐厅应配置必要的卫生设施和消毒设备,确保食品的卫生安全。定期对食品进行质量检测和留样备查,防止食物中毒等事件的发生。同时,加强对老年人的饮食指导和提升营养配餐服务质量,满足他们的营养需求。

3. 舒适性设计　舒适性是提升养老机构服务质量的重要手段之一。为老年人创造一个舒适、宜人的生活环境,有助于提高他们的生活质量和幸福感。养老机构应注重室内环境的通风采光、温度湿度和噪声控制等方面的管理。家具和装饰材料的选用应符合环保标准,无毒无害,无刺激性气味。同时,还应关注老年人的审美需求和心理感受。

4. 科学性设计　科学性设计是确保养老机构内部规划与设计合理性和先进性的重要保障。设计要求根据老年人的需求和养老机构的运营特点进行科学合理的空间布局和功能配置。各类用房应满足使用功能的要求,面积大小适中,布局合理。养老机构应考虑未来发展的需求,预留一定的扩建和改造空间。为实现科学性设计,养老机构应与设计单位密切合作,共同制定符合实际需求和未来发展的设计方案。同时,加强对新技术、新设备和新材料的应用和研究,提高养老机构的科技含量和服务水平。

5. 绿色环保设计 绿色环保设计是养老机构内部规划与设计的重要趋势之一。随着环保意识的日益增强和可持续发展理念的深入人心,绿色环保设计已成为提升养老机构形象和社会责任感的重要手段。设计要求养老机构的建筑设计和材料选择应符合国家节能标准,降低能耗和运营成本。室内外环境应绿化美化,营造宜人的自然景观和人文氛围。同时,还应推广使用可再生能源和环保材料,减少对环境的污染和破坏。

(二)用房配置标准

根据国家相关政策要求以及老年人的实际需求和使用便利性考虑,养老机构的用房配置应满足以下具体标准数据。

1. 居住用房 作为养老机构最为核心的用房类型,其配置标准直接关系到老年人的居住品质和舒适度。为满足不同身体状况、护理等级及个性化需求的老年人,养老机构应灵活配置多种类型的居住单元,如单人间、双人间及多人间。

(1)单人间:面积建议不小于 12 平方米,确保足够的私密性和活动空间。床铺尺寸应适应不同身材的老年人,长度一般不少于 2 米,宽度不小于 0.9 米。此外,单人间内应配备必要的家具,如衣柜(深度 0.6 米,宽度根据空间调整)、写字台、椅子及紧急呼叫装置等。

(2)双人间:面积建议在 16~20 平方米,以平衡居住舒适性和空间效率。家具配置与单人间类似,但需考虑两位老人的使用需求,如双份衣柜空间、两个独立床头柜等。

(3)多人间:对于多人间(三人或更多),每人平均占地面积不应少于 6 平方米,以确保基本的居住舒适度。同时,多人间设计需特别注意隐私保护,如使用屏风或隔断划分个人空间。

所有居住用房均应设有独立卫生间,包含坐便器(高度 0.4~0.45 米)、洗手盆和淋浴设施,方便老年人使用并保持个人卫生。居住用房的采光、通风和隔音效果也是设计中的重要考虑因素,应确保窗户面积与房间面积的比例不小于 1:8,并采用有效的隔音材料以减少噪声干扰。

2. 公共活动用房 是养老机构内促进老年人社交互动、休闲娱乐的重要场所。为满足老年人的多样化需求,应配置以下用房。

(1)多功能活动室:面积建议不小于 50 平方米,可灵活布置为舞蹈、健身、手工制作等多种活动空间。地面材料应防滑耐磨,照明充足且柔和。

(2)阅览室:面积不小于 20 平方米,提供书籍、报刊、杂志等阅读材料。阅览桌椅应舒适,且便于调节高度和角度。

(3)棋牌室:面积根据实际需求确定,配置象棋、麻将等老年人常用棋牌用具。棋牌桌椅应稳固且高度适中,方便老年人使用。

此外,根据老年人的兴趣爱好和特长,还可设置书画室、音乐室等专业化活动用房,并配备相应的设备和器材。

3. 餐饮服务用房 是确保老年人饮食安全、营养均衡的关键环节。养老机构应设置专门的餐厅和厨房。

(1)餐厅:面积应根据机构内老年人数量确定,但每人用餐面积不应少于 1.5 平方米。餐桌椅应舒适稳固,便于老年人起坐。照明和通风条件应良好,营造愉悦的用餐环境。

(2)厨房:厨房面积应满足食品加工、储存和烹饪的需求,且符合卫生标准。应配置必要的烹饪设备(如炉灶、压面机等)、冷藏冷冻设施及餐具消毒设备。同时,加强对食品采购、储存、加工等环节的监督和管理,确保食品安全。

4. 医疗康复用房　不仅是满足老年人医疗保健和康复需求的重要保障,也是提升老年人生活质量、实现健康老龄化的重要措施。

(1)医疗检查室:面积根据医疗设备配置和检查需求确定,但至少应能容纳一名医生和一名患者进行检查操作。室内应设有检查床、诊疗桌及必要的医疗设备(如血压计、听诊器等)。

(2)治疗室:治疗室面积建议不小于 20 平方米,可配置多种治疗设备(如理疗仪、按摩椅等)以满足不同康复需求。室内环境应整洁卫生,照明和通风条件良好。

(3)康复训练室:康复训练室面积根据康复项目和设备配置确定,但至少应能容纳 4 人同时进行康复训练。室内应设有多种康复器材(如步行器、平衡训练器等)及安全防护设施。

此外,养老机构还应与周边医疗机构建立合作关系,确保在紧急情况下能够及时获得专业医疗服务。

5. 管理服务用房　不仅是保障养老机构日常运营和管理顺利进行的基础,也是提供高质量养老服务的重要保障。

(1)办公室:办公室面积根据工作人员数量和办公需求确定,但至少应能满足行政、财务、人事等部门的办公需求。室内应设有办公桌、电脑、打印机等必要办公设备。

(2)接待室:接待室是养老机构对外展示形象和服务水平的重要窗口,面积建议不小于 15 平方米。室内应布置得温馨舒适,设有沙发、茶几等接待设施及宣传资料架。

(3)会议室:会议室面积根据机构规模和会议需求确定,但至少应能容纳 10 人进行会议或培训活动。室内应配置投影仪、音响系统等会议设备。

除了以上基本用房类型外,养老机构还应根据自身的实际情况和需求配置其他必要的用房,如洗衣房(面积不小于 20 平方米,配置洗衣机、烘干机等设备)、储藏室(面积根据储存物品数量和种类确定,但至少应能满足日常运营所需的物资储存需求)等。这些用房的配置应充分考虑老年人的需求和使用的便利性,确保老年人在养老机构中能够享受到舒适便捷的生活服务。同时,各类用房的设计和建设还应符合国家相关建筑规范和标准,确保安全、环保、节能等方面的要求。

四、养老机构服务项目规划

随着社会的进步和人口老龄化的加剧,养老机构作为养老服务的重要提供者,其服务项目规划显得尤为重要。一个全面、系统、科学的服务项目规划不仅能够满足老年人的多样化需求,提升他们的生活质量和幸福感,也是养老机构持续健康发展的基础。

(一)基础生活服务项目

1. **住宿服务**　住宿服务是养老机构最基础的服务项目之一。老年人需要一个安全、舒适、便利的住宿环境,因此,养老机构应提供不同类型的房间选择,如单人间、双人间、套房等,以满足不同老年人的住宿需求。房间内部应配备基本家具和生活设施,如床、衣柜、桌椅、电视、空调等,同时要考虑无障碍设计,方便老年人生活。

2. **餐饮服务**　餐饮服务是养老机构另一个重要的基础服务项目。老年人的饮食需求与年轻人不同,他们需要营养均衡、口味多样、符合饮食习惯的餐饮服务。因此,养老机构应设立专业厨房,配备合格的厨师团队,根据老年人的身体状况和饮食需求制定科学的食谱,并提供定时定量的餐饮服务。同时,要确保食品安全和卫生,避免食品安全事故的发生。

3. **日常起居照料**　日常起居照料是养老机构为老年人提供的基本生活照料服务。这

笔记栏

包括协助老年人起床、洗漱、穿衣、进食、如厕等日常生活活动。对于行动不便的老年人,还需要提供床上擦浴、协助移动等特殊照料服务。日常起居照料的目的是确保老年人的基本生活需求得到满足,减轻他们及其家属的负担。

(二)医疗康复服务项目

1. 健康检查与疾病预防　健康检查是养老机构为老年人提供的定期健康检查服务。通过健康检查,可以及时发现老年人的健康问题,避免病情恶化。同时,养老机构还应开展疾病预防工作,提高老年人的健康意识和自我保健能力,减少疾病的发生。

2. 康复治疗　康复治疗是针对有康复需求的老年人提供的专业服务。根据老年人的身体状况和康复需求,养老机构应配备专业的康复设备和人员,提供物理疗法、作业疗法、言语疗法等康复治疗服务。康复治疗可以帮助老年人恢复身体功能,提高生活质量。

3. 药品管理　药品管理是养老机构为老年人提供的用药管理服务。老年人用药种类繁多,用药时间复杂,因此需要建立科学的药品管理制度。养老机构应配备专业的药品管理人员,负责药品的采购、储存、发放和回收工作,确保老年人用药安全。

(三)精神慰藉与娱乐服务项目

1. 心理咨询服务　心理咨询服务是养老机构为老年人提供的心理支持服务。老年人面临着身体衰老、社会角色转变等问题,容易产生孤独、焦虑等心理问题。因此,养老机构应配备专业的心理咨询师,为老年人提供心理咨询服务,帮助他们解决心理问题,提升心理健康水平。

2. 文化娱乐活动　文化娱乐活动是养老机构为丰富老年人的精神生活而组织的各种活动。这些活动包括书法、绘画、音乐、舞蹈等文化活动,以及健身、游戏等娱乐活动。通过参与这些活动,老年人可以陶冶情操、锻炼身体、增进交流,提高生活质量和幸福感。

3. 社交活动　社交活动是养老机构为鼓励老年人参与社交而组织的活动。这些活动可以是茶话会、座谈会、集体旅游等形式,让老年人在轻松愉快的氛围中交流思想、分享经验、建立友谊。通过社交活动,老年人可以感受到归属感和认同感,减轻孤独感。

(四)特殊需求服务项目

1. 半失能照护　半失能照护是养老机构为具有一定生活自理能力但又需要一定程度帮助的老年人提供的专门照护服务。这些老人可能需要协助进行日常活动,如洗澡、穿衣、进食等。养老机构应配备有经验的照护人员,为半失能老人提供适时的帮助和支持,确保他们的日常生活需求得到满足,同时鼓励他们锻炼并保持生活自理能力。

2. 失能照护　失能照护是养老机构为失能老年人提供的专门照护服务。失能老年人因身体功能衰退或疾病导致生活自理能力受限,无法独立完成日常生活活动,需要全方位的照护和支持。养老机构应配备专业的失能照护人员,为失能老年人提供个性化的照护服务,帮助他们保持身体舒适、提高生活品质。这些服务包括但不限于日常生活照料、健康监测、康复训练以及心理和情感关怀,确保每位失能老年人都能得到尊重和有尊严的照护。

3. 失智照护　失智照护是养老机构为失智老年人提供的专门照护服务。失智老年人需要特殊的认知训练、生活技能训练和情感支持等服务。养老机构应配备专业的失智照护人员,为失智老年人提供个性化的照护服务,帮助他们维持生活能力、提高生活质量。

4. 临终关怀　临终关怀是养老机构为临终老年人提供的特殊照护服务。在生命的最后阶段,老年人需要舒适的照护环境和情感支持。养老机构应配备专业的临终关怀团队,为临终老年人提供疼痛控制、心理支持、家属沟通等服务,帮助他们安详度过生命的最后阶段。

(五)定制化服务项目

除了以上基础服务项目外,养老机构还应根据老年人的个性化需求和实际情况提供定制化的服务项目。例如,针对老年人的饮食习惯提供个性化餐饮服务,针对老年人的旅游需求提供定制旅游服务,针对老年人的兴趣爱好提供特色课程等。通过提供定制化的服务项目,养老机构可以更好地满足老年人的多样化需求,提高他们的生活质量和幸福感。

在规划养老机构服务项目时,需要注意以下几点:首先,要以老年人的需求为导向,确保服务项目能够满足老年人的实际需求;其次,要充分考虑养老机构的定位、运营管理能力以及市场环境等因素,确保服务项目的可行性和可持续性;再次,要注重服务项目的多样性和个性化,以满足不同老年人的需求;最后,要加强服务项目的质量管理和监督,确保服务项目的质量和安全。

第三节　养老机构申报审批与开业要求

养老机构申报审批是设立养老机构的关键环节,涉及材料的准备、申报流程的遵循、审批要点的把握等多个方面,对确保养老机构能够合规合法地投入运营起到至关重要的作用。

一、养老机构申报材料准备

在申请设立养老机构的过程中,申报材料的准备是至关重要的一环。这些材料不仅直接关系到审批部门对养老机构的初步了解,也是评估机构设立可行性、合规性以及未来运营能力的重要依据。申请人需要认真、细致地准备每一项材料,确保其真实、完整、合法,并按照相关要求进行装订和提交。

(一)养老机构设立申请书

养老机构设立申请书是申报材料的核心部分。申请人需要明确表述设立养老机构的意愿、目的,机构性质以及服务内容等基本信息。这些信息是审批部门对养老机构进行初步了解的基础,也是后续审批流程的重要依据。申请人在撰写养老机构设立申请书时,需要清晰、准确地阐述自己的设立意愿和目的,说明养老机构的性质(如营利性或非营利性),并详细描述机构将提供的服务内容,包括服务对象、服务方式、服务标准等。

(二)养老机构可行性研究报告

养老机构可行性研究报告是对养老机构设立进行可行性分析的重要材料。这份报告需要涵盖市场需求、服务定位、经营模式、经济效益等方面的内容。申请人需要通过市场调研和分析,了解当地养老服务市场的需求和竞争情况,明确自己的服务定位和目标客户群体。同时,申请人还需要对养老机构的经营模式进行详细规划,包括机构的组织架构、人员配备、服务流程、收费标准等。此外,经济效益分析也是可行性研究报告的重要组成部分,申请人需要对机构的收入来源、支出结构以及盈利能力进行合理预测和评估。养老机构可行性研究报告是项目成功的关键所在。申请人必须投入足够的时间和精力,对市场、经营模式、经济效益等方面进行全面深入的分析和研究,以确保项目的顺利推进和成功运营。

(三)养老机构申办人资格证明

养老机构申办人资格证明文件是证明申请人具备设立养老机构资格的重要材料。对于个人申办人而言,需要提供身份证明、户籍证明、无犯罪记录证明、个人征信报告、健康证明等文件;对于单位或企业申办人而言,则需要提供营业执照、税务登记证、组织机构代码证、法人代表人身份证明、无违法违规记录证明、财务报表和审计报告等相关证明文件。不同地区和审批部门可能对具体文件要求有所不同,申办人在准备材料时应咨询当地民政部门或相关机构,了解具体的文件要求和提交流程。同时,确保所有提交的文件都是最新和有效

笔记栏

的,以免影响审批进度和结果。

(四) 养老机构资金来源证明

养老机构资金来源证明文件是证明养老机构资金来源合法、稳定的重要材料。申请人需要提供能够证明资金来源的文件,如银行存款证明、投资协议、贷款合同、政府补贴和扶持资金批文、社会捐赠证明、投资证明等。这些文件能够证明申请人有足够的资金实力来支持养老机构的设立和运营,确保机构在未来能够稳定发展。

(五) 养老机构固定场所证明

养老机构固定场所证明文件是证明养老机构具备合法经营场所的重要材料。申请人需要提供养老机构的场地使用证明,如产权证、租赁合同、场地使用批准文件、消防验收证明、环保验收证明等。在申请过程中,申请人需要按照相关部门的要求,提供完整、真实的证明文件,以确保申请的顺利进行。这些文件能够证明申请人拥有或租赁了符合要求的经营场所,确保养老机构能够在合法的场地内开展服务。

(六) 养老机构组织章程和管理制度

养老机构组织章程和管理制度是养老机构内部管理和运营的重要依据,作为养老机构内部管理和运营的纲领性文件,承载着规范机构行为、保障服务质量、提升运营效率的重要使命。

1. 组织章程　确立了养老机构的基本框架和运营原则。它明确了养老机构的组织架构,从顶层决策到底层执行,每一层级都有明确的职责和权力。同时,章程还规定了服务流程,确保老年人从入住到离开,都能得到周到、细致的服务。

2. 管理制度　是养老机构日常运营的"操作手册"。涵盖了人员管理、财务管理、物资管理、档案管理等内容,为每一项工作提供了具体的操作指南。这些制度不仅保障了机构的规范运作,也提升了工作效率和服务质量。

这些文件是审批部门评估养老机构内部管理和服务质量的重要依据。它们能够帮助审批部门全面了解申请人的管理理念和运营能力,从而作出更为准确、公正的审批决策。

(七) 养老机构人员配备方案

养老机构人员配备方案是证明养老机构具备专业服务团队的重要材料。申请人需要提供养老机构的人员配备计划,包括专业护理人员、医疗人员、管理人员等的数量和资质要求。这些人员是养老机构提供优质服务的重要保障,他们的数量和资质水平直接影响到机构的服务质量和运营效率。申请人需要认真规划人员配备方案,确保机构在未来能够拥有一支专业、高效的服务团队。

在准备这些申报材料的过程中,申请人需要注重材料的真实性、完整性和合法性。任何虚假、遗漏或不合法的材料都可能导致审批失败或后续运营中的问题。因此,申请人需要认真核对每一项材料的内容和格式要求,确保其符合审批部门的要求和标准。同时,申请人还需要按照相关要求进行装订和提交材料,保持材料的整洁和有序,便于审批部门的查阅和审核。

二、养老机构申报流程

养老机构的申报流程错综复杂,为确保养老机构能够按照标准进行运营,申请人不仅要深入理解相关政策法规,还要精心准备所需的各项材料,并在审查过程中提供必要的配合。

(一) 咨询了解

在申请设立养老机构之前,申请人首先需要进行充分的咨询了解。可以向当地民政部门或相关机构咨询设立养老机构的政策、法规、流程等信息。这有助于申请人了解设立养老机构的基本条件和要求,为后续的申请工作做好准备。在咨询过程中,申请人需要重点关注以下几个方面:当地养老服务市场的需求和竞争情况,了解目标客户群体和服务定位;设立养老机构的政策法规和流程,包括机构性质、服务范围、人员配备等方面的要求;民政部门或相关机构的审批标准和流程,了解审批过程中的重点环节和注意事项。通过咨询了解,申请人可以对设立养老机构有一个初步的认识和规划,为后续的申请工作奠定基础。

(二) 准备材料

准备申报材料是申请设立养老机构的重要环节。申请人需要按照民政部门或相关机构的要求,准备真实、完整的申报材料。这些材料通常包括:养老机构设立申请书、养老机构可行性研究报告、养老机构申办人资格证明、养老机构资金来源证明、养老机构固定场所证明、养老机构组织章程和管理制度、养老机构人员配备方案等。

(三) 提交申请

提交申请是养老机构申报流程中的关键一步,它标志着前期准备工作的结束和正式审批流程的开始。在这一环节,申请人需要将精心准备的申报材料递交给当地民政部门或相关机构,并填写相应的申请表格。提交申请时,申请人必须严格遵守民政部门或相关机构的规定,按照指定的方式和时间进行提交。申请人需要认真核对申请表格和申报材料,确保信息的准确无误和一致性。此外,申请人还需要妥善保留提交申请的凭证,以备后续查询和跟进。这有助于申请人及时了解申请进度和审批结果,为后续工作做好准备。

(四) 初步审查

初步审查是设立养老机构审批流程中的重要一环。在这一阶段,审查机构会对所提交的申报材料进行详细和全面的审查,包括核实材料的真实性和完整性,检查是否符合设立养老机构的基本条件和要求,如场地设施、人员配备、资金来源等。审查方式包括书面审查、约谈申请人、现场核查等,可以更深入地了解申请人的实际情况和养老机构的设立计划,确保机构的设立符合相关法规和政策。申请人需积极配合审查机构的工作,及时了解具体的审查进度和预计完成时间,以便做好相应的准备工作。审查的顺利进行需要双方共同努力,以推动养老机构设立流程的稳步前进。

(五) 现场勘查

对申请设立的养老机构进行现场勘查是审批过程中的重要环节。民政部门或相关机构会组织专业人员对养老机构的场地、设施、人员等实际情况进行现场勘查和评估。在现场勘查过程中,申请人需要向勘查人员详细介绍养老机构的情况,包括场地布局、设施配置、人员配备等。同时,申请人还需要展示养老机构的运营计划和服务方案,以证明其具备提供优质服务的能力和条件。

(六) 综合评估

综合评估是对申请设立的养老机构进行全面、深入、细致的评估。民政部门或相关机构会根据初步审查和现场勘查的结果,结合市场需求、服务能力、经济效益等方面的因素进行综合评估。在综合评估过程中,民政部门或相关机构会充分考虑申请人的实际情况和养老机构的设立计划,以及当地养老服务市场的需求和竞争情况等因素。通过综合评估,民政部门或相关机构可以对养老机构的设立做出科学、合理的决策。

(七) 审批决定

根据初步审查、现场勘查和综合评估的结果,民政部门或相关机构会作出是否批准设立养老机构的决定。如果申请被批准,申请人将获得养老机构的设立许可证明,并可以开始养老机构的筹建和运营工作。如果申请被拒绝,申请人可以根据拒绝理由进行整改后重新申请。在审批决定过程中,民政部门或相关机构会遵循公平、公正、公开的原则,确保审批结果的公正性和透明度。同时,民政部门或相关机构还会对审批过程进行记录和存档,以备后续查询和监管。

笔记栏

综上,养老机构的申报流程见图2-1。

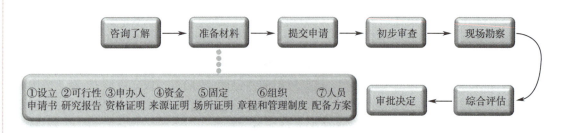

图2-1　养老机构申报流程图

三、养老机构审批要点

在养老机构的审批过程中,民政部门或相关机构起重要作用。他们不仅需要对所提交的申请材料进行详尽的审查,还需要依据一系列要点对养老机构的设立进行全面评估。这些要点涵盖了机构性质、服务定位、场地设施、人员配备、资金来源以及管理制度等方面。

(一) 养老机构性质

养老机构作为提供老年人居住和照护服务的社会服务机构,其营利性质直接关系到机构的运营目标和发展方向。在申请设立养老机构时,申请人应根据要求提交机构性质相关材料,并承诺将遵守相关法律法规和政策规定。

(二) 养老机构服务定位

养老机构服务定位是审批过程中的一个重要考虑因素。民政部门或相关机构会评估养老机构的服务定位是否明确、合理,是否能够满足市场需求。具体来说,综合考虑机构的目标服务群体、服务内容、服务方式以及服务质量等方面。例如,机构是否专注于为特定类型的老年人提供服务(如失能、半失能老人),是否提供多元化的服务项目(如生活照料、医疗护理、康复保健等),以及是否能够根据老年人的个性化需求提供定制化服务等。通过这些评估,审批机构可以判断养老机构的市场前景和社会价值。

(三) 养老机构场地设施

养老机构场地设施是养老机构审批中不可或缺的一部分。民政部门或相关机构核查养老机构的场地、设施是否符合相关标准和规范,是否能够提供安全、舒适的服务环境。这包括对机构的建筑结构、消防安全、环境卫生、无障碍设施等方面进行严格的检查。例如,机构的建筑是否符合抗震、防火等安全要求,是否设有足够的紧急出口和疏散通道,是否配备了必要的医疗设备和康复设施等。这些设施的好坏直接关系到老年人的生活质量和安全健康,审批机构会对此给予高度重视。

(四) 养老机构人员配备

养老机构人员配备是审批过程中的一个关键环节。民政部门或相关机构评估养老机构的人员配备是否充足、合理,是否具备提供专业服务的能力。具体来说,他们会关注机构的医护人员、护理人员、管理人员等的数量和质量。例如,机构是否拥有足够数量的专业医护人员来提供必要的医疗和护理服务,是否定期对员工进行培训和考核以确保其具备专业技能和服务意识等。这些人员配备的充足性和专业性对于保障养老机构的服务质量和运营效率至关重要。

(五) 养老机构资金来源

养老机构资金来源是养老机构设立和运营的基础保障。民政部门或相关机构核实养老机构的资金来源是否合法、稳定,是否能够保障机构的正常运营。具体包括对机构的资金筹集、使用和管理等方面进行严格的审查。例如,机构是否通过合法途径筹集资金(如政府补助、社会捐赠、服务收费等),是否建立了完善的财务管理制度和监督机制来确保资金的安全和有效使用等。这些资金来源的合法性和稳定性对于养老机构的长期发展具有重要意义。

(六) 养老机构管理制度

养老机构管理制度是养老机构审批中的最后一个要点。民政部门或相关机构会审查养老机构的管理制度是否完善、规范,是否能够保障服务质量和安全。这包括对机构的行政管理、服务管理、风险管理等方面进行全面的评估。例如,机构是否建立了完善的组织架构和管理流程来确保日常运营的顺利进行,是否制定了明确的服务标准和质量控制体系来保障服务质量的一致性和可靠性等。这些管理制度的完善性和规范性对于提升养老机构的整体运营水平和服务品质具有至关重要的作用。民政部门或相关机构在审批养老机构时会关注多个要点,通过对这些要点的全面评估和审查,审批机构可以确保所设立的养老机构具备提供高质量服务的能力和条件,从而为社会老年人提供更好的养老保障。

四、养老机构注册和许可要求

养老机构是为老年人提供住宿、护理、康复和娱乐等服务的场所。为了确保养老机构的服务质量和安全,需要进行注册和许可。

(一) 设立申请书

申请养老机构注册和许可,首先需要提交一份详细的设立申请书,申请书中应包括以下内容:养老机构的名称、地址和联系方式;机构规模、床位数和员工人数;服务范围和特色;投资额和资金来源;机构章程和管理制度等。(示例见表 2-1)

(二) 机构章程

养老机构的章程是规定机构组织、管理和运作的重要文件。章程应包括以下内容:机构的宗旨、名称、住所和业务范围;机构的注册资本、股权结构及出资方式;组织机构、议事规则和决策程序;机构的法定代表人或主要负责人产生、罢免的程序;机构内部管理体制及日常运作规则;章程修改的程序等。

(三) 养老机构建设方案和建筑设计平面图

申请养老机构注册和许可,需要提交老年养护机构建设方案和建筑设计平面图,以确保机构的建设符合相关标准和规定。这些材料应包括:建设方案,包括建设规模、建筑布局、功能分区、服务设施等;建筑设计平面图,包括各层平面图、剖面图、立面图等。

1. 养老机构建设方案　老年养护机构建设方案是一个综合性的规划和设计文件,主要包括以下内容。

(1)建设目标与定位:明确养护机构的建设目的、服务人群和功能定位。

(2)规模与布局:确定养护机构的规模、选址、总体布局和功能分区。

(3)设施配置:根据老年人的需求,配置相应的设施,如住宿、餐饮、医疗、康复、娱乐等。

(4)管理运营:制定养护机构的管理制度、服务标准和人员配置方案。

(5)投资估算与效益分析:对养护机构的建设成本、运营成本和效益进行评估和分析。

(6)实施计划:制定养护机构的建设进度计划、资金筹措计划和招标计划。

2. 建筑设计平面　建筑设计平面图是针对老年养护机构的建筑设计图纸,主要呈现建筑的平面布局和功能分区,主要包括以下内容。

(1)建筑平面图:显示建筑的平面形状、尺寸和布局,包括入口、大厅、休息区、餐厅、卧室、卫生间等功能区域的划分。

(2)流线设计:表示人员和物品的流动路线,如入口流线、餐饮流线、医疗流线等。

表2-1　养老机构设立申请书示例

拟设置养老服务机构的基本情况						
暂定名称				电话		照片
机构地址				邮政编码		
临时负责人		机构性质				
拟开工时间		年　月　日		拟竣工时间		年　月　日
拟设置床位数				服务对象		
占地面积（平方米）				建筑面积（平方米）		
绿化面积（平方米）				使用面积（平方米）		
房屋场地性质（√）		产权　　　　租赁 使用权　　　其他			租赁期限＿＿年	
					租赁费用＿＿万元 / 年	
拟投资总额（万元）						
其中	土地购置费（万元）			设备购置费（万元）		
	土建费（万元）			开办经费（万元）		
	装修费（万元）			其他经费（万元）		
经费来源（万元）	政府投资（补贴）			个人投资		
	项目单位投资			其他		
申办单位基本情况						
名称			负责人		电话	
地址			邮编		性质	
申请人基本情况						
姓名			性别		出生年月	
政治面貌			学历		专业职称	
家庭地址					联系电话	
身份证号码						
申办人简历						
何年何月至何年何月			在何地何部门		任何职务	

（3）细节设计：对建筑内部的细节进行设计，如家具布置、标识标牌、安全设施等。

（4）设备配置：表示各种设备的配置和位置，如空调、通风、照明等。

（5）无障碍设计：根据老年人的特点和需求，进行无障碍设计，如坡道、扶手等。

（四）依照法律、法规、规章设立养老机构应提交的其他相关材料

　　根据相关法律、法规、规章的要求，设立养老机构还需要提交其他相关材料，例如环保评估报告、消防验收合格证明、医疗机构执业许可证、食品卫生许可证、员工资质证明等。具体要求可以咨询当地相关部门或律师。

（五）申请养老机构备案须填写备案申请书

除了上述材料外,如果申请养老机构备案,还需要填写备案申请书。备案申请书应包括以下内容:养老机构的名称、地址、规模和业务范围;机构的服务质量、安全保障措施和管理制度等。养老机构登记后,申请人向民政部门提交材料并提出验收申请的,民政部门应当组织实地验收,对符合条件的,核发登记证书并予以公布;对不符合条件的,应当书面说明理由。养老机构登记备案参考流程见图 2-2。

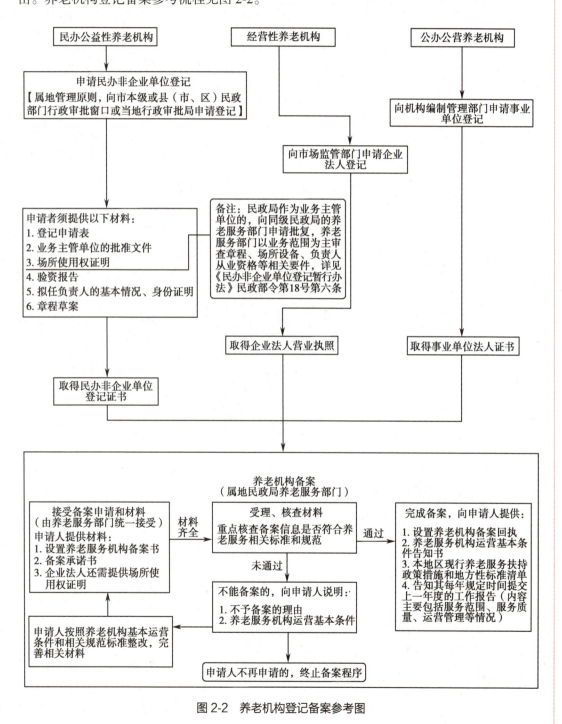

图 2-2　养老机构登记备案参考图

（田晓燕）

复习思考题

1. 养老机构建筑设计应遵循什么原则?
2. 养老机构的选址应遵守什么原则?
3. 养老机构选址的影响因素是什么?
4. 养老机构申报需要准备的材料有哪些?

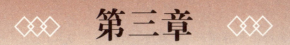

第三章

养老机构的组织管理

PPT 课件

学习目标

知识目标

1. 掌握组织管理的相关概念及主要内容。

2. 熟悉养老机构组织管理的基本功能及养老机构的组织结构。

3. 了解养老机构组织文化的功能及建设理念。

能力目标

1. 能够运用现代管理理论的思想及方法解决养老机构组织管理中的实际问题。

2. 能够依据组织文化的内容和建设理念进行养老机构组织文化的建设。

素质目标

树立科学的组织管理观念,培养自律奉献、服务第一的职业素养,具备成为养老机构管理者的基本素养。

思政目标

弘扬中华优秀传统文化,传承孝老尊老的传统美德,树立尊老、爱老、孝老、敬老、助老以及人文关怀理念。

有效的组织结构能够使养老机构中的人员有序地分工合作,使资源得以共享,机制得以完善,从而产生协同效用,实现养老机构的组织目标。合理的组织管理,能使养老机构成员实行有效的分工协作,圆满地完成组织任务,是实现管理目标的重要保证。

案例分析

某养老机构位于市区,该机构的房子南侧窗户外不到一米处有一面坡道墙,挡住了光线,影响了通风。养老机构院长苦思冥想,查阅有关养老院装修规范、文件等等,决定装修时在坡道墙上绘制山水画,解决坡道墙的问题。试装了一张"中山陵"风景画后,从走廊向窗外看去,有一种身临其境的感觉,老人们感觉神清气爽。

随后,在坡道墙上分别绘制了"金陵十二景"。文化墙中有幅"长江大桥"画,参加长江大桥建设的王爷爷,经常会来到"大桥"前,回忆他年轻时的美好时光;老年痴呆的张奶奶,年轻时很喜欢旅游,她经常想一个人跑出去玩,护理员就以假乱真,常带李奶奶到"梅花山、夫子庙"玩,老人家玩得开心极了!

新院开业后,领导和同行们都来参观,称赞文化墙太有创意了。老人家属来参观咨询时,这面文化墙也成了机构亮点之一。开园第一个月,入住 18 名老人,在不到半年的时间里,入住率达 60%。

分析：
1. 此案例中,该养老机构解决"坡道墙"问题的理念是什么?
2. 分析养老机构组织实施文化建设的内容和步骤。

第一节 组织管理概述

管理是人类最基本也是最重要的活动,自从有了人类社会以来,便出现了管理。组织管理是一种复杂的活动,是为了实现组织的目标,提高组织的效率和效益,使组织能够在竞争激烈的市场中生存和发展。

一、组织与组织管理

(一) 组织的概念

组织是人类社会最普遍、最常见的社会现象,政府机关、工厂、学校、医院等都是各类组织的表现形式。组织不仅是人的结合,而且是一个特定的体系。一般来说,组织(organization)是指由一群人协调合作实现共同目标的社会集合体。它是经过设计、构建和运作的实体,由不同的部门、角色、任务和职能构成,并通过不同的规章制度和流程进行管理和控制。组织体现了人们在共同目标下的协作与合作,同时,也是人们实现个人价值的场所。

(二) 组织的特征

1. 整体性 组织是人们为了实现某些特定的目标,各自分担明确的权力、任务和责任,扮演不同的角色,并通过各种规章制度约束其成员的行为,以保持组织的一致性并保证组织目标的实现。所以,组织本身是一个综合人力的机构,是一个集体实现目标的工具,是提供工作环境、决定目标、分配工作、完成目的的整体性的人群体系。

2. 复杂性 组织是由若干个集体和个体组成的,在集体和集体之间、个体与个体之间存在着差异。组织的不同元素、不同层次之间的相互作用使组织整体表现出多样性、动态性、变异性、不可预见性等复杂特征。组织中的领导者需要处理这些差异,建立一个合作的、有较高效率的组织。组织要实现目标,必须协调组织中各不同元素为实现组织目标而产生的各种关系。组织要发挥其作用,还需要有一个权力层次体系,并有严格的规章制度等。这些十分复杂的工作决定了组织的复杂性这一特征。

3. 实用性 由于科学技术的进步,生产的社会化程度越来越高,要取得任何一项成就都必须借助集体的力量,依靠组织功能的发挥,才能适应客观环境的变化。所以,组织既是社会化生产的必然产物,又具有实用性。

4. 协作性 从组织活动的角度来看,组织本质上是组织成员之间的相互协作关系。协作的原因在于个人在社会生产和社会活动中不能独立完成任务和工作,必须通过人与人之间的相互协作来获得帮助。组织的协作性突出体现在组织中职位的明确规定性和相互协调性,以及组织成员工作中的合作性与配合性。各方面的协调和配合使组织表现出灵活的应变能力,整体的协作功能,使组织目标得以实现。

(三) 组织管理的概念

组织管理(organizing management)是指通过建立组织结构,规定职务或职位,明确责权关系,以使组织中的成员相互协调配合、共同劳动,有效实现组织目标的过程。组织管理是一项重要的管理活动,它能确保组织的各项工作有序进行,提高资源的利用率,激发员工的工作积极性和创造力。通过科学有效的组织管理,使组织不断发展壮大,实现预定的目标。组织管理有三层含义。

1. 组织管理围绕组织目标来进行　目标是组织存在的基础,也是维持组织凝聚力的纽带,目标直接关系到组织管理的方向和结局。组织管理就是通过合理配置各种资源,提高组织运行的效率,使组织目标得以实现。

2. 组织管理是一个动态协调的过程　既要协调组织内人与人的关系,又要协调组织内人与物的关系,同时还要协调组织与组织所处环境(包括社会环境和自然环境)的关系,协调贯穿管理活动始终。

3. 组织管理是有意识、有计划的科学活动　组织管理不是一种盲目、无计划的自发活动,只有做到科学有效的组织管理,才能推动组织发展和员工成长,实现共赢的目标。

二、组织管理的理论

在漫长的组织管理实践中,人们不断思考和总结,形成了各种组织管理理论。一般认为,组织管理理论的演变过程可以分为三个阶段:古典管理理论、行为科学管理理论、现代管理理论。

(一) 古典管理理论阶段

古典组织管理理论形成于 19 世纪末 20 世纪初,其代表人物有美国的泰勒、法国的法约尔和德国的韦伯等人。这一阶段的前期,泰勒等人重点探讨了组织内的企业管理理论,后期以韦伯为代表的管理理论重点探讨了组织内部的行政管理。

这一阶段的理论基础是“经济人”理论。学者认为人们工作是为了追求最大的经济利益以满足自己的基本需求。他们通过建立一套标准化的科学管理方法来指导和控制组织成员的活动。

(二) 行为科学管理理论阶段

行为科学管理理论形成于 20 世纪 20 年代,行为科学管理注重对人的行为及产生这些行为的原因进行分析,认为人是有多种需要的“社会人”,影响人们生产积极性的因素,除了物质方面以外,还有社会和心理方面。满足人的多种需要是组织内建立良好的人际关系及提高组织效率的根本手段。这一阶段的理论重点研究了组织中的非正式组织、人际关系、人的个性和需要等。这一阶段出现了如马斯洛的“需求层次理论”,麦格雷戈的“X 理论—Y 理论”,利克特的“支持关系理论”及卢因的“团体力学理论”等诸多理论。

(三) 现代管理理论阶段

现代管理理论产生于 20 世纪中叶,学派甚多,主要包括以美国巴纳德为代表的社会系统论,认为组织是由个人组成的协作系统,是社会大系统中的一部分;以美国西蒙为代表的决策理论,强调“管理就是决策”;以美国卡斯特为代表的系统管理理论,是运用系统论、信息论、控制论原理,把管理视为一个系统,以实现管理优化的理论;以英国伍德沃德为代表的权变理论,该理论的核心就是“权衡与变通”;以美国伯法为代表的管理科学理论,认为管理就是制定和运用数学模型与程序的系统。

这一阶段理论的特点是吸收了古典管理理论和行为科学管理理论的精华,并且在现代系统论的影响下有了新的发展。这些理论把组织看成一个系统,要实现组织目标和提高组织效率取决于组织系统内各子系统及各部门的有机联系。

三、组织管理的原则

组织管理原则是组织管理活动中一般规律的体现,是人们在组织管理活动中为达到组织的基本目标而在处理人、财、物、信息等组织管理基本要素及其相互关系时所遵守和依据的准绳。组织管理一般应遵循以下原则。

(一)目标导向原则

组织应该有明确的目标,这些目标应该与组织的价值观和使命保持一致,以确保组织的成员能够理解和致力于实现这些目标。组织管理应该以实现组织的目标为出发点和归宿,所有的管理活动都应该围绕实现组织的目标展开。

(二)统一指挥原则

组织应该遵循统一指挥的原则,组织管理需要有一位主管或领导来统一协调和决策,规范组织内部的各种运作,确保组织的正常运转。每个成员应该只接受一个上级的指挥和领导,以确保决策和执行的效率和协调性。

(三)分工协作原则

组织应该确保每个成员的权力和责任相互匹配,即每个成员应该在承担责任的同时被赋予相应的权力,以确保他们能够有效地履行职责。组织内部应该根据人员的特长和能力进行分工和协作,达到高效的生产和服务效果。

(四)沟通协调原则

组织管理需要保持良好的沟通和协调,鼓励成员之间的沟通协调,包括横向沟通和纵向沟通,以确保组织的各个部门和成员之间能够相互理解和协作,组织内部各个部门良好的协作关系,能提高组织的运转效率。

(五)奖惩并重原则

组织管理需要采取积极的奖励和惩罚措施,激励人员的积极性和创造力,包括物质激励和非物质激励,同时也需要对违纪违规行为进行惩戒和制裁,提高组织的绩效和竞争力。

(六)持续改进原则

组织管理需要不断进行自我反思和改进,及时找出组织内部存在的问题和不足,采取有效的措施进行修正和改进。包括对组织的战略、流程、人员和绩效进行评估和改进,以确保组织能够适应变化的环境和需求,并不断提高组织的绩效和竞争力。

以上是组织管理的原则,这些原则可以指导管理者在组织内部进行资源合理调配和优化,确保组织能够实现其目标并取得更好的业绩。

四、组织管理的内容

组织管理是一个系统工程,通过合理的组织结构、科学的决策、有效的协调和控制,实现企业的战略目标和管理目标。组织管理具有一系列基本内容,即组织管理要做什么,这是所有组织首先要考虑的问题。组织管理的内容主要有以下几个方面。

(一)建立合理的组织结构

基于人的主观局限性,组织必须具有纵向的上下层次关系和同层次之间的横向或交叉关系。上下层次是一种权力和责任分配的关系,横向层次则是一种专业分工的关系。任何组织都是由作为组成要素的人按照一定的结构建立起来的系统,具有系统性。组织结构是组织内各部门、职位和人员之间相互关系的总体安排,是组织管理的基础。合理的组织结构应该有清晰的职责范围、协调顺畅的沟通渠道和适当的权力分配,避免出现重复、冲突和空缺的职责。

(二)明确完善的工作流程

工作流程是指组织内部各项工作的具体操作步骤和流程。通过完善工作流程,可以规范各项工作,避免出现漏洞和疏漏,提高工作效率和质量。同时,还可以监控工作进度和质量,及时发现和解决问题。只有使所有职能关系都按照实现组织目标的要求,纳入组织的分工与协作体系,并体现出高度的系统性和逻辑性,组织才能在不断变化的外部环境面前及时做出有效回应。

(三)制定科学的管理制度

管理制度是指组织为了实现管理目标而制定的一系列规章制度和操作规范。科学的管理制度可以规范员工的行为和工作方式,提高工作效率和质量,减少工作中的冲突和误解,同时也可以保证组织的稳定和发展。

(四)有效进行人才管理

人才是组织的核心资源,对于组织的发展至关重要。有效的人才管理需要建立科学的招聘机制、培养机制、激励机制和评价机制,吸引和留住优秀的人才,发挥人才的潜力和创造力,推动组织的持续发展。

(五)注重团队建设及文化建设

团队建设指通过培养团队意识、沟通能力、协作能力和创新能力,建立高效、和谐、有凝聚力的团队,共同完成组织的任务。文化建设指通过塑造组织的价值观、文化氛围和形象形态,营造积极向上、和谐稳定的工作氛围,提高员工的归属感和凝聚力,增强组织的竞争力和影响力。

第二节　养老机构组织的基本职能

养老机构的组织管理过程通过行使管理职能以掌控养老机构运行的效率与效果,充分发挥养老机构的组织管理职能对养老机构的发展有着重要的作用。

一、养老机构组织管理的职能

组织管理的方式及程序集中体现在管理职能上,养老机构组织管理的职能包括计划、组织、领导和控制四个方面。

(一)计划职能

组织管理的计划功能是养老机构所采取行动的框架,包括养老机构的科学分析和综合考虑,以及细化到任务执行的具体实施过程。计划是养老机构组织管理的重要职能,计划的内容很多,从目标的确定和实施程序的确定,到财务、物质、技术计划和时间计划等。具体包括养老机构的发展规划、计划合理分配资源、设定合理的目标以及实现养老机构组织目标的途径。

(二)组织职能

这是养老机构组织管理职能中最重要的职能之一,是将养老机构的领导者、部门主管、工作人员归类分类,建立三者的综合关系,确定决策和活动的连续性,为有效地实现养老机构的管理目标奠定基础。养老机构组织管理的组织职能指养老机构各部门、岗位及其相互的联系,养老机构的成功取决于养老机构是否能按照正确的顺序组织合理的结构,确定好每个部门的功能、职责,正确把握养老机构员工的岗位职能,实现内部沟通和协作,从而为实现养老机构目标奠定基础。通过建立一个合理的组织结构,明确各个部门的职责和权责关系,

笔记栏

确保养老机构能够高效有序地运转。

（三）领导职能

组织管理的领导职能是使员工在养老机构内能够有效地承担任务活动,发挥最大的积极作用。这一过程包括树立有助于职工激励和愿景的共同发展目标,制定和及时调整管理策略,给予正确的表扬和批评,改善员工工作环境,培训和发展员工,搭建一个有利于养老机构有效运行的工作框架等。在养老机构的组织管理中,领导工作方式是非常重要的,它可以使养老机构管理和运作更加有序和有效。通过有效领导和管理团队,推动养老机构不断完善服务质量和提高品牌知名度。

（四）控制职能

组织管理的控制职能是指经过上述预备安排和实施之后,通过各种手段严格监督及对养老机构成员的行为进行检查,以保证养老机构执行计划,正确完成养老机构所设定的目标,并及时发现问题、及时处理的过程。可以采用经济指标、工作指标等监测养老机构运行情况,加以改善和促使养老机构实现最优状态。

养老机构控制职能是对养老机构各部门、岗位、任务和绩效进行有效的观察、评估和指导,有效地实现养老机构发展规划,以实现养老机构的目标。控制不仅关注实现事物,它还关注完成过程中发生的变化和实现养老机构目标所采取的措施,以确保工作顺利完成。通过财务和成本控制、流程和风险管理等手段,实现对养老机构的服务活动进行有效控制和监管。

二、养老机构组织管理的功能

养老机构组织管理是为了有效实现养老机构的目标和任务,合理地确定养老机构组织成员及各项管理活动之间的关系,对养老机构资源进行合理配置。养老机构组织管理具备以下基本功能。

（一）定位功能

养老机构组织管理的首要功能就是要依据社会发展和社会分工的需要,依据养老机构的客观实际和养老机构的发展需要,确定养老机构在社会发展中的定位,明确目标受众和服务范围,并进行市场分析,了解潜在客户的需求。养老机构是服务型企业,主要以服务来满足市场客户需求。所以,养老机构根据服务内容、服务层次、服务对象来定位,不同服务定位会对养老机构的设施设备、人员结构、服务流程等带来不同的要求和影响。

（二）整合功能

组织管理的基本功能就是依据养老机构在社会生产和社会生活中的定位,对养老机构的劳动过程和劳动资源进行必要的整体集中、合理分工、统一合成的有机整合,以保证实现由养老机构定位所形成的共同劳动和共同发展的组织目标。通过对劳动资源的有机组合、有效运用,可以提升劳动资源的功能价值,使同等数量和质量的劳动资源产生增值效应,从而成为现代社会生产和社会生活中的一种不可缺少、不可替代的组合性资源。

（三）调控功能

调控功能与养老机构组织管理的其他功能紧密联系,是促进养老机构发展和有效经营的重要因素。调控功能是指在养老机构整合资源实现目标的过程中,养老机构组织内部各角色共同协同合作的能力,以均衡部分利益和达到整体利益最优效果。养老机构劳动正常进行需要有统一、专业、有效的组织管理,需要通过组织管理,对养老机构劳动过程进行全方位的监督掌握,对各个要素、各个环节中出现的异常现象进行必要的调整处置,以保证养老机构劳动能符合组织共同目标的要求。

（四）创新功能

现代组织管理是以人为中心的管理,即通过对人力资源的有效激励,促使养老机构成员产生应有的积极性和创造性,在养老机构共同目标的正确引导下,使养老机构成员的积极性和创造性形成内在的核心动力,并通过养老机构成员能动地运用其他各种劳动资源,有效地进行协作化的组织劳动,从而形成实现养老机构目标所必需的综合推动力。

组织创新是养老机构不断发展的必需动力,引导和推动养老机构的创新实践是养老机构组织管理具有的重要功能。养老机构的创新不是必定形成的客观行为,不是自发形成的个人行为,而是在多种相关因素的综合作用下,有目的、有计划、有组织进行的创造性行为,是以养老机构组织管理创新为导向和动力的组织系统性的创新行为。

第三节　养老机构的组织结构

组织结构(organization structure)是指一个组织系统内部各构成部分及各部分之间正式规定的、比较稳定的相互关系形式。组织结构从某种意义上讲是抽象的,因为社会系统的结构不同于生物系统和机械系统的结构,是不可见的,但我们可以从组织的活动及其工作过程中推断出来。有效的组织结构能够使组织中的人员有序地分工合作,使资源得以共享,机制得以完善,从而产生协同效用,实现组织目标。

一、养老机构的组织结构设计

（一）养老机构组织结构设计的原则

为了有效利用养老机构内部的人力资源,提高组织的竞争力,要科学合理地设计组织结构。进行组织结构设计时需要遵循以下原则。

1. 任务与目标原则　养老机构组织设计的根本目的,是实现养老机构的战略任务和经营目标。这是一条最基本的原则。因而,组织结构设计要从这一原则出发,体现一切设计为组织目标服务的宗旨。在进行养老机构组织结构设计时,首先要明确养老机构的目标是什么,为实现目标应采用何种战略,然后分析目标实现与战略执行需要完成的任务,这些任务如何链接与达成,最后因事架构,因事设职,因职用人。当组织的任务、目标发生重大变化时,组织结构必须作相应的调整,以适应任务、目标变化的需要。

2. 专业分工与协作原则　养老机构内部无论设置多少个部门,每一个部门都不可能承担养老机构所有的工作。养老机构内部各部门之间应该是分工协作的关系,也就是说养老机构中有管财务的,有管人力资源的,有做后勤保障的,还有主导业务流程中各个环节的部门。因此,组织结构设计时把握好分工协作原则至关重要。

3. 有效管理幅度原则　每一个部门、每一位领导人都要有合理的管理幅度。管理幅度太大,无暇顾及;管理幅度太小,可能没有完全发挥作用。所以在养老机构组织结构设计的时候,要制定合理恰当的管理幅度。

4. 集权与分权相结合原则　组织结构设计时,既要有必要的权力集中,又要有必要的权力分散,两者不可偏废。集权有利于保证组织的统一领导和指挥,有利于人力、物力、财力的合理分配和使用。而分权是调动下级积极性、主动性的必要组织条件。合理分权有利于基层根据实际情况迅速而正确地做出决策,也有利于上层领导摆脱日常事务,集中精力抓重大问题。因此,集权与分权是相辅相成的。

5. 稳定性和适应性相结合原则　稳定性是指组织抵抗干扰,保持其正常运行;适应

笔记栏

性是指组织调整运行方式,以保持对内外环境变化的适应能力。在进行组织结构设计时,既要保证组织在外部环境和组织任务发生变化时,能够继续有序地正常运转;同时又要保证组织在运转过程中,能够根据变化了的情况做出相应的变更,组织应具有一定的弹性和适应性。为此,需要在组织中建立明确的指挥系统、责权关系及规章制度;同时,又要求选用一些具有较好适应性的组织形式和措施,使组织在变动的环境中,具有一种内在的自动调节机制。

(二)养老机构组织结构设计的基本形式

1. 管理幅度与管理层次的关系 管理幅度与管理层次之间既相互促进,又相互作用。

(1)管理幅度(management range),亦称管理跨度,是指管理者直接指挥被管理者的数目。管理者直接管理的下属人数越多,其管理的跨度就越大;反之,其管理的跨度就越小。管理幅度直接反映了管理者的管理范围和工作量,管理幅度越大,需要管理者直接管理的不同专业部门越多,对管理者的知识素质和管理能力要求也就越高。

(2)管理层次(management levels),亦称组织层次,是指从组织最高一层管理组织到最低一层管理组织的等级数目,即组织结构中所有职位按照等级从高到低的排序数目,一个职位等级就是一个管理层次。管理层次直接反映组织内部的分工关系,管理层次越多,组织分工就越细;反之亦然。

在组织规模确定的条件下,管理幅度越大,管理层次就越少;反之,管理幅度越小,管理层次就越多。通常,在组织结构设计中根据管理者的素质和能力优先确定其管理幅度,然后再依据管理幅度确定管理层次。

2. 组织结构设计的基本形式 组织结构设计的基本形式主要包括组织结构横向设计和组织结构纵向设计。

(1)组织结构的横向设计:部门划分与部门分工是组织结构横向设计的主要内容。按照专业化分工的思路来划分部门是组织结构横向设计的理想选择。在部门划分中将职能类似的部门合并,避免专业内容相同或相近的职能部门重复设立。同时,不宜过分追求部门划分专业化,要适当增加职能部门的工作内容,将部门划分专业化与部门工作丰富化有机结合起来,给组织成员增添必要的工作乐趣。

(2)组织结构的纵向设计:组织结构纵向设计的核心内容是管理幅度与管理层次设计。其中以管理幅度设计为主,以管理层次设计为辅。在全面分析管理工作性质、管理者素质与能力、组织成员素质与业务水平、组织内部环境及组织外部环境等因素的基础上依据上一层级部门与下一层级部门关系的复杂程度来设计管理幅度,从而确定组织结构的横向宽度。

从管理幅度出发,依据职能部门的特点、分工、效率等因素来设计管理层次,从而确定组织结构的纵向高度。在组织结构纵向设计中,可能产生两种典型的组织结构:高耸式组织结构和扁平式组织结构。高耸式组织结构具有管理幅度小、分工明确、结构严密、易于控制等优点。但其层次较多,容易产生权力过度集中、传递信息速度慢甚至失真、组织运行效率低下与成本高等弊端。扁平式组织结构层级少,有利于提高组织运行效率、降低成本,有助于实现分权管理,增强组织发展活力。扁平式组织结构使权力比较分散,不易控制,对管理者及组织成员素质要求较高。因此,在组织结构设计中应根据具体情况合理地确定管理幅度与管理层次。

(三)组织结构设计的基本程序

1. 确定目标活动 组织设计要以计划工作为基础,以组织战略为方向,分析实现组织目标所必需的活动,确定对组织目标实现贡献最大的关键性活动。依据这些关键性活动设计组织工作流程,配置最优资源;再将其他辅助的、次要的活动按照其服务于关键性活动的原则统筹考虑,以保证组织战略的实现。

2. 设计管理工作职位 确定组织目标活动后需将其进一步分类,即按照一定的原则将若干细小的工作任务组合在一起形成职位,若干个相似职位组合成部门。工作内容的差异和任务组合方式的不同,就决定了不同职位的特征和要求。有的职位工作是常规性的、经常重复的,有些则是非常规性的;有的职位要求任职者具备广泛的知识和技能,另一些则只要求低级技能;有的职位必须遵守严格的工作程序,另一些则对员工给予充分的工作自由;有些职位以一组员工的方式进行工作效果比较好,另一些职位则单独承担更好。管理思想的发展和变化对设计职位的任务组合方式影响较大。

3. 划分部门 划分部门即为部门化,即根据各个职位的工作内容、性质及其之间的关系,按照一定的原则将各个职位组合成易于管理的"部门"单位,如部、处、科、室、组、分厂、分公司等。由于各类组织的活动特点、所处环境的不同,划分部门的标准也不同。即使是同一组织,在不同时期也可以采用不同的标准。

4. 人员配备 职位设计和部门划分是按照工作要求进行的。在此基础上,还要根据组织内外能够获得的人力资源情况对初步设计的部门和职位进行调整,通过招聘、甄选、培训等工作为各个岗位配备能够完成相应工作任务的员工,并平衡各部门、各职位的工作量,明确劳动报酬与工资福利,防止工作任务分配不均。

5. 确立组织结构 根据各种工作的性质和内容及其关键与否,规定各部门、各职位的职责、权限和义务、利益关系,明确权责分配与指挥命令关系,确定沟通途径,形成一个严密高效的网络系统,使得系统在组织的高层领导下能够协调一致地开展工作,完成任务,达成组织的总体目标。

二、养老机构的组织结构类型

养老机构的组织结构是全面反映养老机构内各要素及其相互关系的一种模式。它是围绕着养老机构的组织目标,结合养老机构的内外环境,将养老机构的各部分结合起来的框架。养老机构要根据具体情况(如部门的划分、部门人员职能的划分)制定具体的、整体的、个性的组织结构图,各个部门也要制定部门内部具体的、细分的组织结构图。养老机构的组织结构主要有以下几种类型。

(一)直线制

直线制是指养老机构中没有职能机构,从最高管理者到最基层员工,实行直线垂直领导。组织职位完全按照垂直系统直线排列,上级对下级进行指挥、下级对上级负责;信息在垂直方向上单线传递,决策权掌握在一人手里,组织上下遵从单一的命令。直线制组织结构见图 3-1。

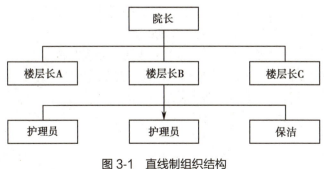

图 3-1 直线制组织结构

直线制优点是简单易行,反应敏捷,责任分明,费用低廉。缺点是组织缺乏弹性,对唯一的决策人要求很高,缺少民主与合作精神,容易造成决策失误。直线制一般在小型养老公寓比较常见,这要求各直线管理人员具备较强的综合管理能力,并不适用于管理人员较多、管理工作复杂的大中型养老机构。

(二)直线职能制

直线职能制是在养老机构内部,既设置纵向的直线指挥系统,又设置横向的职能管理系统,以直线指挥系统为主体建立的两维管理组织。这种结构在保持直线制统一指挥的原则下增加了职能部门。可以保证整个组织自上而下的统一指挥与管理,避免多头领导和无人负责等混乱现象,同时它分工严密、职责明确,可发挥职能系统在专业、技术等方面的优势,使整个组织具有较高的稳定性和工作效率。缺点是下级职员缺乏必要的自主权,各专业职能部门的联系较弱,组织之间信息传递速度较慢。

国内养老机构中,直线职能制是最常见的组织结构形式。直线职能制适用于产品单一、销量大、决策信息少的组织,中端市场定位、盈利模式成熟的养老机构往往具备这样的特征。三五百张床位,客群属性稳定,成熟运作后,按照管理惯性管理即可,需要重大决策的事务较少,运行平稳,盈利平稳,适合采用这种组织结构(图 3-2)。

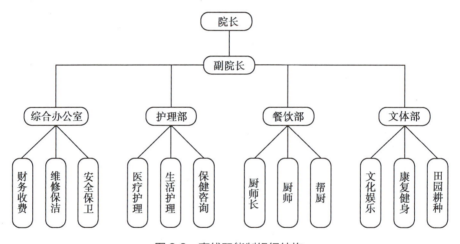

图 3-2 直线职能制组织结构

(三)事业部制

这是现代大型组织通常采用的组织形式。事业部制组织结构是由总部负责确定统一政策,各事业部负责运营的一种组织结构形式。它将整个组织业务、项目或产品划分为几个不同的二级组织,即事业部。整个组织有统一的领导与决策结构,但各事业部又是相对独立的,拥有一定的自主权。基本原则是集中管理、分散经营。其优点是稳定性、使用性较强,提高了事业部的积极性,同时使高层管理摆脱日常事务纠缠,专司决策之职。缺点是职能结构重叠,容易产生部门本位主义,加大了协调的难度。

我国的养老机构发展非常迅速,也出现了一些连锁形式的养老机构,这些养老机构按照地域或者服务对象在直线职能制框架基础上,设置独立核算,自主经营事业部,在总公司领导下,统一政策,分散经营。如图 3-3 所示。

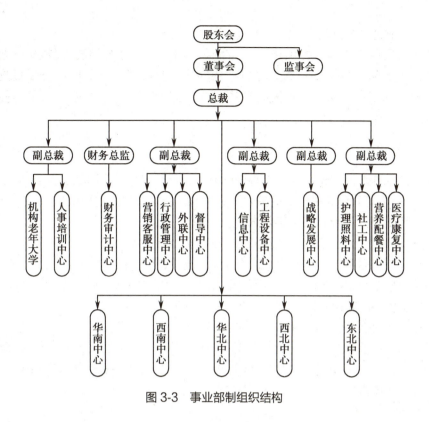

图 3-3　事业部制组织结构

📖 知识链接

事业部制的起源

　　事业部制最早起源于美国的通用汽车公司。20 世纪 20 年代初,通用汽车公司合并收购了许多小公司,企业规模急剧扩大,产品种类和经营项目增多,而内部管理却很难理顺。当时担任通用汽车公司常务副总经理的斯隆参考杜邦化学公司的经验,以事业部制的形式于 1924 年完成了对原有组织的改组,使通用汽车公司的整顿获得了很大的成功,成为实行事业部制的典型,因而事业部制又称"斯隆模型"。近年来,我国一些大型企业集团或公司,也引进了这种组织结构形式。

(四)国内养老院常用组织结构形式

　　同其他组织一样,养老机构内部也是实行分级管理。国内大型的养老机构,特别是公办养老机构,多实行"三层五级"管理模式,即分为决策层、管理层、操作层和院长级、科级、区主任级、班组级、员工级,由此形成了阶梯形的领导与被领导关系。中小型养老机构可以不拘泥于上述复杂的分级管理模式,其内部组织管理部门和人员配置应根据实际工作需要,本着精简、高效的原则,灵活设置和配置。如在某街道综合养老服务中心(约 150 张床位),一般只设一名院长,配备有一名院长助理或数名管理人员,分工明确,职责清晰,分别承担全院的行政、业务、后勤等管理工作,且养老机构内部管理井井有条,没有出现工作互相推诿、人浮于事的现象,值得借鉴。在中小型养老机构更强调部门综合,管理人员一专多能,管理人员(包括院长)既是机构的管理者,也是具体任务的操作者和执行者,这一点在农村敬老院和民办小型养老机构表现得尤为突出。养老机构内部组织机构名称没有统一的规定,应以明

笔记栏

确部门管理职能为原则进行命名。

养老机构主要为老年人提供住居、生活照料与护理、疾病预防与保健、医疗与康复、康乐等服务。内部组织机构要根据养老机构的性质、规模,以及开展的服务项目进行设置。同时,在符合国家、行业与地方政策法规、管理规范的前提下,遵循精简、高效、降低成本等原则。

三、养老机构的岗位设计

岗位设计是养老机构组织管理中必需的环节,科学地划分每个岗位,让员工明确自己的岗位职责,有利于提升养老机构的管理效率,充分发挥员工的正向作用。

(一)养老机构岗位设计的基本要求

1. 岗位设计的概念　岗位是指组织中为完成某项任务而设立的工作职位。定岗的过程就是岗位设计的过程。岗位设计,也称为工作设计,是指根据组织业务目的需要,并兼顾个人的需要,规定某个岗位的任务、责任、权力以及在组织中与其他岗位的关系的过程。它所要解决的主要问题是组织向其成员分配工作任务和职责的方式。

2. 岗位设计的意义　岗位设计是通过满足员工与工作有关的需求来提高工作效率的一种管理方法,因此,岗位设计是否得当对激发员工的工作热情、提高工作效率都有重大影响。岗位设计把整个业务战略和业务目标分解到每个员工的层次。如果在系统或流程的变革中没有对岗位进行相应的改变,这种变革注定不会成功。

3. 岗位设计的原则

(1)因事设岗原则:从"厘清该做的事"开始,"以事定岗、以岗定人"。设置岗位既要着眼于组织现实,又要着眼于组织发展。按照组织各部门职责范围划定岗位,而不应因人设岗;岗位和人应是设置和配置的关系,不能颠倒。

(2)最少岗位数原则:既考虑到最大限度地节约人力成本,又要尽可能地缩短岗位之间信息传递时间,减少"滤波"效应,提高组织的战斗力和市场竞争力。

(3)不相容职务分离原则:不相容职务分离的核心是内部牵制。古埃及时已在记录官、出纳官和监督官之间建立起内部牵制制度。内部牵制是一个人不能完全支配账户,另一个人也不能独立地加以控制的制度。不相容职务是指那些如果由一个人担任,既可能发生错误和舞弊行为,又可能掩盖其错误和弊端行为的职务。基于不相容职务分离原则的岗位设置需要在岗位间进行明确的职责权限划分,确保不相容岗位相互分离、制约和监督。组织经营活动中的授权、签发、核准、执行和记录等工作步骤必须由相对独立的人员或部门分别实施或执行。

(4)整分合原则:该原则是指组织整体规划下应实现岗位的明确分工,又在分工基础上有效地综合,使各岗位职责明确又能同步协调,以发挥最大的组织效能。

(二)养老机构岗位设计的步骤

1. 准备阶段　了解情况,建立联系,设计岗位调查的方案,规定调查的范围、对象和方法是准备阶段的具体任务。

(1)根据工作岗位分析的总目标、总任务,对组织各类岗位的现状进行初步了解,掌握基本数据和资料。

(2)设计岗位调查方案

1)明确岗位调查的目的:岗位调查的任务是根据岗位研究的目的,搜集有关反映岗位工作任务的实际资料。因此,在岗位调查的方案中要明确调查目的。有了明确的目的,才能正确确定调查的范围、对象和内容,选定调查方式,弄清应当收集哪些数据资料,到哪去收集岗位信息,用什么方法去收集岗位信息。

2)确定调查的对象和单位:确定调查对象和调查单位是为了明确向谁调查和由谁来提供资料的问题。调查对象是根据调查目的和任务确定的一定时空范围内的所要调查的总体,它是由客观存在的具有某一共同性质的许多个体单位所组成的整体。调查单位就是调查总体中的各个个体单位,它是调查项目的承担者或信息源。在调查中如果采用全面的调查方式,须对每个岗位(岗位即调查单位)一一进行调查,如果采用抽样调查的方式,应从总体中随机抽取一定数目的样本进行调查。能否正确地确定调查对象和调查单位,直接关系到调查结果的完整性和准确性。

3)确定调查项目:在上述两项工作完成的基础上,应确定调查项目,这些项目所包含的各种基本情况和指标,就是需要对总体单位进行调查的具体内容。

4)确定调查表格和填写说明:调查项目中提出的问题和答案,一般是通过调查表的形式表现的。为了保证这些问题得到统一的理解和准确的回答,便于汇总整理,必须根据调查项目,制定统一的调查表格(问卷)和填写说明。

5)确定调查的时间、地点和方法:具体内容应包括,①明确规定调查的期限,指从什么时间开始,到什么时间结束;②明确调查的日期、时点,在调查方案中还要指出调查地点,调查地点是指登记资料、收集数据的地点;③明确调查方式方法。调查方式及方法的确定,要从实际出发,在保证质量的前提下,力求节省人力、物力和时间,能采用抽样调查、重点调查方式,就不必进行全面调查。

(3)为了搞好工作岗位分析,还应做好员工的思想工作,说明该工作岗位分析的目的和意义,建立友好合作的关系,使有关员工对岗位分析有良好的心理准备。

(4)根据工作岗位分析的任务、程序,分解成若干工作单元和环节,以便逐项完成。

(5)组织有关人员,学习并掌握调查的内容,熟悉具体的实施步骤和调查方法。必要时可先对若干个重点岗位进行初步调查分析,以便取得岗位调查的经验。

2. 调查阶段　这一阶段的主要任务是根据调查方案,对岗位进行认真细致的调查研究。在调查中,应灵活地运用访谈、问卷、观察、小组集体讨论等方法,广泛深入地搜集有关岗位的各种数据资料。例如,岗位的识别信息,岗位任务、责任、权限,岗位劳动负荷、疲劳与紧张状况,岗位员工任职资格条件、生理心理方面的要求,劳动条件与环境等。对各项调查事项的重要程度、发生频率(数)应详细记录。

3. 总结分析阶段　本阶段是岗位设计的最后环节。首先要对岗位调查的结果进行深入细致的分析,最后再采用文字图表等形式,做出全面的归纳和总结。工作岗位分析并不是简单地收集和积累某些信息,而是要对岗位的特征和要求做出全面深入的考察,充分揭示岗位主要的任务结构和关键的影响因素,并在系统分析和归纳总结的基础上,撰写岗位说明书、岗位规范等人力资源的规章制度。

第四节　养老机构的组织文化

组织文化贯穿于组织的全部活动,影响着组织的全部工作,决定着组织中全体成员的精神面貌,以及整个组织的素质、行为和竞争能力。在养老机构的组织管理中,组织文化起到决定性的作用,同时,也为提高养老机构竞争力,注入无形的巨大的力量。

一、文化与组织文化

(一) 文化的含义

"人类学之父"爱德华·泰勒于1871年在其《原始文化》中对文化第一次真正意义做了定义,他认为"文化(culture)是一个复杂的总体,包括知识、信仰、艺术、法律、道德、风俗,以及人类所获得的才能和习惯"。

随着对于人性的更多了解,人们逐渐意识到文化是人的属性的本质特征,人不仅是一种生物的存在,更是一种文化的存在。因此,管理学开始逐渐倡导组织文化管理,重视组织文化建设,强调精神文化的力量,希望用一种无形的力量形成一种行为准则、价值观念和道德准则,凝聚员工的价值观,并在此基础上形成组织成员强烈的归属感,激发员工工作的积极性、创造性。

(二) 组织文化

组织也像人一样有自己的个性,有自己独特的情感和性格,正如有的人热情,有的人冷漠,有的组织灵活,有的组织呆板。当组织形成了某种"个性"以后,它就成为影响其组织成员态度与行为的重要变量。

相对于国家文化、民族文化、社会文化而言,组织文化是一种更为微观的文化。组织文化(organizational culture)是指组织在长期的实践活动中所形成的并且为组织成员普遍认可和遵循的具有本组织特色的价值观念、团体意识、思维模式和行为规范的总和。它也可以理解为逐渐形成的、组织成员共同遵守的一系列共同假设、观念、惯例、道德规范以及可识别的符号的总称。组织文化是社会文化的一个组成部分,是一个相互依存、互相制约、互相渗透的整体,并构成了一个相互作用的"文化"网络。

(三) 组织文化的构成

组织文化主要由物质层、制度层和精神层三个层次构成(图3-4)。

1. 物质层(外显层次)　这是组织文化的表层部分,是指凝聚着组织文化抽象内容的物质体的外在显现,它既包括了组织整个物质和精神的活动过程、组织行为、组织体产出等外在表现形式,也包括了组织实体性的文化设备、设施等,主要由组织成员的行为和生产与工作的各种活动,以及这些行为与活动的各种物质文化形态所构成,包括组织的产品或服务、组织的环境、组织使用的技术设备和组织标识等,是组织文化最直观、最易于被感知的部分,是形成组织文化精神层和制度层的条件和载体。

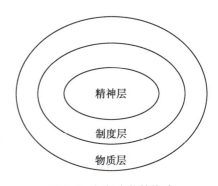

图3-4　组织文化的构成

2. 制度层(中间层次)　这属于组织文化的中间层,是指体现某个组织的文化特点的各种规章制度、道德规范和员工行为准则的总和。主要由各种管理模式、决策方式、规章制度、员工行为规则等组成。它是组织文化的第二层或称中间层,它构成了各个组织在管理上的文化个性特征,是组织由虚体文化(意识形态)向实体文化转化的中介。

3. 精神层(内隐层次)　精神层即组织的精神文化,这是组织文化的核心层,是组织在长期实践中所形成的员工群体心理定式和价值取向,是组织的道德观、人本主义的价值观、管理哲学等的总和,反映全体员工的共同追求和共同认识。组织精神文化是组织文化的核心和主体,是组织优良传统的结晶,是维系组织生存发展的精神支柱。

笔记栏

（四）组织文化的特点

1. 文化性　文化性是组织文化区别于组织其他内容的根本点,也是最明显、最重要的特征之一。组织文化是以文化的形式表现的。在一个组织中,以不同的形式展现其活动内容。如护士的制服和燕式帽,代表护理专业的特征,体现了护士特有的精神风貌,是一种组织文化。

2. 综合性　组织文化作为一种独特的文化,其内容渗透组织的各个方面。一个员工的价值观和服务理念不是组织文化的内容,而大部分员工共同的价值观、组织共同的"以人为本"的服务理念就是组织文化的一部分。

3. 整合性　组织文化具有强大的凝聚力,具有调整员工思想行为的重要作用,使员工认同组织的共同目标和利益,使全体员工行为趋于一致,齐心协力,尽量减少内耗。

4. 自觉性　组织文化是管理者、企业家、员工在总结经验教训的基础上提出组织文化理念,并应用于实践,从而培养、升华出高水平的组织文化,它是员工在高度自觉的努力下形成的,也是组织文化具有管理功能的前提条件。

5. 实践性　组织文化的形成源于实践,又服务于实践,作为一种实践工具而存在;另外,组织文化的内容与实践密不可分。因此,可以说组织文化是一种实践的文化。

（五）养老机构的组织文化

养老机构与其他组织机构一样都有自己的文化。养老机构的文化是养老机构组织的精神与灵魂,它体现了一个养老机构组织文化的内涵和风貌,影响着养老机构组织中每一位员工的价值观、社会责任感和事业心。

长期以来,养老机构组织秉承以人为本理念,为入住老人提供人性关怀和专业化服务,维护了老年人的合法权益和尊严。以人为本、服务老人、关爱员工,成为养老机构组织的文化价值取向。具体而言,养老机构组织文化是全体员工共同接受的价值理念、行为准则、服务意识、思维方式、工作作风、环境氛围、心理预期和团体归属感等群体意识的总称。

🐾 思政元素

人 文 关 怀

《孟子·梁惠王上》中"老吾老,以及人之老"的经典古训和西晋诗人《陈情表》中"臣无祖母,无以至今日,祖母无臣,无以终余年"的诗句,揭示自古至今尊老、敬老、爱老、护老是中华民族的传统美德。对中华优秀传统文化的自信和民族自豪感,传承我们优秀的文化基因,增加文化认同感,是养老机构应传承和弘扬的价值观。

养老机构还应注重人文关怀,关注老年人的心理需求和情感支持,营造温馨和谐的养老环境。同时,开展文娱活动、传统文化教育等,也是机构文化建设的一部分。

二、养老机构的组织文化功能

养老机构组织文化虽然也是组织文化,但它又不同于其他组织包括企事业组织的文化。养老机构的服务对象是老人等特殊人群,而企业面对的是市场、技术、产品等。所以说,养老机构组织文化与企业文化既有共性又有其特殊性。这种特殊性表现为以"老人为本"的服务理念。

现代养老产业的竞争不仅仅是服务水平的竞争、科学技术上的竞争、人员素质的竞争,

笔记栏

同时也是一种文化的竞争。优秀的养老机构组织文化具有强大的凝聚力,为员工创造充分的发展空间,吸引和稳定优秀人才,创造竞争优势,使机构充满活力,保持领先。从内涵方面来考量,机构文化表现着机构人员的归属感、认同感,具有凝聚功能、引导功能、激励功能、规范功能及稳定功能。

(一)凝聚功能

凝聚功能指的是文化的吸引力,它可以使养老机构的管理者、员工为了一个共同的目标走到一起,并愿意为它辛勤付出。凝聚功能的核心是共同的价值取向和理想追求。养老机构组织文化的凝聚作用,就是一种融合的作用,形成团队凝聚力的作用。

(二)引导功能

引导功能是养老机构组织文化的重要作用之一。它可以使机构成员自觉地认识到机构的使命和目标具有实实在在的意义,并自觉地为机构的使命和目标而努力。养老机构组织文化以其多种形式的教育方式和引导手段,使机构的管理者、员工直至服务对象,能够将养老机构的文化内化成为一种自身的意识和行为,并使其具有独特的气质和言行的表达。

(三)激励功能

激励功能指的是养老机构组织文化通过设置一定的奋斗目标等,来激发员工的主动性、积极性、创造性,使其保持昂扬的工作热情和进取的精神,包括物质激励、目标激励、参与激励、尊重激励、荣誉和提升激励、培训和发展机会激励,以及先进典型激励、成就激励、励志铭言激励等,从而营造出一种良性的竞争氛围和发展动力。

(四)规范功能

规范功能指的是养老机构组织文化能够释放出强大的约束力。通过氛围约束、观念约束、制度约束等,使个体行为符合养老机构的共同准则。其中,氛围约束和观念约束是软约束;而制度约束则是一种强制性的约束,也叫硬约束。通过软硬两种约束明确地向全体员工提出应该怎么做,不应该怎么做。

(五)稳定功能

养老机构组织文化是养老院稳定发展的基石。养老机构积极健康的组织文化能够吸引和留住优秀的人才,形成人才稳定和持续发展的基础。同时,组织文化也能增强养老机构的品牌形象和声誉,赢得老人及家属的信任和支持。这些都能够为养老机构提供持续的竞争优势,养老机构能够稳步发展。

三、养老机构的组织文化建设

养老机构组织文化建设,由于其本身业态的特殊性,受到社会公众的高度关注。做好养老机构的组织文化建设,不仅能扩大知名度,而且能提高信誉度和美誉度,增强养老机构在同行中的竞争力。

(一)养老机构组织文化建设的必要性

养老机构组织文化建设是养老院管理者凝聚员工的"软工具",是一种潜移默化的影响,是一种以老人为中心的人本管理,是一种氛围和品牌,是全体员工共同的价值观。养老机构组织文化以一种无形的力量,耳濡目染、潜移默化地熏陶、感染着全体员工,激发他们对人生的思考和对自身价值的追求,从而提高素质、陶冶心灵、崇德向善、培养能力,增强为老人的服务意识。

养老机构组织文化建设的必要性,主要体现在特定的文化氛围下,员工们通过自己的切身感受,产生出对本职工作的自豪感和使命感。员工们把自己的思想、感情、行为与服务的养老机构联系起来,从而使机构产生一种强大的向心力和凝聚力,发挥出巨大的群体效应。

（二）养老机构组织文化建设的理念

养老机构组织文化的核心理念是由养老机构的使命所确定的。根据养老机构服务的定位、功能、范围和对象，养老机构的使命应该是尊老敬老，细心照料，精心呵护，以老人为本，通过细小、精准的服务为机构创造价值。从养老机构的使命出发，养老机构的文化定位应突出以下四个理念。

1. "孝亲"理念　尊老敬老是中华民族传统文化的核心思想。"民有敬老之情，官有奉老之礼"，"家有一老，如有一宝"，孝顺老人是一种美德。美国教育家雷科特说，不仅语言、民族习惯、社会经验、个性品德、技能技巧，甚至知识的大部分均来自家庭，许多教育和学习的事实都发生在家庭当中。家庭教育是家事，更是国事，父母致力于家庭和睦，承担起对子女的责任，自己以身作则，与孩子共同成长。不同的时代、不同的家庭有着不同的文化背景，家庭文化有着丰富的内涵，家庭文化作为一笔财富代代相传。因此说，孝亲敬老是人类传统文化的价值观。

2. "关爱"理念　为老人服务的提供者是机构的工作人员。因此，在孝敬老年人的同时，机构管理者也要真心地关爱员工，让员工真真切切地感受到机构对他们的关心和支持、爱护和尊重，并努力让工作人员能够获得个人成长和职业发展的机会。如此，他们才会有更大的动力去付出，再通过员工们的努力让老人享受到温暖贴心的服务。在实际工作中，养老机构往往十分强调工作人员孝亲敬老，却忽视了机构给予工作人员的关爱。实践证明，如果工作人员感受不到机构的关心和尊重，看不到职业发展的前景，就不可能心甘情愿地为机构付出。当前也有不少养老机构非常强调和实践"关爱"理念，让员工拥有尊重感、关怀感、信任感和成就感。通过员工的努力获得机构的最佳发展，实现员工与员工，员工与老人，老人与老人，老人、员工与机构的和谐共融，共同发展。养老机构发展的核心是人，用人、育人、爱人是养老机构长期发展的关键所在。

3. 专业理念　在养老机构住养的主要是高龄老人，并且患有慢性病、失能半失能老人的数量还在不断增多。为老人提供安全保证、优质服务，必须强化和实践"专业"的理念。机构的建筑设计、设施设备、环境布置、功能分区、人员配置、服务流程等方面都应该是专业化的。发达国家和地区养老机构的养老服务非常重视专业化。在国内，一些养老机构往往是要求员工热心、细心、耐心服务，但强调专业化服务不够。近年来，民政等有关部门相继颁布了有关养老机构的建筑设计、设施设备和人员配置、服务规范、服务模式、安全管理等方面的标准。提升专业化水平，加强机构的标准化建设，强化专业技能培训，这是养老机构的核心竞争力之根本。

4. "文化养老"理念　"文化养老"是指在为老人提供物质赡养、生活照料的基础上提供的一种精神慰藉。文化养老就是以文化为主线，以活动为载体，以愉悦为目标，以文惠老，以文乐老，以文养老，提高老人生活品质。文化养老的重点是通过组织和开展丰富多彩、健康有益的老年文化活动，丰富老人的精神生活，增强老人的精神力量，使老年人在养老机构能够颐养天年，提升老人的幸福指数，提高养老服务的质量。

（三）养老机构组织文化建设的内容

1. 物质文化建设　物质文化建设的目的在于树立良好的养老机构形象。其主要内容包括以下几方面。

（1）美化、优化养老机构的环境：养老机构的环境能体现养老机构的个性化，设计上要体现合理的养老机构空间结构布局。一方面，员工的工作环境要与其劳动心理相适应，从而促进员工的归属感和自豪感，有效地提高工作效率。另一方面，老人居住环境要与其心理相适应，让老人有温馨的、如回到家的感觉，有效满足老人的心理需求。

笔记栏

（2）加强养老机构物质数字化建设：物质数字化建设可以帮助养老机构更好地管理和服务老人，提高养老机构的管理水平和服务质量。要加大对养老机构的数字化建设，增加智能化、适老化产品，建立信息化系统，建立智慧化服务平台，使养老机构的数字化水平不断提高。

2. 制度文化建设　制度文化建设的目的是使物质文化更好地体现精神文化的要求。其主要内容包括以下几方面。

（1）建立和健全合理的组织结构：要明确养老机构内部各组成部门及其相互关系，以及养老机构内部人与人相互协调和配合的关系，建立高效精干的结构，以利于养老机构目标实现。

（2）建立和健全管理活动所必需的规章制度：要以明确合理的规章制度规范员工的行为，使员工的个人行动服从养老机构目标的要求，以提高养老机构运行的协调性和管理的有效性。

3. 精神文化建设　精神文化建设是养老机构组织文化建设的核心。其主要内容包括以下几方面。

（1）明确养老机构的价值观念：这种价值观应成为养老机构生存的思想基础和养老机构发展的精神指南。

（2）塑造养老机构的组织精神：养老机构要在吸收借鉴中外养老机构优秀文化成果的基础上，概括出自己的组织精神，并使之渗透在养老机构经营的各个方面，成为养老机构生存和发展的主体意识。

（3）建设养老机构的组织文化：组织文化都要经历一个培育、完善、深化和定性的过程。在这个过程中，养老机构的组织文化必须经过广泛宣传、反复培训才能逐步被员工接受。

（四）养老机构组织文化建设的步骤

1. 选择价值标准　由于组织价值观是整个养老机构组织文化的核心和灵魂，因此选择正确的组织价值是塑造养老机构组织文化的首要战略问题。不同的目的、环境、习惯和组成方式构成不同的养老机构类型，养老机构必须准确地把握本机构的特点，选择适合自身发展的组织文化，否则就不会得到广大员工和社会公众的认同和理解。

2. 强化员工认同　一旦选择和确立组织价值观和组织文化模式，就应把基本认可的方案通过一定的强化灌输方法使其深入人心，具体做法包括以下几方面。

（1）充分宣传：充分利用一切宣传工具和手段，行之有效地宣传养老机构组织文化的内容和要求，使之深入人心，人人皆知，以创造浓厚的环境氛围。

（2）树立典型人物：典型人物是组织精神和组织文化的人格化身与形象缩影，能够以其特有的感染力、影响力和号召力为养老机构成员提供可以仿效的具体榜样，而养老机构成员也正是从典型人物的精神风貌、价值追求、工作态度和言行表现之中深刻理解到组织文化的实质和意义。

（3）培训教育：有目的的培训与教育，能够使养老机构成员系统接受和强化认同养老机构所倡导的组织精神和组织文化。

3. 提炼定格　组织的价值观和文化模式经过群众的初步认同实践，还需要进一步地分析、归纳和提炼方能定格，具体步骤如下。

（1）精心分析：在经过群众性的初步认同实践之后，应当将反馈的意见加以剖析和评价，详细分析实践结果与规划方案的差距，必要时可吸收有关专家和员工的合理化意见。

（2）全面归纳：在系统分析的基础上，进行综合地整理、归纳、总结和反思，采取去粗取精、去伪存真、由此及彼、由表及里的方法，删除那些落后的、不为员工所认可的内容与形式，保留那些进步的、卓有成效的、为广大员工所接受的形式与内容。

(3)精练定格：把经过科学论证的和实践检验的组织精神、价值观、组织文化，予以条理化、完善化、格式化，再加以必要的理论加工和文字处理，用精练的语言表述出来。

4. 巩固落实　要巩固落实已提炼定格的组织文化，至少需要以下两个方面的保障。

(1)必要的制度保障：在组织文化演变为全体员工的习惯行为之前，使每一位成员都能自觉主动地按照组织文化和组织精神的标准去行事，几乎是不可能的。即使在组织文化成熟的组织中，个别成员背离组织宗旨的行为也是经常发生的。因此，建立某种奖优罚劣的规章制度十分必要。

(2)领导的率先示范作用：组织领导者在塑造组织文化的过程中起着决定性的作用。领导者的看法和观点会影响员工，领导者的行为更是一种无声的号召和导向，对广大员工会产生强大的示范效应。因此，领导者肩负着带领组织成员塑造优秀组织文化的历史重任。

5. 丰富发展　任何一种组织文化都是特定历史的产物，当组织的内外条件发生变化时，选择合适时机进行调整、更新、丰富和发展组织文化的内容和形式。这既是一个不断淘汰旧文化性质和不断生成新文化特质的过程，也是一个认识与实践不断深化的过程，组织文化由此经过循环往复达到更高的层次。组织文化的形成是一个复杂的过程，往往会受到社会的、人文的和自然环境等诸多因素的影响，必须经过长期的耐心倡导和精心培育，以及不断的实践、总结、提炼、修改、充实、提高和升华。

(五) 养老机构组织文化建设的要求

1. 组织文化建设要全面规划　文化建设作为养老机构建设的重要组成部分，必须制定规划，作出具体部署。制定养老机构组织文化建设规划，要服务于养老机构的总体目标，并从本机构建设的特点和实际出发，从机构使命、机构愿景、机构宗旨、机构价值观、机构品牌、机构精神、机构行为规范等方面逐步推进。同时，规划既要立足当前，又要着眼未来，具有前瞻性；既要描绘未来的奋斗目标，又要有具体明确的实施步骤，使机构文化建设有明确的"线路图"和具体的"时间表"。机构的文化核心、文化结构、价值观、品牌等都是由多个元素组成的，需要反复斟酌，科学合理设计，并在实践中不断修正、不断完善。

2. 组织文化建设领导示范带头　养老机构组织文化建设应贯彻领导示范带头的方针。养老机构组织文化通过员工的执行来实现，而领导人行为举止至关重要。执行是基础，领导是关键。机构的领导人以身作则，率先垂范，要坚持以文化振奋精神、以文化温暖心灵、以文化创造品牌、以文化促进发展的思路，着力把文化建设摆到机构建设的重要位置上，并带头组织参与，要求员工做到的，自己必须先做到。

3. 组织文化建设要以服务老年群体为中心　文化发展必须依靠员工和老年人(包括老人家属)，这是养老机构组织文化建设必须遵循的一个基本原则。养老机构要通过丰富多彩的活动形式和适宜老年人参与的组织方式，调动老年人参与机构文化建设的积极性，发挥老年群体在养老机构组织文化建设中的主体作用。养老机构要体现孝心关怀，尽力满足老人们的需求，使他们享有健康丰富的精神文化生活。对能走出来、动起来的老人，在功能服务上突出"发展、健康、参与、保障"，积极开展老龄化的精神文化活动；对失能半失能的老人，也要用精神文化生活来调节。用爱心拥抱每一位老人，用温暖体贴每一位老人，用文化影响每一位老人的精神，使养老机构真正成为老年人的颐养之所。

4. 组织文化建设要抓好阵地及设施建设　首先，结合养老机构建设总体规划，兴建、改造文化设施和文化阵地。在硬件物质形态层面上，要加强基础建设、设施功能、人文景观、绿化美化等方面的建设。在精神层面上，要发挥文化阵地和设施的功能，不断提升员工的基本素质、管理水平、服务质量及孝亲敬老的良好氛围等,促进老年人思想素质、文化素质、健康素质的提高,并在共同相处中形成共有的归属感、认同感和凝聚力。其次,要加强制度文化建设,制度的制订和设施要体现人性化。利用各种硬件和软件,创造"和谐、文明、有序、健康、快乐"的文化氛围,增加文化设施的吸引力、凝聚力和发展力。提高文化设施的利用率,更多更好地为老人服务。

(李　静)

复习思考题

1. 简述养老机构组织管理的概念及其主要内容。
2. 如何有效设计养老机构的组织结构?
3. 如何进行养老机构组织文化建设?

◆◆◆ 第四章 ◆◆◆

养老机构的人力资源管理

PPT 课件

✎ 学习目标

知识目标

1. 掌握养老机构人力资源管理的相关概念与主要工作内容。

2. 熟悉养老机构人力资源管理的相关原则与人力资源管理部的角色定位。

3. 了解人力资源管理的发展历程。

能力目标

1. 能按照相关要求对养老机构进行科学的工作分析与岗位管理。

2. 能按照相应的程序科学制定人力资源规划方案。

3. 能正确应用相关方法进行养老机构的人力资源预测与平衡,并进行人事管理、员工培训与绩效管理。

素质目标

树立科学化、专业化、系统化养老机构人力资源管理观,培养"尊重知识,尊重人才"的职业素养。

思政目标

弘扬中华民族"敬贤礼士"的优秀传统文化,奉行"以人为本"的人力资源管理理念,促进养老机构人力资源管理水平的提高。

管理学家彼得·德鲁克认为,所谓的管理就是对人的管理,人力资源是所有经济资源中使用效率最低的资源。在激烈的市场竞争中,养老机构只有重视人力资源的作用,并不断提升人力资源管理水平,才能实现其战略目标,赢得成功。

🔗 案例分析

近年来,我国养老机构与从业人员数量均呈快速增长趋势。民政部公布的数据显示,截至 2023 年 8 月,全国共有注册登记养老院 58 046 家。据 2022 年全国人民代表大会常务委员会专题调研组《关于实施积极应对人口老龄化国家战略、推动老龄事业高质量发展情况的调研报告》,我国老龄事业和老龄产业各方面人才普遍缺乏,人员缺口大,尤其是养老服务人员、医养照护人员等专业人才严重短缺。养老服务行业吸引力不足,存在人员招不来、留不住、用不好等情况,这严重制约了养老机构的发展与养老服务供给。

随着经济社会的不断发展,人民群众对养老机构服务供给和服务水平的要求越来越高。为此,养老机构必须顺应时代发展的需要,打破人力资源"瓶颈",提高人力资源管理水平,能吸引人才、留住人才、用好人才,为赢得激烈的市场竞争唱好人力资源"大戏"。

分析:

1. 人力资源管理对养老机构的发展有什么样的作用?
2. 养老机构应该建立什么样的与其发展战略目标相适应的人力资源管理体系?
3. 养老机构人力资源管理的重点和难点是什么?

第一节　人力资源管理概述

人力资源管理不仅是组织的重要组成部分,也是组织提供更好的服务产品、创造利润、赢得市场的重要手段。对于养老机构而言,人力资源管理,可有效开发与利用其有限的人力资源,提升市场竞争力,具有重要的现实意义。

一、人力资源管理的基本概念

1958 年,美国的社会学家怀特·巴克(E.Wight·Balkke)在《人力资源功能》一书中提出了人力资源管理的概念,并首次将人力资源管理作为管理的职能。随着人力资源管理理论与实践的不断发展,学者们对人力资源管理的概念有着不同的理解与表述,产生了人力资源管理学的各种流派。但这些表述主要是学者们从不同的侧面对人力资源管理的概念进行阐释,其实质内容并无根本性分歧。

所谓人力资源管理,是指组织通过各种政策、制度和管理实践,以吸引、保留、激励和开发员工,调动员工工作积极性,充分发挥员工潜能,进而促进组织目标实现的管理活动的总和。具体而言,就是为了实现战略目标,组织对其人力资源进行的规划、招聘、使用、保留以及激励等各种管理活动的总称。

我国台湾地区的著名人力资源管理专家黄英忠认为,人力资源管理是将组织所有人力资源做最适当的获取、开发、维持和使用,以及为此所规划、执行和统治的过程。我国著名学者彭剑峰认为,人力资源管理是根据组织和个人发展的需要,对组织中的人力这一特殊的战略性资源进行有效开发、合理利用与科学管理的机制、制度、流程、技术和方法的总和。

二、人力资源管理的发展

研究、明晰人力资源管理的发展历程,有助于组织不断强化人力资源管理的职能,优化人力资源管理的工作内容,提高人力资源管理工作的科学性、针对性与实效性。从管理学的角度而言,人力资源管理是在工业革命之后逐步产生和发展起来的。关于人力资源管理的发展过程,国内外不同的学者分别将其划分为不同的阶段。我国学者通常将人力资源管理的发展过程分为三个不同的阶段,即人事管理起源阶段、人事管理阶段与现代人力资源管理阶段。

(一) 人事管理起源阶段

人事管理是人力资源管理的前身。人事管理起源阶段从 19 世纪后期持续到 20 世纪初期。这一阶段又可分为福利人事管理时期与专业化人事管理时期两个部分。

1. 福利人事管理时期 第一次工业革命促进了机械设备的发展,强化了人与机器的联系,也在客观上导致劳动专业化程度的提高。由此,劳动分工思想应运而生,而吸引农业劳动力到工厂来、提升工人的工作技能,以及提高工人管理水平等问题也日渐凸显出来。这也是当时管理工作需要解决的主要问题。这一时期,产生了一系列朴素的管理思想,如界定工人工作职责、推行福利制度、实行业绩考核与实施具有激励性的工资制度等。这些虽是现代人事管理的内容,在当时则主要是以"福利工作"的形式出现。另外,这一时期的管理思想主要以经验为主,虽未形成系统而科学的理论,却奠定了人力资源管理的基础。

2. 专业化人事管理时期 20世纪初期,人事管理工作逐步引入科学管理思想,人事工作专业化程度不断提高。企业中开始实行泰勒制,设立人事部门,负责企业员工的雇佣、挑选与安置等工作。如一家名为普利茅斯的出版社于1910年在实行泰勒制后成立了人事部,负责挑选、训练、引导工人,并照顾出事故或生病的工人等。这些也标志着人力资源管理的初步建立。另外,在第一次世界大战与第二次世界大战之间,人事管理工作逐步演进为由一位主要的人员负责招聘、挑选等工作的标准模式。总的来说,这一时期的人事工作主要集中在人员的录用、安置、上岗培训、工时记录、报酬支付等方面,并致力于让工人掌握科学的操作方法和技巧,加大劳动强度,提高劳动生产率和效率。这也为现代人力资源管理开辟了道路。

(二) 人事管理阶段

人事管理阶段从20世纪初期到20世纪中叶,是人力资源管理发展的第二阶段。

1924—1932年的霍桑实验,发现了人际关系对提高劳动生产率的重要性,揭示出尊重人、满足人的需要以及归属意识等对工人生产绩效的影响。可以说,人际关系理论开创了管理中重视人的因素的时代,也开启了人力资源管理发展的新阶段。在这一阶段,众多企业开始设置专门的培训主管,关心、理解工人,强化管理者与工人的沟通等,并由人事管理人员负责设计与实施相关方案。

这一阶段的人事管理内容进一步充实,涵盖了工资管理、技能培训以及劳资关系咨询等内容,而人事管理的职能也进一步扩大与优化。另外,组织规模的不断扩张也在客观上促进了劳资关系的逐步深化,劳资关系交涉由行业团体转向公司层次,并在人事管理层出现劳资关系专家。

需要指出的是,虽将员工视为"经济人"的假设受到了现实的挑战,但这一阶段的人事管理仍多以"工作"为中心,且更多地追求效用最大化。比如,在人员招聘上,更多地强调人对工作的适应性,而对员工作绩效的评价与工资分配标准也多取决于工作的要求与特征等。

(三) 现代人力资源管理阶段

20世纪50年代以后,人力资源管理由人事管理阶段发展到现代人力资源管理阶段,"人力资源管理"这一名词逐渐流行开来。

1. 档案管理时期 这一时期从20世纪50年代到60年代中期。从20世纪50年代开始,人际关系的人事管理方法受到挑战,组织行为学的方法开始兴起。怀特·巴克在1958年出版的《人力资源功能》中最早提到了企业人力资源的职能,认为所有的管理者都是资源管理者,其中包括人的因素。这一阶段人力资源管理的主要工作是招聘录用、培训和人事档案管理。这一时期,雇主对员工关心的程度增加,新员工的录用、职前教育、人事档案的管理等工作都是由人事部门或专门的人员进行负责。

2. 政府职能时期 这一时期从20世纪60年代后期到70年代。在政府职能时期,虽然企业高层仍将人力资源管理的成本视为非生产性消耗,但是政府介入和法律规定开始影

笔记栏

响并推动人力资源管理的变革。比如,美国在 1964 年通过《民权法》之后,先后出台《种族歧视法》《退休法》《保健与安全法》等多部法规,企业在人力资源管理中违反了这些法规就会付出巨大的代价。企业的劳动人事管理工作也处于政府管制行为之下。在这种背景下,企业的人力资源管理工作日趋规范化、系统化和科学化,逐渐从监督制发展到人性激发,从消极惩罚发展到积极激励,从专制领导发展到民主领导,从唯我独尊发展到意见沟通,从权力控制发展到感情投资等。

3. 组织职责时期　这一时期从 20 世纪 70 年代末到 80 年代。在这一时期,企业的经营环境发生了巨大的变化。企业管理,既要考虑自身因素,也要考虑外部各种相关因素。与此同时,权变管理理论出现并对人力资源管理产生深远影响。人力资源管理更加注重针对不同的情况要采取不同的管理方式,实施不同的管理措施。在 20 世纪 80 年代后,企业的管理者也不再将人事管理认为是"政府的职责",而是视为企业自己的"组织职责"范畴,人力资源管理成为企业人事部门的职责。自 20 世纪 80 年代初期,美国和欧洲的企业纷纷建立人力资源管理组织,人事部门改名为人力资源管理部,企业也逐渐从强调对物的管理转向强调对人的管理。

4. 战略性人力资源管理时期　这一时期从 20 世纪 80 年代到 21 世纪初。进入 20 世纪 80 年代以后,企业面临着兼并重组、竞争加剧等新挑战。为赢得激烈的竞争,战略管理逐渐成为企业管理的重点,企业也开始从战略的角度考虑人力资源管理问题。由此,企业的人力资源管理除承担传统的、辅助性的行政管理事务之外,更加重视影响企业长远发展的战略性任务。在此背景下,人力资源管理被纳入企业战略的范畴,对企业战略的实施发挥了不可或缺的支撑作用。另一方面,以信息技术为代表的新技术革命在发达国家崭露头角,掌握高科技的知识型员工在生产过程中的作用越来越大。为此,选人、培养、奖励和其他一些人事工作也逐步在企业战略中得以体现,而企业的人力资源管理也在战略上吸纳了人本管理的理念与模式,更加注重人在工作中的能动性,并以激励、开发作为人力资源管理的出发点。由此,现代人力资源管理应运而生。

5. 循证管理与数字化时期　这一时期自 21 世纪初开始。2006 年,丹尼斯·卢梭提出循证管理理论,就是将建立在最佳科学证据之上的科学管理原理转化为组织的行为。与此同时,循证管理开始在人力资源管理领域运用,循证人力资源管理应运而生。加里·德斯勒将循证人力资源管理定义为"运用数据、事实、分析方法等来制定人力资源管理决策,将最佳证据运用到人力资源管理实践的过程"。另外,21 世纪以来的另一大趋势是以移动互联网、云计算、大数据、人工智能区块链等为代表的信息化、数字化技术越来越多地应用于人力资源管理,推动人力资源管理进入数字化人力资源管理时期。在这一时期,人力资源管理开始在招聘、培训、绩效、薪酬与员工关系等工作内容上充分发挥数字化技术与手段的优势。当前,人力资源管理正处于这一全新的发展时期。

三、人力资源管理的主要内容

人力资源管理工作的主要内容,也是人力资源管理基本职能的体现,主要包括人力资源战略与规划、职位分析与胜任素质模型、人员招聘、培训与开发、绩效管理、薪酬管理、员工关系管理等方面。

(一)人力资源战略与规划

人力资源战略与规划是人力资源管理的一项基础性工作,主要工作内容包括人力资源战略环境分析、人力资源战略的制定与实施、对人力资源需求和供给做出预测、根据预测的结果制定出平衡供需的计划等。

(二) 职位分析与胜任素质模型

职位分析是人力资源管理的基石,主要工作内容包括界定各职位的工作内容与工作职责、确定各职位所要求的任职资格等。职位分析的结果一般体现为职位说明书。胜任素质模型是打造和提升组织核心竞争力的重要工具之一,是指为承担某特定职位职责而应具备的若干胜任素质要素的组合。其中,胜任素质包括与特定职位职责相关的知识、技能、态度、自我形象、价值观、动机等个体素质。

(三) 人员招聘

人员招聘,关系到能否将符合职位要求的人才引进到企业中,及时弥补岗位空缺,主要工作内容包括招募、甄选与录用三部分。招募是指组织采取多种措施吸引意向应聘者参与招聘的过程;甄选是指组织采用特定的方法对应聘者进行综合评价并挑选出最佳人选的过程;录用是对最佳人选进行录取与任用的一系列过程,包括签订合同、试用、正式录用等。

(四) 培训与开发

培训是指组织有计划地对员工进行知识传授、技能训练和行为引导的活动过程,从而提高员工工作绩效;开发是指组织根据发展需要对员工进行潜能开发,并系统设计、规划员工职业发展的活动过程,主要内容是职业生涯规划与管理。培训与开发的最终目的是提升员工的任职能力,为企业储备人才,实现员工与企业的共同成长。

(五) 绩效管理

绩效管理是指组织为实现既定的发展目标,采用科学的方法、运用特定的标准与指标对员工的工作进行评价,包括制定绩效计划、进行绩效考核、实施绩效沟通与反馈等内容。科学而有效的绩效管理,可持续激励员工,提高员工的工作绩效,并优化工作环境,提高组织效率。

(六) 薪酬福利管理

薪酬福利管理是一个动态管理过程,包括制定薪酬与福利策略,确定薪酬的结构、构成和水平,实施职位评价,制定福利和其他待遇的标准,进行薪酬的测算和发放等。科学、合理的薪酬福利管理,能有效激励员工,激发员工潜能,调和劳资关系,推动组织战略目标的实现。

(七) 员工关系管理

员工关系包括涉及企业与员工、管理者与被管理者,以及员工之间的各种工作关系、利益冲突和社会关系等。员工关系管理是指企业对上述各种员工关系进行协调和管理的制度、体系和行为的总称。员工关系管理的目标是提高员工的组织承诺度,建立起一种融洽的工作环境与人际关系氛围,提高企业管理效率,实现组织战略目标。

人力资源管理工作是一个有机整体,上述人力资源管理工作的各主要内容之间也不是彼此孤立的,而是相互联系与影响的。在具体的人力资源管理过程中,一是人力资源管理的各项工作内容必须有序开展到位;二是要根据实际情况与组织发展需要,不断调整工作的侧重点,确保人力资源管理工作高质量完成,有效支撑组织目标的实现。

四、人力资源管理部的角色定位

进入 21 世纪后,人力资源逐步发展成为组织的第一资源,也成为组织获取竞争优势的根本源泉。为此,人力资源管理在现代组织中的角色定位也悄然发生了深刻的变化,逐步从传统的强调专业职能角色的人力资源管理向基于战略的人力资源管理转变。而人力资源管理部作为人力资源管理的重要组成部分,也必然要重新进行定位,担负起与新角色相适应的使命。

(一) 人力资源管理在现代组织中的角色定位

当前,国内外对人力资源管理的角色定位众说纷纭。戴维·尤里奇(Dave Uirich)在1996年提出人力资源管理的四种角色,即变革推动者、业务顾问、战略伙伴、行政职能专家。尤里奇和韦恩·布鲁克班克(Wayne Brockbank)于2005在尤里奇四种角色的基础上,提出了人力资源管理的五角色模型,即人力资本开发者、员工鼓舞者、领导者、战略伙伴、职能专家。中国人民大学彭剑锋教授认为,人力资源管理在企业中扮演着战略伙伴、专家(顾问)、员工服务者和变革的推动者等四种角色,并对每一种角色的行为与结果进行了界定和说明(表4-1)。需要特别指出的是,人力资源管理的角色并非越多越好,而是需要根据一定的规律来确定,并紧紧围绕组织战略目标进行定位。

表 4-1 人力资源管理在现代组织中的四种角色定位

角色	行为	结果
战略伙伴	组织战略决策的参与者,提供基于战略的人力资源规划及系统解决方案	将人力资源纳入组织的战略与经营管理活动当中,使人力资源与组织战略相结合
专家(顾问)	运用专业知识和技能研究开发组织人力资源产品和服务,为组织人力资源问题的解决提供咨询	提高组织人力资源开发与管理的有效性
员工服务者	与员工沟通,及时了解员工的需求,为员工及时提供支持	提高员工满意度,增强员工忠诚感
变革的推动者	参与变革与创新,组织变革(并购与重组、组织裁员、业务流程再造等)过程中的人力资源管理实践	提高员工对组织变革的适应能力,妥善处理组织变革过程中的各种人力资源问题,推动组织变革过程

(二) 人力资源管理部的角色定位

随着战略性人力资源管理理念的提出,人力资源管理部门在组织中的地位越发重要,它所扮演的角色和组织经营绩效的联系也越发密切。同时,随着流程再造思想的普及以及计算机和网络技术的发展,人力资源管理部门的架构也发生了根本性的变化,产生了一种以客户为导向、以流程为主线的新的组织结构形式,即人力资源三支柱结构。在这种新型的组织结构中,人力资源管理部门则更多地以一种服务提供者的身份出现。按照三支柱结构的组织形式,人力资源管理部门内部的工作和人员可划分为三个部分,即人力资源共享服务中心、业务合作伙伴与专家中心。

1. 人力资源共享服务中心 主要职责是完成一些日常事务性工作,如手续的办理、政策的解答、申诉的受理等。其特点是对工作人员的素质要求相对较低。

2. 业务合作伙伴 主要职责是协调业务部门经理完成人力资源管理的各种职能活动,如招聘、薪酬、培训等。其特点是作为人力资源管理部门与业务部门经理沟通的桥梁,对工作人员的素质要求相对要高一些。

3. 专家中心 主要职责是出台相关的制度政策、向其他部门提供有关的咨询等。其特点是作为人力资源管理部门的研发中心,对工作人员的素质要求最高,工作人员须是该领域的专家。

这三部分互为补充,协同合作,在人力资源管理部门内部形成一个有机的整体(图4-1)。

应该说,通过这种角色的转变,人力资源管理部门的工作有了更为清晰的层次性,业务合作伙伴和专家中心的人员脱离了日常烦琐的事务性工作,可以专门开展高附加值的工作,提升人力资源管理的科学性与实效性。

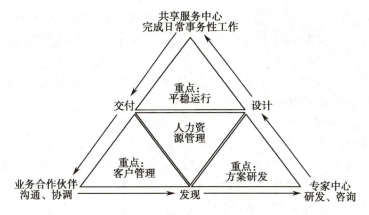

图 4-1　人力资源管理部门三支柱结构组织形式示意图

第二节　养老机构的人力资源规划

　　人力资源规划是指科学地预测、分析组织在不同环境中的人力资源需求和供给状况,制定恰当的政策和措施以确保组织能及时获得各种岗位上所需要的人力资源(数量和质量)的过程。养老机构要实现既定的战略,就需要在发展的各个阶段拥有相适应的人力资源。为此,养老机构应对目前和未来的人力资源进行科学的规划,及时、动态地满足自身发展所需的人力资源,持续发展。

一、人力资源预测与平衡

　　人力资源预测与平衡,是养老机构人力资源规划工作中最具技术性的环节之一,也是养老机构人力资源规划工作的核心内容。人力资源预测分为需求预测与供给预测两部分。

(一)人力资源需求预测

　　人力资源需求预测是养老机构依据自身发展规划、组织能力及职位要求等,综合考虑各种因素,对人力资源需求的数量、质量和结构进行预测。

　　1. 人力资源需求预测的影响因素　养老机构人力资源需求预测受多种因素的影响,可分为养老机构外部影响因素与内部影响因素两大类。

　　(1)养老机构外部影响因素:包括经济和社会形势、政府的政策、服务对象偏好、竞争者情况等。

　　(2)养老机构内部影响因素:包括管理状况和技术条件,现有员工的工作负荷、工作效率,业务的数量和规模等。

　　2. 人力资源需求预测的主要方法

　　(1)管理层预测

　　1)经验预测法:由养老机构承担预测的管理者,根据自己的工作经验和对未来业务量的增减情况做出直觉判断,确定未来所需人员的方法。具体做法是:先由养老机构的基层管理者根据经验和对未来业务量的估计,提出本部门各类人员的大致需求量,并报上一层管理者估算、调整和平衡,再向更上一层的管理者申报,直至最高层管理者确定人员需求量,并由人力资源管理部门制定出具体的执行方案。

　　2)比率分析法:养老机构的管理者根据过去的经验,把养老机构未来的业务量水平转化为人力资源需求的预测方法。具体做法是:先根据过去的业务量水平,计算出每一业务增量所需的人员增量,得出业务增量与人员增量的比例关系;再根据比例关系,将未来目标业务增量折算成总的人员需求增量,最后把总的人员需求量按比例折算成各类人员的需求量。

总的人员需求量计算公式:

未来所需人力＝现有人力＋未来拓展业务所需人力＋因离退休或离职所需补充人力－技术改良或管理改进所节省人力

(2)数据大概率预测

1)单变量趋势外推法:该法为一元回归分析,是仅根据养老机构各个部门过去人员数量的变动情况,建立变量的回归方程,并将回归方程作为预测模型,再按照自变量在预测期的数量变化来预测因变量关系,从而对未来的人力资源需求进行预测,不考虑其他影响因素。具体步骤是:根据预测目标,确定自变量和因变量;建立回归预测模型,进行相关分析;检验回归预测模型,计算预测误差;计算并确定预测值。

2)基于工作效率变化影响的复杂模型法:该模型为将养老机构工作效率考虑进去的更为全面的模型。在运用过程中,需要先预测养老机构的业务水平,再预测相应的人力资源需求情况。需要注意的是,因为这一模型考虑了组织工作效率水平,所以在运用过程中,首先要对组织的业务水平进行预测,然后再根据变化情况对人力资源需求情况进行相应的预测。

3)计算机模拟预测法:该方法是在计算机模拟的环境中,对养老机构可能面临的多种外部环境变化以及自身各种因素的影响进行综合分析,从而得出最理想的人力资源配置方案。这种方法也是养老机构人力资源需求预测中最复杂、最精确的一种方法。随着大数据和云计算等信息技术广泛应用,这种方法的应用前景广阔。

(3)专家会议预测:专家会议预测也称德尔菲法。首先,从养老机构内部和外部挑选对养老机构各相关业务熟悉的专家10~15人。其次,人力资源管理部门明确关键的预测方向、各种变量和难点,列举出需要专家回答的问题,并向专家做出必要的说明。然后,设计调查问卷,请专家分别匿名填写,阐述自己真实的看法和意见。最后,将专家们提出的意见进行整理与归纳,并将结果反馈给各位专家。重复上述过程,让专家们修改、完善自己的预测并说明原因,直至专家们的意见趋于一致。

(二)人力资源供给预测

人力资源供给预测分为养老机构内部人力资源供给预测与养老机构外部人力资源供给预测两个方面。养老机构内部人力资源供给预测,是在考虑养老机构内部相关因素的情况下,核查员工填充预计空缺职位的能力和其他任职条件,并确定每个空缺职位上的接替人选。养老机构外部人力资源供给预测,是在了解劳动力市场供求状况的前提下,预测劳动力市场可能为养老机构提供所需人力资源的情况。

1. 养老机构内部人力资源供给预测主要方法

(1)人员核查法:该法是在核查和盘点养老机构现有人力资源数量、质量、结构和各职位的分布状况的基础上,了解各层次员工在年资、工作经验、技能、绩效、发展潜力等方面的情况,评估现有员工职位轮换的可能性,确定哪些人可以补充可能出现的职位空缺。通常,通过技能清单调查表来反映员工工作能力,并据此进行人力资源规划(表4-2)。

(2)人员替代法:人员替代法将每个工作职位均视为潜在的工作空缺,该职位下的每个人均是潜在的供给者,并以员工的绩效作为预测的依据。人员替代法是通过一张人员替换图来预测组织内的人力资源供给。在人员替换图中,标明了部门、职位名称、在职员工姓名、每位员工的职位(层次)、每位员工的绩效与潜力。具体操作方法是:确定需要替补的职位范围;确定每个关键职位的可能接替人选;评估可以替补人选当前的履职情况和是否达到提拔的条件和要求。通过人员替代图,我们可以清楚地看到养老机构内人力资源的供给情况。

笔记栏

表 4-2　个人技能清单调查表示例

姓名：	部门：		科室：		工作岗位：		填表日期：	
到岗日期：	出生年月：			婚姻状况：		职称：		
教育背景	类别	学位种类		毕业日期		毕业院校	主修专业	
	高中							
	学士							
	硕士							
	博士							
培训背景	培训主题			培训机构		培训时间		
拥有技能	技能种类			技能等级		技能证书		
职位意向	您是否愿意承担其他类型的工作？						是	否
	您是否愿意调到其他部门任职？						是	否
	您是否愿意接受轮岗？						是	否
	您愿意承担哪种职位的工作？（请填于右侧空格）							
培训意向	提升现有技能与绩效水平的培训							
	增强岗位胜任或职位晋升经验与能力的培训							
现在，您是否就可以进行职位轮换？							是	否

（3）马尔科夫模型法：该法是应用概率论中马尔科夫链的理论和方法来分析和预测人力资源供给变化的趋势。基本思路是找出过去一段时期内养老机构内部人员在各类职位变动的概率，以此预测养老机构人力资源变化的趋势。基本假设是养老机构过去一段时期内人力资源变动的模式和概率与未来趋势大致相同。由于养老机构人力资源变动很难长期保持同一状态的转移概率，马尔科夫模型一般只用于短期人力资源供给预测。运用马尔科夫模型预测养老机构人力资源供给，可分为两个基本步骤。

1）编制人员变动矩阵表：以前几年的人员变动统计数据为基础，运用马尔科夫模型分别计算出每一类职位人员流向另一类职位的平均概率。

2）预测未来人员供给情况：将预测前一年的每一类职位人员数与每类职位人员的变动率相乘，计算出预测年份每类职位人员的内部供给数，再分别汇总，得出各类职位人员的内部供给数。

2. 养老机构外部人力资源供给预测主要方法

（1）市场调查预测法：市场调查预测法是指养老机构人力资源管理部门组织人员开展市场调查，系统而客观地收集、整理劳动力市场有关信息，并对信息进行科学统计、分析，预判劳动力市场发展趋势。常用市场调查法包括文献资料查询法、直接观察法、询问法与实验法

笔记栏

等；调查方式包括全面调查、重点调查、典型调查和抽样调查等。市场调查主要步骤如下：明确调查目的与任务；制定调查计划；开展调查，收集相关资料；整理、分析调查资料；撰写市场调查报告，预测劳动力市场发展趋势。

（2）相关因素预测法：相关因素预测法是一种经验预测方法，是指找出、分析影响劳动力供给的各种因素，并预测劳动力市场发展趋势。分析的因素越多，预测成本越高。为节约成本，一般主要考虑组织因素和劳动生产率。为提高预测精度，有时需要在相关因素预测法的基础上，再进行线性回归预测等定量预测。

（三）人力资源供需平衡分析

在养老机构人力资源预测工作中，可能会出现供需平衡、供大于求、供不应求、结构失衡等情况。人力资源规划的目的，就是要依据组织人力资源供需预测结果，制订相应的政策措施，采取相应的方法，达到养老机构人力资源的平衡。

1. 人力资源供不应求主要调整方法　在养老机构的人力资源存在供不应求的情况时，主要调整方法如下。

（1）在养老机构内部进行调配，通过换岗将符合条件的人员调换到空缺岗位上。

（2）在遵守《中华人民共和国劳动法》的前提下，适当加班，延长工作时间，并给予相应补贴。

（3）聘用临时工，如退休返聘、招聘兼职人员等。

（4）增加新设备或充分提高设备使用率，提升员工的工作效率。

（5）将非核心业务转包或外包。

（6）减少人员流动。

（7）进行技术创新，改进技术、工艺、流程或管理方法。

2. 人力资源供大于求主要调整方法　在养老机构的人力资源存在供大于求的情况时，主要调整方法如下。

（1）通过扩大业务规模或开拓新业务，增加人力资源的需求。

（2）积极开展员工培训，提高员工的素质、技能和知识，促进员工竞争新的工作岗位。

（3）实施退休和内退的优惠政策，鼓励员工提前退休或内退。

（4）裁员或辞退员工。

（5）实行工作分享，并相应地降低员工的工资。

（6）实行人员分流，转移过剩人员。

3. 人力资源结构失衡主要调整方法　在养老机构的人力资源存在结构失衡的情况时，主要调整方法如下。

（1）通过晋升、调动、降职等方法重新对人员进行内部的调配。

（2）开展养老机构相关职位人员专门培训，有针对性地提高他们胜任空缺岗位的素质与技能。

（3）通过解雇员工、招聘新员工等手段，优化养老机构人员结构。

二、人力资源规划方案的制定

（一）人力资源规划方案制订的原则

养老机构制定人力资源规划方案，能有效满足养老机构人力资源需求、调动员工积极性、控制人力资源管理成本，并统一思想，促进养老机构战略目标的实现。在制定养老机构人力资源规划方案时，须遵循如下原则。

1. 平稳性原则　人力资源规划应全面、科学预测人力资源供给状况，确保养老机构人力资源供给稳定、高效,这也是人力资源规划的核心。

2.适应性原则　人力资源规划应服从养老机构整体发展战略的需要,与养老机构战略目标相适应。

3.前瞻性原则　人力资源规划应具有前瞻性,对养老机构未来可能出现的内、外环境变化做出预测,有效预估某些不确定因素的干扰,做好应对准备。

4.合理性原则　人力资源规划应引导、促进养老机构人员合理流动,充分发挥人力资源的作用。

5.发展性原则　人力资源规划应不断吸纳新理论、新方法,有力促进养老机构战略目标的实现,有效促进员工职业的持续发展。

(二)人力资源规划方案制定的程序

养老机构人力资源规划方案的制定,是一个科学的过程,需要分步骤进行。养老机构人力资源规划方案制定的程序一般包括五个阶段,即准备阶段、预测阶段、制定阶段、实施阶段与评估反馈阶段(图4-2)。

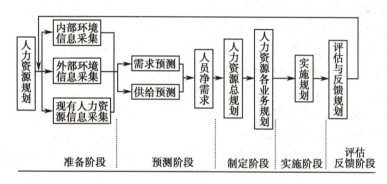

图4-2　人力资源规划方案制定流程示意图

1.准备阶段　这一阶段的主要任务是采集信息,主要包括养老机构外部环境信息、内部环境信息和现有人力资源信息等内容。

(1)外部环境信息:包括养老机构所处地区的经济、法律、人口、文化教育、市场竞争、劳动力市场等。

(2)内部环境信息:包括养老机构的目标任务、管理风格、薪酬方案、经营战略、服务项目等。

(3)现有人力资源信息:主要包括养老机构现有员工基本情况、工作经历、薪资料、服务与离职资料,以及人力资源存量等。

2.预测阶段　这一阶段的主要任务是厘清养老机构各类人力资源的余缺数据,并进而进行养老机构人力资源供需预测。

(1)预测人力资源需求:人力资源需求预测是对人力资源需求数量与结构的预测,分为短期预测和长期预测、总量预测和各个岗位需求预测几个方面。主要步骤包括现实人力资源需求预测、未来人力资源需求预测、未来人力资源流失情况预测、得出人力资源需求预测结果。

(2)预测人力资源供给:人力资源供给预测包括养老机构内部供给预测和养老机构外部供给预测两部分。主要步骤包括养老机构内部人力资源供给预测;养老机构外部人力资源供给预测;汇总养老机构内、外部人力资源供给预测数据,分析出养老机构人力资源供给数据。

(3)确定人力资源净需求:根据前期预测出的养老机构在不同发展阶段的人力资源需求

量和供给量,确定养老机构各类职位上员工的数量、质量、结构和分布情况,并进而测算出养老机构在各发展阶段的人员净需求量,明确"需要什么人"、每类人"需要多少人"等,为养老机构制定有关人力资源政策提供依据。

3. 制定阶段　这一阶段的主要任务是制定养老机构人力资源开发与管理的总规划,以及与之相应的各项具体的业务计划、人事政策等。主要内容包括如下几个方面。

(1)规划时间段:明确是战略性的长期规划、策略性的中期规划,还是作业性的短期计划,确定养老机构这一规划时间的长短,以及具体的开始日期、结束日期。

(2)规划预期目标:紧紧围绕养老机构发展目标,确定这一人力资源规划要达到的人力资源发展与管理目标。

(3)情景分析:主要包括当前情景分析与未来情景分析两部分内容。当前情景分析,是指在收集信息的基础上,分析养老机构当前人力资源的供需状况;未来情景分析,是指在收集信息的基础上,预测养老机构在未来某时间段内的人力资源供需状况。

(4)规划方案内容:这是人力资源规划方案的主体部分,主要包括项目内容、执行时间、项目负责人、检查人、检查日期以及项目预算等。

(5)规划方案制定者:规划方案制定者可以是一个人,也可以是一个部门。

(6)规划方案制定时间:是指养老机构这一规划方案正式制定的日期。

4. 实施阶段　这一阶段是养老机构将既定的人力资源规划方案付诸实施的过程。在实施过程中,需注意如下问题。

(1)方案应不断修正:养老机构内、外部因素不断发生变化,人力资源规划方案须在实施过程中得以不断修正,动态滚动实施。

(2)专人负责方案实施:要正式指定负责实施的人员,并赋予其相应的权利和资源,确保既定方案顺利实施。

(3)严格执行方案:应严格遵照规划方案内容,并切实执行规划方案。

(4)前期准备充分:规划方案实施前要充分做好相关准备。

(5)监测报告实施情况:动态监测规划方案实施情况,定期报告。

5. 评估反馈阶段　这一阶段是人力资源规划方案的最后一步,也是人力资源规划工作不可或缺的重要一环。评估与反馈,可为养老机构人力资源总体规划与具体规划的修订或调整提供必要而可靠的第一手信息,为下一轮人力资源规划工作提供有价值的参考依据。养老机构决策者应高度重视并充分利用评估反馈信息,更好地实现人力资源规划对养老机构战略目标实现的促进作用。

三、工作分析与岗位管理

(一) 工作分析

1. 工作分析的概念　工作分析,又称职务分析、职位分析或岗位分析,是指在全面收集、整理和分析养老机构工作岗位相关信息,研究和确定有关各工作岗位工作职责、工作内容、工作方法、绩效标准、任职资格等要素的一系列方法、技术与工作程序的集合。工作分析的主要成果是形成由工作描述和工作规范构成的岗位说明书。

从某种意义上而言,工作分析就是对某项工作做出明确规定,并确定完成这一工作所需要的知识、技能等资格条件的过程。工作分析要解决的主要问题包括:①该工作的工作内容、工作职责和工作目标是什么;②完成这项工作需要哪些能力和素质;③完成这项工作的要求及考评标准是什么;④这项工作将在什么样的环境或条件下完成;⑤该工作与其他相关工作的关系是什么。

知识链接

与工作分析相关的常见术语

(1)工作要素：指工作中不能再分的最小工作单位。

(2)任务：指达到某一工作目标的工作要素的集合。

(3)职责：指某职位应承担的一系列工作任务的集合。

(4)岗位：指任职者要完成的各项职责及被赋予的相关权力的集合。

(5)职务：指规定应担任的工作或从事的工作行为，可由一个职位构成，也可由多个职位构成。

(6)职系：指两个或两个以上特点相似的工作的集合。

(7)职组：指工作性质相似的若干职系的集合。

(8)职级：指同一职系内工作内容、工作难度、任职资格等都类似的职位的集合。

2. 工作分析的内容　工作分析主要包括工作描述与工作要求两个方面。

(1)工作描述：工作描述，又称工作说明或职位描述，是指用书面形式对养老机构中各类岗位的工作性质、工作任务、工作标准等进行描述的成果。工作描述一般包括工作标识、工作概要、工作职责、业绩标准等内容(表4-3)。

表 4-3　工作描述主要内容列表

项目	内容
工作标识	一般包括职位名称、职位编号、工作性质、直接上级、所属部门、工资等级、所辖人员、定编人数等要素
工作概要	对该职位的价值、中心任务和工作目标等的概述
工作职责	按照职责发生的前后顺序或职责的轻重缓急等逐项列出任职者的职位职责
工作活动内容	职位的基本工作内容、时间、权限、依据等
业绩标准	用正向的业绩标准和负向的业绩标准两种方式描述和界定职位的工作结果
工作关系	职位的直接上级、直接下级，以及职位的横向联系职位等
工作环境	包括工作的物理环境、安全环境和社会环境等三个方面
工作设备	工作过程中要用到的相关仪器、工具和设备等
其他	与职位相关且必要的其他信息

(2)工作要求：工作要求是指从事某项工作的人所必须具备的知识、技能、能力、兴趣、体格和行为特点等心理及生理要求。工作要求还会对文化程度、工作经验、生活经历和健康状况等内容作出具体要求。工作要求明确了岗位对员工个体特征的要求，可作为人员筛选、任用和调配的基础条件。

3. 工作分析的流程　工作分析的流程主要包括成立工作分析小组、制订工作方案、收集岗位信息、编辑岗位说明书、评估岗位说明书等步骤。

(1)成立工作分析小组：主要由养老机构人力资源管理部门牵头，并由相关岗位管理者及员工代表参与组成工作小组。人力资源管理部门要组织工作小组学习工作分析相关知识、技能，明确工作分析的要求与任务。

(2)制订工作方案：选取岗位样本，界定所要分析的内容，明确人员分工，并确定收集岗位信息的方法和步骤。

（3）收集岗位信息：运用问卷、访谈、座谈等方法收集分析岗位信息。

（4）评估岗位信息：评估收集到的岗位信息，如分析信息的真实性、信息的来源是否合理合规、有无人为干扰等。

（5）编辑岗位说明书：岗位说明书一般包括岗位的基本信息、工作内容、任职资格、工作环境等内容（表 4-4）。

（6）评估岗位说明书：分析并确定岗位说明书的适用范围、原则、方法等。

表 4-4　岗位说明书示例

工作名称：		部门：
工作内容	1.	
	2.	
	3.	
任职资格	1. 学历要求	
	2. 工作经验要求	
	3. 必要的知识和能力	
	4. 综合素质要求	
	5. 其他要求	
工作环境	1. 工作地点	
	2. 工作条件	

（二）岗位管理

1. 岗位设置　养老机构主要为老年人提供居住、生活照料与护理、疾病预防与保健、医疗与康复、康乐等服务。养老机构要根据养老机构的性质，规模以及开展的养老服务项目进行岗位设置。《养老机构基本规范》（GB/T 29353-2012）明确要求，养老机构人力资源配置应满足养老服务的需要，在管理上应建立管理组织架构，设置工作岗位，明确工作标准。另外，养老机构的岗位设置还应符合国家、行业与地方政策法规、管理规范的要求，遵循精简、高效、经济等原则。对于 24 小时为老年人提供照护服务的养老机构，《养老机构岗位设置及人员配备规范》（MZ/T 187-2021）规定了养老机构岗位设置及人员配备的基本要求、岗位设置、人员要求、人员配备比例和管理要求。

（1）基本要求：①养老机构岗位设置及人员配备应符合入住老年人类型、老年人及相关第三方的需求。②养老机构应设立岗位设置及人员配备管理的部门。

（2）岗位类型：养老机构应根据行业特点设置管理、专业技术、养老护理员、工勤四种类型的岗位。

1）管理岗位：管理岗位承担领导职责或管理职能，包括但不限于行政管理、人力资源管理、财务管理、照护管理、安全管理、老年活动管理、餐饮管理、培训管理岗位。

2）专业技术岗位：专业技术岗位承担专业技术职能，具有相应专业技术水平和能力。包括但不限于社会工作师、营养师、心理咨询人员、评估师、健康管理师岗位。

3）养老护理员岗位：养老护理员岗位承担照护服务和技能操作等职责。

4）工勤岗位：工勤岗位承担后勤保障服务及安全维护等职责。包括但不限于保洁绿化人员、维修维护人员、消防安全员、食品安全员、厨师、司机、门卫、仓库保管员、代购代收员、档案管理员岗位。

2. 人员配置　2023 年 5 月中共中央办公厅、国务院办公厅发布的《关于推进基本养老服务体系建设的意见》,要求发挥公办养老机构提供基本养老服务的基础作用,研究制定推进公办养老机构高质量发展的政策措施。为此,在设置完岗位并制定了相应的岗位职责后,养老机构还须根据自身规模大小、入住老年人数等具体情况为各工作岗位配置相应的工作人员。2021 年 12 月民政部发布的《养老机构岗位设置及人员配备规范》对人员要求与人员配备比例作出了明确规定,具体如下。

(1)人员要求

1)养老机构院长、副院长具有初中及以上文化程度,具有养老服务专业知识。

2)养老机构内设部门负责人应具有相关资质及专业知识技能。

3)养老机构专业技术人员应具有相关的资质证书,并具备与其岗位相适应的专业能力。

4)养老护理员应经岗前培训合格后上岗。

5)养老机构应配备专职或兼职消防安全、食品安全人员,消防安全人员应持证上岗。

6)特种设备操作人员应具备相应上岗资质。

7)所有提供生活照料、膳食、医疗护理服务的工作人员均持有健康证明。

(2)人员配备比例

1)养老机构管理人员配备数量应满足养老服务工作开展的需求。

2)养老机构配备的专职或兼职社会工作师、营养师、心理咨询人员、评估师、健康管理师等专业技术人员应符合国家有关规定。

3)养老护理员配备要求:养老机构养老护理员的配置数量应根据机构的规模、功能定位以及入住老年人的数量、能力等级、服务需求等进行合理配备。根据《养老机构岗位设置及人员配备规范》,养老机构应按照实际入住老年人数量配备提供直接护理服务的专职养老护理员,配备比例不低于表 4-5 中下限值的要求。另外,养老护理员应经培训合格后上岗。

表 4-5　养老护理员配备比例表

自理老年人	部分自理老年人	完全不能自理老年人
1:(15~20)	1:(8~12)	1:(3~5)

注:参见《养老机构岗位设置及人员配备规范》

4)养老机构配备专职或兼职消防安全员、食品安全员的比例应满足养老机构运营安全的相关要求。

5)养老机构内设医疗机构人员配备比例应符合国家医疗机构设置的有关要求。

《〈养老机构等级划分与评定〉国家标准实施指南(2023 版)》的"3.2 人力资源管理"部分对养老机构人员配置提出了国家评定标准,并以打分的形式对人员配置情况进行考核,如员工学历及资质情况、中专及以上学历员工占比、机构内社会工作者数量等。例如,在"3.2.2 员工岗位职责"中明确,各岗位职责内容不全扣 0.5 分,与实际不符扣 0.5 分;在"3.2.3 员工学历及资质情况"明确,中专及以上学历员工占比 ≥ 20%,得 1 分,≥ 10%,得0.5 分等,具体见本书附表《〈养老机构等级划分与评定〉国家标准实施指南(2023 版)》。

(3)管理要求:养老机构在进行人员配置时,不仅应遵循国家及地方相关规范要求,还应着眼自身长远发展与养老服务质量,加大对专业人员的配置,重点是高标准、足额配置有资质的医生、护士、养老护理员、康复人员、社会工作者、心理咨询师等。而在人员配置好后,出于"一人多能"、成本、效率等方面的考虑,养老机构还存在组织架构不清晰、"一人多岗"、管理规范缺失等情况。为此,《养老机构岗位设置及人员配备规范》还对养老机构岗位设置、人员配备提出了明确的管理要求,具体如下。

1)养老机构应建立与机构岗位设置、人员配备相适应的组织架构,明确工作要求。

2)养老机构应建立岗位设置及人员配备相关的管理规范并有效实施,包括但不限于人事管理规范、质量控制规范、部门职责说明书、岗位职责说明书、员工手册、员工培训与发展管理规范、员工绩效管理规范、员工档案管理规范。

3)养老机构人员配备可根据信息技术和智能设备的应用情况进行相应调整。

第三节　养老机构的人事管理

人事管理作为人力资源管理工作的重要部分,涵盖了员工招聘、入职、人事档案、职业发展体系设计、薪酬设计、培训和绩效管理等内容。养老机构人事管理的主要任务是吸引、留住和培训更多优秀的养老服务专业人才,从数量和质量上帮助机构在各个发展阶段获得所需要的员工。

一、人力资源招聘

(一)人力资源招聘的概述

1. 人力资源招聘的定义　人力资源招聘是养老机构获取合格人才的渠道,是机构为了生存和发展,根据人力资源规划和工作分析的结果,通过发布信息和科学甄选获得所需要的人才,并安排其到相关岗位工作的过程。

2. 人力资源招聘的过程　人力资源招聘包括招募和甄选两个相对独立的过程。

(1)招募:招募是指养老机构为了吸引足够数量的具备相应能力和态度,有助于实现机构发展目标的员工而开展的一系列活动。招募是聘用的基础和前提,聘用是招募的目的和结果。招募主要通过宣传来扩大影响,树立机构形象,达到吸引更多的人才来应聘的目的。

(2)甄选:甄选是指采用科学的测评方法选择符合要求的人来填补职位空缺。

3. 人力资源招聘的意义

(1)确保录用人员的质量,提高机构核心竞争力。员工招聘一方面关系到养老机构人力资源的形成,另一方面直接影响养老机构管理其他环节工作的开展。同时,新员工可以为机构注入新的活力,增强机构的创新能力。

(2)有利于人才的合理流动,促进人力资源潜能发挥。有效的招聘能促使员工通过合理流动找到合适自己的岗位,实现能力与职位的匹配,调动员工的积极性、主动性和创造性,使员工的潜能得到充分发挥,人员得以优化配置。同时,也让应聘者更多地了解机构及应聘岗位。有效的双向选择使员工能更加积极地从事可胜任的工作,减少人员离职带来的损失。

(3)减少离职率,增强机构凝聚力。有效的招聘可以使机构更多地了解应聘者的工作动机与目的,从众多的候选人之中选出个人发展目标与机构发展目标一致,并愿意和机构共同发展的员工。

(4)提高机构知名度,树立机构良好形象。养老机构招聘的过程也是向外界展示机构良好形象的过程。通过各种形式发布招聘信息,有助于提高知名度,让外界更多地了解机构情况。

(二)人力资源招聘的程序

1. 确定招聘需求　养老机构各部门主管根据本部门岗位职责,结合机构发展战略规划,确定本部门的组织架构,向人力资源部门提供岗位招聘需求,提供详细的招聘计划、岗位职责及招聘相关信息。人力资源部门需要运用专业知识对用人部门的人力资源需求进行分析和判断,最终决定招聘人员的数量、素质要求及招聘时间。

2. 制订招聘计划　　正式招募之前,人力资源部门需要制定一份详细的员工招聘计划,包括招聘范围、招聘规模、招聘时间及招聘预算等。招聘范围主要取决于养老行业人才分布的规律、人力资源供给状况及招聘成本高低。招聘规模要求一开始招募到的人数和最终需要雇佣的人数需要保持一个适当的比例。人力资源部门还需要对整个招聘活动所需要的总时间长度以及各个阶段的时间进行安排,以及整个招聘活动的总费用预算。

3. 开展招聘活动

(1)选择招聘渠道:根据招聘预算、岗位要求和机构具体情况,选择报纸、杂志、电视广告、校园、网络、猎头公司、就业服务机构等合适的招聘渠道。

(2)发布招聘信息和接收应聘者简历:机构发布的招聘信息要求简洁、明确,并注明接收简历的截止时间,以及组织中的联系人和联系电话,以便求职者查询。招聘信息中需要人力资源部门和用人部门共同撰写相关岗位的简要说明书,并清晰描述任职资格,以确保符合任职资格的应聘者投递简历。

4. 初步筛选候选者　　人力资源部门根据所获得的应聘者资料进行初步筛选,剔除明显不符合招聘岗位基本要求的应聘者,为下一步的甄选做准备。

5. 测评甄选　　采用笔试、面试、心理测试等人事测评方式对应聘者进行审核、比较和选择,以确定最终录用人选。组织用人部门主管对应聘者的知识、技术和能力进行面试和考核,重点关注应聘者与岗位要求和机构环境匹配的程度。

6. 决定是否录用　　根据甄选结果选择符合任职资格且能填补职位空缺的合适人员。人力资源部门对拟录用人员进行备案,发送录用通知,办理入职手续时,与其签订劳动合同。对不录用人员,根据面试的评定意见,分别对简历进行销毁、保存或备用。

7. 评估招聘效果　　招聘评价是对招聘工作的总结,并对今后招聘管理工作提出更高的要求。评价是招聘过程不可缺少的环节,主要包括招聘收益、成本评价、录用结果的评价。

(三) 人力资源招聘的原则

1. 择优录用原则　　择优是招聘的根本目的和要求,广揽人才,选贤任能,从应聘者中选出优秀者。在作出试用决策前,要根据明确具体的录用标准对应聘者进行全面测评和考核。招聘者要根据应聘者的综合考核成绩精心比较,谨慎筛选,作出录用决定。

2. 公开竞争原则　　要求养老机构把招考单位、种类、数量、报考的资格、条件,考试的方法、科目和时间等信息面向社会通告,公开进行招聘。招聘过程中,通过考试竞争和考核鉴别,以确定人员的优劣和人选的取舍。

3. 宁缺毋滥原则　　招聘决策必须树立"宁缺毋滥"的观念。一个岗位宁可暂时空缺,也不要让不适合的人占据。要求管理者做决策时,要广开贤路。

4. 人尽其才原则　　人的能力有大小,本领有高低,工作有难易,要求有区别。招聘工作应量才录用,做到人尽其才,用其所长,以便持久高效地发挥人力资源的作用。

5. 全面考核原则　　对应聘者的品德、知识、能力、智力、心理、过去工作的经验和业绩等方面进行全面考试、考核和考查。决策者必须对应聘者各方面的素质条件进行综合性的分析和考虑,从总体上对应聘者的适合性作出判断。

二、人事事务管理

(一) 基础人事管理

1. 入职管理　　人力资源部门确定入职时间后,通知入职者根据报到要求备齐所需材料办理入职。对于通过面试拟录取,但又没有在规定时间报到的员工,可以进行电话确认。试

笔记栏

用期满后,新员工可以按照养老机构的转正流程提交转正申请。人力资源部和用人部门对员工在试用期内的态度、行为等表现进行评估。转正前评估可以分别包含知识、技能、行为态度和业绩的评估。用工方式不同,适用的规范性文件不同,管理方式也不同。

(1)全日制用工:全日制用工指的是用人单位与员工签订正式的劳动合同,与员工建立正式劳动关系的用工方式。全日制用工方式需要企业在新员工入职一个月内与其签订《劳动合同书》。

(2)非全日制用工:《中华人民共和国劳动合同法》(2012年修正版)第六十八条规定:"非全日制用工,是指以小时计酬为主,劳动者在同一用人单位一般平均每日工作时间不超过四小时,每周工作时间累计不超过二十四小时的用工形式。"第六十九条规定:"非全日制用工双方当事人可以订立口头协议。从事非全日制用工的劳动者可以与一个或者一个以上用人单位订立劳动合同;但是,后订立的劳动合同不得影响先订立的劳动合同的履行。"非全日制用工相对全日制用工来讲,人工成本低,适合季节性的灵活用工。在任务明确的情况下,简单重复性劳动的效率更高。因此,对工作时间短、危险性较小、不需要长时间培训就能胜任的岗位来说可以考虑非全日制用工。

(3)学生实习:一般是指应届毕业生在毕业前进入养老机构并在有经验的工作人员的指导下进行学习和实践。养老机构在接收学生实习时,需要与学生签订《实习协议》,协议一式三份,经机构、学生、学校三方签字或盖章后生效,三方各执一份。

(4)劳务用工:劳务用工指的是劳动者向用人单位或个人提供约定的服务,并获取一定报酬的用工形式。劳务关系由《中华人民共和国民法典》进行规范和调整。劳务关系既可以口头约定,也可以签订书面合同或协议。为规范用工,建议用人单位与劳动者确立劳务关系时,签订《劳务合同书》或者《劳务协议》。

(5)新员工试用期管理:试用期指的是劳动合同履行的初期,代表劳资双方已经正式确立劳动关系,但需要一个"过渡期"供彼此了解、尝试、熟悉,给彼此都留有选择的空间和余地。《中华人民共和国劳动合同法》第十九条规定:"劳动合同期限三个月以上不满一年的,试用期不得超过一个月;劳动合同期限一年以上不满三年的,试用期不得超过二个月;三年以上固定期限和无固定期限的劳动合同,试用期不得超过六个月。同一用人单位与同一劳动者只能约定一次试用期。以完成一定工作任务为期限的劳动合同或者劳动合同期限不满三个月的,不得约定试用期。试用期包含在劳动合同期限内。劳动合同仅约定试用期的,试用期不成立,该期限为劳动合同期限。"需要注意的是,《中华人民共和国劳动合同法》第七十条规定:"非全日制用工双方当事人不得约定试用期。"试用期的工资根据《中华人民共和国劳动合同法》第二十条规定:"劳动者在试用期的工资不得低于本单位相同岗位最低档工资或者劳动合同约定工资的百分之八十,并不得低于用人单位所在地的最低工资标准。"

(6)员工转正管理:试用期满后,新员工可以按照机构的转正流程提交转正申请。人力资源部和用人部门共同就员工在试用期间的知识、技能、行为、态度和业绩等表现进行评估,最终确定是否予以转正。

2. 人事档案管理　人事档案记录了员工的个人身份、道德品行、思想认识、受教育经历、工作经历、工作实绩、奖惩、社会关系等情况,与个人的工资、社会保险、组织关系等紧密相关,可以作为办理转正、定级、职称申报、办理社会保险等手续的证明。

(1)人事档案的保管:国有企事业单位领导人员、管理人员和专业技术人员的人事档案,由人力资源部门作为具体工作的归口管理部门,进行统一集中管理。同时在人力资源部配备相应的专/兼职档案管理人员,负责档案管理的日常事务。其他类型企业的人事档案可以挂靠在具有管理人事档案资格的人才市场,或委托有资质的公司代管。

（2）人事档案接收流程：机构接收员工的人事档案时需要按照档案接收流程，由相关部门领导和人力资源部审批后方可接收员工档案。

（3）人事档案转出流程：员工因各种原因需要转出人事档案时，由相关部门领导和人力资源部审批后方可将档案转出。员工与单位解除劳动关系并与机构办理完相关离职结算后方可办理个人人事档案转移。机构留存员工档案转移单存根，员工保留员工档案转移单和回执联。档案接收单位在回执联上盖章，由员工送回原机构。

（4）开具人事档案证明材料：开具人事档案证明材料时，要求相关人员提供申请材料，说明需求原因以及需要开证明的种类。人力资源部根据机构规定和申请者的要求提供申请材料，证明材料由相关领导审阅后，加盖公章，申请人到人力资源部领取文件，并签字登记。人力资源部留存登记文件，以备查阅。

3. 服务人员资质管理　在养老机构中服务的医护人员应当持有相关部门颁发的执业资格证书，并符合国家相关规定和行业规范对执业资质和条件的要求。医疗护理员、养老护理员应当经相关培训合格后上岗。康复治疗师、公共营养师、心理咨询师、社会工作者等相关人员应当持有相关部门颁发的资格证书。餐饮工作人员应当持有 A 类健康证。

（二）职业发展体系设计

职业发展管理是养老机构在员工的职业发展过程中面对各种问题采取的措施方法，提供不同的职业发展道路以供员工选择。开展职业发展体系设计，不仅有利于员工在职业上的成功，促进个人发展，而且有利于稳定员工队伍，减少人员流失，促进员工个人发展与养老机构发展的相互协调，提高机构运营管理的工作效率和成效。

1. 职业发展设计的主要内容

（1）设定职业生涯目标：根据工作分析的结果，养老机构可以向员工宣传机构的经营理念和人力资源策略等，使员工规划自我的发展目标，并使其与机构的目标相结合。

（2）提供晋升通道：配合机构的发展目标和方向，提供晋升渠道，确定甄选标准，使员工能以优良的业绩表现来争取晋升。

（3）绩效规划与评估：开展工作表现的评估、工作士气调查，并反馈信息和资源，以提高机构绩效和促进员工的进一步发展。

（4）职业生涯发展评估：协助员工制订职业生涯发展报告，并进行适当的评估。

（5）职业生涯的调适：为员工提供充分的发展空间，以便做必要的工作或职业生涯目标的调整，使员工的工作、生活与职业生涯目标密切融合。

（6）职业生涯的支持：提供各种教学与培训资源，扩大工作范围并丰富工作内容，通过责任加重、激励措施和信息反馈等方式，为员工个人成长提供支持。

2. 制定职业发展计划的注意事项

（1）为员工考虑新的或非传统的职业道路，并提供自我评价的机会。

（2）使跨部门和地域的职业道路得到发展。

（3）为所有的员工提供均等的就业与发展机会。

（4）注意员工个人发展需要的满足。

（5）通过横向与纵向工作的变换而提供在职培训来改善业绩。

（6）确定培训和发展需要的方法。

三、薪酬管理

薪酬管理是养老机构对员工的经济性报酬各项内容的支付标准、发放水平、要素结构、方式方法等进行确定、分配和调整的过程。薪酬的数量和支付方式会影响员工对机构的满

笔记栏

意度和忠诚度。养老机构需要设计出一套长期有效的薪酬管理方案,才能激励员工专注于自身业务,提升服务质量,为实现机构各项经营目标而努力工作。

(一) 薪酬的组成要素

薪酬是指员工因完成工作而得到的所有形式的回报,包括内在报酬和外在报酬。

1. 内在报酬　内在报酬是指员工因完成工作而形成的心理思维形式,对个人而言是内在的,通常是因为参与特定的任务和活动而带来的心理体验,如工作满意度、成就感等。

2. 外在报酬　外在报酬可由机构直接控制和支配,包括货币报酬和非货币报酬。货币报酬可进一步划分为基本工资和激励工资。非货币报酬即通常所说的员工福利,包括机构提供的所有非工作时间报酬、员工服务和保障计划。按照养老机构的选择程度,员工福利又分为法定福利和自愿福利。

(二) 薪酬设计的实施

薪酬作为养老机构吸引、留住和激励员工的手段,在人力资源管理工作中发挥着重要作用。薪酬设计的首要目标是激励员工做出符合养老机构需要的行为。

1. 影响薪酬水平的因素　影响养老机构薪酬水平的因素概括起来主要有机构外部因素、机构内部因素、员工个人因素等方面(表4-6)。

表 4-6　薪酬水平的影响因素

外部因素	内部因素	个人因素
国家政策和法律法规	养老机构的经营战略	员工的职位
劳动力市场情况	养老机构的规模	员工的绩效表现
物价水平	养老机构的发展阶段	员工的工作年限
养老行业特点	养老机构的财务状况	员工的学历
地区和养老行业的工资水平	养老机构的文化	员工的年龄
	养老机构的劳动生产率	

2. 薪酬设计的流程　薪酬设计的理念是通过外部公平、内部公平和个人公平三个主要目标的完成来实现吸引、留住和激励员工的目的。薪酬设计主要包括以下几方面工作。

(1)对养老行业薪酬现状、机构竞争对手的薪酬资料进行调查和分析。

(2)根据工作分析和工作评估来明确定义机构内部的每一份工作的相对价值,并制定相关的工资结构。

(3)在满足上述基本原则的基础上,制定与技能、绩效挂钩的薪酬管理制度,实现个人公平以达到激励的作用。

(4)根据薪酬管理的发展趋势,逐步实现薪酬管理制度的多元化、团队化、个性化,并做到透明化、公开化和全面管理。

四、员工关系管理

员工关系管理可以保障机构和劳动者的合法权益,维持机构正常的运营秩序,减少劳资纠纷,构建和谐的工作环境。

(一) 劳动合同管理

劳动合同是指劳动者与用人单位确立劳动关系,明确双方权利和义务的协议。劳动合同管理内容包括劳动合同的订立、变更、续签和终止,以及劳动争议的处理等内容。具体操作流程及内容应严格按照《中华人民共和国劳动法》和《中华人民共和国劳动合同法》中的相关条款执行。

(二)社会保险管理

社会保险是指通过国家立法的形式,以劳动者为保障对象,以劳动者的年老、疾病、工伤、失业、生育、死亡等特殊事件为保障内容,以政府强制实施为特点的一种保障制度。社会保险包括工伤保险、失业保险、生育保险、养老保险、医疗保险五个险种,具有非营利性、强制性、普遍保障性、权利与义务的基本对等性的特点。社会保险的缴费标准和待遇项目、保险金的给付标准等,均由国家或地方政府的法律、法规统一规定,要求劳动者个人和所在单位都必须依照法律的规定参加。

(三)住房公积金管理

住房公积金是指国家机关、国有企业、城镇集体企业、外商投资企业、城镇私营企业及其他城镇企业、事业单位、民办非企业单位、社会团体及其在职职工缴存的长期住房储金,具有普遍性、强制性、福利性、返还性的特点。养老机构的住房公积金管理应严格按照《住房公积金管理条例》规定执行。

(四)离职管理

离职是指离开现有的职位。工作人员因退休、辞职、停职、免职、死亡等原因,脱离其所担任的职位。分为主动离职,即员工单方面向机构提出离职申请;因员工不胜任岗位、试用不合格,或严重违反机构的规章制度,由机构提出终止双方劳动关系,员工被动离职两种情况。主体提出辞职的员工,必须出示本人亲笔签署的书面申请,经直属领导、部门负责人和人力资源部审批。实施辞退行为时,机构用人部门讨论后,口头与员工交换意见,机构领导、人力资源部门、用人部门、工会或员工代表应达成一致意见。离职的员工应按照规定完成离职交接,人力资源部门应当在移交手续全部办理完成后,对离职员工进行经济结算。

五、劳动安全管理

(一)劳动保护

劳动保护分为劳动安全和劳动卫生。养老机构应建立健全劳动卫生制度,严格执行国家劳动安全卫生规程和标准,对员工进行劳动安全卫生教育,提供符合国家规定的劳动安全卫生条件和必要的劳动防护用品,尽量减少工作环境中的危险因素,预防来源于工作、与工作有关或在工作过程中发生的不良事件。

(二)职业健康检查

养老机构应定期对本机构职业性危害因素进行评估,开展员工职业健康检查,及时发现因职业原因对健康造成的损害及职业病等,做到早发现早治疗。

(三)心理健康管理

员工心理健康是指员工在复杂的环境和条件下,通过自主调整而保持积极的心理功能状态。心理健康水平不仅会影响员工的身心健康,也会影响他们在机构的工作行为和业绩。机构管理者应重视员工心理健康状态,力所能及地帮助员工解决工作和生活上的困难,及时发现并干预员工的心理健康问题。

第四节 养老机构的员工培训管理

为实现养老机构可持续的高质量发展,要求员工树立积极的工作态度和良好的职业素养,并不断更新专业知识和提升技能。对员工进行培训,成为机构获取并保持竞争优势的重

笔记栏

要手段。

一、培训管理概述

(一) 培训的定义

培训是养老机构为了有计划地帮助员工学习与工作有关的知识和技能等而开展的训练活动。培训作为一种继续职业教育,可以弥补学校教育的不足,使员工的专业知识和技能不断提高,并能增强员工对机构的认同感和归属感。

(二) 培训的原则

1. 理论联系实际　养老机构开展的培训应紧跟养老行业发展需求以及机构各项业务工作的需求,机构的员工缺什么就培训什么。

2. 因材施教　根据不同的岗位特点及培训对象的年龄、知识结构、能力水平和思想状况选择不同的培训内容和培训方式,有时甚至需要制定个人培训发展计划。

3. 技能与职业道德并重　养老机构除了安排专业知识和技能的培训外,还应重视职业道德和职业素养的培训,将其与机构的愿景、组织文化、服务理念、规章制度等紧密融合。

4. 全员培训与重点提高　全员培训是有计划、有步骤地对在岗的各类、各层次员工进行培训,这是提高全体员工素质的必要环节。同时,针对管理与技能骨干应注意重点培训。

5. 前瞻性与持续性　从养老机构长远发展的需求出发,在制定培训计划和内容时应紧跟养老行业发展前沿,不断更新知识和技能。同时,在时间上应考虑培训阶段性,保持培训的连贯性,以及与其他培训项目的衔接。

(三) 培训的形式

1. 新员工培训　新员工培训是在员工报到后的前几周里,养老机构对其开展的入职教育,主要包括机构的组织文化、职业道德、业务培训等内容,目的是帮助员工适应机构的组织环境和规章制度,了解职业生涯必需的有关信息,明确自己的岗位职责和上下级关系,培养团队精神和合作意识。

2. 内部培训　随着养老行业和养老产业的快速发展,及时掌握养老服务相关的新理念、新知识、新技能,定期开展内部培训极其重要。内部培训是养老机构经常采取的一种培训方式,不仅减少了将员工送出去培训的费用,还可以节省外部培训的开支。内部培训一般包括员工之间的互动和非正式交流、机构自行设计开发的培训课程等。

3. 外部培训　当养老机构内部缺乏培训员工的能力或员工需要快速进行培训时,选择外部培训也是许多机构选择的培训方式。外部培训包括将培训工作外包给专业培训机构、其他养老机构或行业协会,安排员工进行岗位轮换,外派管理者或业务骨干在职到学校或其他养老机构、养老企业中接受培训等。

4. 合作式培训　合作式培训结合了课堂培训与在职培训两种类型,具有多种形式。如由高校或养老行业协会开展的培训,帮助在校或刚完成正规学校教育的学生熟悉相关工作,实现"从学校到工作的过渡";养老机构开展的"师傅带徒弟"学徒制培训,帮助新员工快速掌握工作技能;高校或职业院校与养老机构、养老企业开展校企合作,将学校的课堂教学与工作岗位技能培训结合,帮助学生尽早接触真实工作环境,培养其岗位胜任力。

5. 模块式技能培训　模块式技能培训是以系统论、信息论、控制论为理论基础建立起来的职业技能培训系统,包括模块、技能模式、学习单元等几个重要概念。模块由若干学习单元组成,技能模式是用模块来表示的工作规划。每一个模块的内容是学习者应掌握的某项工作技能的一部分。员工通过完成各个模块的学习,最终能胜任该项工作。

6. 网络化培训　网络化培训是指利用互联网或养老机构内部的局域网进行在线培训，具有节约成本、能够面向更多员工开放的优势。网络化培训比较适宜用于远距离培训、模拟工作环境和任务等培训内容，一般与其他培训方式结合使用。

7. 导师制培训　导师制培训是指养老机构指定员工所在部门的负责人或业务骨干、行业专家作为员工的辅导老师，对其进行"一对一""手把手"的培训。导师制具有职业生涯辅助功能，包括支持、提高可见度、指导和保护等，鼓励学习者主动与经验丰富的专家进行沟通和互动，帮助学习者获取某项任务或领域内的内隐知识，提高综合素质。

（四）培训讲师的选用途径与标准

养老机构可根据机构规模大小及培训工作要求，参考设置机构内部的培训讲师岗位。

1. 培训讲师的选用途径　培训讲师是影响培训效果的关键因素，机构可以通过到高校聘请、参加培训班、联系专业培训机构等方式进行选用。一般而言，机构内的各级管理者、各系统或部门的专家、业务骨干、具备相关专长的其他人员都可以作为培训讲师的来源。

2. 培训讲师的选用标准　作为一名合格的培训讲师要求热爱养老服务工作，具有丰富的养老行业实践经验，掌握了养老专业的理论知识和技能，能及时了解养老行业和养老产业发展动态，对培训工作有浓厚的兴趣，并具备一定的教育教学能力。

二、培训资源开发

（一）培训需求的调查与分析

1. 培训需求的层次分析

（1）机构发展需求的分析：养老机构的培训需求分析要基于机构发展目标设置。一是对机构未来的发展战略与方向进行分析，以确定机构现在的培训重点和培训方向；二是对机构目前的整体绩效进行评价，找出存在的问题并分析原因，以确定培训重点和培训内容。通过对养老机构的内外部培训需求分析，以及机构的培训资源、培训政策和培训计划，确定在机构整体层面上进行什么样的培训。

（2）工作任务需求的分析：通过对各项工作的任务要求、能力要求和人员素质要求进行明确说明，帮助培训对象清晰认识一项工作的最低要求是什么，只有满足了一项工作的最低要求，员工才能上岗，否则就必须接受培训。对工作任务需求的分析结果要求准确、规范，在此基础上确定相应的培训标准。

（3）员工成长需求的分析：通过对员工的知识、能力和素质进行分析，以及对当前员工的工作表现与工作业绩进行评价，来确定培训内容和培训标准。通常需要进行培训的员工包括以下类型。

1）需要改进目前工作的人，培训的目的是帮助他们更加熟悉自己的工作。

2）有能力且机构需要他们掌握一项新技能的员工，机构考虑经过培训后将其安排到更重要、更复杂的岗位上工作。

3）有潜力的员工，机构希望其掌握各种不同的管理技能或更复杂的照护技能，目的是让其从事更高层次的岗位。

2. 培训对象的特征分析　由于学习涉及复杂的心理过程，对于不同的学习者需要采取不同的培训方法。为提高培训效果，还需要对培训对象的特征进行分析。

（1）学习能力：学习者必须具备基本的学习能力，如基本的阅读、理解能力，以及足够的认知能力。当养老机构工作的员工学习能力有所欠缺时，可以通过提供弥补性培训、实施特定的工作培训、与院校合作培训有潜力的员工等方式以解决员工基本能力缺乏的问题。

(2)学习动机：学习动机是指一个人愿意学习相关内容的愿望，通常受到个人职业兴趣和价值观、学习者对课程的重视程度、老师的动机和教学能力、朋友的鼓励、同事的动机水平、学习环境及培训方法等因素的影响。养老机构的管理者及培训管理者可以通过对上述因素进行改善，帮助员工认识到通过学习可以提升他们的知识和技能，以更好地适应工作岗位的要求，从而激发员工的学习动机。

(3)自我效能感：自我效能感是指人们相信自己能够掌握培训内容的信念。对于参加培训的员工而言，只有相信自己能够很好完成培训的学习者才能更满意他们所接受的培训并积极主动参与。机构管理者和培训者必须采取适当的方法帮助那些对自己能力没有信心的学习者。

(4)价值认知：培训价值的认知受到发展的需求、培训有助于发展的程度、培训内容在工作中的实用性等因素的影响。学习者必须认为培训与他们所期望发生的事情有密切的关系。一般而言，员工认为有用的培训知识和技能被应用于实际工作的可能性更大。

(5)学习风格：每个人都有自己不同的学习方式，培训可以通过讲授理论知识、示范操作技能、借助多媒体资料和工具等方法予以解决。同时，在设计培训时应兼顾：为什么要学习这些知识和技能；在学习过程中增加与工作经历相关的内容；以问题为中心进行学习；需要一定的自主学习等成年人的学习特点。

(二) 培训课程的开发与管理

1. 明确培训课程的目标 通过对机构、工作任务和员工的培训需求分析，以机构的发展战略、经营目标为指引，根据各个岗位族群、系列、角色、职级，以及各个岗位的能力要求，结合日常业务流程，确定需要借助培训才能改进、提升的关键项目，根据这些关键项目制定课程的总体目标。

2. 确定培训课程体系与框架 培训课程体系是养老机构的战略目标和能力体系的课程化表现。人力资源部将课程总体目标细分为若干个子目标，并确定每个子目标的主题课程及其先后顺序，为各主题课程设计培训方式和培训用具等。最终确定培训场地、课程安排、课程单元划分、课程费用核算等课程体系框架。

3. 编写培训课程大纲 培训课程大纲编制主要包括根据培训目的拟定培训课程名称、确定课程培训对象、撰写培训的具体内容、设计各项培训内容的授课方法和教具、修订调整形成最终的课程大纲等五个步骤。

(三) 培训计划的制定

培训计划是指养老机构对未来一段时期内将要进行的培训工作的安排。培训计划是做好培训工作的前提。

1. 培训计划的类型 按照不同的划分标准，培训计划有不同的分类方式。

(1)按层次分类：培训可分为养老机构整体培训计划、部门培训计划和培训管理计划。

(2)按时间长短分类：培训计划可分为长期培训计划、中期培训计划和短期培训计划。

(3)按时间段分类：培训计划可分为年度培训计划、季度培训计划和月度培训计划。

2. 培训计划制定的步骤 培训计划制定包括培训需求调查与分析、确立培训目标、确定培训对象、确定培训内容及课程设置、确定培训负责人及讲师、确定培训方式与方法、确定培训时间和地点、确定培训效果评估的方法、编制培训预算以及编写培训计划书等步骤（图4-3）。

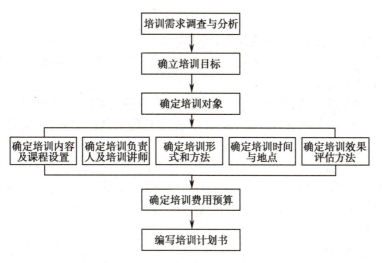

图 4-3 培训计划制定步骤示意图

三、培训计划的执行

(一) 培训前的准备

1. 确定培训时间 新入职员工的培训应在其入职初期完成,确保新员工认同养老机构的组织文化,端正工作态度,积极投入工作中。用人部门根据新员工到岗职位的技能要求和部门计划,安排部门内部培训。在职员工培训一般选择在日常工作不太繁忙时进行,或者在养老机构的服务流程和技术操作规范有变化时进行。根据养老机构的工作安排和成人学习特点,确定每个培训周期的时间,以及每次培训的时长。

2. 选定培训场所 培训场地根据培训方式的不同进行安排,如理论授课或小型研讨会一般选择具有多媒体设备的培训室、酒店或会议中心进行,现场工作指导或技能示范可以在养老服务工作现场或学习室进行,线上培训可以在机构内的培训室或线上进行等。

3. 准备培训设备 根据培训内容及培训方式,准备好培训所需的设施设备,做好调适工作,使培训设备处于备用状态。

4. 发放培训通知 初拟的培训时间、地点、方式、内容等信息,发给相关部门负责人审核,再报决策层领导审核,确认所有的信息后拟定通知。注意培训通知的文号、字体、格式,发送后须登记备案。培训通知一般在培训前 7~10 天通过内网系统、邮箱或公示栏发布。

5. 联络培训讲师 培训课程和培训时间确定无误后,制定培训流程。至少提前 1 周与培训讲师取得联系,便于其做好充分准备。培训讲师的课件需进行提前审核,如果培训后有考试的环节,也需要提前告知培训讲师,做好考试内容和时间等安排。

(二) 培训的执行

1. 开课前准备

(1) 培训现场检查:培训正式开始前,培训管理人员应提前到达现场,对培训现场的布置、设备、培训资料等情况进行检查,发现问题及时处理,确保培训能准时有序开展。

(2) 培训签到管理:培训管理人员应提前设计好培训签到表或线上签到程序,要求培训对象按时签到。培训签到表或签到记录应作为培训管理资料进行保存。

(3) 发放培训资料:培训实施过程中涉及的课件、学习材料、案例分析资料等,根据实际情况可在开课前发放给培训对象。

2. 培训现场督导

(1)现场巡视检查：现场巡视检查是确保培训工作顺利开展的一种有效手段。应根据规范的检查标准对培训现场进行巡视检查,检查的内容主要包括培训现场纪律、培训对象出勤情况、培训讲师出勤情况、培训场地安全等。

(2)突发事件处理：在实际培训的过程中,可能有一些突发情况,需要控制培训进程。同时,需要培训管理人员提前做好应急预案,目的是尽量避免突发事件的发生或减少突发事件造成的损失。

(三) 培训效果的评估

培训效果评估是指运用科学的理论、方法和程序,从培训项目中收集数据,确定培训项目的价值和质量的过程。建立培训效果评估体系有助于检验培训的最终效果,规范培训团队的行为。

1. 培训效果评估的方法

(1)问卷调查法：事先设计针对本次培训课程设计、培训方法、培训内容等内容的问卷,在培训结束后对培训主体或培训对象进行调查,了解培训效果的相关信息并收集建议和意见。

(2)访谈评估法：根据访谈提纲,采取"一对一"或"一对多"的方式进行交谈,了解培训对象对培训的态度和看法。访谈的方式包括正式访谈和非正式访谈、个别访谈、团体访谈、电话访谈、面对面访谈等。

(3)直接观察法：评估人员通过在培训过程中对培训对象的观察,根据其在培训时的反应以及在培训后的工作表现了解培训效果。

(4)小组讨论法：在培训结束后,将所有培训对象聚集到一起召开座谈会,有清晰的座谈会提纲,过程中严格按计划执行,围绕主题进行交流讨论,尽量让每个学员陈述自己在培训中的收获、感受和对今后工作的思考。

(5)笔试测试法：笔试测试法主要用于对培训对象知识掌握情况的测试,一般在培训结束后进行。

(6)操作测试法：操作测试法是对培训对象技能掌握的情况及熟练程度进行评估的方法。测试过程中,需要及时记录测试学员的具体表现。

(7)成本收益法：通过分析培训成本及培训所带来的各项硬性指标的提高,来计算培训的投资回报率,是一种比较常见的定量分析方法。

2. 评估报告的内容 培训效果评估结束后,评估人员应结合培训相关数据、信息和学员考核结果等内容撰写培训评估报告,并逐级向上报告。培训效果评估报告一般分为个人培训效果评估报告、部门培训效果评估报告和机构培训效果评估报告三种类型。机构的培训效果评估报告主要就培训评估工作的组织和实施情况,培训预算评估结果、委托方评估结果和培训管理评估结果,以及评估结论、问题分析、评估建议、培训调整等内容进行说明和总结。

3. 培训档案的归档 培训档案是重要的人事档案,由人力资源部分类统一存放。完整的培训档案主要包括培训计划表、培训签到表、培训课件或教案、培训现场照片、培训反馈表、培训效果评估问卷、培训总结报告等资料。培训结束后,人力资源部应按培训的类别及时间先后顺序及时进行归档。

第五节 养老机构的员工绩效管理

绩效管理是养老机构管理工作的核心,其终极目标持续提升员工个人、部门和机构的绩效。养老机构绩效管理对象一般包括团队绩效和个人绩效。其中员工绩效管理是养老机构人力资源管理的重要内容。

一、绩效管理概述

(一) 绩效管理的定义

绩效管理是指管理者与员工就如何达到工作目标达成共识的过程。开展绩效管理,需要管理者与员工一起进行绩效计划、绩效沟通、绩效评价、绩效诊断与提高,从而持续改进养老机构的绩效。

(二) 绩效管理的作用

1. 促进机构、部门和员工绩效提升 管理者通过绩效沟通及评价,及时发现员工工作中存在的问题,给予员工必要的工作指导和资源支持。员工通过工作态度及工作方法的改进,保障绩效目标的实现。机构通过绩效考核,对员工和部门的阶段工作进行客观公正的评价,明确员工和部门对机构发展所做出的贡献,通过各种方式激励、督促部门和员工全面提升绩效,从而推动机构整体的战略目标。

2. 促进管理流程和业务流程优化 养老机构的管理包括对人和事的管理。其中对事的管理主要是流程管理。流程是一件事情或一个业务如何运作,涉及为什么做、由谁来做、如何去做、做完了传递给谁等环节。不同的安排都会对产出结果有很大的影响,进而影响机构的工作效率。在绩效管理过程中,各级管理者都应从养老机构的整体利益以及工作效率出发,针对以上几个环节不断调整优化,使机构的运行效率不断提高,逐步优化机构的管理流程和业务流程。

3. 保障养老机构战略目标的实现 养老机构的运营一般有比较清晰的发展战略、长期发展目标和短期发展目标,在此基础上根据外部环境的预期变化及机构的内部条件制订年度经营计划和经营目标。养老机构的绩效管理就是将机构的经营目标层层分解,围绕提高机构绩效这个核心展开,最大限度地提高管理效率和资源利用效率,从而更有效地实现机构的预定目标。

二、绩效管理的程序

绩效管理是一个包含多个阶段、多项工作的综合过程,主要包括制定绩效计划、持续绩效沟通、开展绩效考核、绩效反馈与改进等四个方面的工作。

(一) 制订绩效计划

制订绩效计划是绩效管理人员与员工合作,共同就员工应该履行的工作职责、各项任务的重要等级及授权水平、绩效的衡量、绩效管理人员提供的帮助、可能遇到的问题及解决方法等一系列问题进行讨论,并达成一致意见,形成工作计划的过程。制定绩效计划是一个双向沟通和共同承诺的过程,是整个绩效管理体系中最重要的环节。

(二) 持续绩效沟通

实施绩效计划的过程中,绩效管理者应根据具体的业务指标或工作质量要求,经常与员工进行沟通,了解工作进程,监督工作质量,收集有关员工业绩表现的数据或证据,及时发现不足或质量隐患,帮助员工提高业务水平,及时排除遇到的障碍,必要时修订计划。动态、持续的绩效沟通是绩效管理体系中最重要、最核心的部分。

(三) 开展绩效考核

绩效考核是对员工的工作绩效进行评价,以便形成客观、公正的人事决策的过程。绩效考核从制定绩效考核计划开始,确定考核的标准和方法,通过对员工过去一段时间的工作表

笔记栏

现、工作成效、工作业绩等绩效分析评价,最后将考核结果运用到人事决策(晋升、解雇、加薪、奖金)中去。绩效考核的实质就是将实际结果与计划进行比较,这是绩效管理中不可或缺的组成部分。

(四) 绩效反馈与改进

管理者通过绩效分析评价结果,判断员工的绩效水平,识别低绩效的征兆,探寻导致低绩效的原因,找出可能妨碍员工实现绩效目标的问题及原因的过程。同时,针对需要改进的项目及其原因,结合目前的水平和期望达到的水平,就改进的方式、期限、负责人、行动过程等内容进行规划。通过改进计划,不断提高员工的绩效。

三、制订绩效管理计划

(一) 制订绩效管理计划的意义

绩效管理计划是养老机构开展员工绩效评价工作的依据,是机构程序化、规范化开展绩效管理工作的前提。绩效管理制度是对绩效管理计划工作的书面陈述,便于形成规范的绩效管理规章制度。

(二) 绩效管理制度内容设计

绩效管理制度内容设计一般包括绩效管理制度的总则、正文和附则等三个部分。

1. 制度总则设计 在绩效管理制度的总则中需要明确绩效管理的目的、制度适应范围、绩效考核的原则和管理职责。

2. 制度正文设计 在绩效管理制度的正文中要求阐明考核的内容、考核指标、考核方法、考核周期、等级划分、绩效面谈管理、绩效改进管理、绩效申诉管理、绩效考核的应用等内容,便于绩效管理工作的推进和落实。

3. 制度附则设计 绩效管理制度在结尾时,应对制度的制定、审批、实施、修订、使用日期进行说明。附则一般包括制度未尽事宜的解释,制度的制定单位、修订单位、审批人及审批权限,制度生效的条件、适用的起始日期或生效日期,其他与制度相关的、可归入附则的内容。

四、绩效管理的方法

(一) 制定绩效管理标准

制定绩效管理标准的目的是使管理过程中的一切活动都可执行、可量化、可比较。绩效管理指标一般包括以下几种类型。

1. 指标标准 根据不同的考核内容分为工作业绩指标、工作能力指标和工作态度指标。

(1)工作业绩指标:工作业绩考核主要是对员工履行职责情况及工作结果的考核,以及对员工贡献程度的衡量和评价。工作业绩考核包括个人业绩考核和团队业绩考核,一般以完成工作的数量、质量、工作效率和成本费用等作为考核指标。

(2)工作能力指标:以具体岗位要求的工作能力为标准,对员工在实际工作中具备的能力,以及所担当职务的匹配程度进行考核。在绩效考核中将工作能力作为考核指标,能够真实反映员工的整体绩效,具体表现为解决问题的能力、创新能力及团队协作能力。

(3)工作态度指标:以员工进行某项工作的认知态度及为此付出的努力程度为导向的考核指标。一般选取对工作业绩产生较大影响的指标,如协作精神、工作热情等。

2. 定性标准 定性标准是指无法通过数据计算考核的内容,需要对考核对象的工作表现进行客观描述和分析来反映考核结果的指标。

3. 定量标准　定量标准是指可以准确用数量定义、精确衡量并能设定绩效目标的考核指标。定量指标又分为绝对量指标与相对量指标,绝对量指标如养老机构的年总收入,相对量指标如养老机构年总收入的增长率。

4. 考核标准　考核标准是指对承担养老机构经营过程及经营结果的各级管理人员完成指定任务进行考核的指标。如对员工的品德、工作绩效、能力和态度进行综合检查与评定,以此确定其工作业绩和潜力的管理办法。

5. 应用标准　绩效考核结果主要应用在绩效改进与提升、绩效奖惩两个方面。在绩效考核结果应用的制度设计中没有明确具体的应用标准,容易导致考核结果应用不公正或无效。因此,在设计绩效考核结果应用标准时,要坚持以下三项原则:①以人为本,促进员工的职业生涯发展;②将员工个体与养老机构紧密联系起来,促进员工与机构共同成长;③统筹兼顾,综合运用,为人事决策提供依据。

(二) 绩效考核的常用方法

1. 关键绩效指标考核法(key performance indicator,KPI)　KPI 是根据机构的宏观战略目标,将其分解成具有可操作性的战术目标,并进一步转化为若干个考核指标,通过借用这些考核指标,从多维度,对机构或员工个人的绩效进行考核的一种方法。因为数量众多,且覆盖范围广,需要挑选机构重点关注的关键绩效指标进行监控和考核,确定关键绩效指标的方法见表 4-7。

表 4-7　确定关键绩效指标的方法

确定方法	方法说明
标杆基准法	养老机构将自身的关键绩效行为与行业内最强企业进行比较,弄清标杆企业的绩效形成原因,并在此基础上确定本机构的关键绩效指标
成功关键法	通过寻找养老机构成功的关键要点,并对这些关键要点进行重点监控和层层分解,从而选择和确立关键绩效指标
策略目标分解法	通过建立包含财务指标与非财务指标的综合指标体系,对养老机构的绩效水平进行监控,从而确立关键绩效指标

2. 目标管理考核法(management by objectives,MBO)　MBO 是在整个养老机构实现目标管理的情况下,按一定的指标或评价标准来衡量被考核者完成既定目标和执行工作标准的情况,根据衡量结果给予相应奖励的一种方法,包括建立目标计划表、明确业绩衡量标准、实施业绩评价、检查调整等四个操作流程。根据评估周期的不同,目标评估分为日常评估、定期评估及项目达成时的总评分等三种类型。

3. 目标与关键成果考核法(objectives and key results,OKR)　OKR 是一套定义和跟踪重点目标及其完成情况的管理工具和方法。要求养老机构、部门、团队和员工不但要设置目标,而且要明确完成目标的具体行动,包括设定具体的可衡量的目标,对关键性结果进行可量化定义,并明确达成目标的措施,共同努力达成目标,根据项目进展情况进行评估等实施流程。

4. 360°考核法　360°考核法又称全方位考核法,是指从与被考核者发生工作关系的多方主体那里获得被考核者的信息,并以此对被考核者进行全方位、多维度的绩效评估的一种考核方法。信息来源包括主管对下属的反馈、下属对管理者的反馈、团队成员之间的反馈、自我反馈、服务对象的反馈、机构内外协作部门和供应部门的反馈等。

5. 等级评定法　等级评定法是最容易操作和普遍应用的一种绩效评估方法。通过工作分析,将被考核工作岗位的内容划分为相互独立的几个模块。在每个模块中需要达到的

笔记栏

工作标准给出明确的描述。然后,将工作标准划分为几个等级选项,如"优秀、良好、合格、不合格"等,由考核者按照给定的等级对被考核者的工作表现进行评定,最后给出总的评价。使用等级评定法时应注意在多次观察基础上进行,采取整体评定和分析评定相结合的方式进行(表4-8)。

表4-8 等级评定法示例

姓名:　　　　　　　　部门:　　　　　　　　职务:

考核项目	评级计分				得分
	优秀(4)	良好(3)	合格(2)	不合格(1)	
工作质量					
工作数量					
工作相关知识					
工作技能					
工作态度					
团队协作					

●(康胜利　谢　燕)

复习思考题

1. 养老机构人力资源管理工作主要包括哪些内容?
2. 养老机构人力资源规划方案制定的程序主要包括哪些步骤?
3. 养老机构人力资源招聘的基本原则是什么?
4. 简述制定培训计划的步骤。
5. 什么是绩效管理? 绩效管理在养老机构管理中的作用是什么?

◆◇◆ 第五章 ◆◇◆

养老机构的行政办公管理

PPT 课件

学习目标

知识目标

1. 掌握养老机构行政办公管理的概念、含义及基本原则。

2. 熟悉养老机构规章制定、公务接待、会议组织、公文收发、档案管理等常规行政事务的处理方法。

3. 了解相关国家标准、行业标准对养老机构行政办公管理的具体要求及评价指标。

能力目标

1. 能遵循养老机构行政办公管理的基本原则,解决行政办公管理工作中的实际问题。

2. 能根据实际场景制定养老机构办文流程、办会方案,评估其合理性和可操作性,并做出针对性优化。

素质目标

树立合规、简约、高效、透明及持续改进的服务意识,内化严谨、务实的职业素质。

思政目标

弘扬"螺丝钉精神",立足行政岗位,干一行爱一行,为养老机构健康运营和老人便利生活提供优质服务。

对于养老机构而言,行政办公部门的角色定位就像"参谋部""中转站",既是领导决策的参谋助手,也是部门协调的中介桥梁。行政办公工作可概括为"三办",即办文、办会、办事,涉及制度设计、部门沟通、任务统筹、日程安排、公文收发、会议组织、调查研究、公务接待、立卷归档等多个方面。正是由于行政办公工作具有综合性、兼容性、多重性的特征,对行政办公工作人员的能力素质提出了更高要求,强调"一专多能",进而匹配、适应多维岗位要求。

案例分析

2023 年 7 月,民政部社会福利中心、全国社会福利服务标准化技术委员会联合发布《〈养老机构等级划分与评定〉国家标准实施指南(2023 版)》。养老机构评定分为五个等级,从低到高依次为一级、二级、三级、四级、五级,级数越高,表示养老机构在环境设施、服务管理等方面的综合能力越强。评定项目"运营管理"分项总分 150 分,共设行政办公管理、人力资源管理等 7 个二级指标。其中,"行政办公管理"二级指标下设组织规划、行政办公制度、信息管理平台等 3 个三级指标及 10 个四级指标,共占 10 分。详见附录一。

分析:

1. 养老机构等级评定为何将行政办公管理作为单独模块纳入指标体系?

2. 在养老机构中,行政办公制度发挥着何种作用?

3. 除上述 3 个三级指标外,养老机构的行政办公管理还包括哪些内容?

第一节 行政办公管理概述

当前,我国养老机构建设发展已进入快速扩张期,机构规模不断扩大,经营方式日渐多元,服务专业化水平明显提升。与此同时,养老机构内部管理的规范化运作有待改善,成为制约养老机构稳定运营和持续发展的主要因素之一。以规范化运作提升养老机构内部管理效能,重中之重便是加强和改进养老机构的行政办公管理。

一、养老机构行政办公管理的含义

1. 行政办公管理的定义 养老机构的行政办公管理是指养老机构在日常运营中,对各项行政事务进行有效组织、管理、协调和监督的过程,帮助养老机构有效应对和妥善处理机构内部出现的行政问题。它涵盖了多个方面,总体包括规章制度管理、行政事务管理、公文纪要管理等,其总体目标是提高工作效率、优化资源配置,确保养老机构各项工作顺利推进。

2. 养老机构行政办公管理的意义 养老机构行政办公管理并非凭空而生,而是养老机构作为经营主体,有效回应养老市场要求、深度参与养老产业发展的必然产物。换言之,随着养老服务愈发朝着专业化、职业化、精细化的方向转变,养老机构实现高质量发展,离不开高效、有序的行政办公管理,在机构内部运营全过程的各个环节上实现有效协同,否则难以将各业务部门的职能履行和任务推进有效统合到养老机构发展的中心目标上来,导致养老机构的各项工作因缺少组织性而陷入"一盘散沙"的状态。因此,养老机构内部需要一套具备强制性的权力机制、运转程序与实施工具,即行政管理机制、程序和方式,进而实现养老机构内部的有效管理,助力养老机构的组织目标达成。概言之,养老机构行政办公管理凸显的是内部的秩序管理,并作为养老机构管理的重要组成部分之一,以提高行政效率、降低运作成本的形式,支持养老机构的整体管理和运营,确保机构的正常运行和服务的提供。

二、养老机构行政办公管理的主体及其职责

(一) 养老机构行政办公管理的相关法规要求

在我国,养老机构行政办公管理的主体及职责在《中华人民共和国老年人权益保障法》《养老机构管理办法》等法律法规和养老机构相关行业标准中有明确规定。《养老机构管理办法》第二十六条规定:"养老机构应当配备与服务和运营相适应的工作人员"。《养老机构岗位设置及人员配备规范(MZ/T187—2021)》将养老机构内设岗位划分为管理岗位、专业技术岗位和工勤技能岗位等三类,其中,管理岗位为承担领导职责或管理任务的工作岗位,包括但不限于养老机构院长、副院长、内设部门负责人岗位。

（二）系统视角下养老机构的行政办公管理

系统理论强调整体性、相互依赖性和动态性,理解一个系统的运作发展,必须考虑其所有部分以及各个部分之间的相互作用和动态演进。对养老机构而言,行政办公管理工作涉及各个部门、各个方面的工作,其内容的复杂性决定了的养老机构行政办公管理工作绝非某一部门的"自留地""私有田",而是以养老机构行政正职负责人为核心、行政副职负责人具体分管、行政部门及工作人员具体执行、各职能业务部门及工作人员配合实施的一套完整系统。

一般来说,不同养老机构对行政负责人、行政部门的称谓有所区别。常见的行政负责人称谓包括院长／副院长、经理／副经理、主任／副主任、主管／副主任,而主要负责行政办公事务的部门多被冠以办公室、行政部、总务部、综合部等名称。

因此,从组织系统的视角来看,养老机构行政办公管理的主体类型可分为行政管理层和支撑保障层。其中,行政管理层主要负责养老机构的整体管理和决策,包括院长、副院长、行政办公部门等,其主要职责是制定养老机构的发展战略、年度计划和规章制度,并监督执行情况;处理日常事务,协调各部门的工作;与政府、企业、社会组织等相关单位进行沟通和合作。支撑保障层主要负责为养老机构和入住老年人提供必要的支持保障,涉及后勤部门、财务部门、人力资源部门等,其主要职责是保障养老机构的设施和设备的安全和正常运行,提供财务管理、人力资源管理等服务,确保养老机构的正常运营。

（三）养老机构行政办公管理的核心部门

在养老机构行政办公管理所涉及的诸多部门中,行政部门是其核心要害部门,主要起到协调、监督和管理的功能。主要职责包括:制定和完善养老机构各项行政管理制度,确保各项工作有序进行;负责养老机构的对外联络与合作,为机构发展创造良好的外部环境;负责制订、实施养老机构发展规划,推动养老机构服务质量和水平的持续改进;处理养老机构的日常行政事务,为养老机构提供必要的支持与服务。

三、养老机构行政办公管理的重要性

养老机构行政办公管理的重要性不仅体现在提高管理效率和服务品质方面,还包括保障机构正常运营、促进内部沟通以及与政府及社会保持良好关系等多个方面。

（一）提高运营效率

行政办公管理通过优化各项行政事务的规范化处理流程,有效组织、协调和监督养老机构的各项工作,确保养老机构内部各部门的密切配合;同时,组织各业务职能部门对养老机构的各项资源进行合理配置,确保资源得到充分利用,进而提升养老机构的整体运营效率。依托信息化手段,建立高效的信息沟通机制,确保各部门间的信息传递畅通,提高养老机构内部沟通和协调的效率;通过优化物资采购流程、完善资金使用制度,确保养老机构的物资供应及时充足、资金使用安全有效。

（二）应对外部挑战

行政办公管理是养老机构科学决策的关键载体,可以通过全面的市场调查、需求分析、政策宣介等多种方式,帮助养老机构有效识别并妥善应对外部环境变化带来的各项挑战,特别是降低国家法规的变化、社会观念的变迁和家庭需求的变动对养老机构经营发展的冲击影响。例如,通过关注国家政策动态,及时调整运营策略,以适应政策变化;通过市场调研,了解家庭需求,提供个性化服务。

（三）提升服务品质

行政办公管理通过对养老机构的规章制度、行政事务和公文纪要等方面的全面管理,制定并完善各项服务标准和流程,确保养老机构的服务满足老年人的需求,不断提升老年人的生活质量和养老机构的服务质量,助力打造彰显养老机构自身特色的服务品牌。通过制定服务标准,如饮食、卫生、护理等,保证老年人获得良好的照顾;通过建立严格的服务质量监控体系,定期对专业技术岗位从业人员进行评估和培训,确保其具备专业技能和良好的服务态度,从而提升服务品质。

四、养老机构行政办公管理的基本原则

养老机构行政办公管理的基本原则是指在管理过程中应遵循的基本规则和指导思想,它反映着养老机构运营发展制度化、规范化、标准化和专业化的基本水平,并为养老机构其他各项工作的有序推进起到良好示范的作用。

(一)合规原则

养老机构行政办公管理各项事务的开展,前提是必须遵守国家和地方的法律法规、强制性标准,包括但不限于《中华人民共和国老年人权益保障法》《养老机构管理办法》《养老机构等级划分与评定》《养老机构服务安全基本规范》等,以及养老机构内部规章制度。因此,养老机构需要定期组织员工学习国家相关法律法规,密切关注国家政策动态,根据政策要求调整发展规划和经营策略,确保各项管理工作合法、合规。同时,要对机构内部的规章制度进行及时修订和完善,以适应国家法律法规、行业标准的变化。

(二)效率原则

养老机构行政办公管理应注重效率:一是通过建立科学、合理的组织结构,注重组织结构的灵活性,明确各部门及岗位的权责,优化工作流程,减少冗余环节,确保行政流程简洁、高效,以适应外部环境的变化。二是充分考虑养老机构的需求和实际情况,合理配置人力、物力、财力等资源,优化资源组合,注重节能减排,降低运营成本。三是充分利用现代信息技术,提高办公自动化水平,实现信息的快速传递、处理和共享,降低沟通成本,进而全面提高行政办公管理的效率。

(三)服务原则

养老机构行政办公管理并非简单的"发号施令",而应聚焦养老机构工作人员和入住老人,以提供优质服务为目标,满足内部和外部利益相关者的需求。如关注员工福利和工作体验,提供良好的工作环境和发展机会,确保行政工作有力支持养老服务一线;又如,以满足入住老人需求为中心,关注老年人的生理、心理需求,提供个性化、人性化的护理和服务解决方案。

(四)透明原则

公开透明的管理措施既有助于增强社会对养老机构的信任,吸引更多的投资者和专业人才,也有利于养老机构提高其自身的竞争力,使之在激烈的市场竞争中保持优势。因此,养老机构行政办公管理应保持公开透明,主动接受政府、社会、机构内部和入住老人的监督,制定并落实信息公开清单制度,在醒目位置公示各类服务项目收费标准和收费依据,面向利益相关者定期公布财务报告和运营数据,提高监管透明度,从而发现问题、改进工作,提高养老机构的管理水平和服务质量。

(五)市场导向原则

养老机构行政办公管理需坚持市场导向的原则,及时关注市场变化,定期进行市场调研,了解行业动态以及老年群体的需求,并根据市场调研结果,调整管理措施、服务项目和宣传策略,实现机构、老年人及其家属间的供需平衡,从而不断提高机构的市场竞争力。

(六)持续改进原则

养老机构行政办公管理应不断寻求改进机会,积极引入先进的养老理念和技术,创新管

理模式和服务方法,提高养老机构的服务水平和竞争力。建立健全服务质量监控体系,定期进行内部审计、员工培训和服务质量评估,对存在的问题进行及时整改,确保服务质量的持续提升。

在实际工作中,养老机构的行政办公管理应将上述原则具体化,并融入日常操作和管理决策中。由此,养老机构可以提高其整体管理效率和质量,同时确保遵守相关法律和法规,提供优质养老服务。

第二节 养老机构的规章制度管理

养老机构的目标定位、组织管理架构、员工的职业素养和凝聚力等,均会影响养老机构总体战略目标的实现。其中,建立健全合理、有效的规章制度管理体系,是保障养老机构顺畅运行、提高工作效率、防范运营风险及实现养老机构可持续发展的重要条件。

一、养老机构规章制度管理的内涵

规章制度管理是养老机构行政办公管理的重要组成部分,是指在养老机构中建立和施行一套系统化的规则和流程,以确保专业服务的高效提供、服务质量的持续提升,以及老年人权益的全面保护。这包括但不限于政策制定、程序制定、监督实施、投诉处理和持续改进等方面。从规章制度管理流程来看,主要包括制定、执行、监督、完善等环节,由此形成规章制度管理的完整闭环。

(一) 规章制度制定

养老机构应根据国家法律法规和政策,结合自身实际情况,制定并形成一套切实可行的规章制度体系。参照《〈养老机构等级划分与评定〉国家标准实施指南(2023 版)》关于运营管理方面的要求,养老机构需重点做好行政办公制度、人力资源管理制度、服务管理制度、财务管理制度、安全管理制度、后勤管理制度、质量考核与改进制度等 7 个方面的制度建设工作。

(二) 规章制度执行

养老机构应建立健全内部管理体制,明确各部门的职责和权限,确保养老服务工作的有序进行;制定和完善养老机构的各项操作规程,如入住流程、服务标准、护理操作规范等,保障老年人的服务质量;加强对规章制度的宣传和培训,确保全体员工熟悉并遵守规章制度。

(三) 规章制度监督

养老机构的规章制度监督成效关乎养老机构的服务质量、合规经营以及老年人的权益保障。监督工作通常包括以下方面:

1. 内部监督 养老机构应设立专门的监督部门或指定专人负责,对规章制度的执行情况进行定期检查和评估,进而及时发现和纠正问题,确保各项制度得到有效执行。

2. 政府监督 政府相关职能部门(特别是民政部门),应按照《养老机构行政检查办法》的规定,对养老机构的规章制度执行情况进行定期检查和评估,确保养老机构遵守法律、法规、规章、强制性标准,执行行政决定、命令。

3. 社会监督 包括媒体、社会组织、老年人及其家属等社会各界,都有权对养老机构的规章制度执行情况进行监督,帮助发现养老机构存在的问题,促使其改进服务。

4. 第三方评估 即委托具有资质的第三方评估机构对养老机构的规章制度执行情况进行评估,提供独立的评估报告,进而使政府和社会了解养老机构的管理状况。

（四）规章制度完善

由于养老机构面临的是变动不居的内外部环境,客观要求着养老机构的规章制度建设必须根据环境的动态调整做出适应性更新和完善。具体来说,养老机构应根据各类日常性检查及专项评估的结果反馈,参考各利益相关方的意见和建议,对规章制度进行必要的修订;也需要把握相关法规政策调整,养老行业发展、机构外部竞争的新形势和新趋势,适时调整规章制度,从而保持养老机构规章制度的活力和效力。

二、养老机构规章制度体系构建的遵循原则

（一）注重分级分类管理

针对养老机构不同层次、不同类别的工作目标,建立科学、合理的分级、分类制度管理体系,对各层级、各类别制度文件内容元素予以界定和规范,以健全完善制度管理体系。

（二）注重责任权利的统一

注重在管理目标的指导下,权利与责任的平衡。在强调规范管理标准的同时,明确相关领导责任、保障责任、管理责任、监督责任。注重绩效激励措施的优化与完善,既为管理任务的完成和员工履职提供保障和奖励,也能调动员工的主动性与积极性,鼓励管理过程中因地制宜、突破创新。

（三）注重及时梳理与完善

及时结合实际工作中存在的问题,不断修订和完善缺失或过时的指引性制度或管理办法,及时梳理与实际工作不相符、关键要素不完善、方法举措不清晰、制度衔接不顺畅等问题,并进行补充完善。同时,针对养老机构某些长远、宏观战略目标,采用相对灵活方式,分清轻重缓急,在战略与现实发展中寻求最佳结合点,逐步稳妥推进实施。

（四）注重信息化技术的运用

要充分合理地将信息化技术应用到制度管理中,构建有助于管理工作正常开展的制度信息发布、实施、考核及相关制度信息资源运用平台,全面提高行政管理工作效率和服务质量。

（五）注重落实到位和执行监督

在建立健全相应的规章制度体系后,必须加强制度的宣传和学习,特别是要让各级员工理解各项制度的重要性、必要性和具体要求,以确保各项制度的有序有效实施,并取得实效。同时,要注重实施过程的管理和监督,提高员工对制度执行的自觉性和严谨性,逐渐使制度入脑、入心,成为员工的日常行为习惯。

三、养老机构规章制度制定的通用方法及程序

（一）制定方法

1. 总结工作经验　规章制度是人们在长期社会实践中逐渐积累形成的经验结晶。养老机构在其以往的经营管理过程中,往往会形成若干源于实际经验的习惯性做法,而习惯性做法往往优劣杂糅,需要去粗取精并将其正式确定下来。因此,在制定机构内部的规章制度时,需要全面梳理分析留存资料,包括服务案例、员工反馈、客户满意度调查、投诉记录等,识别并提炼以往工作中的问题弊端以及有效经验,以此为基础制定新的规章制度或对原有规章制度作出修订,确保规章制度的实用性和有效性。

2. 听取员工意见　规章制度不仅保障养老机构的正常运转,也为机构员工顺利开展工作提供规范指引。因此在制定规章制度时,听取员工的意见及建议尤为重要。可通过员工座谈会或问卷调查的方式,广泛收集员工对现行规章制度的评价,鼓励员工提出改进建议,

特别是在工作流程、管理方式、工作环境等方面。在分析员工反馈的基础上，识别出其普遍关心的问题和具有价值的建议，将其纳入规章制度制定或修改的讨论中，确保规章制度得到员工的认可和支持，增强规章制度的合法性基础。

3. 借鉴同行经验 当前，养老服务产业市场呈现出愈加开放、包容的态势，养老机构之间的模仿趋同特征更加明显，尽管可能带来更加激烈的竞争，但也为养老机构基于制度学习实现制度创新提供了极大便利。因此，养老机构需要开展广泛调研考察，重点关注那些在业界有着良好口碑和较强影响力的养老机构，研究分析其规章制度，借鉴成功经验和做法，并根据自身机构的实际情况加以改进、创新，从而制定出符合机构自身发展的规章制度。

（二）制定程序

1. 调查 习近平总书记指出："调查研究是谋事之基、成事之道。没有调查，就没有发言权，更没有决策权。"因此，养老机构规章管理制度制定的首要环节便是开展全面调查，查阅养老机构现行的规章制度，包括政策法规、内部管理制度、操作流程、员工手册等，还可以通过网络、文献等渠道了解国内外养老机构规章制度建设的先进经验。重点围绕完备性、合理性、科学性、规范性和动态性等5个维度，对收集到的规章制度文本资料进行梳理和分析，研究其制定背景、实施效果及存在问题，继而明确规章制度制定的切入点。

2. 草拟 根据调查环节所掌握的资料、信息，由责任部门牵头、相关部门配合，起草新的规章制度，并注意做好以下4个方面。

（1）合法性：确保草拟的规章制度符合国家相关法律法规和政策要求。

（2）合理性：即规章制度相关内容要合情合理，兼顾考虑养老机构的管理需要和老年人的合法权益。

（3）明确性：相关表述精练准确，避免模糊不清。

（4）参与性：草拟规章制度时应广泛征求工作人员、老年人及其家属的意见。从而使新起草的规章制度内容全面、表述准确、操作可行。

3. 讨论 在酝酿形成规章制度草案后，须及时组织行业专家、员工代表对起草的规章制度进行讨论，充分听取意见和建议，对规章制度进行修改和完善。可细分为4个阶段。

（1）筹备阶段：使参与者明确讨论的目的和意义，将草案分发给所有参与者，给予充裕时间预先熟悉。

（2）讨论阶段：关注草案的专业性、可行性和可能遇到的问题，通过对比业内同类规章制度，进行充分商议并由记录员详细记录。

（3）完善阶段：对于普遍关注的问题要重点考虑并针对性调整，对于合理的个别意见，要酌情采纳以体现民主。

（4）再次反馈阶段：通过邮件、会议或在线调查等方式，二次征集意见。

4. 公示 根据二次反馈结果作出最后调整后，须将规章制度提交职工代表大会或院长办公会审议表决。经审议和批准后，对规章制度进行公示，让全体员工都理解新的规章制度，确保程序合法和执行到位。

（三）需要注意的问题

1. 因地制宜，实事求是 对于养老机构而言，并不存在唯一、最佳的规章制度范本。制定规章制度时要考虑养老机构的实际情况，避免照搬照抄，确保规章制度的实施效果。

2. 与时俱进，不断完善 随着社会的发展和变化，养老机构面临的挑战和问题也在不断变化，规章制度需要及时调整和完善，以适应新的发展需求。

3. 大处着眼，小处着手 在制定规章制度时，既要考虑整体的发展方向，又要关注具体细节，确保规章制度的具体性和可操作性。

4. 通俗易懂,简明扼要　规章制度要用简洁明了的语言表达,避免使用过于复杂和专业的术语而影响规章制度的可操作性,确保全体员工都能理解和执行。

5. 方便操作,具体量化　规章制度要具备明确具体的要求和评价标准,方便员工执行落实,同时便于精准收集规章制度实施的反馈信息,为进一步优化提供可靠依据。

四、养老机构规章制度管理的主要内容

根据工作制度的内容和管理对象的不同,养老机构管理制度主要分为行政类管理制度和服务类管理制度两大类。因具体内容在其他章节中有提及,本部分仅作简要梳理。

(一)行政类管理制度

1. 行政办公制度　是对机构的规程和办事规则的规范性纲领,包括机构的性质、宗旨、服务内容、内部组织架构、人员构成、职责范围、文化建设、党的建设及职工的权利义务等内容。养老机构要以行政办公制度为统领,建立健全内部管理机构,完善管理制度、办事程序等,从而规范机构内部运行机制,提高机构工作效率。在制定机构行政办公制度时,要明确党组织在机构内部治理结构中的地位和作用。

知识链接

养老机构行政查房制度

1. 查房目的　检查养老机构各项工作的执行情况,了解老年人的生活状况,解决老年人的实际问题,确保养老机构的服务质量。

2. 查房频率　根据养老机构的规模和老年人的需求,确定查房的频率,一般每周或每月进行 1 次。

3. 查房人员　由养老机构负责人、行政管理人员组成查房团队,成员应具备相关的专业知识和经验。

4. 查房内容　包括老年人照护服务质量;服务态度,护理操作规范的执行情况;岗位职责,工作标准落实情况;责任区域管理情况;安全隐患,入住老人、亲属和工作人员的意见和建议等。

5. 查房方式　通过实地查看、与老年人交流、与工作人员交谈等方式进行查房。

6. 查房记录　查房工作人员应对每次查房工作进行总结并形成记录。对发现的问题及其根源,制定改进方案并落实整改。

---

2. 人力资源管理制度　养老机构的人力资源管理制度要根据实际工作需求,建立健全机构内部人员的聘用管理、岗位管理、培训教育、收入分配及绩效考核等制度。同时统筹考虑不同岗位人员的收入分配和管理使用,分类考核,既要体现岗位差异,也要兼顾公平效率。

3. 财务管理制度　养老机构应建立健全财务收支、预算决算、成本管理、价格管理等制度,所有收支统一管理,确保各项经济活动合法、合规、合理。公立养老机构作为预算单位,要按照国家相关规定,强化成本核算与控制,加强内部审计与监督,提高资金的使用效率。

4. 后勤管理制度　养老机构应根据实际工作需求建立和完善后勤管理制度,包括物资、设备、水、电、维修、餐厅、洗衣房、绿化、环境卫生管理等。建立落实安全责任制和项目负

责制,合理配置资源,科学管理后勤。

5. 信息管理制度　养老机构需加强信息系统的标准化和规范化建设,遵循国家关于信息系统的相关标准,包括数据交换、信息安全、存储利用等,按照设计科学、使用便利、满足需求的原则独立开发或采购信息系统,通过数据分析为管理决策提供支持。同时还需加强机构网络和信息安全建设管理,加强数据保护,开展定期安全检查,建立网络安全事件的应急响应机制。

6. 安全管理制度　养老机构是特殊服务场所,服务的老年人是疾病和突发事故高发的人群,管理不当极易发生重大安全事故。所以,养老机构的安全管理至关重要。安全管理制度一般包括消防管理、预防突发医疗事故管理、预防伤害事故管理等。机构全体工作人员必须严格遵守安全管理制度,明晰机构的常见事故、防范措施和应急预案,严格规范日常服务工作程序,杜绝安全事故的发生。

7. 评价与改进制度　养老机构评价与改进制度规定评价原则、服务信息收集、标准实施、服务质量改进评价的控制和管理。通过对服务的过程、效果进行评价,总结经验,提出持续改进的意见和措施。

(二) 服务类管理制度

1. 医疗服务管理制度　养老机构的医疗服务要以老年人的健康为中心,严格认真地实施医疗技术常规和操作规程,落实医疗服务责任和严格进行质量控制。医疗服务制度包括诊疗操作规范、会诊制度、转诊制度、查房制度、药品处方管理,以及常见病、多发病、传染病防治管理,健康教育宣传等。

2. 护理服务管理制度　养老机构护理服务要根据机构的总体要求构建各项管理制度。如护士岗位职责、护理工作流程、疾病护理常规、突发应急预案、常用护理技术操作规范、查房制度、会诊制度等。

3. 老年人健康管理制度　养老机构对入住老年人的基本情况和健康情况要进行登记并建立健康档案,对老年人进行服务需求评估,对患有慢性病的老年人进行饮食、用药、合理就医指导,对患有高危疾病的老年人进行危险因素干预,并开展多种形式的健康教育等。

4. 组织活动管理制度　养老机构组织活动要以老年人的安全为中心,以丰富老年人的精神文化生活为目的,开展有益身心的活动。建立健全组织活动管理制度,规范活动组织程序和活动范围,明确组织责任,保证安全。

五、养老机构规章制度管理的挑战及应对策略

养老机构的规章制度管理并非固定不变的,而是需要根据内外环境的动态变化,及时识别风险因素并做出正确判断,采取一系列的策略措施加以优化、完善,使规章制度管理始终保持合法性、有效性。

(一) 法规政策调整变化及其应对策略

随着经济社会的持续发展,与养老服务相关的法规政策、规范标准也在不断更新和完善。养老机构需要及时了解和适应这些变化,确保规章制度的合法性和有效性。对此,养老机构可通过建立法律法规监测机制,定期对相关法律法规进行梳理和分析,及时关注法规变化,调整和完善规章制度。可以建立法律合规团队,聘请专业律师团队提供咨询服务,确保规章制度的合法性。

(二) 老年人需求差异化及其应对策略

随着老龄化社会的到来,养老机构面临的老人需求更加多样化,这给规章制度管理带来了不小挑战,既要保证规章制度的统一性和严肃性,又要兼顾规章制度能及时回应老年人的

笔记栏

差异化诉求。对此,养老机构须扎实开展老人需求调研,了解老人的具体需求,根据相对集中突出的差异需求制定相应的规章制度。引入多元化服务模式,满足老人的个性化需求。

(三) 员工素质参差不齐及其应对策略

养老机构员工素质的高低直接影响到规章制度的执行效果。员工素质参差不齐可能导致规章制度落实不到位。因此,养老机构必须加强员工培训,提高员工素质。制定完善的培训计划,针对不同岗位的员工进行专业技能和规章制度的培训。引入绩效考核机制,激励员工严格遵守规章制度。

(四) 信息化建设滞后及其应对策略

在信息化时代,养老机构需要充分利用信息技术提高管理水平。信息化建设不足可能导致规章制度管理效率低下。对此,养老机构应加大信息化建设投入,开发适用于养老机构的信息化管理系统,实现规章制度电子化、智能化管理。通过数据分析,及时发现和解决规章制度执行中的问题。

(五) 内外部环境变化及其应对策略

在市场运作的大背景下,养老机构面临的外部环境(如政策、市场、社会观念等)和内部环境(如组织结构、文化氛围等)都可能发生变化,在资金、人力等多方面资源的限制下,可能影响规章制度的有效实施和完整执行。由此,养老机构可尝试建立健全环境监测机制,及时了解和分析内外部环境变化,对可能影响规章制度执行的因素进行预测和评估。合理分配资源,通过技术创新提高效率,克服资源限制。根据环境变化,动态调整规章制度,确保其适应性。开展跨文化培训,提升员工的跨文化沟通能力,促进团队合作。

(六) 应急处理能力不足及其应对策略

在突发事件面前,养老机构需要迅速、有效地应对。应急处理能力不足可能导致规章制度在实际执行中无法发挥应有的作用。对此,养老机构可通过制定并完善应急预案,明确突发事件应对流程和责任分工。定期组织应急演练,提高员工的应急处理能力。建立应急物资储备制度,确保突发事件发生时能迅速投入使用。

通过以上应对策略,养老机构可以在面对各种挑战时保持规章制度的稳定性和有效性,为老人提供优质的服务。同时,养老机构还需不断调整和完善规章制度,以适应不断变化的环境和需求。在实际管理过程中,应确保各项策略的落实到位,提高养老机构整体管理水平。

❤ 思政元素

"上面千条线,下面一根针"

党的十八大以来,以习近平同志为核心的党中央把解决形式主义突出问题和为基层减负结合起来,作为党的作风建设重要内容统筹谋划、一体推进。新修订的《中国共产党纪律处分条例》在工作纪律中增写了随意决策、机械执行,搞文山会海,层层加码,过度留痕,增加基层工作负担等行为的处分规定。

"上面千条线,下面一根针",这句话形象地表明了基层工作的重要、复杂和繁重。养老机构的行政事务管理亦是如此。对形式主义,习近平总书记曾有入木三分的深刻分析:"形式主义实质是主观主义、功利主义,根源是政绩观错位、责任心缺失,用轰轰烈烈的形式代替了扎扎实实的落实,用光鲜亮丽的外表掩盖了矛盾和问题。"

第三节　养老机构的行政事务管理

行政事务管理是串联起养老机构正常运转的"中枢神经系统",一旦行政事务管理的开展出现失调,养老机构的整体良性运转就面临着停滞甚至倒退的风险。然而,由于行政事务管理涉及千头万绪,使得主要承担行政事务管理职能的部门及工作人员往往同时承担着更大压力。按照党中央关于减轻基层负担的决策部署和相关精神,养老机构的行政事务管理亦应力戒形式主义,加强作风建设,精简行政事务内容和流程,将养老机构服务质量提升和经营效益增长作为行政事务管理的"指挥棒""金标准"。

一、养老机构行政事务管理的含义

(一) 养老机构行政事务管理的广义理解

从广义角度来看,养老机构的行政事务管理除了包括办公管理外,人事管理、财务管理、资产管理、后勤管理等方面的工作内容也属于行政事务管理,各板块行政事务的有序推进,共同服务于提高养老机构服务质量、确保养老机构正常运营的总目标。其中,人事管理是指对养老机构内部员工的选择、培训、评价、激励和福利等各方面进行有序、系统的管理,以确保员工能够有效地为老年人提供高质量的服务。财务管理是指对养老机构财务活动进行计划、组织、指导和控制的过程,目的是确保机构财务的稳定性、流动性和安全性,同时提高资金使用效率,支持养老机构提供高质量的服务。资产管理是指养老机构对其拥有的一切资产进行有效监督、控制、使用和维护的活动,包括房地产、设备、家具、信息技术系统、现金储备等,目的是确保资产的安全性、有效性和保值增值。后勤管理则涉及对餐饮、安保、水电、物业等后勤工作进行计划、组织、指导和控制,目的是为老年人提供居住和生活服务所需的各种后勤保障。

(二) 养老机构行政事务管理的狭义界定

从狭义角度来看,养老机构的行政事务管理更多地由办公室(或"行政部""综合部""总务部"等)单一行政职能部门具体负责,主要包括文件处理、公务接待、会议组织、印章证照管理等。本节着重从狭义角度,以养老机构常规性的行政事务管理为主线展开介绍,其中公文纪要管理将在第四节系统阐述。

二、养老机构的公务接待管理

(一) 公务接待的概述

1. 公务接待的定义　养老机构的公务接待是指在养老机构内进行的正式接待活动,通常由行政部门负责统筹安排。

2. 公务接待的形式　常见的活动形式包括政府官员、行业专家、重要客户等的访问、考察、交流及参观。行政部门作为养老机构对内服务的窗口、对外联系的桥梁,公务接待工作必不可少。行政办公人员开展接待工作,既要有良好个人素养,还要注意方法技巧。

(二) 公务接待的原则

1. 诚恳热情,注重礼仪　无论来访者的身份、地位如何,都应该以诚恳的态度对待,不应有高低贵贱之分,做到平等相待,诚恳热情,不卑不亢,落落大方。礼仪不仅体现个人的教养素质,更是养老机构组织文化的生动展示,因此,需重点做到按时守时、礼貌用语、注重细节、尊重差异,通过高效、礼貌的接待服务,增进养老机构的外部信任与支持。

笔记栏

2. 细致周到,按章办事　公务接待工作的内容往往具体而琐碎,涉及多个部门和人员,相应地就要求行政人员在接待工作中仔细负责、综合考虑,把工作做得面面俱到、有条不紊、善始善终,切忌有头无尾、缺少章法。一般应在接待方案中明确公务接待的标准,包括接待对象、接待人数、接待地点、接待菜品等,确保接待活动不超标、不浪费。严格控制陪客人数,原则上接待对象在 10 人以内,陪餐人数不得超过 3 人;接待对象超过 10 人的,陪餐人数不得超过接待对象人数的 1/3。公务接待活动结束后,应当如实填写接待清单,并由分管领导审签。接待清单应详细记录接待活动的各项内容,以便进行监督和审计。

3. 节约俭朴,严禁浪费　养老机构在公务接待过程中应当遵循节约俭朴的原则,避免奢侈浪费。接待活动应严格按照规定的标准和范围进行,不必要的接待活动应当取消。除特殊情况报领导批准外出安排外,养老机构公务接待活动应一律安排在单位食堂就工作餐。

4. 内外有别,保守秘密　养老机构作为特殊敏感的服务场所,保护隐私和秘密尤为重要。特别是行政人员在重要的接待工作中,会参与接触到养老机构的一些重大会议、秘密文电资料等重要信息。在迎来送往的过程中,尤其要注意内外有别,严守单位秘密。需要做到明确保密要求、开展保密教育、优化权限管理,采取电子加密、物理隔离等安全保护措施。此外,对来访者的提问和需求,接待人员应规范回答,不泄露内部信息。

(三) 公务接待的流程及内容

1. 养老机构公务接待的流程　公务接待一般分为 5 个环节。一是接待申请,包括提出接待申请,制定接待方案,确定接待对象、目的、时间等。二是接待审批,接待申请及方案经上级领导批准后,由接待管理部门负责具体安排。三是接待准备,包括根据接待计划准备住宿、餐饮、会议等所需资源和设施。四是接待实施,即按照计划执行接待活动,确保接待质量。五是接待总结,即接待结束后,对接待活动进行总结评估,反馈问题和改进措施。

2. 公务接待的主要服务内容　公务接待的服务内容主要包括 5 个方面。一是住宿服务,如为来访宾客安排舒适且符合标准的住宿设施。二是餐饮服务,包括安排预定符合标准的健康餐饮。三是会议服务,包括提供会议室,协助检试会议设备和必要设施。四是考察交流,包括安排参观养老机构,介绍养老服务相关业务板块的经验和成果。五是安全保障,包括确保来访宾客的安全,提供必要的医疗急救服务。

三、养老机构的会议组织管理

会议是养老机构的一项重要工作,会议质量直接关系到养老机构的运营效率。在实际工作中,会议工作通常由行政部门负责具体组织与落实。因此,行政人员增加对会议知识的了解,有助于改进工作质量。

(一) 养老机构的常见会议类型

按照会议属性,养老机构内部会议一般可分为常规会议、特殊会议、专业会议 3 种类型。

1. 常规会议　常规会议主要是按《中华人民共和国公司法》《社会组织管理条例》等法律法规、机构惯例召开,有一定的程序性和规范性。如股东大会、董事会、监事会、职工代表大会、院长办公会、中层干部会议等。

2. 特殊会议　此类会议的"特殊性"在于,既没有法规规定,又不是例行会议,在会议的时间、规模、议程上也不受限制,通常是以仪式庆典、服务展示、技术培训等为主要内容,多方主体共同参与的一种会议形式。如庆典型会议、会展型会议、继续教育培训会议等。

3. 专业性会议　此类会议主要为解决养老机构内部经营、管理、服务等过程中的实际问题,一般没有固定模式、规定时间、参加人数,而是依据养老机构的具体情况来定,比如运营管理会议、财务工作会议、护理部门会议、宣传公关会议、后勤保障会议、员工生活管理会议等。专业性会议一般由副院长或业务部门负责人组织,定期或不定期召开。

（二）养老机构会议管理的通用制度

1. 根据有关规定和养老服务机构实际情况,分别召开职工代表大会、院长办公会及业务工作会议等,及时总结经验,布置和组织落实相关工作。职工代表大会每年召开 1~2 次,院长办公会每月 1~2 次,业务工作会议视情况召开。

2. 凡召开会议,必须有会议纪要、出席者签名。会议纪要应包含会议主题、会议时间、会议主持人、会议记录人、会议参与人、会议主要内容等基本要素。

3. 会议议程应明确包括会议时间、地点、与会人员以及拟议事项,并在会议开始前 3 天将会议议程正式告知全体参会人员。

4. 凡需通过会议形成决议的内容,应预先告知与会者。

5. 对于重大事项的决策,应按照养老机构组织章程规定的表决程序进行投票。

6. 与会人员应准时参加会议。若因故不能参加,需提前向行政部门或其他会议组织方提交请假申请、履行请假手续。

（三）养老机构会议组织的一般流程

不同类型的会议,其筹备方式也会有所区别。筹备组织一场会议的步骤主要包括以下几方面。

1. 确定会议名称　会议名称即会议的主题,如"×× 集团有限公司工会第一届会员（职工）代表大会暨 2022 年工作会"等。规范的会议名称通常由三部分组成,分别是会议范围、会议内容和会议性质。

2. 初步确定会议步骤　会议步骤包括会议的议程、程序、日程等。议程是会议议题的先后顺序,是会议程序的基础;程序是对会议各项活动,如各种仪式、领导讲话、会议发言、参观活动等,按照先后顺序做出安排;日程是对会议的活动逐日做出安排,是程序的具体化。一般来说,会议步骤是会议有序进行的保证,一经确定,不可随意变动。

3. 草拟会议通知　会议通知一般包括会议的名称、开会的目的和主要内容、会期、会议地点和食宿地点、与会人员、报到的日期和地点、需要携带的材料和数量及材料的打印规格、个人支付的费用、主办单位、联系人和联系电话等要素。

4. 会议经费预算　会议经费预算开支的项目一般包括与会人员的食宿费、场地租赁费、会务费等。有时需要邀请专家前来授课,还涉及讲课费、交通费等。

5. 办理会议报批　养老机构筹办重要会议通常需要领导审批。为此,行政部门在向上级领导提出会议请示时,应该说明开会的理由、会议的议程、会议的时间及会期、地点、参加会议的人数和人员级别、会议的经费预算和准备情况等。

6. 下发会议通知　下发会议通知时要注意两点:①会议通知下发要及时、适当;②会议通知发出后要抓反馈,尽可能索要会议回执。行政部门在会前 1~2 天还要与参会者再次联系,以确保与会人员能够按时参会。

7. 准备会议材料　会议材料主要有 3 种类型:①会议文件,包括下发的正式文件、文件讨论稿或征求意见的文件;②讲话材料,包括领导讲话材料、书面交流材料和会议发言材料;③会议主持稿。

8. 选择布置会场　会场条件的好坏、舒适与否,对会议效果有着直接影响。行政部门选择和布置会场时应注意以下几点。

（1）尽量选择交通便利、容易到达的场地,以便于参会人员出行。

（2）根据参会人数选择合适的会场,确保会场容量与参会人数相匹配。

（3）确保会场内温度适宜、光线充足,并提供舒适的座椅和良好的视听效果。

笔记栏

(4)根据会议性质和参会人员关系,选择合适的会场布局,如剧院式、圆桌式、教室式等。

(5)适当布置会场,如悬挂主题横幅、摆放鲜花、设置指示牌等,以营造良好的会议氛围。

9. 明确人员分工 一般来说,会议会务人员可以分为3组。

(1)秘书组,负责会议文件、领导讲话稿等材料的起草,整理会议记录,编发会议简报,归档会议材料等。

(2)材料组,负责会议材料的装袋和分发,以及会议的签到等工作。

(3)接待组,负责与会人员的食宿安排、会场布置以及工作人员的安排。

10. 会前全面检查 会前全面检查是进一步落实会议准备工作的重要环节。会前检查一般分为3个步骤:①听取会议所有筹备人员的口头汇报;②到现场实地检查,包括会议材料的准备情况和会场的布置工作;③针对可能出现遗漏的问题,进一步采取补救措施。

四、养老机构的印章证照管理

(一)印章的种类及其用途

1. 印章的分类 养老机构印章主要包括单位公章、法人章、财务章、合同章等。

2. 印章的用途 单位公章用于代表养老机构对外行使权利、履行义务、签订合同、制发文件等。法人章用于代表养老机构法定代表人对外行使权利、履行义务、签订合同、制发文件等。财务章用于养老机构财务报表、凭证、银行转账等财务管理相关的文件。合同章用于养老机构签订合同的相关文件。

(二)证照的种类及其使用权限

1. 养老机构证照的种类 养老机构证照主要包括营业执照、组织机构代码证、税务登记证、事业(民办非企业、企业)单位法人证书等。

2. 养老机构证照的使用权限 营业执照用于养老机构开展经营活动。组织机构代码证用于养老机构办理税务、统计等相关事务。税务登记证用于养老机构办理税务申报、缴纳税款等事务。事业单位法人证书用于养老机构作为事业(民办非企业、企业)单位开展相关活动。

(三)印章和证照的领取流程

1. 印章领取 养老机构在完成登记注册后,向相关部门申请刻制印章,刻制完成后,由法定代表人或授权人领取并妥善保管。

2. 证照领取 养老机构在完成登记注册、办理相关手续后,向相关部门领取营业执照、组织机构代码证、税务登记证等证照。

(四)印章证照使用的注意事项

1. 印章使用 养老机构在使用印章时,需明确授权,确保印章使用的合法性、规范性和安全性。印章使用需由法定代表人或授权人签字,并做好登记记录。

2. 证照使用 养老机构在使用证照时,需严格按照相关法律法规和规章制度进行,确保证照使用的合法性和规范性。

3. 信息安全 养老机构要加强对印章和证照的管理,防止印章遗失、被盗或被非法使用。如发生此类情况,应及时报告相关部门,并采取措施妥善处理。

第四节 养老机构的公文纪要管理

在养老机构行政办公管理工作中,行政部门往往需要处理大量的文件,包括公文和往来信函等。养老机构经营活动能否顺利进行,直接受到行政部门文件管理效率的影响。因此,行政人员有效、规范地管理公文，是其应履行的内在职责。

一、养老机构的公文管理

（一）养老机构公文管理概述

1. 公文的定义　公文，又称文书，是现代组织以法人身份开展活动时信息传递与信息保存的载体。

2. 公文纪要管理的内容　公文纪要管理主要包括收文管理、发文管理、文件保管及文件利用。概括起来，就是收、发、管、用。其各自的工作重点是，收文处理抓催办，发文处理抓把关，文件保管抓分类，文件利用抓方便。

（二）养老机构的收文处理

养老机构的收文处理是指养老机构在运营过程中，接收和处理各种文件、资料和信息的过程。

1. 签收　养老机构的工作人员应当及时签收来自各种渠道的文件，包括政府部门、社会组织、企业和个人等。签收的目的是确保文件运转的安全可靠，明确交接双方的责任。签收文件时，应当核对文件的内容、数量和形式，确保文件的完整性和准确性。文件签收后应交办公室行政人员拆封，行政人员要注意检查封口和邮戳，对开口和邮票撕毁的函件要查明原因，如密件开口或邮票撕毁应拒绝签收。

2. 分类　根据文件的内容和性质，对收到的文件进行分类。例如，可以将文件分为政策法规、行业标准、业务指导、交流合作、捐赠和志愿服务等类别。

3. 登记　对来文登记拆封后应及时附上"文件处理传阅单"，并对每份文件进行登记编号、统一保管，记录文件的名称、编号、接收时间、发送单位、内容摘要等信息，以便于后续的查询和处理。

4. 审核　对文件的合法性和有效性进行审核。对于需要办理的文件，应当核对文件是否符合相关法律法规和政策要求，是否有必要的审批手续等。

5. 处理　根据文件的内容和性质，进行相应的处理。例如，对于政策法规类文件，需要组织相关人员学习、宣传和贯彻；对于业务指导类文件，需要按照文件要求进行调整和改进；对于捐赠和志愿服务类文件，需要表示感谢并给予相应的反馈。分发批阅过程中要注意"三主优先"的原则，即主要领导人优先、主管领导人优先、业务主管部门优先。

6. 归档　将处理完毕的文件归档，以便于今后的查阅和使用。归档时，应当注意文件的整理、编号和存放，确保文件的有序性和安全性。

7. 跟踪　对于需要办理的文件，应当跟踪办理进展，确保文件得到及时、妥善的处理。同时，对于文件的办理结果，应当及时反馈给相关单位和人员。

8. 保密　对于涉及国家和个人隐私的文件，应当严格遵守保密规定，确保文件的安全和保密。

（三）养老机构的发文管理

1. 拟稿　拟稿，即起草文稿，是行政部门及工作人员根据领导意见或者特定的发文意图撰写文字初稿。拟稿是发文处理程序中的首要工作，直接关系到行文的质量，在企业发文过程中起着重要的基础作用。在拟稿中，没有经过审核的文稿为草稿，经过审核决定发文的文稿为定稿。行政人员在拟稿过程中要注意反映养老机构的实际情况，正确体现领导意图，观点鲜明，结构合理，文字流畅，重点突出。行政人员拟稿要确定文稿的总体构成和文稿正文的具体内容，解决好各组成部分的编排次序和各层次、段落间的衔接与转换，确保文稿结构完整、表意明确、可读性强。

2. 拟定主题词　主题词是为实现各类文件材料的电子存储、检索、管理而设立的,是能够标示一份文件内容特征、归属类别的关键性词语。主题词由类别词、类属词、文种词3个部分组成。各部分要求按照顺序,依次标注。一份文件的主题词一般不超过7个。

3. 会签　会签指2个或2个以上的部门联合行文,在文稿拟写完成后由主办部门会同参与的其他相关部门共同对文稿进行会商、征求意见,并签字发文的过程。会签过程中各参与部门应本着相互尊重、平等协商、协同一致的原则。

4. 核稿　核稿指文稿主办部门的负责人对写好的草稿,按照《国家机关公文处理办法》的规定,从内容、文字、格式、文种使用及选择等方面进行认真审核,并就全文进行全面的加工、修改、润色,签字认可后再送交养老机构负责人审阅签发。核稿的目的是专人审核、最后把关,提高文件质量,保证发文的严肃、严谨。

5. 呈批　呈批指将经过核稿人员审核过的文稿,报送养老机构主要领导或者主管领导作最后的审阅,然后签字同意发稿。

6. 签发　签发指养老机构领导人根据审核过的文稿,进行最后的审阅修改,然后核准签发,使文稿变成定稿。定稿后,即可进入缮印、用印、封发环节,然后发送给有关部门或人员。领导签发文件时,要注意对拟签文件作全面审定,且签发的意见要清楚、明了、简练,切忌模棱两可。

二、养老机构的档案管理

(一)养老机构档案管理的概述

1. 档案管理的定义　养老机构的文件保管与文件利用,统称为养老机构的档案管理。养老机构档案是养老机构在各项运营管理活动中形成的全部档案的总和。

2. 养老机构档案的构成　养老机构的档案是从行政管理、荣誉文件管理、业务档案和各部门的运营管理、合同文件管理、宣传文件管理、注册类文件管理、财务工作管理、人事档案管理、法务类文件管理等活动中直接形成并具有查考保存价值的各种文字、图表、账册、凭证、报表、技术资料、电脑盘片、声像、荣誉实物、证件等不同形式和载体的历史记录,是维护养老机构真实历史面貌、合法权益的历史凭证。

3. 养老机构档案管理的意义　档案管理是养老机构管理工作的组成部分,养老机构应加强对档案工作的领导,建立与之相适应的档案管理机制,将其列入养老机构的工作计划和发展规划,切实解决档案建立及保存等实际问题,以保障档案工作与其他各项工作同步发展,更好地为养老机构发展服务。

(二)养老机构档案管理机构及其职责

养老机构的档案管理一般由养老机构行政部门负责档案管理工作,配备专职档案管理人员1名,档案工作的责任领导为机构负责人。

1. 养老机构档案管理人员的职责　负责养老机构归档文件材料的整理、立卷和归档工作;定期接收各部门及相关单位移交的档案;不定期(至少每季度1次)对各业务部门进行日常档案管理抽查,提出整改意见。

2. 养老机构各部门档案人员的职责　做好本部门文件材料的收集、整理工作;定期将需移交的文件材料移交给机构行政部门;接受本部门负责人、机构行政部门档案管理人员的监督管理。各部门档案管理工作的第一责任人为各部门负责人,第二责任人为各部门指定的档案人员。

(三)文件材料的归档

养老机构各部门移交档案材料的归档时限一般有明确的规定,包括产生后及时归档、一个月归档 1 次、一季度归档 1 次、半年归档 1 次、一年归档 1 次等,具体视文件材料的性质、价值及类型而定。

所有文件材料的移交应做好移交签收记录。及时移交的资料(数量较少),移交人可自制签收本,做好记录;定期移交的资料(数量较多),移交人必须制作"文件材料移交单"(一式二份),由移交人、接收人签字后各自保留 1 份,同时提供电子目录,并填写"文件材料移交单"。

(四) 档案的编制

养老机构行政部门依据文件材料的归档范围,结合本单位实际编制的档案分类方案,对接收的档案进行分类整理、编号和有序排列。同时编制档案资料信息等电子版分类目录,并利用检索工具逐步完善档案信息查询系统。

(五) 档案的保管与利用

档案存放地点必须具备防火、防水、防盗、防尘、防光、防有害生物、防污染和温湿度监控等保护措施,确保档案安全,并指定专人管理。档案人员变动时要做好移交工作。

因工作需要查阅文档的,应填好"档案借阅审批单",经部门负责人签字后方可查阅或复印;若需查阅跨部门的档案,须经部门负责人及院长签字审批后方可查阅或复印;员工不得随意外带有关养老机构的重要文件材料,确因工作需要外带,需填写"档案借阅审批单",经部门负责人、行政部门负责人、院长核准后方可带出,除特殊情况外必须当天归还。阅档人对所借阅档案必须妥善保管,不得私自复制、调换、涂改、污损等,更不能随意乱放,以免遗失。

●(吴 上)

复习思考题

1. 请比较并分析养老机构行政办公管理与养老机构管理有何区别?

2. 请结合一个实际案例,分析良好的规章制度管理如何降低养老机构行政办公风险。

3. 请结合一个实际案例,阐述如何通过改进行政事务管理来提升养老机构行政办公质量。

4. 请自行选择一家养老机构,尝试为其制定 1 套发文管理的流程。

ER-6-1

PPT 课件

❖❖❖ 第六章 ❖❖❖

养老机构的服务管理

学习目标

知识目标

1. 掌握养老机构服务管理的相关理念、养老机构服务设计的原则和内容。

2. 熟悉养老机构服务管理体系的定义、发展历程。

3. 了解养老机构的服务管理内容及其实践。

能力目标

1. 能正确运用养老机构服务管理的相关理念制订养老机构服务管理方案,解决养老机构服务管理工作中存在的问题。

2. 能正确应用养老机构服务管理体系,促进养老机构服务管理水平的提升。

素质目标

树立科学化、标准化、规范化的养老机构服务管理体系,营造"尊老、爱老、敬老、孝老、助老、为老"的机构养老氛围。

思政目标

弘扬中华民族"孝亲敬老"的传统美德,秉持"以人为本"的机构养老服务理念,促进老年人健康,提升老年人的幸福感和获得感。

随着全球人口老龄化的加剧,养老问题已成为各国发展的重要议题。为了满足老年人多样化、个性化的需求,养老机构服务管理正面临着新的机遇和挑战,对高素质、专业化的养老服务人员的需求也与日俱增。养老机构服务管理需要与社会各方共同努力,建立多维度、多层次的合作机制,通过政策支持、技术创新、信息共享和资源整合,共同推动养老机构服务管理的创新与发展。

案例分析

柴爷爷,男,81岁,某百货商店经理,高中学历,有退休金,某市职工医保,身高168cm,体重56.7kg,既往有高血压、白内障、骨质疏松。

柴爷爷育有一儿一女,家住某小区4幢2单元201室。由于是老旧小区,没有安装电梯,日常需要自行上下楼完成生活物资采购。现因与老伴生活习惯冲突,经家人商量后考虑入住养老机构生活。

柴爷爷口述在家能独立完成洗漱、如厕、洗澡,还能完成做饭、洗衣服等家务。夜间偶有失眠症状,需要口服艾司唑仑药物进行调节,大小便日常比较规律。自身性格比较活跃,有自己的社交圈,喜欢与街坊邻居在一起唱歌、探讨烹饪技巧。白内障眼部激光手术治疗后有时会自感疼痛、视物模糊,偶尔会因此产生焦虑情绪。

目前,柴爷爷准备入住养老机构。

分析:

1. 如果你是某养老机构的接待人员,如何设计一份接待方案,并为柴爷爷和子女介绍养老机构所提供的服务?

2. 柴爷爷决定入住养老机构后,如何帮助老人办理试住手续?

第一节　服务管理概述

随着老年人口的增长,老年人健康状况和需求变得多样化和复杂化。养老机构服务管理就是通过建立的专业医疗护理团队,提供全面的医疗、护理、康复和健康管理等服务,满足老年人对专业化和个性化养老服务的需求,保障老年人权益和安全,从而提高老年人生活质量,并促进老年人社会融合。养老机构服务管理的有效实施对于建设一个关怀、尊重和健康的老年人群机构至关重要。

一、养老机构的服务理念及应用

(一) 人文关怀理念及应用

人文关怀强调尊重、关怀,关注人的情感、尊严和需求,并以人的尊严和价值为中心,强调满足人的情感和精神需求。人文关怀是对每个个体的独特性和差异性的尊重,促进人与人之间信任关系的形成。老年人的身心功能退化,需要养老机构提供温暖、关怀和尊严的养老环境。一方面,养老机构要满足老年人的个性化服务需求;另一方面,养老机构要为老年人营造相互交流和融入社会的环境。

1. 尊重和尊严　人文关怀强调尊重每个人的尊严和个体价值。在实践中,尊重体现为养老机构的工作人员尊重老年人的个人决策权、隐私权和生活选择,不做强制性的干涉。这意味着养老机构的工作人员应正确对待老年人的意愿、爱好、信仰和意见,给他们提供充分的自由空间和自主能力。

2. 关注情感和心理需求　人文关怀不仅注重物质上的照料,还关注老年人的情感和心理需求。养老机构应提供心理支持、精神慰藉和情感陪伴,帮助老年人缓解孤独、焦虑和忧愁。关注老年人的感受、倾听他们的故事和情感表达,并采取相应的措施满足他们的情感需求。

3. 个性化服务　人文关怀强调提供个性化的服务。老年人的需求和喜好各异,养老机构应根据每位老人的特殊需求和背景,提供个性化的照顾和服务。这包括个性化的饮食安排、康复计划、活动安排等,以满足老年人的特殊需求。个性化的服务帮助老年人保持自我认同和尊严感。

4. 社交互动和社会融合　人文关怀强调老年人的社交互动和社会融合。社交活动有助于老年人保持社会联系和积极心态,减少孤独和抑郁的发生。养老机构可以组织各种有趣和有意义的活动,如户外郊游、文化艺术课程、志愿者活动等,鼓励老年人积极参与社交互动,促进社会融合。

5. 情感陪伴和关系建立　人文关怀重视情感陪伴和关系建立。养老机构的工作人员应与老年人建立真诚、亲密的关系,用心倾听老年人的需求和故事。情感陪伴可以来自家庭成员、志愿者和养老机构的工作人员,共同营造一个温馨、亲密的生活环境。

6. 伦理道德和职业标准　人文关怀的实施需要相关机构和工作人员具备良好的职业道德和伦理标准。养老机构应建立规范的行为准则,确保员工具备相应的专业知识和技能,依法、依规提供服务。此外,建立监督机制以确保服务的质量和透明度。

(二) 共生理念及应用

共生理念是指不同生物体互相依存、互利共生的生态观念。这一理念在生态学、社会学和经济学等领域都有广泛应用。人类社会中的人际关系和社会系统也存在共生现象。社会系统中的各个组成部分只有通过合作和共享,才能促进社会进步。共生理念在养老服务的应用强调建立老年人、养老机构和社会环境的相互依赖和合作关系,以实现更加和谐、尊严和可持续的养老服务。

1. 倡导尊重和尊严　鼓励养老机构的工作人员尊重老年人的个人意愿、需求和价值观。倾听老年人的意见,关注他们的需求,并尊重他们的决策权。通过尊重和倾听,可以建立起互相依赖和信任的关系,提供个性化和符合老年人需求的服务。在养老机构中,这意味着提供尊重老年人的照护,尊重他们的生活选择和个人空间,确保居住者在机构中感受到尊敬。

2. 情感陪伴和社交互动　强调建立和发展老年人与机构工作人员的情感连接和陪伴关系。工作人员可以提供情感支持、关心和温暖,并与老年人建立稳定的情感联系。此外,在养老机构中还可以组织各种社交活动和项目,鼓励老年人之间的交流和互动,促进社会融合。

3. 自主与支持　强调老年人的自主权和个体选择。养老机构应为老年人提供相应的支持和辅助,使他们能够保持自我决策能力和自主性。养老机构可以提供必要的信息、指导和帮助,同时尊重老年人的选择和意见,在可行范围内尽量满足他们的个体化需求。

4. 社会参与和互助　鼓励老年人积极参与社会活动和互助行动。养老机构可以组织各种社区活动、志愿者项目等,鼓励老年人参与其中。提高老年人的生活质量,有助于构建互助网络和社会融入感。鼓励老年人积极参与社交、文化和教育活动。通过提供各种机会,养老机构可以使老年人保持社会联系,减少孤独感。

5. 建立支持系统　强调不仅要关注老年人自身的需求,还要关注他们所处的社会环境。养老机构可以与社区、家庭和其他相关机构建立合作关系,形成一个支持系统,共同为老年人提供更全面、综合的支持和服务。

(三) 健康老龄化理念及应用

健康老龄化是指通过系统性的健康管理和综合性的社会支持,使老年人在身体、心理和社会层面都能保持健康、积极和独立的状态。这一理念关注老年人的整体健康和健康促进,旨在改善老年人的生活质量、延长寿命,并减轻老年人对社会和医疗资源的依赖。

1. 提前健康管理　强调预防与保健的重要性,促使老年人在养生护理上树立正确的观念和意识。通过积极的健康管理,老年人可以延缓衰老进程,预防潜在疾病的发展,并提前介入治疗。

2. 多维健康促进　强调维持老年人身体、心理和社会的多维平衡。包括饮食合理、适量运动、定期健康检查、心理护理、社交互动等方面的综合干预,以提高老年人的整体健康水平。

3. 创造健康友好型环境　设计和维护一个健康友好型的居住环境,包括无障碍设施、安全设施、人文环境、绿色环境等,有助于老年人舒适、安全地生活,并促进身心健康。

4. 持续护理和关爱　建立健康老龄化的护理体系,为老年人提供持续和个性化的护理和关怀。这包括定期的健康评估、康复护理、长期照护、失能预防和管理等方面的服务。

5. 医疗合作和管理　健康老龄化理念促使养老机构与医疗机构建立合作关系,实施健康管理计划。定期进行健康检查、提供健康教育,确保老年人及时获得医疗服务,提高疾病预防和管理水平。

6. 提供康复和护理服务　在养老机构中,健康老龄化理念强调康复和护理服务的重要性。为那些需要康复的居住者提供专业的康复计划,帮助他们尽可能地恢复生活功能。

(四) 养教结合理念及应用

养教结合是一种关注老年人全面养护和教育的理念,将养老机构的养护与教育紧密结合起来,通过综合性的服务和支持,提升老年人的生活质量和幸福感。养教结合的理念通过将教育和培养的元素引入养老机构。

1. 全面照护老年人的需求　养教结合理念要求不仅提供基本的生活照护,还关注老年人的心理、精神和社交需求。通过提供身体和心理健康的支持,促进居住者身心健康,进而提高生活质量和幸福感。

2. 持续学习和培训　养教结合的理念也强调老年人的终身学习和能力培养。养老机构可以提供针对老年人的教育和培训机会,如语言课程、音乐学习、手工艺制作等,帮助老年人丰富个人生活,开拓智力和兴趣爱好。

3. 心理健康支持　养老机构应提供心理咨询和支持服务,以帮助居住者维持良好的心理健康状态。养老机构可以配备专业的心理咨询师,与老年人面对面交流,了解他们的内心需求和困扰,并提供相应的心理支持和指导。

4. 社交和文化活动　养老机构可以安排丰富多样的社交和文化活动,为老年人提供交流和互动的机会。这可能包括康体运动、手工制作、音乐表演、书法绘画等,以满足老年人的兴趣爱好,并促进他们与他人的交流和社交。

5. 跨代交流　养老机构可以鼓励老年人与社区内其他年龄群体进行跨代交流。这可能包括与儿童、青少年或其他社区成员一起参加活动、志愿工作等,促进不同世代之间的互动和理解,增强老年人的归属感和社会支持。

6. 社会实践活动　鼓励老年人积极参与社会实践活动。养老机构可以与社区合作,为老年人提供志愿服务的机会,参与社会公益事业。这样的活动不仅可以增加老年人的社会参与感,还可以提升他们的自尊心和自我价值感。

7. 强化多学科护理团队　养教结合理念需要具备教育素养的多学科护理团队。这些团队成员应具备丰富的护理知识,并能够有效地与老年人进行沟通,提供细致入微的服务。

二、养老机构服务设计

养老机构服务设计应尊重老年人的尊严和权益,提供个性化的关怀和支持,提供健康护理和康复服务,注重科技创新,鼓励家庭支持和参与,以满足老年人的多样化需求,提升其生活质量,创造温馨的养老社区。

(一) 服务设计原则

1. 政策性原则

(1)政策合规性:养老机构服务设计应符合国家和地方政府相关政策法规,包括建筑规范、安全标准、人员配备等方面的要求。确保养老机构在运营过程中合法合规。

(2)长期规划和可持续发展:养老机构服务设计应考虑长期规划和可持续发展,包括规划建设、经济运营、人员培训等方面。建立健全的管理体系,确保养老机构的长期发展。

（3）社会责任：养老机构服务设计应体现社会责任，关注社会公益和社会参与。积极参与社区活动，为老年人提供公益服务，促进社会和谐发展。

2. 可操作性原则

（1）个性化服务：养老机构服务设计应注重个性化服务，根据老年人的需求和偏好，提供灵活可调整的服务方案，以满足不同老年人的需求。

（2）设施人性化：养老机构服务设计应注重人性化，将老年人的需求和舒适度置于首位。设计无障碍设施，方便老年人活动，设置安全防护设施，减少意外风险。

（3）技术支持：养老机构服务设计应融入适当的科技支持，提高服务的质量和效率。例如，应用智能化设备监测老年人的健康状况、提供远程医疗咨询等，提升老年人的生活质量。

3. 需求满足性原则　老年人存在多种需求，包括身体健康、心理幸福、社交互动、文化娱乐等方面。然而，每个老年人对这些需求的重要性可能存在差异。可以将老年人的需求进行排序，一是要解决好公认的重要问题，二是要满足个性化需求，三是要定期征求老年人的意见或建议，并据此来改进养老服务质量，从而实现提升老年人的生活水平、获得感和幸福感。

（二）服务设计内容

1. 居住环境设计　养老机构应提供舒适、安全、无障碍的居住环境，包括寝室、活动场所、餐厅等。同时，要考虑老年人的特殊需求，提供无障碍设施和便利设施，如手扶梯、卫生间扶手等，以提升老年人的居住体验和生活品质。

2. 日常生活便利服务　日常生活便利服务在养老机构中的设计内容涵盖了多个方面，如洗衣、清洁、送餐等，旨在为居住者提供便捷的生活支持，减轻居住者的生活负担和日常烦琐事务。

3. 社交文化活动　养老机构应提供各种社交机会，鼓励老年人之间的互动；减少孤立感和孤独感，增强老年人的社交支持网络。文化活动可以是康复体育、手工艺、音乐、艺术等活动，提高老年人的生活满意度。

4. 精神心理支持　养老机构应设立心理咨询和支持服务，建立专业的心理咨询团队，为老年人提供专业化的心理咨询，帮助老年人减轻压力，增进自我认知，提升情绪调节能力。

5. 康复服务　养老机构应提供康复理疗项目，进行康复评估，制定个性化的康复方案，配备相关康复器具，设立康复健身房，提供有针对性的运动训练和活动，促进老年人身体康复。

6. 护理服务　养老机构应提供基本日常生活护理，如协助洗浴、穿衣、进食、如厕等，为老年人提供安全和舒适的生活环境。必要时设立 24 小时监护和照料，以确保老年人的安全。

7. 饮食服务　养老机构应设计营养均衡的餐饮菜单，满足老年人的营养需求和口味偏好。提供专业的饮食指导和个性化膳食安排，针对老年人的特殊饮食需求，提供差异化的健康饮食服务。

知识链接

智能养老技术

智能养老技术是当前养老服务领域的热点之一，利用人工智能、物联网和大数据等先进技术来提供高效、便捷、个性化的养老服务。智能养老发展势头迅猛，为养老机构和居住者带来了许多创新和改变。

智能养老技术的应用领域涵盖了许多方面。在健康监测和管理方面,通过穿戴式设备、智能传感器等技术,可以实时监测居住者的生理指标、睡眠质量、运动情况等,为养老机构提供居住者健康状况的实时数据,有助于做出个性化的医疗和护理计划。在居家安全方面,通过烟雾报警、门禁系统等技术,可以关注居住者的安全状况,及时发现异常情况并采取应对措施。此外,智能养老技术还可以支持居住者的日常生活,如智能家居控制系统、智能助理机器人等,可以实现家居设备的远程控制、语音交互和智能提醒等功能,提升居住者的生活质量。

第二节　养老机构的服务管理体系

　　服务管理体系的建立和完善,有助于提升养老机构服务的整体质量,保障老年人的权益,同时也有助于养老机构提升自身的竞争力和市场地位。

一、养老机构服务管理体系的概述

(一) 养老机构服务管理体系的定义

　　养老机构的服务管理体系是指为了规范养老机构的服务活动,确保服务质量,满足老年人的需求,而建立的一套包括服务标准、服务流程、服务监督和评价等方面的管理体系。

(二) 养老机构服务管理体系的组成

　　1. 服务标准　明确养老机构应提供的服务内容、服务水平和服务质量要求,这些标准可能涉及生活照料、医疗护理、精神慰藉、文化娱乐等多个方面。

　　2. 服务流程　描述服务提供的具体步骤和操作程序,确保服务的连贯性和高效性,以及服务人员在提供服务时的规范行为。

　　3. 服务监督　包括对养老机构内部服务活动的监督,确保服务标准得到执行,以及与外部监管机构的配合,接受其监督检查。

　　4. 服务评价　建立评价机制,对养老机构的服务效果进行评估,包括老年人满意度调查、服务质量评估等,以便不断改进服务。

　　5. 风险管理　识别和预防服务过程中可能出现的风险,包括健康风险、安全风险等,并制定相应的应对措施。

　　6. 人员培训与管理　确保养老机构的工作人员具备必要的专业知识和技能,通过培训和考核提升服务质量。

　　7. 信息化管理　利用信息技术手段,如电子健康档案、服务管理系统等,提高服务管理的效率和透明度。

　　8. 持续改进　根据服务评价的结果和老年人的需求变化,不断优化服务管理体系,提升服务水平。

(三) 养老机构服务管理体系的意义

　　1. 提升服务质量　通过建立和实施服务管理体系,养老机构能够确保提供的服务满足老年人的需求,提高服务的专业性和标准化水平,从而提升整体服务质量。

　　2. 保障老年人权益　服务管理体系有助于确保老年人在养老机构中得到应有的尊重和关怀,保障他们的人身安全、健康和基本生活需求,维护他们的合法权益。

3. **风险防控**　有效的服务管理体系能够识别和预防潜在的风险,如健康风险、安全事故等,减少意外事件的发生,保护老年人的生命财产安全。

4. **提高运营效率**　通过规范化的服务流程和管理,养老机构可以提高工作效率,降低运营成本,实现资源的优化配置。

5. **增强竞争力**　一个健全的服务管理体系能够提升养老机构的市场形象,吸引更多的老年人和家属选择其服务,从而增强机构的市场竞争力。

6. **促进行业发展**　服务管理体系的建立和完善有助于推动整个养老服务行业的标准化和专业化发展,提升行业整体水平。

7. **应对政策监管**　随着政府对养老服务行业的监管越来越严格,一个完善的服务管理体系有助于养老机构更好地遵守相关法律法规,避免违规风险。

8. **持续改进与创新**　服务管理体系鼓励养老机构不断收集反馈,进行自我评估和改进,促进服务模式和服务内容的创新,以适应不断变化的社会需求和老年人的多样化需求。

二、养老机构服务管理体系的发展历程

目前,我国养老服务行业正处于快速发展阶段,养老机构服务管理体系也在不断完善,服务内容和形式日益丰富,管理体制逐步健全,服务质量和效率不断提升。政府、市场和社会力量共同参与,形成了多元化的养老机构服务管理体系。

(一) 起步阶段(20 世纪 80 年代—90 年代初)

在改革开放初期,养老机构服务管理体系处于起步阶段。在政府主导下,建立了一些公办养老院和福利机构,但规模相对较小。

(二) 探索期(20 世纪 90 年代中期—21 世纪初)

随着社会经济的发展和人口结构的变化,养老问题逐渐引起了政府和社会的关注。这一阶段,国家开始探索多元化的养老服务模式,包括发展社区养老服务、推动社会力量参与养老服务、鼓励养老服务市场化等。

(三) 政策扶持期(21 世纪初—2010 年)

21 世纪初,国家相继出台了一系列支持和规范养老服务的政策措施,推动了养老服务产业的快速发展。同时,私营养老机构开始涌现,养老服务市场逐渐形成。

(四) 快速发展期(2010 年至今)

随着老龄化程度的不断加深和人民生活水平的提高,养老服务需求迅速增长,养老产业进入快速发展期。国家继续加大对养老服务的政策支持力度,促进了养老服务市场的规范化和专业化发展。同时,养老服务产业链不断完善,包括养老服务设施建设、养老服务产品研发、养老服务人才培养等。

三、养老机构服务管理体系的实施策略

1. **制定详细的服务管理计划**　设计一套全面的服务管理计划,明确服务目标、服务内容、服务流程、质量标准以及预期成果。确保计划与机构的长期战略目标相一致,并得到所有利益相关者的认同。

2. **建立组织结构与职责分配**　明确服务管理体系的组织架构,包括管理层、服务提供者、监督者等角色及其职责。设立专门的质量管理部门或团队,负责监督服务质量和持续改进。

3. **培训与教育**　对所有员工进行服务管理体系的培训,确保其能够理解并能够执行相

笔记栏

关标准和流程。定期举办工作坊和研讨会,提升员工的专业技能和服务意识。

4. 流程优化与标准化　对现有服务流程进行梳理,识别瓶颈和改进点。制定标准化操作手册,确保服务的一致性和可复制性。

5. 技术支持与信息化建设　利用信息技术,如电子健康记录系统、客户关系管理系统等,提高服务效率和质量。建立数据分析平台,收集和分析数据,为决策提供支持。

6. 持续改进机制　设立定期的服务质量评估和反馈机制,鼓励员工和客户提出改进建议。根据评估结果和反馈,不断调整和优化服务管理体系。

第三节　养老机构的服务管理内容

随着社会对老年人关注和尊重程度的提升,老年人对享受尊严、幸福和有意义的晚年生活有更迫切的需求。养老机构在为老年人提供贴心、尊重、安全、有尊严的养老环境的同时,需要服务理念不断更新、服务内容不断丰富、服务质量不断提升、服务品质不断提高。

一、养老机构服务特点

(一) 专业化护理

养老机构配备专业的医护人员,包括护士、医生、康复师等,他们具备专业知识和技能,能够提供老年人所需的护理服务。这包括日常生活的照料,如饮食卫生、个人卫生、康复训练等,还包括疾病管理和医疗照护,如药物管理、定期体检等。专业化护理可以满足老年人对健康和护理的特殊需求,保障他们的身体健康和安全。

(二) 个性化服务

养老机构的另一个服务特点是个性化服务。老年人的需求和喜好各不相同,养老机构应根据每个老年人的个体差异,提供定制化的服务计划。这包括根据老年人的健康状况和生活习惯,制定个性化的护理方案;根据老年人的兴趣爱好和需求,提供个性化的文娱活动;还可以根据老年人的食物口味和健康需求,提供个性化的膳食服务。个性化服务可以更好地满足老年人的需求和期望,提升他们的生活质量和幸福感。

(三) 综合性服务

养老机构的服务还具有综合性的特点。除了提供基本的生活照料和医疗服务,养老机构还提供其他综合性的服务,如社区文化活动、心理支持、社交互动等。这些服务旨在满足老年人全面的需求,促进他们身心健康的发展。通过提供丰富多样的服务,养老机构可以打造一个温馨、舒适的养老环境,帮助老年人享受美好的晚年生活。

(四) 社交互动

养老机构应注重促进老年人之间的社交互动。社交互动是老年人保持活力和幸福感的重要因素之一。养老机构通过组织各种社交活动、兴趣小组等,鼓励老年人之间的交流和互动。这些活动可以帮助老年人结交新朋友,拓展社交圈子,减少孤独感和孤立感。同时,社交互动也有助于促进认知能力和情感健康,提升老年人的生活质量。

(五) 安全保障

养老机构的服务特点之一是安全保障。养老机构应加强安全管理,包括提供安全设施、卫生防护、防火措施等,确保老年人的人身安全和财产安全。此外,培训员工的应急响应能力,建立健全的安全制度和流程,增加老年人和家属在养老机构的信任和依赖感。

二、养老机构的服务内容

(一) 居住服务

1. 住所类型 养老机构提供多种类型的住所,以满足老年人的不同需求。这包括单人间、双人间、套房或公寓式住宅。老年人可以根据自己的偏好和经济状况选择适合的住所类型。

2. 安全设施 为了确保老年人的安全,养老机构配备了各种安全设施。这包括安全门禁系统、监控摄像头、烟雾报警器等。这些设施可以及时发现和处理潜在的安全风险,保障老年人的生命安全。

3. 设施设备 养老机构的住所配备一系列必要的设施和设备,以方便老年人的生活。这包括舒适的床铺、衣柜、桌椅、电视等。住所还提供私人卫生间,以满足老年人的个人卫生需求。

4. 家居服务 为了让老年人享受便利和舒适的生活,养老机构提供家居服务。这包括定期清洁和整理房间、更换床上用品、维修设备等。这样可以确保老年人居住环境整洁、舒适。

5. 社交空间 养老机构提供共享的社交空间,供老年人进行交流和互动。这包括休闲厅、图书馆、娱乐室等。老年人可以在这些社交空间与其他居民共度时光,交流经验,分享快乐。

6. 交通服务 为了方便老年人外出和活动,养老机构提供交通服务。这包括定期组织外出活动和旅行,并提供相应的交通安排。另外,机构还会提供接送服务,帮助老年人前往医疗机构或其他目的地。

(二) 饮食服务

1. 营养均衡的餐食 养老机构为老年人提供营养均衡的餐食,包括适量的蛋白质、碳水化合物、脂肪、维生素和矿物质。餐食要根据老年人的身体状况和营养需求合理搭配各类食物,确保老年人摄取足够的营养物质。

2. 多样性和可变性 养老机构的餐食要具有多样性和可变性,以满足老年人的口味喜好和饮食习惯。餐单中的菜品应具有一定的选择性,包括肉类、鱼类、蔬菜、水果等,确保老年人在饮食上享有多样性。

3. 个性化的饮食安排 针对有特殊饮食需求的老年人,如糖尿病、高血压等,养老机构提供个性化的饮食安排,如低盐、低脂、低糖或特殊食物的准备,以满足老年人的特殊饮食需求,并确保饮食的科学性和健康性。

4. 餐食环境 养老机构应注重餐食的环境设置,为老年人营造愉悦和放松的用餐氛围。餐厅的装饰和布置要温馨舒适,座位布置要宽敞舒适,保证老年人用餐的愉快体验。

5. 食材选择和安全 养老机构会精选新鲜、优质的食材,确保餐食的质量和安全。食材的采购要严格遵循卫生标准,确保老年人的餐食安全可靠。

6. 就餐管理和监督 养老机构应进行严格的就餐管理和监督,确保老年人按时、按量享用营养餐食。机构会设定就餐时间和就餐规定,确保老年人有规律的饮食习惯。

(三) 医疗护理服务

1. 健康评估与监测 养老机构定期对老年人进行健康评估,包括体格检查、生命体征监测、疾病风险评估等。通过评估和监测,可以及时发现老年人的身体问题和潜在的健康风险。

2. 疾病管理和药物管理 养老机构的医疗护理团队会负责老年人的疾病管理和药物

管理。他们会按照医生的建议,监督老年人的药物使用,并提供必要的疾病管理服务,如糖尿病管理、高血压管理等。

3. 医疗服务协调　养老机构与附近的医疗机构合作,协调老年人的医疗服务。当老年人需要就医时,机构的工作人员会帮助安排预约、陪同就医、取药等。他们还会与医疗机构保持密切联系,及时了解老年人的健康状况,协助处理医疗事务。

4. 康复护理　养老机构的医疗护理团队提供康复护理服务,帮助老年人康复和增强功能。这包括物理治疗、言语治疗等,根据老年人的具体情况制定康复计划,并定期评估康复效果。

5. 紧急医疗响应　养老机构设有紧急医疗响应机制,以确保老年人在发生紧急情况时能够及时得到医疗援助。机构会配备急救设备和急救人员,提供紧急医疗救援服务,保障老年人的安全和健康。

6. 健康教育和咨询　养老机构的医疗护理团队开展健康教育和咨询活动,向老年人提供相关健康知识和养生建议。他们会组织健康讲座、提供健康咨询服务,帮助老年人提升健康意识,采取积极的健康管理措施。

(四) 社交活动与娱乐

1. 兴趣爱好群组　养老机构组建各种类型的兴趣爱好群组,如音乐欣赏、绘画、手工制作、舞蹈等,以满足老年人的不同兴趣需求。这些群组提供场所和机会,让老年人能够与志同道合的人一起参与喜欢的活动,分享彼此的经验和成果。

2. 社交聚会和庆祝活动　养老机构会定期举行社交聚会和庆祝活动,如生日派对、节日庆祝、主题舞会等。这些活动为老年人提供了社交交往的机会,让他们感受到团队的温暖和关爱。

3. 文化艺术表演　养老机构安排文化艺术表演,如音乐会、舞蹈演出、戏剧表演等。这些表演为老年人带来文化享受和艺术欣赏的机会,增添生活的乐趣和情感的寄托。

4. 康体运动活动　养老机构会组织康体运动活动,如太极拳、瑜伽、健身操等。这些活动既有助于老年人保持身体健康,又提供了锻炼、放松和社交的场所。

5. 社区参与和互动　养老机构鼓励老年人参与社区活动和志愿者工作,积极融入社区生活。通过与社区的互动,老年人能够与其他人建立联系、分享经验,感受到自己的价值和作用。

6. 讲座和学习活动　养老机构组织各类讲座和学习活动,涵盖健康知识、文化教育、科技普及等方面。这些活动为老年人提供了学习新知识和持续充电的机会,保持思维活跃和学习的愉悦感。

7. 娱乐设施与器材　养老机构为老年人提供各种娱乐设施与器材,如图书馆、影音室、棋牌室、健身房等。老年人可以根据自己的喜好选择适合的娱乐方式,享受休闲娱乐的时光。

(五) 心理支持与关怀

1. 心理咨询与辅导　养老机构配备专业的心理咨询师或心理专家,为老年人提供个别或群体心理咨询和心理辅导。他们会倾听老年人的内心状况和情感困扰,提供情感支持、心理指导和解决问题的方法,帮助他们重建自信、积极应对困境。

2. 情绪管理和心理调适　养老机构关注老年人的情绪变化和心理健康,通过情绪管理和心理调适的活动帮助他们应对抑郁、焦虑等消极情绪。机构开展情绪管理课程、放松训练、艺术心理治疗等活动,让老年人学会调节情绪、释放压力,提升心理健康。

3. 社交支持和互助活动　养老机构鼓励老年人之间的互相支持和互助,通过社交活动和互助项目来建立和加强人际关系。机构会组织小组活动、伙伴关系项目等,让老年人互相交流、分享经验,共同面对挑战和压力。

4. 心理健康教育和培训　养老机构提供心理健康教育和培训,向老年人传授心理保健知识和技能。机构会组织心理健康讲座、工作坊等活动,帮助老年人了解心理健康重要性、学习自我调节的方法,并提供相关资源和支持。

5. 特殊群体关怀　养老机构给予特殊群体老年人,如失去伴侣的寡居老人、丧失记忆的痴呆症患者等更多的心理关怀。他们会定期进行面谈,提供情感支持和照顾,帮助这些老年人感受到关怀和被理解的温暖。

6. 生活满足和乐趣的营造　养老机构创造积极、快乐的生活氛围,通过丰富多样的娱乐活动和文化节目让老年人体验乐趣和生活的满足感。例如音乐会、文艺表演、手工制作等活动能够带给老年人快乐和积极情绪,促进良好的心理状态。

7. 家庭支持和关怀协调　养老机构通过与老年人的家人保持紧密联系,提供家庭支持和关怀协调服务。他们会了解老年人的家庭情况、家庭需求,并与家庭成员合作,提供情感支持、信息咨询和资源引导,共同照顾老年人的身心健康。

(六) 特殊护理服务

1. 失能护理服务　养老机构为失能老人提供特殊的护理服务。这些服务包括协助洗漱、穿衣、进食等,帮助失能老人进行日常生活活动。机构的工作人员会根据失能老人的具体情况制定护理计划,并提供必要的康复训练和辅助器具,以帮助他们尽可能地恢复或维持独立生活能力。

2. 失智护理服务　养老机构为认知障碍患者提供照护服务。机构通过建立专门的认知症护理区域,提供安全的生活环境和个性化的照护。护理人员会接受专业培训,了解认知症患者的特殊需求,并提供有效的沟通、认知刺激和行为管理等护理服务。

3. 慢性病管理服务　养老机构的医疗护理团队为慢性病患者提供专业的管理服务。他们会按照医生的建议,监测和管理慢性病的进展,确保患者按时服药,定期检查,并提供必要的健康教育和指导。此外,机构还提供定期的健康评估和病情监控,以保证慢性病患者得到全面的照护。

4. 临终关怀和安宁护理　针对临终老人,养老机构会提供专业的临终关怀和安宁护理。护理人员会为临终老人提供舒适的环境和细致的照料,缓解他们的痛苦和不适,并提供心理和情感支持,帮助他们安详地度过最后的时光。此外,护理人员还会与家人紧密合作,为他们提供支持和慰藉。

5. 创伤后康复服务　养老机构为创伤后康复者提供多学科的康复服务,如物理康复、职业康复、言语康复等。机构的医疗护理团队会制定个性化的康复计划,并提供必要的康复训练和辅助设备,帮助创伤后康复者恢复功能和提高生活质量。机构还会提供心理支持和社交互动,以促进创伤后康复者的心理健康和社会适应能力。

6. 疼痛管理服务　对于存在长期疼痛问题的老年人,养老机构可以提供专业的疼痛管理服务。机构的医疗团队会评估疼痛的原因和程度,并制定相应的疼痛管理计划,包括药物管理、物理疗法、心理支持等,以减轻老年人的痛苦和不适。

7. 营养与饮食管理　养老机构为有特殊营养需求的老年人提供个性化的饮食管理。机构的营养师会根据老年人的健康状况和营养需求,制定适合他们的饮食计划,并提供营养教育和指导,以确保他们获得充足的营养和良好的健康状况。

8. 医疗监测和急救服务　养老机构配备专业的医疗设备和急救设施,以应对老年人可能出现的紧急情况。机构进行定期的健康监测和评估,提供必要的医疗护理和急救处理,并与医院和急救服务机构保持紧密合作,确保老年人得到及时、有效的医疗救助。

(七) 家庭支持与融入

1. 家庭咨询和指导　养老机构与老年人的家人进行定期的家庭咨询和指导,提供关于老年人护理和管理的专业建议。机构的医疗护理团队向家人解释老年人的健康状况和护理需求,并提供相关的照护技巧和知识,以帮助家人更好地理解和应对老年人的特殊需求。

2. 定期沟通和反馈　养老机构通过与家人保持定期沟通,了解老年人的生活情况和健康状况。机构会定期向家人提供老年人的健康评估报告和生活反馈,让家人了解老年人的情况,并及时调整护理计划和服务。同时,机构也鼓励家人对照护服务提供反馈和建议,以不断提升服务质量。

3. 家庭活动和参与　养老机构会邀请老年人的家人参与机构组织的家庭活动和社交项目。这些活动包括亲友日、家庭聚会,以及共同参加文化、艺术或娱乐活动等。通过家庭活动,家人可以更好地了解机构的环境和氛围,与老年人建立更紧密的联系和互动。

4. 家庭支持网络　养老机构通过建立家庭支持网络,让家人能够相互交流、分享经验和信息。机构可以设立家庭支持小组、家庭论坛或线上平台,为家人提供交流的机会,共同面对照护的挑战和压力。家庭支持网络能够帮助家人感受到彼此的支持和理解,共同寻找解决问题的方法和策略。

5. 照顾者培训和支持　养老机构为家人提供照顾者培训和支持。机构会组织照顾者培训课程,教授家人如何有效地照顾老年人,包括管理药物、应对紧急情况、进行基本护理等。此外,机构也会为家人提供资源和支持,如心理咨询、社交支持和照顾者热线等,帮助家人应对照护工作中的挑战和压力。

(八) 志愿者支持

1. 定期志愿者陪伴　安排志愿者定期拜访老年人,与他们进行有意义的交流、谈心,分享生活经验和故事,减轻老年人的孤独感和寂寞感。组织志愿者与老年人共同参与兴趣小组活动,如读书讨论、手工制作、音乐欣赏等,促进老年人之间的交流和互动。

2. 志愿者陪同外出活动　组织志愿者陪同老年人参加户外活动,如郊游、旅行、观光等,帮助他们享受自然风景、丰富生活内容。组织志愿者陪同老年人去购物,帮助他们选购日常生活用品、食品和药品等,解决老年人购物难题。

3. 家居维修和整理　组织志愿者进行老年人家庭的家居维修和整理,包括打扫、清洁、整理物品等,使老年人居住环境更加整洁、舒适。协助老年人解决一些社区事务,如办理文件、缴费、咨询等,提供必要的便捷服务。

4. 健康咨询和宣教　组织志愿者进行健康咨询和宣教活动,为老年人提供健康知识、养生方法和疾病预防等方面的指导,帮助他们保持良好的身体状况。提供志愿者指导和陪伴老年人进行适当的体育锻炼,如散步、太极拳、瑜伽等,增强老年人的体质和身心健康。

5. 故事讲述和传统文化传承　组织志愿者为老年人讲述故事、讲解传统文化知识,以传承和弘扬优秀传统文化,丰富老年人的文化生活。设立志愿者共读活动,组织志愿者与老年人一起读诗、读书、讨论,打造良好的学习氛围,开拓老年人的思维和眼界。

6. 技能培训班　组织志愿者开设各类技能培训班,如电脑基础、手工制作、养花种菜等,提供老年人学习和创造的机会,增强他们的修养和技能。鼓励有特长的志愿者进行技能传承培训,如音乐演奏、绘画技法、烹饪技巧等,让老年人能够参与其中,并学习新的技能。

(九) 学习和教育

1. 专业知识讲座　邀请专业人士或学者进行各类讲座,如健康知识、养生保健、营养饮

笔记栏

食等,帮助老年人了解健康知识,保持良好的身体状况。开设文化课程,如书法、绘画、舞蹈、音乐等,让老年人能够学习和欣赏不同的艺术形式,增加生活的乐趣和活力。提供实用技能培训,如电脑操作、手机使用、互联网应用等,帮助老年人适应现代科技,提高生活质量和自我管理能力。

2. 科普讲座 组织科普讲座,介绍科学知识和前沿科技,如人工智能、环保技术、太空探索等,拓宽老年人的知识面,增强对科学的兴趣。邀请学者和专家进行人文社科领域的讲座,如历史文化、哲学思考、社会发展等,丰富老年人的人文素养和思想境界。

3. 读书分享会 组织老年人参加读书分享会,让他们共同分享自己的阅读心得和感悟,激发彼此的学习兴趣,并进行书籍推荐和交流。邀请文学爱好者、作家或学者进行文学讲座和演讲,介绍经典文学作品、文学史、创作技巧等,增加老年人对文学的了解和欣赏。

4. 书法、诗歌、散文创作 组织老年人进行书法、诗歌、散文等创作,鼓励他们记录自己的思考和体验,培养创造力和艺术修养。

5. 智力游戏和棋牌活动 组织老年人进行智力游戏和棋牌活动,如围棋、象棋、扑克牌、桥牌等,激发智力思维,提供社交互动和娱乐。

6. 社交舞会和音乐欣赏 组织老年人参加社交舞会和音乐会,提供跳舞和欣赏音乐的机会,增加社交互动,提升生活乐趣。

7. 文化旅游和参观活动 组织老年人进行文化旅游和参观活动,参观博物馆、艺术展览、历史古迹等,提供文化体验和学习的机会。

8. 打造线上学习平台 建设养老机构的线上学习平台,提供老年人在线学习的资源和工具,如网络课程、电子图书、学习社区等,满足老年人多样化的学习需求。

9. 远程学习和辅导 组织远程学习和辅导活动,利用视频会议等技术手段,邀请专家进行远程讲座、辅导和答疑,让老年人在家也能够享受学习的乐趣。

(十)康复服务

1. 疾病康复计划 根据老年人的疾病情况和康复需求制定个性化的康复计划。具体包括康复治疗、康复训练和康复护理等,旨在帮助老年人恢复功能、减轻疼痛和提高生活质量。

2. 身体康复训练 为老年人提供身体康复训练,包括物理治疗、运动疗法和理疗等。这些训练可以帮助老年人增强肌肉力量、提高平衡能力、增加灵活性,并促进康复和功能恢复。

3. 言语和语言康复 为老年人提供言语和语言康复服务,包括言语治疗、语言训练和听力康复等。这些服务可以帮助老年人改善沟通能力,恢复或提高语言表达能力。

4. 认知和记忆康复 通过认知训练、记忆锻炼和脑力活动,帮助老年人维持或改善认知能力和记忆功能。这些康复服务可以减轻老年人的认知障碍、增强注意力、提高思维灵活性和智力活力。

5. 辅助器具和适应性设施 提供老年人所需的辅助器具和适应性设施,比如助行器、轮椅、听觉辅助设备等,以帮助他们提高日常生活的独立性和便利性。

6. 日常生活技能训练 提供老年人日常生活技能训练,包括穿衣搭配、进食训练、洗漱卫生、使用电子设备等。这些训练可以帮助老年人保持或恢复日常生活的自理能力。

7. 康复评估和跟踪 定期评估老年人的康复进展和效果,根据评估结果及时调整康复方案,确保康复服务的有效性和个性化。

三、养老机构的服务流程

(一)制定和确认服务计划

1. 入住评估 入住评估是养老机构服务流程的第一步,通过对入住者的身体状况、日常生活能力、社交需求等进行评估,制定个性化的服务计划。

2. 制定服务计划 根据评估结果,制定适应入住者需求的服务计划,明确提供的护理、健康管理、社交活动等服务内容和频次。

3. 确认服务计划 与入住者及其家属进行沟通,让其了解和确认制定的服务计划,确保双方对服务内容和期望达成一致。

(二) 提供服务

1. 日常护理 根据入住者的个性化服务计划,提供日常饮食、卫生、洗浴、换洗等基本护理服务,确保入住者的日常生活照料。

2. 健康管理 养老机构配备专业医护团队,监测入住者的生命体征,管理用药,提供常规体检、定期健康评估等,保障入住者的健康管理。

3. 社交活动 通过组织各类室内外社交活动,如文化讲座、手工制作、健身运动等,促进入住者之间的互动和交流,提升其生活质量和快乐感。

4. 心理支持 提供入住者的心理支持和咨询服务,通过与专业心理咨询师的交流,帮助缓解焦虑、孤独、抑郁等负面情绪,提升入住者的心理健康。

5. 家属支持 与入住者的家属保持定期沟通,提供入住者的生活情况反馈,为家属提供关于养老护理和心理支持的相关信息和指导。

(三) 服务记录

1. 服务记录 养老机构工作人员需将提供的服务内容、服务时间、服务对象等进行详细记录,确保服务的准确性和连续性。

2. 健康记录 将入住者的健康状况、用药情况等进行记录,便于及时健康管理和医疗干预。

3. 心理记录 记录入住者的心理状况、情绪反应等,为心理支持和咨询服务提供依据。

(四) 服务评价

1. 入住者满意度调查 定期进行入住者满意度调查,了解入住者对服务的评价和需求反馈,以便优化和改进服务。

2. 家属满意度调查 邀请入住者的家属参与满意度调查,了解家属对服务的评价和意见,以便为家属提供更好的支持。

(五) 服务考核

1. 内部考核 养老机构内部应进行服务质量考核,评估工作人员的服务水平和工作表现,对优秀者进行表扬奖励,对有待改进者进行指导和培训。

2. 外部考核 养老机构应接受政府主管部门、行业协会或第三方评估机构的考核。

(六) 服务调整

1. 根据入住者的健康、生活状态变化,及时调整服务计划,确保服务内容的及时性和适宜性。

2. 根据服务评价和考核结果,对服务流程和服务标准进行调整和改进,以提供更优质的服务体验。

四、养老机构服务管理的内容

养老机构提供的服务内容主要是护理、医疗、康复和膳食等四个方面,本节主要围绕这四个方面的基础服务介绍养老机构服务管理的内容。

(一) 养老机构护理服务管理

养老机构护理服务管理主要包含养老护理人员的管理和养老护理服务质量的管理。

1. 养老护理人员的管理 管理对象应包含各层级的养老护理人员,如一线养老护理员、养老护理组长、养老护理服务总负责人等,应定期对其进行主要岗位职责考核管理。

2. 养老护理服务质量的管理 护理服务质量管理的前提是养老机构根据自身的特点制定相应的服务质量控制标准,这些标准一般应涵盖日常生活照料服务和护理服务等核心服务内容。基于服务质量控制标准,养老机构服务管理部门通过定期开展护理人员自评与互评、老人评价等形式评定养老护理服务质量,对质量不高的服务提出整改并监督执行。同时,还需要对护理计划、护理记录和文档进行管理。养老机构应为每位入住老年人制定基于健康状况、需求偏好的个性化护理计划。护理计划应包括营养饮食、药物管理、日常生活等多个方面,确保老年人能够获得全面照护。养老机构还应建立科学规范的护理记录和文档,记录每位老年人的健康状况、护理措施和效果,以保障老年人的身体健康。

(二) 养老机构医疗服务管理

养老机构医疗服务管理一般包含医疗服务规范性的管理和医疗服务质量的管理。

1. 医疗服务规范性的管理 养老机构医疗服务质量管理的前提是建立健全本机构的医疗服务管理规章制度。内设医疗机构的,要明确其各部门、各医疗岗位的职责,还要对医疗机构的医疗文书书写的规范性作定期检查与监管。内设诊所的,要根据诊所类别严格执行诊所管理规章制度,监管门诊医疗文书的规范性。此外,养老机构应结合相关标准制定医疗服务质量标准,成立医疗服务监管部门,基于医疗服务质量标准,定期对本机构的医疗服务质量进行考核评价,同时对不足之处监督整改。

2. 医疗服务质量的管理 养老机构医疗服务管理是确保老年人在养老机构内得到及时、专业的医疗服务的重要环节。养老机构应建立配备有专业医务人员的医疗团队,包括医生、护士和其他医疗技术人员,以提供全面的医疗服务。建立规范和安全的药物管理制度,包括药物储存、发放和监测,确保老年人准确、及时地服用所需药物,避免药物错误或滥用。养老机构还应建立紧急救护和应急处理机制,在发生急症或意外情况时,能够及时采取适当的急救措施,确保老年人的安全和健康。

(三) 养老机构康复服务管理

养老机构康复服务管理一般应包含康复服务规范性的管理和康复服务质量的管理。

1. 康复服务规范性的管理 养老机构应成立相应的康复服务管理部门,由该部门对本机构提供的运动康复治疗、物理因子康复治疗和作业康复治疗等康复服务的规范性进行管理。具体管理内容包含提供相关服务的康复治疗师的资质的定期审核、康复服务范围的界定、康复治疗相关医学文书的书写的规范性,以及康复治疗仪器设备的准入、使用和定期维护等。此外,该部门还应对本机构的康复服务质量进行定期评估和监管,其内容一般包含康复治疗有效率、住院患者康复功能评价率以及年记录差错率等。

2. 康复服务质量的管理 养老机构康复服务管理是确保老年人在养老机构内获得高质量康复照护的关键环节。康复服务旨在帮助老年人恢复功能、提升生活质量和促进独立性。养老机构应建立专业的康复团队,包括理疗师、言语治疗师等专业人员,提供适应老年人需求的康复服务。养老机构应配备一定的康复设施和设备,以支持老年人的康复训练,同时还需进行设备的检修和维护,以保证其有效性和安全性。养老机构应加强与医疗机构的协作,确保老年人得到全面和综合的康复照护,与医疗团队定期进行讨论,共同制定康复方案,提供及时的康复咨询和指导。

(四) 养老机构膳食服务管理

养老机构膳食服务管理是确保老年人在养老机构获得营养均衡、健康安全的膳食的重要环节。养老机构膳食服务管理一般应包含膳食食材采购和保存管理、膳食食材加工和制作管理、供餐卫生管理以及特殊老人健康食谱管理等内容。

1. 膳食食材采购和保存管理　良好的膳食服务管理能够满足老年人的饮食需求,养老机构应制定科学和全面的膳食计划,包括餐次、食谱和营养配比。还应确保食材的新鲜度和质量,建立食材采购渠道,优选新鲜、有机和安全的食材。养老机构膳食服务管理部门应建立健全本机构的食材准入制度和保存制度,让一线部门对食材的质量进行严格筛选,对购入的食材进行规范保存,而膳食服务管理部门则定期抽查本机构的食材质量并长期监管。

2. 膳食食材加工和制作管理　对于膳食食材的加工和制作,膳食服务管理部门也应该制定一系列的规章制度,设立意见反馈箱,建立管理部门和接受服务的老人的双渠道监督管理机制。

3. 供餐卫生管理　养老机构应培训专业的烹饪人员,确保食物的制备和烹饪符合健康和卫生要求,控制食物的加工过程和烹调方法,减少使用油脂、盐和添加剂,保证食物的营养价值。建立食物安全和卫生管理制度,确保食物的安全性和卫生性,包括食物储存和处理规范、食物中毒预防措施和食品安全培训等方面。

4. 特殊老人健康食谱管理　养老机构应为特殊老人(如糖尿病老人等)应设立特殊老人健康食谱,膳食服务管理部门应定期检查特殊老人健康食谱的执行情况和执行质量。膳食服务管理部门应对本机构所有膳食服务的不足提出整改,并监督相应部门完成整改。

第四节　养老机构的服务管理实践

养老机构的服务管理应当重视理论联系实践,用服务管理理论指导养老机构的服务管理,在服务管理实践中提高服务管理质量。服务管理应重视业内发生的每一个案例,在涉及具体的养老机构服务管理案例时,养老机构的管理人员首先应该结合本机构提供的相关服务及服务流程的特点分析养老相关服务事故的根本原因,最常见的分析方法为根本原因分析法,然后根据本次服务事故的根本原因制定相应的改进方案。下文重点介绍护理服务、医疗服务、康复服务和膳食服务的常见事故原因及改进方案。

一、养老机构护理服务管理实践

(一)护理服务事故原因分析

造成养老机构护理服务事故的根本原因主要有养老机构护理服务管理部门应对本机构一线养老护理员的管理不足,机构养老护理员对于入住老人相关的不良健康状况所附带的风险(如脑梗后遗症或生活不能自理患者跌伤的风险、阿尔茨海默病老人走失的风险等)认识不足,一线养老护理员对老人的健康宣传教育能力不足等。

(二)护理服务管理改进方案

1. 护理服务管理部门应加强对本机构一线养老护理员的管理,严格执行护理服务工作责任制度。认真落实本机构养老护理员离岗报告制度,对于有正当理由在当值期间需要暂时离岗的护理员,须先向分管的养老护理组的组长请示,得到批准后方可离岗,养老护理组的组长同时要安排其他护理员与请假的护理员交接并代替其继续提供养老护理服务;请假暂时离岗的护理员,应在规定的期限内返岗完成交接、继续值守,严格执行请销假制度。

2. 强化风险和不良事件管理意识。跌伤类事件是养老机构常见的照护类不良事件,走失是养老机构常见的日常照护风险,养老机构如果对上述事件管理疏漏,可能造成较为严重的风险事件甚至是纠纷。护理服务管理部门应联合本机构的风险管理部门加强本机构一线养老护理员日常风险管理的培训,增强一线养老护理员识别养老机构护理风险和不良事件的能力,强化一线养老护理员的护理风险管理和不良事件管理的意识。

3. 护理服务管理部门应强化一线护理员的健康宣传教育能力,将一线护理员与接受养老护理服务的老人的沟通效果纳入护理服务质量考核体系。一线护理员应结合服务对象的实际情况,耐心向其解释为什么要采取该种护理措施,或为什么要禁止做哪些动作,以强化沟通效果或健康宣传教育效果。

二、养老机构医疗服务管理实践

(一)医疗服务事故原因分析

造成养老机构养老服务事故的根本原因主要有医疗机构、医疗服务管理部门对本机构医疗文书书写规范性的管理不规范,各种原因导致的本机构的门诊医疗服务质量不高(如门诊服务量偏大引起的医疗资源相对不足),医疗机构医疗服务部门与养老护理服务部门整合联动较差,以及对于医疗服务人员的日常医疗风险意识(如疾病发展的风险认识)不足等。

(二)医疗服务管理改进方案

1. 医疗服务管理部门应加强对本机构医疗文书书写规范性的管理。通过定期抽查的方式定期稽查本机构下属的医疗服务部门(包含门诊和住院部)的医疗文书书写质量和规范性,对医疗文书书写不符合规范或医疗文书书写质量较差的医师或部门提出整改建议,并监督其限期完成整改。

2. 医疗服务管理部门应切实提高本机构的门诊医疗服务质量。养老机构首先应严格保证门诊服务质量,一方面要严格控制每位门诊医师单日接诊次数,确保每位医师的服务质量;另一方面,如果存在养老机构医疗服务部门的门诊医师不足的,养老机构还应该考虑适当增加本机构门诊医师的数量。此外,由于养老机构毕竟不是专业的医疗机构,整体而言,其门诊医师相对于医疗机构的门诊医师专业性不高,因此,对于养老机构专业性不强的门诊医师,养老机构应组织其到上级医疗机构进修学习,以提升本机构门诊医师整体的专业素质。

3. 养老机构服务管理部门应注意将本机构的医疗服务部门与养老护理服务部门紧密结合,实现医养服务部门信息共享、医养一体化。养老护理员要严密看护刚接受完医疗服务的老人,并定期、及时向医疗服务部门反馈老年人的治疗效果。对于医疗服务效果不理想的老年人,养老机构医疗服务部门应根据综合情况及时作出继续留本部门治疗或转上级医疗机构治疗的决定。

4. 强化本机构医疗服务人员的日常医疗风险意识。漏诊失治、误诊误治是养老机构常见的日常医疗风险,医疗服务管理部门应联合本机构的风险管理部门加强本机构医疗服务部门医师的日常风险管理的培训,增强医师识别养老机构日常医疗风险的能力,强化医师的医疗服务风险管理的意识。

三、养老机构康复服务管理实践

(一)康复服务事故原因分析

常见的养老机构康复服务事故根本原因主要有医疗机构康复服务管理部门应对本机构康复服务规范性的管理不到位(如康复治疗前禁忌证核查制度落实不到位)、养老机构的康复服务力量薄弱、医疗机构医疗服务部门和康复服务部门的整合联动较差,以及康复治疗师对于康复治疗高危人群(如患有骨质疏松、心肺功能严重障碍的老年人等)进行康复训练的风险认识不足等。

笔记栏

（二）康复服务管理改进方案

1. 康复服务管理部门应加强对本机构康复服务规范性的管理。通过定期稽查本机构下属的康复服务部门的康复治疗记录来核查其治疗过程的规范性。对于康复治疗适应证和禁忌证不明晰便开展康复治疗的，如果仍在康复治疗过程中，应建议康复治疗师立即终止康复治疗；如果已经完成治疗的，康复服务管理部门应对康复治疗师或部门提出整改建议，并监督其限期完成整改。

2. 康复服务管理部门应切实提高本机构的康复服务质量。养老机构的康复服务部门与专业的康复医疗机构毕竟存在技术上的差距，因此，养老机构应定期组织本机构的康复治疗师到专业的康复医疗机构进修学习，以提升本机构康复治疗师整体的专业素质，从而提高本机构的康复服务质量。

3. 养老机构服务管理部门应注意将本机构的医疗服务部门与康复服务部门紧密结合，实现医疗-康复部门一体化，组建本机构的医疗-康复的复合型康复医疗团队。应由团队中的医师或医疗机构的医师为老年人开具相应的禁忌证检查单并给出诊断，由养老机构康复服务部门根据检查结果及老年人的综合情况作出是否可以开展康复治疗、是否可以在本部门开展康复治疗的决定。对于适合在本部门开展康复治疗的老年人，由康复医疗团队制定相应的专业康复治疗方案。

4. 强化本机构康复服务人员的日常康复服务风险意识。骨折、关节脱位、针灸事故、拔罐皮肤损害等是养老机构最常见的日常康复服务风险，康复服务管理部门应联合本机构的风险管理部门加强本机构康复服务部门服务人员的日常风险管理的培训，增强康复服务人员识别养老机构日常康复服务风险的能力，强化康复服务人员的康复服务风险管理的意识。

四、养老机构膳食服务管理实践

（一）膳食服务事故原因分析

造成养老机构膳食服务事故的根本原因主要有养老机构膳食服务管理部门对本机构膳食服务部门食材采购管理不到位，膳食服务人员的卫生知识欠缺，食材加工或制作过程不规范，以及膳食服务人员的日常膳食服务风险意识薄弱等。

（二）膳食服务管理改进方案

1. 膳食服务管理部门应加强对本机构膳食服务部门食材采购管理。养老机构通过定期稽查本机构下属的膳食服务部门的食材采购记录来核查其采购过程的规范性。膳食服务管理部门应重点检查食材采购记录的真实性和完整性。设立食材加工前检查核对制度，把好入口关，确保未经检疫、变质或可能变质、来源不明或信息不完善的食材不流入膳食服务部门。膳食服务管理部门应对不合规的采购员或采购部门提出整改建议，并监督其限期完成整改。

2. 膳食服务管理部门应切实提高本机构膳食服务人员的卫生知识，规范食材加工和制作过程。荤菜食材和素菜食材的加工要分池、分台进行，分容器盛放；对于容易带菌（如鸭蛋）或携带寄生虫（如小龙虾）的食材的加工制作一定要注意烹饪温度以及适当延长烹饪时间以杀灭致病菌或寄生虫。有条件的养老机构应定期邀请食品卫生专家到本机构的膳食服务部门做食品卫生知识与技能培训，提升本机构膳食服务部门整体膳食服务人员的专业素质，从而提高本机构的膳食服务质量、降低食物中毒发生的概率。

3. 强化本机构膳食服务人员的日常膳食服务风险意识，保障养老机构食品安全。食物中毒是养老机构最常见的日常膳食服务风险和突发公共卫生事件之一，膳食服务管理部门应联合本机构的风险管理部门加强本机构膳食服务部门服务人员的日常膳食风险管理的培训,增强膳食服务人员识别养老机构日常膳食服务风险的能力,强化膳食服务人员的膳食服务风险管理的意识。养老机构还应定期组织全机构服务人员、机构内老年人进行食物中毒安全应急演练,以提升本机构应对食物中毒等突发公共卫生事件的能力。

(楚 婷 张 喜)

复习思考题

1. 我国养老机构服务管理体系的实施策略有哪些?
2. 我国养老机构服务管理的内容有哪些?
3. 结合国内外养老行业发展现状,简述对养老机构服务管理的建议。

第七章

养老机构的质量管理

学习目标

知识目标

1. 掌握质量管理的相关概念、养老机构质量管理的方法。

2. 熟悉养老机构质量管理的原则和养老机构质量监督体系。

3. 了解质量观的发展和养老机构质量管理的发展阶段。

能力目标

1. 能正确运用 PDCA 循环制订养老机构质量管理方案,解决养老机构质量管理工作中的实际问题。

2. 能正确应用养老机构服务质量评价指标,结合养老机构质量管理实践进行养老机构质量评价。

素质目标

树立科学化、标准化、规范化养老机构质量管理的价值观,培养"尊老、爱老、敬老、孝老、助老、为老"的职业素养。

思政目标

弘扬中华民族"孝亲敬老"的传统美德,秉持"以人为本"的服务与管理理念,促进老年人健康。

随着养老服务业的不断发展,"质量"已经成为养老机构建设、发展与评估的一个关键因素。质量的好坏反映了养老机构服务水平的高低,也直接影响了老年人的生命质量。科学的质量监督和评价是质量管理的核心要素,也是养老机构能够取得长足发展的重要保障。

案例分析

刘爷爷,退休职工,现年 86 岁,入住当地某医养结合养老机构 1 年余。既往患有高血压,长期服用多种降压药物;双膝患有骨关节炎,无法自主行走,行动只能依靠护理员帮助。某日凌晨,刘爷爷在未告知护理员情况下独自前往卫生间,由于头晕导致重心不稳,从坐便器上摔下,刘爷爷赶紧呼叫护理员。当时护理员正躺在陪护床上休息,听到呼叫声急忙过去搀扶,并立即通知值班医生为老人检查伤势。经过一系列检查,结果显示刘爷爷"右侧股骨颈骨折"。家属得知此事后表示不满,要求该养老机构必须给予合理的解释,并妥善处理刘爷爷的伤势。

笔记栏

分析：

1. 该事件中存在的主要问题。

2. 养老机构管理者应如何进行质量管理，避免类似问题的发生？

第一节　质量管理概述

质量是产品的立足之本，产品若没有质量就难以在激烈的市场竞争中生存。养老机构提供的服务本质上也是一种产品。因此，管理学中有关质量管理的理念不仅适用于生产线上的产品，还适用于养老机构提供的服务。随着社会经济和科学技术的日益发展，质量管理相关概念的内涵以及人们对质量的认识也在不断地丰富和深入。

一、质量管理的相关概念

(一) 质量

1. **质量内涵**　质量（quality）又称为"品质"，在管理学中将质量定义为产品或工作的优劣程度。现代质量管理学认为质量就是满足顾客期望的程度。国际标准化组织（International Organization for Standardization，ISO）将质量定义为反映实体满足明确和隐含需要的能力的特性总和。我国国家标准 GB/T19000-2016 对质量的定义为客体的一组固有特性满足要求的程度。

质量一般包含规定质量、要求质量和魅力质量三层含义。规定质量是指产品或服务的特性达到了预定的标准。要求质量是指产品或服务的特性满足了顾客的要求。魅力质量是指产品或服务的特性超出了顾客的期望。规定质量、要求质量和魅力质量三层含义层层递进，逐渐突出以顾客为中心的原则。

2. **质量特性**　现代质量概念需要从社会性、经济性和系统性三个特性进行认识。

(1)社会性：质量的好坏不仅应由直接客户进行评价，还应从整个社会的角度进行评价，尤其是关系到生产安全、环境污染、生态平衡等问题时。

(2)经济性：质量应从某些技术指标、制造成本、价格、使用价值和消耗等方面进行综合评价。在确定质量水平或目标时，不能脱离社会的条件和需要，也不能单纯追求技术上的先进性，还应考虑使用上的经济合理性，使质量和价格达到平衡。

(3)系统性：质量是一个受到设计、制造、安装、使用、维护等多因素、多环节影响的复杂系统，产品质量的评价也是多维评价。质量管理学家费根鲍姆认为，质量系统是指具有确定质量标准的产品和为交付使用所必需的管理上、技术上的步骤的网络。

📖 **知识链接**

影响质量的六大因素

1. **人**　人是生产管理中最大的难点，也是目前所有管理理论中讨论的重点。围绕着"人"的因素，不同的企业有不同的管理方法。要想提高生产效率，首先要从现有的人员中去发掘，尽可能地发挥他们的优点，激发他们的工作热情，提高他们的工作积极性。

2. 机　机是指生产中所使用的设备、工具等辅助生产用具。在生产过程中,设备是否正常运作、工具的好坏都是影响生产进度、产品质量的重要因素。

3. 料　料是指物料,包括半成品、配件、原料等产品用料。现代工业产品生产分工细化,一般几种甚至几十种配件或部件是由几个部门同时运作。当某一部件未完成时,整个产品都不能组装,进而造成装配工序停工待料。

4. 法　法是指法则,即生产过程中所需遵循的规章制度,包括工艺指导书、标准工序指引、生产图纸、生产计划表、产品作业标准、检验标准及各种操作规程等,能及时准确地反映产品的生产和产品质量的要求。

5. 环　环是指环境。某些产品(如电脑等高科技产品)对生产环境的要求很高,环境会影响产品的质量,如调试音响时要求周围环境安静。同样,食品行业对环境也有专门的规定,否则产品的卫生就不能达到国家规定的标准。

6. 测　测主要指测量工具、测量方法,以及经过培训和授权的测量人员。要使用指定的并经过定期检验的测量工具,统一规范的测量方法,保证同一测量点、同一测量工具、不同测量人员所测出的数据误差最小化。在生产过程中,要对测量的数据进行记录。

(二) 质量管理

1. 质量管理内涵　质量管理(quality management)是指为了使产品、过程或服务满足质量要求,达到顾客期望而开展的策划、组织、实施、控制、审核及改进等有关活动的总和。质量管理实际上是向消费者提供高质量产品或服务的活动过程,其核心是制订、实施和实现质量方针与质量目标,主要形式是质量策划、质量控制、质量保证和质量改进。

2. 质量管理范畴　质量管理是在质量方面指挥、控制、组织与协调的活动,是组织管理活动的重要组成部分,具体包括以下六个方面。

(1)质量方针:是由组织的最高管理者正式颁布的该组织总质量宗旨和方向,是企业各部门和全体人员执行质量职能以及从事质量管理活动所必须遵守和依从的行动纲领。

(2)质量目标:在质量方面所追求的目的。

(3)质量策划:根据质量目标确定工作内容、职责和权限,确定程序和要求,并付诸实施,这一系列的过程就是质量策划的过程。

(4)质量控制:是通过监督质量形成过程,消除质量环上所有阶段引起不合格或不满意效果的因素,以达到质量要求,获取经济效益,而采取的各种质量作业技术和活动。

(5)质量保证:为使人们确信某实体能满足质量要求,而在质量体系中实施并根据需要进行证实的全部有计划、有系统的活动。质量保证活动侧重于为满足质量要求提供使对方信任的证据,而质量控制活动侧重于满足质量要求。

(6)质量改进:在整个组织范围内所采取的提高活动和过程的效果与效率的措施。质量改进的目的是消除系统性问题,使质量达到一个新水平、新高度。

(三) 质量管理体系

1. 质量管理体系的内涵　质量管理体系(quality management system)是指为实现质量管理的方针目标而有效地开展各项质量管理活动所建立的相应管理体系。质量体系指为实施质量管理所构建的组织结构、实施程序和所需资源的总和。质量体系是质量管理的基础,按体系目的可分为质量管理体系和质量保证体系。

2. 质量管理体系的特点　质量管理体系代表现代企业或政府机构关于真正发挥质量

作用和做出最优质量决策的一种观点。质量管理体系是深入细致的质量文件的基础,是使机构内更为广泛的质量活动能够得以切实管理的基础,也是有计划、有步骤地把主要质量活动按照重要性顺序进行改善的基础。

3. 质量管理体系的运行机制　质量管理体系的运行机制包括驱动层、目标层和自我改进层。

(1)驱动层:指第三方的质量审核。质量审核的监督机制体现在审核的独立性、公正性、系统性、权威性和持续性上。

(2)目标层:组织通过建立、实施和运行质量管理体系,来实现质量方针和质量目标,进而满足顾客、相关方的需求和期望以及法律法规的要求。

(3)自我改进层:组织要通过管理评审、内审、提高顾客满意度、测评分析和改进、纠正、预防等过程,形成持续改进的质量管理体系运行机制。

二、质量观的发展

质量观(quality concept)是人们对质量的认识与看法。人们对质量的认知是一个发展变化的过程,大体上经历了四个不同的阶段。

(一)"符合性质量"阶段

该理念始于20世纪40年代,这一时期的基本观点为质量以符合现行标准的程度作为衡量的依据。"符合标准"就是合格的产品,符合的程度反映了产品质量的水平。当确定的产品规格标准可以被有效地检查时,才能确定其产品的符合程度。因此,"符合性质量"概念更适合于描述产品的标准化程度。

(二)"适应性质量"阶段

该理念始于20世纪60年代,这一时期的基本观点为质量应该以适合顾客需要的程度作为衡量的依据,就是从使用产品的角度来定义产品质量。从"符合性"到"适应性",反映了人们在对质量的认识过程中,已经开始把顾客需求放在首要位置。二者根本区别在于,前者是以明确的规格作为生产过程中的检查标准;后者则认为衡量产品最终的质量标准不仅是产品的规格,还应该包括客户"隐含"的期望。

(三)"满意性质量"阶段

该理念产生于20世纪80年代,这一时期提出的"全面顾客满意"概念将质量管理带入了一个新的阶段,即全面质量管理(total quality management,TQM)阶段。全面质量管理的理念是组织以"全面顾客满意"为核心,涉及组织运行的全过程,组织的全体员工都应具有质量管理的责任。全面顾客满意不仅体现在产品整个生命周期中所有客户的满意,还应包括组织本身的满意,并能与自然、社会、环境相适应。

在某种程度上,全面质量管理中的质量管理已经不再局限于质量职能领域。全面质量管理活动的兴起使质量管理更加完善,并成为一种新的科学化管理技术。目前举世瞩目的ISO 9000质量体系标准、美国波多里奇奖、日本戴明奖等各种质量奖,都是以全面质量管理的理论和方法为基础的。

(四)"卓越性质量"阶段

20世纪90年代,世界顶级企业"摩托罗拉""通用电气"等相继推行六西格玛管理,逐步确立了全新的卓越质量观念。"卓越性质量"的核心是"零缺陷"。"零缺陷"管理的主旨是采取预防控制和过程控制,通过流程设计、优化与持续改进,达到零缺陷生产、降低成本、提高生产率和市场占有率,以及提升顾客满意度和忠诚度的目的。六西格玛管理是"零缺陷"质量管理思想在实践中的具体应用。在六西格玛的质量标准中,它的合格率达到 99.999 66%,这几乎趋近到人类能够达到的最完美的境界,因此称为"卓越质量"。

从人类质量观的演变史中发现,从"符合性质量"阶段到"适应性质量"阶段主要为了防止顾客不满意,从"满意性质量"阶段到"卓越性质量"阶段则是为了提升顾客的满意度和忠诚度。

三、养老机构质量管理的发展阶段

(一)以老年人体验为主的质量管理阶段

养老机构以老年人为服务对象,因此最初的质量管理以"老年人体验"为主,将老年人对养老机构服务的满意度作为质量评价的主要依据,强调老年人的自我感受。

(二)以结果为导向的质量管理阶段

随着养老机构的不断发展,质量管理的指标开始具体化,养老机构质量管理开始进入以结果为导向的质量管理阶段。该阶段主要指标有人住率、转介绍率、投诉率、不良事件发生率、老年人满意度、退住率等。

(三)过程与指标双重质量管理阶段

随着生活水平的不断提高,老年人对晚年生活质量的追求已不满足于"吃饱穿暖",对养老机构服务的质量要求越来越高。养老机构质量管理开始从结果管理进入过程与指标的双重管理阶段。过程管理是通过制度建设规范服务过程及标准,通过质量检查评估服务过程的符合性和有效性,通过质量分析改进和优化服务流程及要求。指标管理包括但不限于"以结果为导向的质量管理阶段"的指标,不断完善质量管理指标体系。

(四)全面质量管理阶段

养老机构的全面质量管理是以质量为中心,以全员参与为基础,通过让老年人满意和本机构所有成员及社会受益而达到长期成功的管理途径。全面质量管理从局部性的管理走向全面性、系统性的管理,具体体现在以下五个方面。

1. 以老年人为中心的观点 "为老年人服务"和"为一线员工服务"是养老机构全面质量管理的基本观点。通过每个服务环节的质量控制,达到提升服务质量和老年人满意度的目标。

2. 全面管理的观点 养老机构内进行全过程、全机构和全员的管理。全过程管理要求对服务提供过程进行全面控制。全机构管理要求机构所属各部门、各岗位都要参与质量管理工作,共同对服务质量负责。全员管理要求把服务工作落实到每一名员工,让每一名员工都关心服务质量。

3. 以预防为主的观点 以预防为主的质量管理,即对服务质量进行事前控制,把风险控制在发生之前,使每一个环节都处于受控状态。

4. 用数据说话的观点 依据准确的数据资料进行加工、分析和处理,找出规律,再结合专业技术和实际情况,对存在的问题做出正确判断并采取正确措施。

5. 标准化管理的观点 在养老机构开展标准化建设工作,对服务提供及服务保障的各环节进行标准化管理。让全体员工树立标准化意识,管理层利用标准化的工具发现和解决问题,通过标准化激励员工,从而达到全面质量管理的目标。

笔记栏

第二节 养老机构的质量管理概述

养老机构质量管理通过建立完善的、系统的、科学的以"老年人为中心"的养老服务机构质量管理体系,依托规范的服务流程,有效控制质量风险,从而保证养老服务机构服务质量的稳定性。养老机构质量管理是推进养老服务机构专业化管理、规范养老服务行业市场、促进养老机构自身有效发展的重要手段。

一、养老机构质量管理的原则

ISO 9000 标准提出了帮助组织达到持续成功的八项质量管理原则。这八项质量管理原则是 ISO 9000 标准的基础,用于指导组织的管理实践,帮助管理者提高管理水平。

质量管理原则是质量管理最基本、最通用的一般性规律,适用于所有类型的产品和组织,具有普遍的指导意义,既是质量管理的理论基础,也是组织领导者有效实施质量管理工作必须遵循的原则,作为养老机构管理者或未来从事养老机构管理相关工作的人员必须认真学习、理解和领悟。

(一) 以客户为核心原则

1. 内涵 组织依存于自己的客户,应理解客户当前和未来的需求,满足客户需求并争取超过客户的期望。养老机构通过以老年人为中心的服务理念和以诚相待的服务态度来吸引更多的老年人,赢得老年人的信任。同时,以老年人为核心,通过对养老市场快速灵活的反应来提高机构的竞争力。

2. 主要实施措施 老年人的需求由年龄、教育程度、经济状况、健康状况等因素决定。按照马斯洛提出的需求层次理论,通过问卷调查、意见箱、电话咨询、座谈会等方式来了解老年人的需求及其满足程度;确保服务质量目标与老年人的需求和期望相匹配,并采取满足需求的措施;测量老年人满意度并针对测量结果采取改进措施;明确老年人的地位,处理好与老年人的关系,确保兼顾老年人和其他相关方的利益。

(二) 发挥领导作用原则

1. 内涵 领导是具有一定权力、负责指挥和控制组织或下属的人员。领导为实现质量目标,建立组织统一的宗旨、方向和内部环境,创造和调动全员参与的内部环境,建立保持高效运行的质量管理体系。

2. 主要实施措施 基于发挥领导作用的质量管理原则,在养老机构的各层次树立价值共享和精神道德的员工典范;制定并保持养老机构的质量方针和目标;通过增强员工的质量意识、积极性和参与度,在整个养老机构内促进质量目标的实现;关注老年人需求,实施适宜的质量管理过程以满足老年人的需求,并以提高老年人满意度为目的;建立、实施并保持一个有效的质量管理体系,定期进行评估,制定改进措施。

(三) 全员参与原则

1. 内涵 全员参与,既是组织成功的必要条件,也是人事管理的第一要素。养老机构各级管理者和一线员工的状态和行为直接影响服务质量。在养老机构质量管理过程中,一定要重视人的作用,尤其是护理员的积极性和参与度,引导他们参与质量管理过程,使质量管理成为全员自觉自愿的行为。

2. 主要实施措施 基于全员参与的质量管理原则,为养老从业人员提供适宜的工作条件和合适的待遇,使他们感受到被重视,被组织和他人认可,从而激发其创造力,发挥其潜能；提倡团队合作精神，增强团队的凝聚力，倡导维护团队利益和荣誉，确保成员之间信息沟通顺畅，努力创造和谐民主氛围；通过明确规定员工的职责、权限和相互关系，在培训教育时明确工作目标和要求、必须遵守的程序和规范，并通过数据分析寻求更佳的工作方法，从而使员工能以主人翁态度来正确处理问题；根据各自岗位客观评价员工的工作业绩及进行绩效考核。

（四）过程方法原则

1. 内涵　养老机构提供的服务是一个复杂的系统，系统识别和质量管理必须坚持"重过程方法、以预防为主"的原则，对服务质量产生、形成和实现全过程的各个环节都充分重视，防患于未然。

2. 主要实施措施　按照 PDCA 循环实施闭环管理。在质量管理活动中，各项工作按照计划、完善、检查、处理的步骤进行，然后将成功经验纳入标准；做好过程策划，设定目标，识别必须过程，特别是关键过程和特殊过程；控制过程输入及输出。

（五）管理的系统方法原则

1. 内涵　针对制定的目标，识别、理解并管理一个由相互联系的过程所组成的体系，有助于提高组织的工作效率。

2. 主要实施措施　通过识别或展开影响既定目标的过程来定义质量管理体系，以最有效地实现目标的方式建立质量管理体系，理解质量管理体系的各个过程之间的内在关联性，通过测量和评价持续改进质量管理体系，在采取行动之前确立关于资源的约束条件。

（六）持续改进原则

1. 内涵　质量改进是质量管理的灵魂。养老机构要满足老年人日益增长和不断变化的需求，必须遵循持续质量改进的原则。养老机构管理者和广大员工应对影响质量的相关因素有敏锐的洞察力、分析力和内省力，适应入住老年人需求不断提升的实际，并将持续改进作为一个永恒的目标。

2. 主要实施措施　在现有过程中，对职能部门进行渐进的改进活动，即为提高实现目标，按照 PDCA 循环方法进行满足要求能力的相应活动。同时，对现有过程进行重大改进或实施新的过程，以项目为基础进行突破性改进。突破性项目包括对现有过程进行重大的再设计，通常由日常运行之外跨职能的小组来实施。

（七）基于事实的决策原则

1. 内涵　有效的决策是建立在对数据和信息进行合乎逻辑和直观的分析基础上。就养老机构而言，集计算机技术、通信技术和管理技术为一体的养老机构信息化管理系统是基于事实的决策的最好工具。目前，养老机构信息化管理系统主要涵盖业务管理、医护管理、用药管理、行政管理、总务管理、就餐管理、财务管理、领导决策和系统维护等内容，涉及养老机构运营、服务和管理的各个方面。

2. 主要实施措施　作为部门管理者，可以通过信息化管理系统提供的数据分析结果，对部门工作中存在的问题进行及时分析、处理和改善。作为养老机构的最高管理者，可以借助信息化管理系统了解养老机构的运营状况和老年人的需求变化，进行重大问题或事件的科学决策。

（八）与供方互利的关系原则

1. 内涵　组织和供方保持互利关系，可增强两个组织创造价值的能力。任何一个养老机构都有其供方或合作伙伴，他们提供了高质量的产品，且机构与供方是相互依存互利的关系，有助于提升双方创造价值的能力。

2. 主要实施措施　基于供方互利的质量管理原则，识别并选择主要的供方。把与供方的关系建立在兼顾养老机构和社会的短期利益和长远目标的基础之上,共同开发、改进产品和优化过程,共同理解老年人的需求,分享信息和对未来的计划。承认供方的改进和成就。

二、养老机构质量管理的方法

不同性质、规模的养老机构对质量管理的认识、重视程度存在差异,管理方法也存在着较大的差别。从现实的角度,要提高养老机构的质量管理水平应重点关注以下几个方面。

(一)建立健全质量管理机构

建立健全质量管理机构的主要任务是进行质量教育,树立质量意识。按照"管理的系统方法"原则,养老机构应成立由机构高层领导和各职能、业务部门负责人组成的质量管理领导小组,负责本机构服务质量方针、目标的设计和制订,建立健全质量管理制度、保障机制和实施措施。

(二)完善标准化的质量管理制度

质量管理制度是质量管理的基础和保障,标准化质量管理制度是现代社会服务和管理的重要手段和必要条件。通过对员工和管理者工作环节、构成要素、状态等方面明确提出定量化和定性化的实施标准,使之定向地获得最佳的工作效率和社会服务效益的良性转化。完善的标准化质量管理制度,包括组织机构图、各级人员岗位职责、标准化制度、标准化操作规程、标准化工作表单、标准化质量标准和质量评价标准等。

(三)推行质量目标管理方法

目标管理是现代企业管理模式中比较流行和实用的管理方法之一。目标管理是一种把个人需求与组织目标结合起来的管理制度,是一个反复循环、螺旋上升的管理方式。目标管理使所有员工的努力都集中在目标上,让员工参与制定目标,实行自我管理和自我控制。"以人为本"实现了从"命令型"向"信任型"过渡的管理方式,增加了上下级的沟通频率,同时科学地建立目标管理体系,为计划的顺利实施提供了引导。

1. 主要特点　目标管理强调根据既定的目标来进行管理,组织自上而下确定工作目标,员工积极参与,并在工作中实行"自我控制",保证目标的实现。主要包括以下特点。

(1)重视目的:强调活动的目的性,重视未来发展研究和目标体系的设置。

(2)强调整体和统一:强调用目标来统一和指导全体员工的思想和行动,以保证组织的整体性和行动的一致性。

(3)以自我管理为中心:目标管理的基本精神是以自我管理为中心。

(4)重视员工的参与:强调发挥人的积极性、主动性和创造性。

(5)强调自我评价:强调自我对工作的成绩、不足、错误进行对照总结,经常自检自查,不断提高效益。

(6)重视成果:将评价重点放在工作成效上,按员工的实际贡献大小如实评价,使评价更具有建设性。

2. 操作方法

(1)明确目标:养老机构应建立一套完整的目标体系,使机构的整体管理及运营得当,经营效益提高。实施关键在于合理、恰当地确定责任目标。目标的设置是从机构的最高主管部门开始,由上而下地逐级确定。

(2)明确责任:目标体系应与组织结构相吻合,使每个部门都有明确的目标,每个目标都有明确的负责人。养老机构院长或总经理可以与部门负责人签订目标责任书,具体内容包括年度、季度或月度经济责任指标及入住率、服务质量、客户满意度、差错与事故控制、能耗与物耗等指标。各部门负责人还可以把部门目标进一步分解到住区或班组,形成层层工作有目标责任、层层抓目标落实的管理模式。

（3）组织实施：目标管理重视结果，强调自主、自治和自觉。领导在目标实施过程中的管理是必不可少的，主要表现为进行定期检查，利用与下级经常接触的机会和信息反馈渠道自然地进行；向下级通报进度，便于互相协调；帮助下级解决工作中出现的困难问题，当出现意外或不可预测事件严重影响组织目标实现时，可以通过一定的程序修改原定的目标。

（4）检查和评价：规定各级目标的完成期限，定期进行检查。可灵活地采取自检、互检和责成专门的部门进行检查的方法。检查的依据就是事先确定的目标，以及根据目标建立的一系列评价标准；经过评价，目标管理进入下一轮循环过程。养老机构应依据目标责任实现情况考核责任主体的工作绩效，并根据考核结果进行奖惩；如果目标未完成，应分析原因总结教训，为制定下一阶段目标做好准备。

（四）推行"6S"质量管理方法

1. 起源　"6S"管理是"5S"管理的升级。"5S"管理起源于日本，是指在生产现场对人员、机器、材料、方法等生产要素进行有效的管理。

2. 内容　"6S"是整理、整顿、清扫、清洁、素养、安全这6个词的缩写。因为这6个词日语中罗马音的第一个字母都是"S"，所以简称为"6S"。开展以整理、整顿、清扫、清洁、素养、安全为内容的活动，称为"6S"活动。"6S"质量管理如图7-1所示。

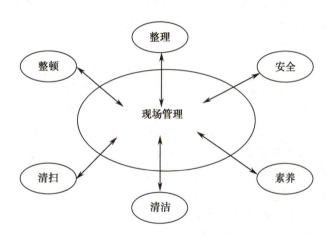

图 7-1　"6S"质量管理方法示意图

（1）整理：将工作场所的所有物品区分为有必要的和没有必要的，必要的留下来，其他的都消除。目的在于腾出空间，活用空间，防止误用，创造清爽的工作场所。

（2）整顿：把留下来的必要物品依规定位置整齐摆放，并加以标识。目的在于使工作场所一目了然，减少寻找物品的时间，营造整齐的工作环境。

（3）清扫：将工作场所内看得见与看不见的地方清扫干净，保持工作场所干净、亮丽。目的在于稳定品质，减少伤害。

（4）清洁：将整理、整顿、清扫进行到底，并且制度化，保持环境处在干净、整洁、美观的状态。目的在于创造明朗现场。

（5）素养：使每一位员工养成良好的习惯，并遵守规则，培养积极主动的精神。目的在于培养具有良好习惯、遵守规则的员工，营造团队精神。这是"6S"活动的核心。

（6）安全：重视员工安全教育，时刻都有安全第一的观念，防患于未然。目的在于减少安全事故或不良事件的发生。

3. 作用　"6S"是现场管理的基础，是全员参与的生产安全的前提，是全面品质管理的第一步,也是ISO 9000标准有效推行的保证。对养老机构来说,其主要作用包括以下几方面。

(1)规范员工行为:培养良好工作习惯、严谨工作作风和为老年人服务精神,提高员工职业素养。

(2)人性化管理:从关爱员工、老年人的角度出发,简化工作流程,提高工作效率。

(3)保障安全生产:减少工作失误,在一定程度上消除安全隐患。

(4)改善养老机构环境:提高设备利用率,提升养老机构整体形象。

(5)扩大社会影响力:对养老机构安全管理、品牌建设、人才培养、文化建设、信息化建设等方面起到积极的推进作用,不仅有利于养老机构质量的持续改进、提高员工的积极性,还有利于提升员工发现问题、解决问题的意识和能力,提高服务品质,促进和谐,确保老年人安全。

知识链接

养老机构 ISO 9000 质量管理体系

养老机构 ISO 9000 质量管理体系按照四大过程组织,主要包括四个过程。

1. 组织管理过程 养老机构各组织结构如行政、医疗等部门的工作制度。行政制度(行政管理人员、医疗护理员、后勤工作人员等各岗位职责及岗位责任制度,员工奖惩制度、招聘录用制度等)、管理策划(养老服务质量方针、质量目标、关键质量控制点、护理分区管理制度、分级护理细化标准、分级行政查房制度、养老服务机构服务规范等)、管理评审(目标实现情况、存在问题及改进措施、持续改进建议等)。

2. 资源管理过程 包括人力资源管理(养老机构员工规范服务要求、卫生技术人员管理制度、护士绩效考核评分细则、护工考核细则等)、仪器设备管理(医疗设备管理制度、医疗设备应急保障制度,消防设施、设备、器材维护管理制度等)、养老物资管理(采购入库管理制度、销售出库管理制度、物资赠送管理制度等)、养老设施管理(病区消毒供应室管理制度、电气设备消防安全管理制度等)。

3. 养老服务实现过程 包括老年人入院服务(健康评估制度、入住适应计划等)、老年人在院服务(老年人健康档案管理制度、体检制度、各级医师查房制度等)、老年人出院服务(老年人离院管理制度、临终关怀制度等)。

4. 测量分析改进过程 包括服务评价(季度工作质控及考核评价标准、标准化服务考核指标和监督制度、老年人服务满意度评价等)、服务检查(养老机构服务监督制度、医疗查对制度、居室卫生管理制度、三级消防安全检查制度等)。

三、养老机构的质量监督体系

(一) 养老机构的内部质量监督

1. 质量监督机制 养老机构管理工作涉及面广,内容较多,而监督是管理的需要、内容与手段。养老机构质量监督应是一项常抓不放的重要工作,其中内部质量监督的意义和作用相对更大。养老机构通过机构内部的自查与自纠,机构领导和职能管理部门的监督、检查及考核,保证服务质量稳步改进并不断提高。

2. 质量监督内容

(1)护理质量监督:护理质量监督内容包括生活照料在内的各项护理服务,并依据护理规范、流程、服务质量与考核标准进行检查评估。

1）服务场所清洁卫生：养老机构可以运用"6S"质量管理方法检查机构内部的硬件设施和居住环境，包括老年人居室、卫生间、楼层地面、门窗墙壁和家具电器等，观察是否符合卫生条件，尤其要注意地面是否有积水、房间有无异味、居室和楼层是否整洁、有无乱堆乱放等。

2）老年人生活护理：主要检查老年人的营养与饮食护理、排泄护理、清洁护理、体位变换与移动护理、衣着护理、休息与睡眠护理、晨晚间护理和服药护理等是否符合相关质量标准。例如，营养与饮食护理可以从规范治疗膳食、定期评价入住老年人的营养状况、制定老年人进食护理规范、统计噎食的发生率等方面进行质量监督。

3）老年人心理护理：养老机构应当根据需要为老年人提供情绪疏导、心理咨询、危机干预等精神慰藉服务。在进行质量检查时，主要围绕是否对老年人常见的心理问题实施心理指导、是否有心理护理记录以及效果评价等进行评估。

4）老年人康复护理：主要针对高龄、长期卧床、脑血管意外等造成的偏瘫老年人的康复护理进行检查和监督，如压疮护理和主动或被动运动，组织老年人进行团体康复训练等。

5）老年人临床护理：对老年人患病期间的各项护理操作进行质量监督，如基础护理、专科护理、临终护理等是否规范。

6）老年人安全护理：老年人的安全护理重点是防范意外的发生，针对老年人常见的意外事件进行监督考核，如防火、防盗、防噎食、防烫伤、防跌倒、防坠床和防走失等措施是否落实到位、是否存在安全隐患等。

7）护理交接班及护理记录：检查针对重点看护老年人是否实行了床旁交接班，检查护理文书记录与保管是否规范等。

（2）医疗质量监督：医疗质量监督的内容是监督医务人员的医疗服务工作、检查医务人员的执业情况，重点关注具体的医疗工作环节，注重工作流程的质量监督。

1）执业资格：包括养老机构的行医执照定期年审，确保医务人员具有执业资格并注册。

2）诊疗操作：监督和教育医务人员认真履行工作职责，严格执行各项医疗卫生管理法律、行政法规、部门规章和诊疗规范，严格遵守职业道德。

3）诊疗效果：可以从疾病诊断的准确率、误诊率或漏诊率，治疗的有效率、治愈率、差错与事故发生率等方面进行监督。

（3）膳食质量监督：养老机构的膳食管理既要保障营养均衡，又要满足不同老年人的需求，制定不同的供餐原则、标准和形式等。膳食质量监督应依据食品卫生管理办法的标准来进行。

1）员工的健康与职业资格：包括员工持有健康证及相关的职业资格证书等。

2）员工着装与个人卫生：统一着装，佩戴工作证，工作服整洁，做到"四勤"（勤洗手洗澡、勤理发修面、勤换洗衣服、勤修剪指甲），无不良的卫生行为等。

3）食堂环境：安全卫生，食堂、餐厅及周边环境符合卫生清洁要求，做到无苍蝇、蟑螂、鼠害等，餐厅地面防滑，有安全提醒或放置警示牌等。

4）食品采购、存储、加工与制作：食品采购流程规范，无腐烂变质、霉变原料和过期食品，有采购验收记录；食品原料彻底清洗，加工过程卫生，保管规范；食物按规定留样等。

5）餐具清洗和消毒：餐具清洗和消毒符合规范，消毒过程及方法有效，餐具洗涤、消毒和保管专人负责等。

6）膳食服务效果：发放膳食准确到位，就餐有序，老年人对膳食及食堂工作满意。

7）食堂账目：记录清晰，支出合理，收支平衡，定期公布账目等。

(4)财务质量监督:财务质量管理监督主要依据会计法和财务工作管理条例规定的服务质量与评价标准进行。

1)财务制度建立与执行情况:建立相关财务制度,无违规操作。

2)账目管理:记录清楚,无漏记、错记、重复记等现象。

3)现金管理:现金支出、报账规范,保管符合财务规定。

4)支票管理:支票使用、管理规范。

5)资金管理:固定资金(资产)及时登记,流动资金使用规范,账目清楚,专项资金未被挤占、挪用等。

6)捐赠管理:捐赠钱物有登记,使用符合捐赠者意愿,程序规范等。

(5)行政及后勤保障质量监督:行政及后勤保障服务质量监督主要依据相关的规章制度进行。

1)行政文书及资料管理:主要检查与老年人健康档案、入住信息等相关的文书及资料是否妥善管理,记录是否完整,是否有遗失、泄露等。

2)后勤保障服务质量监督:除膳食服务、财务管理外,还包括如下内容。①物资采购管理:检查物资采购计划、审批是否符合规定,质量是否符合要求,价格是否合理;大宗采购是否有招标程序,是否有验收记录。②维修管理:设施、设备的使用是否安全规范、维修是否及时有效、是否进行定期保养维护,超范围的维修是否及时审批、上报,是否及时联系有关单位和部门。③车辆管理:提供交通服务或有自备车辆的养老机构,应对相应车辆的使用和保管进行质量监督,如车辆是否定时保养,使用是否符合规定,有无交通违纪或事故发生等。

3. 质量监督方法　养老机构内部质量的监督和管理,主要针对的是内部各部门、各岗位的服务工作。

(1)建立三级质量监督管理体系,完善内部监督机制,进行定期和不定期的质量检查。

1)一级质量监督:养老机构的服务质量监督部门应经常深入基层进行定期和不定期检查监督,定期向入住老年人及亲属发放服务质量满意度调查表,及时发现存在的服务质量问题,督促整改。

2)二级质量监督:各业务部门负责人应对分管的服务进行定期或不定期的质量监督考核,通过查房、走访等形式收集老年人的意见及建议。

3)三级质量监督:加强相关部门和员工的考核,通过月度、季度和年度服务质量评价,督促部门和员工重视服务质量。

(2)建立完善的内部控制制度,营造良好的工作环境。内部审计部门作为养老机构的职能部门,要围绕机构发展,加强管理,从管理的薄弱环节和制度的漏洞入手,有针对性地建立健全规章制度,实行标本兼治,提高经费使用的透明度,使各项经费的安排、使用置于工作人员和老年人的监督之下,从制度上堵住漏洞。

(3)进行自我控制和自我监督,各部门把质量监督常态化,通过自查、自纠的方式,不断提升服务质量。

(4)接受老年人及其亲属的监督。老年人及其亲属为养老机构的服务对象,理论上应属于外部监督范畴,但此处的老年人特指入住养老机构的老年人,所以又可归属于内部监督。养老机构应设立意见箱、投诉箱,公开投诉电话,自觉接受老年人及其亲属的监督;对老年人及其家属提出的意见和投诉予以高度重视,并及时向老年人及其亲属反馈。

(二)养老机构的外部质量监督

养老机构外部质量监督的目的是督促养老机构依法经营,提高服务质量。按照质量监督执行主体的不同,外部质量监督可以分为行政监督、行业监督和社会监督三大类。

1. 行政监督　政府对养老机构的服务质量的监督涉及民政、消防安全、医疗卫生、卫生

笔记栏

防疫、工商税务和环境保护等政府职能部门。政府通过与行业及社会的协同管理和监督,督促养老机构改善经营,发现其服务与管理过程中存在的不规范之处,帮助养老机构依法经营、规范服务,从而提高服务质量。

(1)民政部门监督:地方养老机构业务管理归口于地方民政部门,所以民政部门往往兼具行政监督和行业监督双重职能。其主要监督内容包括养老机构论证、申报、审批、注册登记、经营管理和年度审查等工作,具有很强的业务指导性。养老机构管理者应当主动接受民政部门牵头的行业监督。

(2)卫生防疫监督:卫生防疫监督是加强卫生管理的重要手段。卫生防疫部门主要针对与卫生相关的法规、条例、标准、办法等的实施情况进行检查,以达到保护环境、预防疾病和促进身心健康的目的。

1)环境卫生:主要指养老机构内部环境的卫生状况,尤其是公共区域基本卫生设施安全等。

2)食品卫生:主要检查卫生制度的建立、健全及执行情况;从业人员的健康证是否合格;日常食品、饮用水的检验检测是否正常;食品消毒流程是否规范;消毒设施是否完好,运行情况是否良好等。

3)疾病预防:除环境卫生、食品卫生外,还可以从医疗执业规范、医疗废弃物处置等方面进行传染性疾病的防控和监督。

针对养老机构检查出来的环境卫生、食品卫生和疾病预防等方面的问题,要制定措施,加以整改,限期达标。

(3)医疗服务监督:开展临床医疗和医疗保健服务的养老机构要接受地方卫生行政部门的监督和技术指导。养老机构应在医疗服务设施及服务行为等方面进行完善和提高,杜绝医疗差错与事故的发生,确保医疗服务安全。

(4)消防安全监督:养老机构是消防安全的重点单位,特别是环境较差、设备陈旧的养老机构更要重视消防安全监督。要积极配合消防安全部门查找安全隐患、制定措施、加强整改,加强对老年人及员工消防安全意识教育和消防设备使用培训,确保消防安全落到实处。

(5)财务审计监督:养老机构财务监督纳入到行业年度审查范畴。养老机构应如实汇报财务管理情况、经济运行情况,自觉接受行业主管部门、工商税务部门的审计监督,保证养老机构财务管理规范,经济运行有序。

2. 行业监督　除地方民政部门肩负着行业监督重任外,养老服务行业协会以社会组织的形式协助民政执行行业监督职能。养老服务行业协会是由养老机构、社会团体及个人自愿组成的行业性、非营利性的社会组织,作为联系民政部门与养老机构的桥梁和纽带,协助民政部门对养老服务行业进行专业化管理,承担行业自律、指导和服务质量监督等职责。

3. 社会监督　社会对养老机构服务质量的监督主要涉及公众监督和舆论监督两个方面。公众监督是指包括养老机构内部员工、入住老年人及其家属在内的社会大众,通过批评、建议、检举、揭发、申诉、控告等方式对养老机构及其工作人员权力行使行为的合法性与合理性进行监督。舆论监督是指社会利用各种传播媒介和采取多种形式,表达、传导有一定倾向的议论、意见及看法,以实现对政府及养老机构中偏差行为的矫正和控制。

第三节　养老机构的质量管理方法

养老机构管理者不断借鉴和应用现代企业或医院质量管理的方法和工具改进和取代传

统的经验性管理,不断衍生和研发适用性更强的管理工具,使得养老机构的质量管理从方法学上更加科学化、规范化和精细化。常用的质量管理方式有 PDCA 循环、根本原因分析法等。由于 PDCA 循环发现问题和解决问题的本质,成为质量管理的最基本方法。

一、PDCA 循环

(一) PDCA 循环的概念

PDCA 循环(PDCA cycle)是由美国质量管理专家爱德华·戴明提出,又称"戴明环"(Deming cycle)。PDCA 循环是全面质量管理所应遵循的科学程序,是一种程序化、标准化、科学化的管理方式,其广泛应用于医疗、护理和养老等领域的各项工作中,适用于养老机构一切循序渐进的管理工作。

(二) PDCA 循环的实施

每一次 PDCA 循环包含计划(plan)、实施(do)、检查(check)、处理(action)四个阶段,细化为八个步骤,如图 7-2 所示。

1. 计划阶段　第一步为分析养老机构的质量现状,找出存在的质量问题;第二步为分析养老机构产生质量问题的原因或影响因素;第三步为找出影响养老机构质量的主要因素;第四步为针对影响养老机构质量的主要原因研究对策,制订相应的质量管理或技术措施,提出改进的行动计划,并预测实际效果。解决问题的措施应具体明确,能够回答 6W2H 内容。对养老机构而言,通过调查、访谈等方式摸清老年人对服务质量的要求,确定质量政策、质量目标和质量计划等,包括现状调查,分析确定要因,制订计划。

图 7-2　PDCA 循环步骤示意图

知识链接

6W2H 由来

6W2H 标准化决策与评价模型,是一种通用的决策方法,也是一种通用的创造技法,在养老机构有着广泛的应用。美国陆军部用英语中的六个疑问词来表示不同的问题类型,创造了提问题的 5W1H 法。其中 5W 是指 What、Why、Who、When、Where,1H 是指 How。这六个疑问词的含义用汉语表述,正好是我国著名教育改革家陶行知先生"八贤"中的"六贤",其对应关系是:What——何事;Why——何故;Who——何人;Whe——何时;Where——何地;How——何如。将陶先生的另外"两贤"翻译成英语,即何去——How to do;几何——How much。这样,我国管理学者将美国陆军部制定的 5W1H 法,借用"八贤"的力量,发展成了 6W2H 法。

2. 实施阶段　按照预定的质量计划、目标措施及分工要求付诸实际行动。此为 PDCA 循环的第五步。对养老机构而言,实施上一阶段所规定的内容,并根据服务质量标准进行服务流程的设计、场景模拟、试验及计划执行前的人员培训。

3. 检查阶段　按照计划要求,对实际的执行情况进行检查,将实际效果与预期目标进行对比分析,寻找和发现计划执行中的问题并进行改进。此为 PDCA 循环的第六步。对养老机构而言,主要是在计划执行过程之中或执行之后,检查执行情况,看是否符合计划执行的预期结果。

4. 处置阶段　对检查结果进行分析、评价和总结。它是第一次循环的结束,也是下一个循环的开始,需要明确已经解决了什么具体问题,还有哪些具体问题有待解决。具体分为两个步骤:第七步,把成果和经验纳入有关标准和规范之中,巩固已取得的成果,防止不良结果再次发生;第八步,把没有解决的质量问题或新发现的质量问题转入下一个 PDCA 循环,为制定下一轮循环计划提供资料,并建立长效机制。对养老机构而言,主要是根据检查结果,采取相应的措施,把成功的经验标准化,遗留问题则转入下一个 PDCA 循环去解决,即采取巩固措施和进行下一步打算。

以上四个阶段不是运行一次就结束的,而是周而复始地进行,大环带小环,阶梯式上升。原有的质量问题解决了,又会产生新的质量问题,问题不断产生又不断被解决。重复 PDCA 循环可以无限接近既定的养老机构质量管理目标,这就是养老机构质量持续改进的过程。

(三) PDCA 循环的特点

PDCA 循环的基本原理是迭代,即一旦某个假设被确定(或否定),便再次执行循环,以进一步扩大原有知识范围。PDCA 循环具有以下特点。

1. 系统性　PDCA 循环作为科学的工作程序,从结构上看循环的四个阶段是一个有机的整体,缺少任何一个环节都不可能取得预期的效果。

2. 关联性　PDCA 循环作为一个科学的管理方法,适应于养老机构各项管理工作和养老机构管理的各个环节。

3. 递进性　PDCA 循环作为一个持续改进模型,从结果看是阶梯式上升的。PDCA 循环不是一种简单的周而复始,也不是同一水平上的循环。每次循环,都要有新的目标,都能解决一些问题,使质量提高一步,接着又制订新的计划,在较高基础上开始新的循环。这种阶梯式的逐步提高,使管理工作从前一个水平上升到更高一个水平。

二、根本原因分析法

(一) 根本原因分析法的概念

根本原因分析法(root cause analysis,RCA),是一个系统化的问题处理过程,包括确定和分析问题原因,找出问题解决方法,并制定问题预防措施,主要用于系统及流程问题探讨。RCA 是一种回溯性失误分析方法,常用于医疗不良事件分析,适用于养老机构的质量管理,尤其是医养结合养老机构。

(二) 根本原因分析法的实施

RCA 的核心是一种基于团体的、系统的、回顾性的不良事件分析方法,通过从错误中反思、学习及分享经验,做到改善流程、事前防范,从多角度、多层次提出针对性预防措施,而不是仅仅关注问题的表征。RCA 的目的在于通过"症状因"找到"根本因",进而找到"根本解",从根本上解决问题,实施一般包括四个阶段。

1. 准备阶段　由领导小组牵头组建 RCA 工作小组。工作小组的成员构成及人数应根据不良事件的性质及严重程度确定,可根据情况挑选具有 RCA 理论知识与经验、具有一定组织能力和解决问题能力的成员 2~10 人。成员尽可能选择来自不同部门的人员,便于在分析问题过程中拓展思路。

2. 调查阶段　事件调查主要是为了给后续分析提供佐证,尽可能真实地还原事件过程,调查内容包括相关病例、保存记录及访谈当事工作人员,访谈内容包括发生的时间、地点、经过、工作流程等,如果发生的事件与流程相关,还应评估事件发生时是否与标准流程一致。可采用叙事时间表、时间表、时间序列表等工具来确认事件发生的先后顺序。相关资料最好在事件发生后尽快收集,以免遗忘重要细节。

3. 分析阶段

(1)制订临时防范措施:根据不良事件的性质,工作小组决定是否在重新修订防范措施前立即采取临时性防范措施,及时介入,避免问题进一步扩散或产生更为严重的后果。虽然不良事件的发生看似偶然,却往往呈现多层次问题,如何从中确定优先考虑和分析的问题,是这一阶段的重要任务。

(2)确认根本原因:此阶段在于更深层次的探索和挖掘,以确认问题的根本原因,可采用头脑风暴法、因果分析图法、差异分析法和名义群体法等方法。根本原因的判断可根据以下三点进行分析:根本原因不存在时,事件不会发生;根本原因被矫正或被排除,不良事件不会因为相同诱发因素而再次发生;根本原因被矫正或被排除,不会再有类似事件发生。

4. 实施阶段　制订并执行改善计划或防范措施。根据确认的根本原因,制订可操作、标准化的改善计划及防范措施,并督促执行,防止此类事件的再次发生,并在实践中进一步改进,方案执行可结合 PDCA 循环进行。

第四节　养老机构的质量评价

目前尚无针对养老机构质量管理与评价的国家性或行业性标准,一些地方性规定法律效力低、适用范围窄,同时缺乏充分的基础研究,很难达到有效监管的目的,难以满足日益增长的养老机构管理需求。因此,对养老机构质量管理进行科学、合理的评价,无论对管理部门、养老机构自身,还是对行业整体发展都具有深远的意义。

一、养老机构质量评价的内涵

(一)质量评价的概念

质量评价(quality assessment)是指为达到特定目的,评价主体通过制定系统的标准与方法,将质量管理全过程的综合情况和结果联系起来,评判特定对象,从而得出评价结果的过程。质量评价是不断改进养老机构质量管理方法,增强管理效果的重要途径,贯穿于质量管理工作的全过程。

(二)质量评价的功能

客观正确的评价可以有效提升养老机构的质量管理,其基本功能包括了解、比较、判断、反馈和改进等方面。通过质量评价可以帮助了解养老机构的优缺点,比较不同机构的差异,提供适宜的反馈建议,促进养老机构质量管理的改进。

1. 了解功能　质量评价是对养老机构质量管理的分析过程,借此了解养老机构各方面情况,从而大致掌握机构内部的环境、结构、服务等信息。全面的质量评价不仅能够判断养老机构质量管理目标的完成情况,还能够对现存问题进行简要分析,为后续决策或改进指明方向。

2. 比较功能　目前养老市场需求量大,但养老机构的质量参差不齐,缺乏完善的养老机构质量评价体系和政府监管机制,市场比较也缺乏统一标准。通过质量评价可以对不同养老机构的管理体系、管理资源等进行多维度综合比较,找出差异和相似之处,既可以帮助各养老机构了解市场情况,也为各机构间取长补短、互相学习提供沟通渠道和判断标准。

3. 判断功能　现有的养老机构类型多样,包含社区养老服务中心、福利院、社会化养老公寓和护理院等,如何选择合适的养老机构成为老年人及其家属主要困惑之一。有效的质量评价可以提供参考依据,帮助老年人作出正确的判断和决策。

4. 反馈功能　评价的结果也是反馈信息的过程,养老机构管理者在评价的过程中可以及时掌握反馈信息,并加以分析。质量评价使得养老机构质量管理成为随时得到反馈调节的可控系统,不断提升管理质量。

5. 改进功能　通过质量评价可以帮助养老机构发现问题和不足之处,并提出改进建议。适当的质量评价不仅可以促使机构不断改进和创新,还可以激励养老机构保持良好的竞争状态,不断提升服务品质。

质量评价是提高质量管理水平的重要环节之一,了解、比较、判断是对管理现状的诊断和甄别,反馈和改进则是对管理过程的调控和计划,环环相扣,缺一不可。

(三) 质量评价的特点

1. 科学性　进行质量评价时既要符合法律法规和行业规章制度的要求,又要考虑到老年人的实际需求。老年人作为养老机构的服务对象,所有的管理工作要以老年人为核心,在科学循证的基础上结合养老机构工作实际进行评价。

2. 客观性　基于客观实际进行质量评判的同时,也离不开数据作为重要评判依据。因此进行质量评价时尽量采用定量标准,一些定性标准也可能转化为可计量的指标,通过客观情况与定量指标相结合进行综合判断。

3. 政策性　国家出台的有关养老机构管理规范的政策性文件,对养老机构的人员要求、管理要求和环境与设施设备要求等方面做出明确规定,质量评价应当以此为重要依据和参考。

4. 一致性　评价标准的统一是质量管理的基础工作,只有评价标准做到一致性,才能在对不同养老机构进行质量评价时,有章可循、有据可依,使得质量管理行为规范化、科学化。

5. 系统性　对养老机构的质量管理进行评价,应当遵循从计划到实施再到结果及评价的全过程,认清互相联系的各要素间的关系,以及各要素与整体的关系,达到整体功能的提高。

6. 可行性　从养老机构实践出发,根据养老人员、技术、设备等条件,制定切实可行的评价标准,在既定事实的基础上可适当提高评价标准。

(四) 质量评价的目的与意义

1. 强化政府指导,形成监督机制　以国家标准和行业标准为基本依据,对养老机构进行质量评价,帮助相关职能部门加强指导,协助养老机构规范化运营,形成监督机制,提升养老机构管理监督实效。

2. 加强机构比较,形成良性竞争　不同的养老机构的管理侧重点不同,相对统一的质量评价标准有助于不同养老机构间进行动态比较,可有效推动养老行业的良性发展,带动养老机构管理水平的整体提升。

3. 方便自主选择,保障合法权益　通过质量评价对不同养老机构进行相应等级的划分,进一步提高了养老服务市场信息透明度,老年人可以根据自身养老需求及消费能力自主选择入住合适的养老机构,减少不必要的资源浪费,切实维护老年人合法权益。

4. 优化资源利用率,促进可持续发展　通过质量评价,既有助于养老机构在相关部门的引导下,优化机构运营管理,提升机构运行效率,又有助于打通养老服务信息共享渠道,促进养老机构发展过程中的信息交流,最大化利用养老资源,促进养老管理体系的可持续发展。

二、养老机构质量评价的原则

(一) 目标明确原则

保证和提高养老机构质量管理水平是质量评价的最终目的。只有在统一标准的评价下,寻找差距和不足,才能促进质量管理的持续改进。质量评价的结果受到多方面因素的影响,因此在评价前必须明确评价目的,并基于目的制定对应的评价标准。

(二) 实事求是原则

在养老机构的质量评价过程中,实事求是是确保公平公正的基石,将养老机构的实际情况和原先制定的质量标准进行比较,才能得出较为客观的评价结果。质量评价指标的选择要具有可操作性,最好是实际工作中可测量的,即评价对象在日常工作中可以接受和实现。

(三) 公平原则

在进行质量评价时需要以恰当的评价标准为依据,评价标准不宜过高或过低,不能脱离实际情况。同时,应考虑到质量评价程序的合理性,将前馈评价(事前)、现场评价(事中)、反馈评价(事后)有机结合,及时沟通评价标准,反馈存在问题,告知评价结果。

(四) 避免局限性原则

养老机构管理涉及面较广,工作内容复杂,在评价过程中要充分考虑不同区域机构的差异性和特殊性,避免片面性和局限性,进行系统性评价。

三、养老机构质量评价的内容与方法

(一) 养老机构质量评价的不同维度

养老机构质量评价既要强调可量化、简洁的客观性测量,同时也要注重老年人对所提供的养老服务是否满足需求、达到期望程度的主观性测量。质量评价的内容不能仅依靠单一视角,需要从不同维度出发进行综合判断。

1. 基于老年人视角的微观质量评价　养老机构的质量管理是基于老年人不同方面需求、服务期望和实际感知三方面共同产生的结果,是老年人对所提供的养老服务、达到期望程度的主观感受和评价,通常是一种侧重于养老体验的感知性主观评价。

2. 从第三方主体的宏观质量评价　养老机构质量管理涵盖养老机构的软硬件条件、政策资金支持种类与力度、管理人员的专业水平、养老对象及家属需求的表达和管理效果的接受程度,通常是一个偏向于管理建议的综合性评价。

(二) 养老机构质量评价的内容

随着整体观念的广泛应用和管理内涵及功能的扩展,质量评价的内容也逐渐扩大化、层次化。美国学者 Avedis Donabedian 于 1966 年首次提出质量评价的 3 个层次,即卫生服务系统的基本框架是由结构质量、过程质量和结果质量的动态构成。我国按照管理流程分为要素质量、环节质量和终末质量,这同样适应于养老机构的质量评价。

1. 要素质量评价　要素质量是指构成机构管理的基本要素,评价的基本内容包括养老机构人员配置、环境设施和管理制度等,具体表现为以下几方面。

(1) 人员配置: 根据《养老机构岗位设置及人员配备规范》要求,养老机构应配备专职医师、护士、康复医师、健康管理师等专业技术人员,人员配备比例应符合医疗机构设置的有关要求。

(2)环境、设备和物资：养老机构结构布局、环境温湿度、安全活动空间等达标程度，包括床单位设备是否齐全，常规器械、设备的使用和维护是否正常，物品器械消毒灭菌合格率，器械设备完好率，急救药品完好率等。

(3)专业照护知识和技术：反映老年护理员的照护业务能力与水平，开展技术服务项目及执行照护技术的合格程度，比如护理员专业知识达标率、年度考核合格率、年度培训率、年度科研成果或革新项目数量等。

(4)管理制度：养老机构工作人员的工作安排是否合理并按计划落实，养老机构规章制度是否健全并严格执行，相关文书资料记录是否完整，后勤保障工作是否到位，管理者的组织协调是否合理等。

要素质量评价方法有现场检查、考核、问卷调查和查阅资料等。

2. 环节质量评价　环节质量注重在管理工作的过程中实施控制，将偏差控制在萌芽状态，属前馈控制，具体表现为以下几方面。

(1)管理方面：人力配置是否可以发挥最大价值的管理工作效益；护理员排班是否既能满足老年人的需求，又有利于护理员身心健康和照护工作的安全执行；照护操作流程是否简化且使老年人受益。

(2)服务方面：接待老年人是否热情，入住安置是否妥当及时，机构介绍是否详细，服务过程中是否能做到主动有效的沟通。

(3)技术方面：老年照护技术操作标准是否规范，病情评估及照护方案是否合理，危重症老年人的照护操作要点是否全面。

(4)成本方面：机构内设施设备等固定物资损耗情况、水电消费、一次性用品等照护耗材使用情况等。

环节质量评价方法主要为现场测试、考核和相关资料分析，包括定性评价的内容和各种用于定量分析的相关指标。

3. 终末质量评价　终末质量主要是老年人对机构管理效果的最终评价，从老年人角度进行评价，属于传统的事后评价或反馈控制。常用指标包括：健康教育普及率、静脉输液穿刺成功率、压疮发生率、不良事件发生率、抢救成功率、老年人对照护工作满意度、老年人及其家属投诉次数、纠纷发生次数等。其中满意度指标是对管理质量最直接的，也是较为客观的评价。满意度评价的内容可以包括护理员服务态度、技术水平、日常沟通，及机构环境、管理水平等各方面。终末质量评价方法主要为现场检查、考核、问卷调查和资料分析，同时也可以通过信息管理系统、移动信息平台等提取相关数据。

(三) 质量评价的方法

1. 加强信息管理　信息是质量管理的基础，是计划和决策的依据。要注重收集各种资料信息进行整理、比较、筛选、分析，在评价的前、中、后期突出重点，从各个环节找出影响质量的不同因素，综合客观条件提出反馈意见，引导机构实现科学规范管理。

2. 健全质量管理和评价组织　养老机构的质量评价要有相应的组织做保证，责任落实到人。管理过程中需健全机构、部门和个人三级质控网络，由质量管理专业委员会、质量管理办公室、机构质量管理小组以及省市质控中心共同构成网络化质量管理组织体系，明确机构工作任务，落实岗位职务职责，确保岗位有专责，事务有人管，分工有合作，形成养老机构管理规范。

3. 采用数理统计指标　由于评价结果易受检查人员主观因素的影响，需要将获得的信息进行数理统计分析，才能使质量评价具有科学性。在运用统计方法时，应注意资料的真实性、完整性、准确性，注意统计数据之间是否具有可比性和显著性。

4. 评价形式和时间　评价时间分为定期检查和不定期检查。定期检查评价一般按月、季度、半年或一年进行,由相关部门或机构统一组织,需要定期对重点问题进行检查。不定期检查评价主要是各级质量管理人员深入实际,随时按质量管理标准进行检查。

养老机构的质量评价途径多分为 3 种,分别是机构自评、政府评价以及第三方评价;常用的评价方式有同级间的评价、下级对上级的评价、上级对下级的评价、服务对象评价(满意度)以及随机抽样评价等。

(四) 质量评价过程的注意事项

1. 避免偏向　养老机构的质量评价内容包括大量的定性资料,评价结果容易受到人为因素的影响。若评价人员因受到自我主观判断,产生对近期错误重视、对远期失误忽视的情况,会使得评价结果发生偏向,因此要提高养老机构管理人员的评价素养和专业能力,在事实的基础上进行客观评价。

2. 标准恰当　养老机构的评价标准要符合实际,评价方法要具有可行性和先进性。

3. 资料完整　做好养老机构内部资料的正确记录和规范保存,简化检查流程,节省工作时间,提升工作效率。

4. 及时反馈　质量评价主要目的是找出差距和不足之处,改进工作方法,因此评价结果应及时反馈给被评价者,并提供恰当的改进方向和措施。

5. 加强培训　质量评价不仅是管理者的任务,也需养老机构全员参与,共同努力,因此要加强工作人员的质量评价意识,在工作中查漏补缺,对齐标准。

四、养老机构质量评价的指标

(一) 质量评价指标的概念

质量评价指标是对养老机构质量管理的数量化测定,是进行养老机构质量管理的重要工具和手段,可以科学动态地反映质量管理的基础、过程和结果,而科学的指标体系可以对养老机构的质量管理起到导向作用。

(二) 质量评价指标的筛选原则

1. 科学性原则　评价指标要力求客观科学、含义明确、范围界定清晰,尽最大可能地摆脱主观因素的干扰。

2. 全面性原则　综合考虑养老机构硬件建设和软件建设两大维度所涉及的各个方面,同时尽可能覆盖管理全过程,因此需要尽量全面、完整地选择各级各类指标,避免指标的重复和遗漏。

3. 可操作性原则　评价指标在实际运用中应易于测量和观察,解释性强,便于评估。

4. 通用性原则　评价指标的选择不仅要和养老机构的管理功能紧密结合,还要尽量使其适用于所有养老机构的标准化评价。

5. 可比性原则　评价指标的选择可以充分借鉴国内外各地区养老机构的建设经验,但要便于国内所有养老机构进行统一比较。

(三) 质量评价指标体系

健全的质量评价指标体系是保障养老机构质量管理不断改进的前提和关键。美国学者 Avedis Donabedian 提出的医疗质量评价的三维概念(结构 - 过程 - 结果),被广泛应用于各国的医疗质量评价,结合我国养老机构自身特点,形成了基于"结构 - 过程 - 结果"的养老机构服务质量评价三维理论框架,如图 7-3 所示。

质量评价指标是判断养老机构服务质量好坏的重要依据,直接决定了质量评价的全面性、准确性和科学性,同时三者相互联系形成闭环反馈机制。

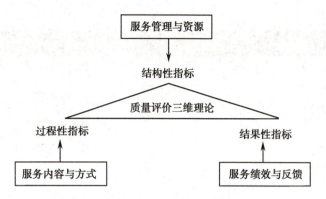

图 7-3 养老机构服务质量评价三维理论框架

1. 结构性指标 结构性指标是指养老机构的管理要素与资源配置,以《质量管理体系要求》为参照,遵循 PDCA 循环模式,结合养老机构的运营特点进行设置。设置评价指标体系框架,如表 7-1 所示。

表 7-1 评价指标体系框架

评价方向	评价要点
策划	理解机构组织及其环境布局
	机构服务宗旨及原则
	策划的目标及其实现途径
	组织机构、职责和权限
	管理制度
	社会责任
养老服务资源	人员服务配备
	人员服务管理
	人员服务能力
	人员服务意识
	服务设备设施和环境
	其他资源
养老服务控制	服务方案策划
	养老服务需求的识别和确定
	养老服务提供过程的控制
	采购和外包服务控制
	顾客财产控制
	不符合控制
	意外事件的控制
	安全与风险(预防)管理

续表

评价方向	评价要点
养老服务绩效的监督、测量、分析、评价与改进	服务监督与评价
	顾客满意度
	服务绩效评价
	投诉处理
	纠正措施
	服务改进

2. 过程性与结果性指标 过程性指标主要包括养老机构的服务内容与要求(如衣食住行、医疗娱乐等),结果性指标是服务对象对于机构服务管理的反馈(如满意度、跌倒率、感染率等)。在《养老机构基本规范》(GB/T 29353-2012)中,从生活照料、膳食健康、清洁卫生、洗涤、老年护理、精神心理支持、文化娱乐、咨询服务、安全保护、医疗保健服务方面对过程性与结果性指标进行设置。

由于养老机构性质和具体管理侧重点不同,评价指标的选择可以在不影响其管理的前提下,根据机构实际情况进行适当选取。

3. 国内外养老机构服务质量评价体系 目前国外在养老机构质量标准和质量评价方面起步较早,形成较为完善的养老机构质量评价指标体系。美国发布的最小限数集(minimum data set,MDS)质量评价体系注重过程性和结果性指标,对保健服务、机构环境和居家氛围等进行细化;日本养老机构质量评价指标体系由机构自评、老年人评价和第三方评价共同组成,侧重点不同;荷兰强调医护人员的可及性和时效性,对老年人的个性化服务要求较高;澳大利亚质量评价体系则包括组织管理、人员服务、居住方式、环境氛围和安全系统4大方面(具体见附录二)。我国香港、台湾地区也拥有较为成熟的评价指标体系,主要包括服务内容、组织管理、居住环境、设施安全和权益保障等方面,但我国其他地区仍以定性评价为主,研究视角多以老年人为主,缺乏结构性和过程性的系统评价(具体见附录三)。

五、养老机构质量评价的分析方法

各种数据是养老机构质量评价结果最直接的呈现形式,但复杂的数据无法直接反映质量评价结果,必须经过统计方法分析后,才能用于养老机构质量管理的判断。

质量评价结果分析方法较多,需要根据数据本身性质采用不同的方法进行分析。常用的方法有定性分析法和定量分析法两种。定性分析法包括调查表法、分层法、水平对比法、流程图法、亲和图法、头脑风暴法、因果分析图法、树图法和对策图法等。定量分析法包括排列图法、直方图法和散点图法等。

(一) 调查表法

调查表法,又称统计分析表法,或者检查表法,是借助特定格式的图表,运用科学的方法系统地搜集、记录、整理和分析原因的一种工具。通常有检查表、数据表和统计分析表等。

(二) 主次因素排列图法

1. 概念 主次因素排列图法又称主次因素分析法,或帕累托图(Pareto chart)法,简称为排列图法,最早是由意大利经济学家帕累托提出。它是为了寻找主要问题或影响质量的主要因素所使用的图表方法。

2. 基本原理 排列图遵循"关键的少数和次要的多数"的原理,将影响因素划分优先次序,也就是将影响产品质量的众多影响因素按其对质量影响程度的大小,用长方图形顺序排列,从而找出主要因素。

3. 排列图的使用方法及作用 排列图由两个纵坐标和一个横坐标,若干个长方形和一条曲线构成。左侧的纵坐标表示不合格项目出现的频数或件数,右侧的纵坐标表示不合格项目出现的累计频率,横坐标表示影响质量的各种因素,按影响程度大小从左至右顺序排列,长方形高度表示相应因素的影响程度大小,曲线表示累计频率,又称帕累托曲线(Pareto curve),如图 7-4 所示。

排列图的作用包括:①明确影响产品质量的主要因素。通常按累计频率将影响因素分为 3 类。A 类因素表示累计频率在 80% 以内,即主要因素;B 类因素表示累计频率在 80%~90%,即次要因素;C 类因素表示累计频率在 90%~100%,即一般因素。由于 80% 的问题存在于 A 类因素,若此因素得到有效解决,质量问题也就得到解决。但在实际应用中不可机械地按 80% 来确定主要问题,需要根据"关键的少数,次要的多数"的原则,并结合具体情况来选定。②确定采取措施的顺序。③动态排列图可评价采取措施的效果。

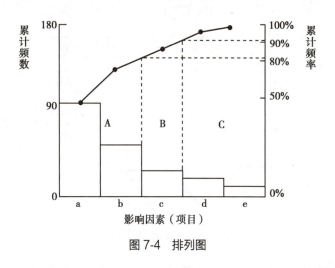

图 7-4 排列图

4. 制作排列图的注意事项

(1)由于分类方法不同,得到的排列图也不同,若分类方法不恰当会导致主次问题不突出。因此需要通过不同维度,寻找问题本质,采取不同的分类方法进行分类,以确定"关键的少数"。

(2)主要因素不能过多,一般以两项为宜,最多不超过三项。当主要因素被解决后,通过排列图分析处理,原先的次要因素,自动上升为主要因素。

(3)做好数据充分准备工作。想要寻找出正确规律,就必须依靠大量的数据支撑,从中总结统计规律。当影响因素的频数不多时,需要全面分析,必要时也可采取随机抽样分析法。

(4)适当合并一般因素。排列图项目不宜过多,当项目较多时,可以将数值较少的对应项目合并为"其他",放在横坐标的末端。

(5)合理选择度量单位。对于同一项质量问题,由于计量单位不同,主次因素的排列顺序也会产生变化,如出现的次数(频数)、成本、金额或其他度量单位。计量单位的选择以能反映质量问题的实质为准则。

(6)根据反馈及时更新排列图。当针对主要因素采取措施后,应再取数据,重新制作新的排列图,以便检查措施效果。目前常用计算机进行制图,较为便捷,且能提高工作效率。

(三)因果图法

1. 概念 因果图法即因果分析图,又称特性要因图、石川图或鱼骨图。因果图通过带箭头的线,将质量问题与原因的关系表示出来,是表达和分析结果(或现象)与诸因素(原因)关系的一种工具。它包括"原因"和"结果"两个部分,原因部分又根据对质量问题造成影响的大小分大原因、中原因、小原因,如图 7-5 所示。

2. 因果图法的制作方法

(1)明确需要解决的质量问题,明确质量特性结果的定义,在同一条主干线归向最终结果。

(2)对需要解决的质量问题召开专家论证会议,反复讨论找出各类影响因素。

(3)将影响质量的原因进行分类,先按大方向进行粗分,再由大到中,由中到小依次细分,用大小箭头标出。

(4)判断真正影响质量的主要原因,并重新画线或做出特殊标记。

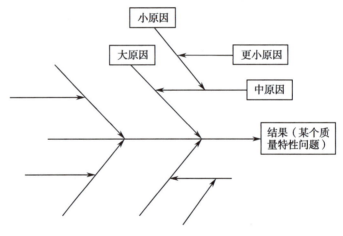

图 7-5 因果图(鱼骨图)

3. 制作因果图法的注意事项 制作因果图时应注意先确定大原因,如人、设备、材料、方法(工艺)、环境等方面,从大原因中进一步细分为中原因、小原因乃至更小的原因,细分原因的准则为能够采取措施。主要原因可采用排列图法、评分法等来确定。

(四)分层法

1. 概念 分层法,又称分类法或分组法,它是综合分析质量原因的一种方法。影响质量变动的因素错综复杂,若把不同性质的因素混合,则不易分清原因。因此,把性质相同的数据归并在一起,可以使数据反映的事实更突出,便于找出问题所在。

2. 分层原则

(1)按工作人员进行分层。例如,按工作年限、工作不同班次和员工性别等进行分类。

(2)按机构硬件设备进行分层。例如,按不同的设施设备、安全措施和基础规划等进行分类。

(3)按环境进行分层。例如,按照明度、清洁度、温度、湿度等进行分类。

(4)按不同时间进行分层。例如,按不同时期、不同班次进行分类。

3. 分层法的制作方法　分层法可以采用统计表形式或图形的形式,其制作方法如下。

(1)确定进行分层研究的目的和主要对象。

(2)采用抽样调查的方式,收集相关数据,对需要解决的问题采用分层法分析,并根据不同的研究目的,选择分层的标志。

(3)按分层标志对数据资料进行分层。分层时注意尽可能缩小同一层次内的数据性质差异,而不同层次的数据间差异尽可能大,便于分析、找出原因。

(4)制作分层归类表,分析分层结果,找出主要问题产生的原因,并制定改进措施。

4. 分层法的注意事项

(1)使用分层法前须识别清楚分层的目的,根据目的确定分层的种类。

(2)切勿分层过细,反而导致不能反映各类别的代表性。

(3)分层法不是独立的方法,一般需要与其他方法共同使用,需要考虑多种因素进行综合分层。

(4)分析原因时要采取层层推进的方法,直至找到解决问题的最佳方法和途径。

(五) 直方图法

1. 概念　直方图,又称频数直方图或质量分析图,其分析质量数据的分布情况,以组距为底边、以频数为高度的一系列直方形连接起来的图形,表示质量数据的离散程度,从中找出质量变化规律。直方图是预测质量好坏的一种常用的质量统计方法。

2. 直方图的组成　直方图是以小长方形的面积来反映数据落在各个小组内的频数的大小。直方图由横轴、纵轴、条形图 3 个部分组成。①横轴:直方图的横轴表示质量特性(数据分组)。②纵轴:直方图的纵轴表示频数。③条形图:直方图的主体部分是条形图,每个条是立于横轴之上的 1 个长方形,底边长是这个组的组距,高为频数。如图 7-6 所示。

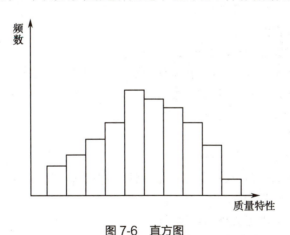

图 7-6　直方图

3. 直方图的制作方法

(1)计算最大值与最小值的差。

(2)确定组距与组数。

(3)列频数分布表。

(4)画频数分布直方图,具体方法是先画纵坐标(表示频率),横坐标(表示质量特性),再以组距为底画出各组的直方图,最后标上图名及必要数据。

4. 制作直方图的注意事项

(1)抽取的样本数量过小,会产生较大误差,因此样本数量不少于 50 个。

(2)注意组数的选择,组数偏大或偏小,都会对分布状态的判断产生影响。

（3）直方图一般适用于计量数据，但在某些情况下也适用于计数数据，这要根据绘制直方图的目的而定。

（六）控制图法

1. 概念　控制图，又称管理图、波动图，是一种带有控制界限的图表，适用于观察和分析质量特性值随时间波动的状态，以便随时了解动态变化。

2. 控制图的结构　控制图由中心线（central line，CL）、上控制线（upper control line，UCL）和下控制线（lower control line，LCL），以及按时间顺序抽取的样本统计量数值的描点序列（质量波动曲线）构成，如图 7-7 所示。

图中纵坐标表示需要控制的目标值，横坐标表示时间或样本号。若控制图中的描点（即数据）落在 UCL 与 LCL 之内，且排序正常，则说明质量稳定；若描点落在 UCL 与 LCL 之外，或描点在 UCL 与 LCL 之间的排列不随机，则表明过程异常，应查找原因，予以控制。

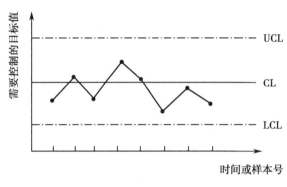

图 7-7　控制图

3. 控制图的制作方法
（1）按规定的抽样间隔和样本大小抽取样本。
（2）测量样本的质量特性值，计算其统计量数值，包括中心线、控制上限、控制下限。
（3）在控制图上描点，用直线连接各点。
（4）对控制图进行判断、分析，查找原因。

4. 制作控制图的注意事项
（1）制作控制图前需明确制作目的。
（2）确定数据来源和范围，保证数据的稳定性，若过程中存在不稳定性或变化，计算得到的控制上下限会超出公差范围。
（3）使用控制图时应确定合理的控制界限。

质量评价的常用工具是为质量评价服务的，工具的特点是强调用数据来说话，将统计方法与管理过程结合起来。上述各质量评价分析方法，通过直观的形式，便于我们判断养老机构质量管理水平，为进一步分析质量管理过程中存在的问题并提出改进措施提供了前提条件。因此，在评价过程中，必须了解各种质量评价分析方法的具体内涵，结合养老机构实际情况，做出合理选择并有效使用。

●（刘安诺　李晓莲）

复习思考题

1. 如何理解质量管理的内涵？
2. 如何对养老机构进行质量管理？

3. 通过实地调研某养老机构的质量管理现状,分析目前存在的问题,并运用 PDCA 循环相关知识制订养老机构质量管理方案。

4. 如何对养老机构进行质量评价?

5. 养老机构质量评价的分析方法有哪些? 它们的侧重点分别是什么?

◆◆◆ 第八章 ◆◆◆

养老机构的风险管理

📘 学习目标

知识目标

掌握我国养老机构常见的日常风险、不良事件和突发事件的内容及其管理方法；熟悉养老机构风险管理体系的构建；了解风险管理的基本概念与原理。

能力目标

运用风险管理的原理和方法，初步解决养老机构日常风险、不良事件和突发事件管理工作的实际问题。

素质目标

理解风险管理对于我国养老机构的日常运营与发展的重要意义，加深对养老机构风险管理工作的理解，提升养老机构风险管理的职业素养。

思政目标

树立学生的"个人-家庭-企业-国家"的安全意识，发扬"生命至上，安全第一"的职业理念，激发学生对养老机构风险管理的学习兴趣和热情。

当前，我国医养结合型养老机构在全国养老机构中的占比迅速提升，养老行业的结构由传统的以养为主逐渐向医养结合过渡。风险管理是制约养老机构发展的重要因素，养老服务模式的变化对养老机构的风险管理提出了新的要求与挑战，如何做好养老机构的风险管理，已经成为当下我国养老机构关注的重点问题。

🩺 案例分析

某街道老年公寓 2020 年 6 月升级改造为医养结合型养老机构，其服务内容由原来简单的养老护理疗养服务，变为"医疗、护理、康复、膳食"四位一体的综合养老服务。该机构为全面提升其养老服务能力，大力引进医疗、护理、康复和膳食方面的相关人才。该机构的风险管理工作仍由升级前的原风险管理部门负责，升级改造完成后的养老机构自运营以来，其风险管理部门的工作成效甚微，无法有效避免该机构的损失，具体体现为除了养老照护服务以外，该机构已发生数次较小的医疗纠纷、康复服务纠纷和膳食服务纠纷，给机构造成了一定的经济损失，同时该机构的声誉也开始下滑。当前，该机构的日常运营面临一定困难，部分老人开始流失。因此，该机构着手升级风险管理部门，打算全面构建全新的"医疗、护理、康复、膳食"四位一体化的养老机构风险管理体系，以整体提高该机构应对风险的能力。

分析：

1. 医养结合型养老机构常见的日常风险有哪些？

2. 该机构应该如何全面构建全新的养老机构风险管理体系？

3. 该机构对于不良事件和突发事件的管理应重点关注什么？

第一节　风险管理概述

风险广泛存在于日常生活与工作中,因为风险的存在,所以风险管理便应运而生,风险管理是为了更好地处理风险与收益矛盾的一门科学。可以说,各行各业都存在风险,各行各业也都需要风险管理。随着我国人口老龄化进程的急速发展,基于养老行业的巨大需求,养老机构数量越来越多,其巨大的增速和总量对养老机构的风险管理提出了新的要求。因此,全面提升养老机构的风险管理能力是发展好养老行业和养老事业的重要保障。

一、风险概述

（一）风险的概念与特征

1. 风险的概念　风险(risk)是指某种行为产生不良后果的不确定性的大小,不确定性越大,风险越大。例如,在医疗实践中,对于具备手术指征的恶性肿瘤患者,其选择保守治疗与手术治疗则对应不同的收益和风险。

2. 风险的特征

(1)必然性:风险的必然性是指风险是客观存在的,不以人的主观意志为转移。此外,风险是广泛存在的,做任何事情都有风险,风险与风险之间的区别主要在于风险的大小而已。

(2)偶然性:风险的偶然性也叫风险的不确定性。它包含以下四个方面的含义:不良后果发生与否不确定;不良后果发生的时间不确定;不良后果发生的地点不确定;不良后果的程度不确定。

(3)危害性:风险的危害性是指不良事件的发生会给风险承担主体造成一定的危害,这些危害一般表现为经济损失、疾病、伤残或死亡。

(4)可测量性:虽然风险是必然性与偶然性的统一,但总体风险的大小在一定条件下是可以被量化的,这些条件包括大量独立的同质风险单位和大量的经验数据。风险的可测量性是人们做出合理决策的根据。风险与收益成正比,即某种行为产生的预期收益越大,则这种行为所面临的风险也就越大。

(5)可变性:风险并非一成不变的,只要风险因素发生改变,风险就会随之发生改变。风险因素的改变包含风险因素的变弱和变强,以及原风险因素的消失和新风险因素的出现。若风险因素变弱,则风险变小,反之则风险变大;若原风险因素消失,则旧风险消失;若新的风险因素出现,则会出现新的风险。

(6)可控性:风险的可控性是指风险在一定程度上是可控制的,人类认识风险是为了控制风险,有效控制所有风险是人类的美好愿景。随着人类社会科学技术水平的不断提高,人们认识风险和抵御风险的能力越来越强,可以有效控制的风险越来越多。需要说明的是,只要存在风险因素,风险便只能在一定程度上被控制,而不能被消除,其表现为风险事件的发

笔记栏

生概率降低。

（二）风险的构成要素

风险的构成要素包括风险因素、风险事件与损失，这些要素的相互作用决定了风险的产生、存在和发展，它们有时被视为在不同的情况下讨论风险的不同侧面。

1. 风险因素　风险因素一般分为有形的风险因素和无形的风险因素两大类。

（1）有形风险因素：有形的风险因素是指某一标的本身所具有的足以导致损失发生，或增加损失的概率的实质性因素。如疾病、自然灾害、建筑物的结构种类、财产所在位置以及场所的消防设施等。

（2）无形风险因素：无形的风险因素一般包含心理风险因素和道德风险因素。其中，由于人们的疏忽或过失以及主观上的忽视或忽略、存在侥幸心理等，导致增加风险事故发生的机会和加大损失程度的因素称为心理风险因素。而由于与人的品德修养有关的因素（比如个人失信、动机不纯等），故意引起风险事故的发生，这些因素称为道德风险因素。

2. 风险事件　是指造成人身伤害或财产损失的偶发事件，是造成损失的直接原因。只有风险因素而没有事件，就不能称为风险事件。如，超速是行驶的风险因素，因超速而发生车祸导致人身伤害或财产损失即为风险事件。

3. 损失　损失是指由于风险事件的发生导致风险承担主体承受的一切危害的总称。损失一般分为直接损失和间接损失，直接损失是指因风险事件导致的风险承担主体财产本身的损失和人身伤害，而间接损失是指由直接损失引起的额外经济损失和责任损失等。间接损失不应被忽视，多数情况下，间接损失常常会超过直接损失，如停工损失、停产损失等。

（三）风险的类别

对风险进行分类是为了更好地识别风险、衡量风险和处理风险，正确的风险分类对于明确风险管理的思路和提高风险管理的效益有积极意义。风险分类的方法有很多，按照风险的来源和造成的后果不同，风险可以分为基本风险和特定风险两大类别。

1. 基本风险　基本风险是指特定的社会个体本身所不能控制、阻止或预防的风险，可能影响部分甚至整个社会成员。例如，某学校因强烈地震造成的房屋倒塌、人员伤亡就属于基本风险。此类风险的特点是其形成一般需要漫长的发展过程，一旦形成，任何特定的社会个体均无法遏制其蔓延，必须组织社会个体或整个社会进行阶段性的预防，才能减小损失。如在上例中，地震前须增加该学校房屋的抗震强度，提高整个社会对地震的科学认知，定期组织学校师生及其他人员开展地震逃生演习等，如此地震时才能有条不紊地组织学校师生及其他人员逃生，最大限度地减少地震造成的人身损失和财产损失。

2. 特定风险　特定风险是指由特定的社会个体引起的与其有直接因果关系的风险，特定风险的特点是其由个别事件引起，一般仅对个体产生影响。例如，某人在野外游泳不幸溺亡，某人在行驶过程中因车祸导致其残疾或丧生等都属于特定风险。基本风险一般由社会和国家来负责应对和处理；特定风险通常是特定的社会个体的责任，一般由特定的社会个体通过商业保险途径加以应对。

二、风险管理的概述

（一）风险管理的概念

风险管理（risk management）是指特定的社会个体、家庭、社会组织、企业等通过对风险进行识别和分析，采用科学、合理的经济手段和技术手段对风险加以处理，在降低风险的收益与成本之间进行权衡并决定采取何种措施的过程。风险管理的目标是以尽可能低的风险成本获得最全面的保障。

(二) 风险管理的意义

大到社会组织和企业,小到个人与家庭,均需要进行风险管理。风险管理的意义主要体现在人类的安全需求、风险所引起的高额成本及国家法律法规的要求等三个方面。

1. 人类安全需求　风险管理首先强调的是忧患意识和安全意识。中华民族是一个深具忧患意识的民族,我国自古就有"君子安而不忘危,存而不忘亡,治而不忘乱,是以身安而国家可保也"以及"居安思危"等的忧患意识,在人类的生活及生产实践中,"安全第一"以及"责任安全,重于泰山"等安全观念也深入人心,可见,安全需求自古以来是人类的重要需求。人类对风险管理的需求是出于人类对于生活及生产实践安全、稳定和秩序的需要。

2. 风险引起的高额成本　成本是风险的重要内在属性之一,有风险便必然存在风险成本,风险的不确定性、风险资产的交易成本和经济主体的管理成本决定了风险本身会引起高额的风险成本。风险引起高额成本是一个客观的事实,虽然风险管理本身也会加重风险的成本,但科学合理的风险管理会以尽可能低的风险成本获得最全面的保障。

3. 国家法律法规的要求　国家通过出台一系列的法律法规以维护社会安定和保障人民群众的生命和财产安全。例如,为了保障机动车道路交通事故中的受害人的人身安全和财产安全,2006 年我国推行了机动车交通事故责任强制保险,这一规定极大地保障了人民群众的生命和财产安全、维护了社会安定。这种国家层面的风险管理是法律法规的要求,对整个社会具有积极意义。

(三) 风险管理在养老机构管理中的地位

养老机构的管理一般包含日常风险管理、不良事件管理和突发事件管理等内容,风险管理是不良事件管理和突发事件管理的基础,风险管理始终贯穿于养老机构的不良事件管理和突发事件管理流程之中。养老机构在进行不良事件管理和突发事件管理时,应适当对本机构的不良事件和突发事件做风险评估,以利于本机构的不良事件管理和突发事件管理。

(四) 风险管理的程序

风险管理的程序主要由以下几个步骤有序组成:首先是建立风险管理的目标,其次是风险分析,再者是风险决策,最后是风险处理。

1. 建立风险管理的目标　是否建立明确的风险管理目标是风险管理成功与否的先决条件,风险管理的总体目标是通过全面衡量风险与收益,选择最经济、最有效的方法,使风险成本最低。

2. 风险分析　风险分析就是全面分析风险管理主体单位面临的和潜在的风险,一般包含风险识别、风险估计和风险评价等 3 个步骤。

(1)风险识别:风险识别的内容主要包含风险管理主体单位的人员构成和资产分布、人和物所面临的和潜在的风险的类别,及风险事件是否可能发生等。

(2)风险估计:风险估计主要是在风险识别的基础上,基于既往大量的损失数据,运用概率论和统计学的方法预测风险事件发生的概率和损失的大小。

(3)风险评价:风险评价就是经过风险识别和估计,通过定量和定性分析,综合衡量风险事件的发生概率的大小及损失程度的区间,根据风险管理主体单位的风险承受能力对风险的相对重要性和紧急程度综合分析以确定风险等级,从而确定要不要采取风险控制措施以及采取风险控制措施的程度。

3. 风险决策　风险管理技术分为控制型风险管理技术和财务型风险管理技术,前者主要是用来避免或降低意外事故发生的概率、防止损失的进一步扩大;后者主要是通过财务处理将风险成本压低至最小,以防财务发生巨大波动。具体包含风险管理技术的选择和风险管理决策的制定 2 个步骤。选择风险管理技术的原则是优先选择经济成本最小但获益最大的风险管理技术。风险管理技术一经确立便形成了风险管理决策。

4. 风险处理　风险处理包含风险管理决策的执行与风险管理效果的评价两个部分。

(1)风险管理决策的执行:风险管理决策的执行就是根据制定的风险管理决策,针对风险的类别采取相应的处理方法。在贯彻风险管理决策时,风险管理人员往往仅具有对管理措施的执行权而没有管理权。

(2)风险管理效果的评价:风险管理决策被执行一段时间后,需要对风险管理的经济性和技术性进行一系列的检查、分析、修正与评估,这个过程便是对风险管理效果的评价。风险管理效果的经济性主要用效益比来评价,即采取风险管理技术前后损失的减少值与风险成本的比值。风险管理效果的技术性评估主要是评价技术应用的可行性及有效性、与整体管理目标的兼容性等方面。

(五)风险管理的方法

风险管理的方法是风险管理最终落到实处的具体处置措施,是处理具体风险的方法和手段。风险管理的方法大体上包含风险避免、风险减缓、风险抑制和风险转移等几大类。

1. 风险避免　通过消除风险因素以避免风险事件的发生,进而避免损失称为风险避免。例如,对于某种疾病,若采取手术治疗可能存在一定的因手术死亡的风险,如果采取药物治疗则从根本上避免了因手术造成的生命损失(死亡)。

2. 风险减缓　通过系列措施使风险最小化、损失最小化称为风险减缓。例如,某老旧小区因线路老化可能存在较大的火灾隐患,如果彻底升级改造整个小区的线路,则该小区因线路老化导致火灾的概率大为降低。

3. 风险抑制　主要包含风险汇聚和对期望损失更准确地预测等。其中,风险汇聚是指通过把同质风险单位汇聚起来以降低风险。

4. 风险转移　为了降低损失频率、减少损失幅度,风险管理单位将风险部分或整体转移到其他经济单位的风险管理方法称为风险转移。风险转移通过购买保险、签订免除责任协议等方式进行。

第二节　养老机构的风险管理体系

风险管理体系是一个企业、组织或机构实现战略目标的基础性体系。当前养老事业方兴未艾,随着各级、各类养老机构的兴起,养老行业对养老机构风险管理体系的建立提出了新的要求,如何建立健全养老机构的风险管理体系成为养老机构建设关注的重点。

一、养老机构风险管理体系概述

(一)风险管理体系

风险管理体系是指机构、组织或企业的组织管理体系中与风险管理相关的体系元素的集合,其内容一般包含风险管理策略体系、风险管理组织职能体系、风险管理工具方法体系、内部控制系统、风险管理信息系统和风险管理文化六个部分。风险管理体系是机构、组织或企业的战略支持体系的重要组成部分、排头兵,机构、组织或企业在制定本单位的战略目标时,应明确风险管理体系对本单位发展的必要性和紧迫性。

(二)养老机构的风险管理体系

养老机构风险管理体系是养老机构的组织管理体系中的核心部件之一,其功能不仅仅局限于风险管理本身,还为养老机构突发事件管理体系以及养老机构不良事件管理体系的运营提供重要的风险管理基础服务,它是养老机构组织管理体系中与风险管理相关的体系元素的集合。养老机构风险管理体系的建设与建立,关系到养老机构的战略发展,因此,务必建设建成全面的养老机构风险管理体系。

二、养老机构风险管理体系的构成要素

养老机构风险管理体系由养老机构风险管理策略体系、养老机构风险管理组织职能体系、养老机构风险管理工具方法体系、养老机构内部控制系统、养老机构风险管理信息系统和养老机构风险管理文化等六个分支构成。每个分支的职能和特点如下。

(一)养老机构风险管理策略体系

养老机构风险管理策略体系的具体职能是结合养老机构自身的特点,将风险管理相关的理念、管理工具、管理流程和方法,贯穿于养老机构风险管理策略的制定和执行的过程中,根据养老机构的内外部环境、总体发展战略和总体经营管理目标,为养老机构制定科学合理的风险管理策略。

通过养老机构的年度计划预算和风险限额等方式,确定并落实本机构的风险偏好、风险容忍度和风险承受度。此外,养老机构风险管理策略体系还兼具优化风险管理资源的配置,将风险管理工作完全融入养老机构的经营管理过程的功能。

(二)养老机构风险管理组织职能体系

养老机构风险管理组织职能体系的功能是基于分层、分类的风险管理模式,首先成立隶属于本机构的专门的风险管理部门,或配备风险管理人员专职负责养老机构的风险管理工作。其次,养老机构风险管理组织职能体系的功能还包括建立健全岗位明确、权责分明的风险管理组织体系,形成养老机构一线业务部门、风险管理部门及相关职能部门、后勤部门、审计和监察部门等多部门,既相互制约又相互协调运作的全面的风险管理组织职能体系。

(三)养老机构风险管理工具方法体系

养老机构风险管理工具方法体系的职能主要是在风险评估的基础上,根据风险偏好、风险容忍度和风险承受度,基于风险与收益平衡的原则,选择合理的风险应对方式。养老机构风险管理工具方法体系按照相关要求,合理选择预提风险准备金或购买商业保险等金融手段,实现风险的转移、对冲和补偿等,从而有效避免养老机构面临的损失或将损失降到最低,以保证养老机构的资产安全。

(四)养老机构内部控制系统

养老机构内部控制系统是养老机构以风险为导向,建立和完善的涵盖养老机构内部环境、风险评估、控制活动、信息与沟通、内部监督等要素的内部控制管理机制。养老机构通过按照风险管理的流程与方法,有序开展内部控制自评价、监督评价和缺陷整改等工作,建立合理保证养老机构合法合规运营与管理,确保本机构资产安全以及财务报告和相关信息真实完整的内部控制系统,不断提高养老机构的运营效率,强化养老机构的运营与管理效果,促进养老机构实现发展战略。

(五)养老机构风险管理信息系统

养老机构风险管理信息系统的职能是完成养老机构风险信息的高效共享和有效管理。养老机构通过将信息技术全面应用于风险管理的各项工作,在养老服务、管理信息系统中明确和固化风险管理流程及关键控制点,在此基础上逐步建立专业的养老机构风险管理信息系统,对各类养老机构风险信息进行采集、加工和分析等功能,确保养老机构风险信息传递的及时、准确和透明。

（六）养老机构风险管理文化

养老机构风险管理文化的主要职能体现在沟通、协作和联系等三个方面。养老机构风险管理文化有利于沟通养老机构的计划目标。此外，养老机构风险管理文化有利于养老机构凝聚本机构职工的风险管理意识，对风险和目标形成共识，本机构职工自觉将风险管理当作自己的责任。最后，养老机构风险管理文化有利于建立本机构职工的利益联系，确保养老机构战略目标的实现。

三、构建全面养老机构风险管理体系的内容

构建全面的养老机构风险管理体系主要从风险管理策略体系建设、风险管理组织职能体系建设、风险管理工具方法体系建设、内部控制系统建设、风险管理信息系统建设和风险管理文化建设等六个方面全面进行。

（一）养老机构风险管理策略体系的建设

1. 确定风险准则 养老机构风险准则需要基于养老机构的发展目标、养老机构内部环境和外部环境，以及养老机构内部参考信息和外部参考信息等综合确定。养老机构内部参考信息主要包括本机构养老服务相关的重要业务数据等，养老机构外部参考信息主要包括养老服务相关的国家标准或行业标准、指引、准则等内容。

2. 确定风险偏好 养老机构的风险偏好一般通过风险分类清单来实现。养老机构的风险管理部门通过各种形式先整理出养老机构统一的风险分类框架，以明确本机构的风险种类和风险数量。养老机构在确定风险偏好时需要着重考虑以下风险相关的问题。

（1）确定养老机构可以接受的风险与不可以接受的风险。

（2）根据养老机构各个业务单元的业务模式和所在行业，确定是否存在特殊的风险类别。

（3）确定对于发生概率较低但发生后危害较大的风险事件类别，养老机构是否能接受。

（4）确定对于发生概率较高但发生后危害较小的风险事件类别，养老机构是否能接受。

养老机构可结合自身的特点选择自下而上型、自上而下型及混合型中的一种方式来确定风险偏好。此外，养老机构在确定风险清单时，应考虑到本机构的风险偏好与发展战略的密切联系。养老机构的风险偏好应体现在本机构的战略发展规划之中，同时对企业的资源配置起引导作用。

3. 确定评价风险重要性 评价风险重要性的准则包含 P 准则和 C 准则，其中，用于衡量风险事件发生的概率的准则称为 P 准则，而用于衡量风险事件后果严重程度的准则称为 C 准则。P 准则的确定主要包含两个方面的内容：确定风险事件发生的维度，及以无单位的数量等级来体现发生的可能性。C 准则的确定主要包含两个方面的内容：确定风险事件后果影响的维度，及以无单位的数量等级来体现严重程度。

4. 确定风险承受等级和容忍等级 风险准则的建立需要确定风险承受等级和风险容忍等级的大小。其中，风险承受等级等于发生可能性的最大无单位值乘以可承受度的无单位值的算术平均值，风险承受等级越高代表养老机构对某一特定风险的接受度越高；风险容忍等级等于发生可能性的最大无单位值乘以可容忍度的无单位值的算术平均值，风险容忍等级越高代表养老机构为实现目标在风险应对之后对该风险的承担意愿越强。

（二）养老机构风险管理组织职能体系的建设

1. 养老机构一线运营部门和管理层的建设 养老机构一线运营部门和管理层是养老机构风险管理的第一道防线，其功能是对养老机构的业务单元所面临的市场风险、运营风险、战略性风险和资金风险等进行全面的分析、确认和事前初步管控。

第一道防线的建设主要涉及以下工作内容：识别和评估影响养老机构达到战略目标的

潜在风险类别；制定转移风险、避免风险或降低风险的策略；设计一线运营部门和管理层风险实施策略的相关内部控制。

2. 养老机构风险管理部门的建设　养老机构风险管理部门是养老机构风险管理的第二道防线，其主要功能是构建养老机构的风险管理环境，全面统筹、组织、协调和规划本机构的风险管理工作，合理、有效地督促第一道防线的风险管理，承担重大风险的核心管理与组织职责，对风险事件实施事中管控。

第二道防线的建设主要涉及以下工作内容：建立风险管理相关的规章制度，对第一道防线的风险管理进行组合管理，衡量风险和风险的界限；建立本机构的风险信息系统和风险预警系统，整理制定关键风险指标，建立本机构的风险信息披露程序；根据风险与回报的相关分析，建立本机构各业务单位的资金分配标准。

3. 养老机构审计监察部门的建设　养老机构的审计监察部门是养老机构风险管理的第三道防线，其主要功能是对养老机构高级管理层所重点关注的相关风险与风控的有效性进行独立审计和监督并出具报告，对风险事件实施事后管控。

第三道防线的建设主要涉及以下工作内容：对第一道防线和第二道防线的风险管理工作进行审计和监察；稽查和完善养老机构内部控制；审计养老机构相关服务的合规性和风险可控性，财务报表、经营管理者的经济责任以及信息系统有效性。

（三）养老机构风险管理工具方法体系的建设

1. 常见的风险应对方法及工具建设　养老机构常见的风险应对方法及工具有风险避免、风险减缓、风险转移和风险自留等。养老机构如果有不能承受某项目所蕴含的风险，在启动该项目之初或在进行该项目的过程中（还未发生相关风险事件）终止该项目，可以彻底避免该项目所蕴含的风险。

对于可承受的风险，养老机构可以选择风险减缓、风险转移或风险自留等风险应对方法。其中，养老机构通过系列措施使风险最小化、损失最小化称为风险减缓；养老机构通过与其他经济单位签订免除责任协议或购买商业保险等方式转移机构自身风险称为风险转移；对于无法采用风险减缓和风险转移应对的可承受的风险，或采取上述两种应对方法成本较高的可承受的风险，养老机构可以选择将该风险以维持现状的方式留在本机构，这种应对方式称为风险自留。

2. 常见的沟通、监测方法及工具建设　养老机构常见的沟通、监测方法及工具包含风险管理报告、风险事件的排查与上报。养老机构应建立科学合理的风险管理报告体系，将风险预警检测、防控、应对等融合在一起，定期向养老机构决策部门汇报。养老机构还应定期全面梳理、排查本机构的风险事件，对于符合上报条件的风险事件，要应报早报。

（四）养老机构内部控制系统建设的建设

1. 内控系统环境的建立　内部控制系统，简称内控系统，内控系统的环境建立是风险评估的基础。养老机构内控系统环境的建立主要涉及以下工作内容：建立与本机构发展规划相应的风险准则；明确养老机构所处的内部环境、外部环境以及本机构风险管理的目标与方法、边界和所需资源等。

2. 风险识别　养老机构风险识别的目的是找出影响本机构发展的潜在风险因素，是风险分析的前提，是养老机构内控系统的主要内容之一，养老机构风险识别通过输出相关的风险因素识别清单、提供控制评价报告供养老机构进行下一步的风险分析。主要涉及以下工作内容：识别相关风险因素，输出风险因素清单；识别相关风险因素的风控措施；对风控措施进行有效性评价，提供控制有效性评价报告和缺陷认定。

3. 风险分析　在风险识别的基础上，养老机构对风险因素进行进一步的分析，确定风险的等级,这一过程称为风险分析。风险分析一般通过问卷的形式进行,风险分析的主要结果是报告风险事件的等级、发生的可能性,以及风险事件发生后造成的损失大小。养老机构的风险分析为接下来的风险评价提供依据。

4. 风险评价　在风险分析的基础上,结合风险准则,养老机构对其所面临的风险进行评价,确定本机构对风险的可接受度和可容忍度,这一过程称为风险评价。风险评价主要的工作内容是:通过风险地图报告养老机构可接受的风险、可容忍的风险,以及不可容忍的风险;基于风险等级对风险进行排序;认定风险事件的缺陷级别。

5. 风险应对　基于风险评价的结果,养老机构制定相应的风险应对规划,规划的制定要同时考虑到应对风险的成本和应对风险预期的收益。风险应对主要的工作内容是:明确养老机构需要应对的风险与不需要应对的风险;明确养老机构需要应对风险的优先级;制定需要应对风险的应对方案。

6. 监测与评价　制定养老机构的风险应对方案后,机构还应定期检查应对方案落实情况,这一步骤称为监测。此外,养老机构还要定期对内控系统的建设和运行进行评价和监督。

7. 信息交互　养老机构内控系统的建设还要考虑到风险管理过程所涉及的所有信息的共享、交互程序的建设。养老机构涉及风险管理的各分支机构应定期汇总、上报本机构的内控信息。

(五) 养老机构风险管理信息系统的建设

常用的风险管理信息系统有三种:①专业化的风险管理分析软件;②重大风险管理信息系统;③将本机构的风险管理与内控有机融合的一体化风险管理信息系统,这种风险管理信息系统具有高效、经济的特点。养老机构可以根据自身的规模和特点,结合本机构的发展战略,选择并建设适合本机构的风险管理信息系统。养老机构应从实用、高效、经济的角度整合其现有信息体系进行风险管理信息系统的建设。

(六) 养老机构风险管理文化的建设

风险管理文化是养老机构文化的重要组成部分,建设养老机构风险管理文化,就是要把风险管理文化有机融入养老机构的文化和价值观中,着重培养员工的危机意识是建设养老机构风险文化的根本方法,要让员工树立与养老机构"一荣俱荣,一损俱损"的正确价值观,增强本机构员工的凝聚力,员工才会自觉重视风险管理。

此外,养老机构风险管理文化的建设还应重视将风险管理的理念与技术融入养老机构日常的管理工作,将"风险管理绩效的概念""确保合适的人放在合适的位置上"等人力资源管理的相关思想用于本机构的风险管理实践,注重风险管理相关知识和技能的培训并将理论知识和经验汇总以实现机构内的知识和经验共享。

四、建设全面的养老机构风险管理体系的意义

(一) 养老机构战略支持体系的基础

传统的养老机构风险管理体系存在着缺乏正确的风险理念、缺乏战略高度认识、缺乏风险分析和度量手段,以及全面风险管理文化渗透程度低等特点,难以支撑养老机构的战略支持体系,而全面的养老机构风险管理体系则能有效改善上述缺点,实现更全面、更有效的风险控制,为养老机构突发事件管理体系以及养老机构不良事件管理体系的运营提供更全面和可靠的风险管理基础服务,从而更好地实现养老机构的发展战略。

(二) 控制重大风险事件

未全面建立有效风险管理体系或风险管理体系薄弱的养老机构一旦发生重大风险事件

便可能导致运营中断甚至破产。全面养老机构风险管理体系的建设不独重一方,而是科学的六位一体的复合式建设,能更有效地控制重大风险事件的发生频率或将重大风险事件发生后的损失降到最小。因此,建设全面的养老机构风险管理体系有利于控制重大风险事件,降低养老机构运营中断或破产的概率。

(三)内外部客观因素的要求

养老机构的健康发展、可持续发展和稳定发展保持必须以全面风险管理体系的建立健全、风险防范能力的提高为前提。随着国内养老机构数目的激增,养老机构种类的日渐完善,外部风险环境的变化加剧,养老行业竞争日趋激烈,在这样的综合形势之下,只有高质量发展才能最大限度地避免养老机构面临重大风险并减少损失,而高质量发展必然要求养老机构提高全面风险管理能力。只有建立全面的养老机构风险管理体系,才能不断地降低养老机构对经营战略目标的不确定性。此外,养老机构建设全面风险管理体系也是实现风险管理的总体目标的内在要求。

第三节 养老机构的日常风险管理

日常风险是任何组织、机构或个人面临的发生率较高的风险,虽然这些风险造成的损失大多数情况下不会很大,但也可能给组织、机构或个人的发展造成一定影响。随着我国养老机构的加速转型,其面临的日常风险也发生了较大的变化,识别现阶段养老机构新的日常风险以及做好养老机构日常风险管理成为我国养老机构日常管理的重要内容。

一、养老机构的日常风险概述

养老机构的日常风险是指养老机构在运营过程中所面临的风险事件发生率比较高的风险,日常风险是相对于非日常风险或罕见风险而言的概念。例如,对于绝大多数养老机构而言,地震风险就属于罕见风险而非日常风险。养老机构日常风险有以下特点:该风险事件的发生概率相对较高;养老机构对该风险的应对方式一般不选择风险避免;该风险在一般情况下通过科学、合理的风险管理是可以控制的。

我国养老机构常见的日常风险包含照护风险、法律风险、消防安全风险和其他特定的日常风险等。照护服务是养老机构提供的核心服务,因此,照护风险是养老机构最常见也是最主要的日常风险;法律风险主要与养老机构的经营有关;消防安全风险是每一个养老机构都面临的基本日常风险;其他特定的日常风险与养老机构的地理位置等自身因素有关。

(一)照护风险

养老机构日常照护风险是指由于养老机构提供的日常照护服务所产生的风险,养老机构常见的照护风险有压疮、误吸、非计划性拔管、烫伤、文娱活动意外、食物或药物误食,以及他伤与自伤等。

1. 压疮 压疮是指局部组织持续受压,血液循环障碍,局部持续缺血、缺氧、营养不良而致的软组织溃烂和坏死的病理状态,好发于骨隆突部位。导致压疮的护理相关风险因素有:卧床或坐轮椅时间长,及皮肤潮湿(尿布、衣物、床单被子潮湿引起)等。其他风险因素有:压力感觉障碍,及任何原因导致的皮肤水肿(如低蛋白血症)等。

2. 误吸 误吸是指食物、口腔分泌物或胃食管反流物等不能顺利进入食管而误入气道。误吸处理不当可能导致老人窒息。导致误吸的护理相关风险因素有:管饲护理不当、对老人的护理宣教不到位等。其他风险因素有：老人吞咽功能障碍、咽反射及咳嗽反射减弱等。

3. 非计划性拔管　非计划性拔管，也称管道滑脱，是指患者的插管意外脱落，或患者未经医务人员同意擅自拔管，或医务人员技术不熟练所致的拔管。导致非计划性拔管的护理相关风险因素有：导管护理措施落实不力、导管护理经验不足等。其他风险因素有：管道缝合不严密或固定结扎不牢靠、老人认知与配合能力下降等。

4. 烫伤　导致烫伤的护理相关风险因素有：药物热疗温度过高、热物理治疗不当等。其他风险因素有：老人违反养老机构管理规定私自使用热水袋等取暖设备，老人温觉、痛觉下降或意识障碍等。

5. 文娱活动意外　养老机构内的老人由于其年龄和身体原因，行动不灵活，在参加文娱活动时有较大可能因秩序混乱、拥挤而发生意外，这些意外可能导致老人受伤，因此，老人在参加文娱活动时务必留意其发生文娱活动意外的风险。

6. 食物误食　养老机构的食物误食主要指机构内老人由于各种原因误食了对自身有害的食物，这些食物一般是过期或变质的食物、有毒的食物（如毒蘑菇）、致敏的食物等。导致食物误食的相关风险因素主要为老人认知能力下降。

7. 药物误食　养老机构的药物误食主要指机构内老人由于各种原因误食了非治疗作用的药物，较轻的药物误食可能引起药物损害（如药物性肝损伤和药物性肾损伤等），严重的药物误食可能危及老人生命。导致药物误食的相关风险因素主要为老人认知能力下降，以及养老机构照护人员对老人药物服用的照护、管理不到位等。

8. 他伤　养老机构内老人的他伤风险主要来源于机构内老人之间矛盾的升级，少部分来自机构外的伤害。

9. 自伤　养老机构内老人的自伤主要发生于有抑郁症、精神分裂症等精神疾病病史的老人（有自残倾向、自杀倾向），对于上述老人，养老机构在提供照护服务时需要重点关注其自伤风险。

（二）法律风险

法律风险是养老机构在运营过程中面临的日常风险之一，养老机构有时会面临法律纠纷和案件诉讼，成为被起诉方或责任赔偿方，法律风险可能会使养老机构陷入经营困境。在养老机构的日常运营中，导致养老机构面临法律风险的主要原因是养老机构与入住老人（或其亲属）签订的相关协议约定不清、权责不明。

老人在入住养老机构，若养老机构未及时与其本人或其亲属签订相关入住协议、《供（寄）养合同》，一旦老人在此期间发生相关伤害，老人与养老机构就有较高的发生法律纠纷的风险。此外，在签订相关入住协议、《供（寄）养合同》时，双方对彼此的权责未明确划分，或约定条款阐述不清晰时，也容易产生法律纠纷。

对于入住的特殊老人，若养老机构仍使用制式的协议或合同，未签订针对特殊老人的补充协议或条款，老人在养老机构发生相关伤害后，老人与养老机构之间也存在较高的发生法律纠纷的风险。

入住老人在养老机构期间健康状况较大改变，原签订的入住协议、《供（寄）养合同》已不适用当前状态而未及时重新签订的，一旦老人在此期间发生相关伤害，老人与养老机构之间也会存在较高的法律纠纷风险。

（三）消防安全风险

养老机构在运营过程中面临的日常消防安全风险主要是火灾风险，且事实证明，在养老机构的日常风险事件中，火灾是最严重的。由于养老机构的老人逃离火灾的能力较差，养老机构一旦发生火灾,就有可能会造成重大的人员伤亡。

导致养老机构火灾风险的相关风险因素主要有:物防措施(消防器材和设施的配备与管理、用电管理等)不到位、人防措施(消防控制室值班、防火巡查检查、消防演习演练等)不到位、技防措施(火灾监控系统等)不到位,以及用火管理不严。

(四) 其他特定的日常风险

养老机构特定的日常风险不属于养老机构共性的日常风险,与养老机构的个体特征有关。例如,台风属于沿海地区养老机构的日常风险,内陆地区的养老机构没有这种日常风险;再如,洪涝灾害属于降雨量充沛、地势较低的地区的养老机构的日常风险,而不常见于降雨量较少地区的养老机构。造成特定的日常风险的原因主要是养老机构的选址。

二、养老机构的日常风险管理的意义

(一) 提高养老照护服务质量

养老照护服务是养老机构的核心服务内容,照护风险也是养老机构最常见且最主要的日常风险,照护风险直接关系到养老机构的服务质量、评级和信誉,对养老机构的战略发展有着深远的影响。

做好养老机构日常照护风险的管理是提高整个养老机构日常风险管理水平的基础,控制好养老机构的日常照护风险,一方面可以有效减少压疮、误吸、非计划性拔管或烫伤等照护风险事件发生的概率,另一方面也可以降低上述风险事件造成的养老机构或老人的损失,从而提高养老机构的照护服务质量。

(二) 减少养老机构法律纠纷与降低经济损失

法律纠纷,一方面会消耗养老机构的管理和法务资源,会让养老机构的运营受到严重困扰;另一方面,会给养老机构造成经济损失,严重的法律纠纷引起的赔偿可能会导致一些小微规模的养老机构破产。因此,做好养老机构日常法律风险的管理可以使整个机构轻装上阵,有效减少养老机构与老人的法律纠纷,也可以降低法律纠纷给养老机构造成的经济损失,从而提升养老机构的运营效率。

(三) 维护养老机构消防安全

消防安全是任何一个机构、组织或企业发展的基础,没有消防安全就谈不上其他的发展规划。重大火灾对任何养老机构的冲击都是毁灭性的,火灾作为风险后果最严重的养老机构日常风险事件,养老机构对它的风险管理应该是重中之重。只有做好养老机构火灾的日常风险管理,养老机构的运营才有安全保障。

三、养老机构的日常风险管理流程

(一) 养老机构日常照护风险管理

1. 建立个人健康档案　在向老人或其监护人告知建立个人健康档案的目的和要求,并取得其同意后,养老机构对每一位决定入住并接受养老机构养老服务的老人,都要首先建立其个人健康档案。内容一般应包含老人基本信息、健康评估、健康体检、机构内外就医病历、知情同意书、辅助检查报告单等。

(1)老人基本信息:应包含姓名、性别、年龄、籍贯、身份证号、民族、婚姻状况、户口住址、原工作单位、原职业、联系人,及入住机构时间、离开机构时间、住机构天数、入住机构时身体状况、离开机构时身体状况及原因等内容

(2)健康评估记录:其内容应包含个人基本信息及老人生活方式、健康状况、老人日常生活能力及简易智力评估等内容。其中,老人日常生活能力的评估可以参考民政部行业标准

笔记栏

MZ/T 039—2013《老年人能力评估》标准进行。

(3)健康体检:其内容主要包括基本信息、体检日期、既往史(包含病史和用药史)、体格检查、检验项目(血常规、肝功能、电解质、血糖和血脂等)、普通影像学检查项目(胸部 X 线检查、超声等),以及现存的主要健康问题、健康评价和健康指导等。

(4)机构内外就医病例内容:主要包括医疗机构出院记录或出院小结的摘要、养老机构出院记录的摘要。

(5)知情同意书内容:主要包括文书编号、老人基本信息、入住本机构的日期、入住当时情况、现阶段情况、拟提供服务内容、可能出现的风险事件、担保人或老人意见及签名等。

(6)辅助检查报告单:主要指体检中不含的辅助检查,如 CT、MRI、病理切片等。应概述检查手段、检查结果及检查日期等。

2. 确定本机构的照护服务风险管理目标 养老机构通过全面衡量风险与收益,选择最经济、最有效的养老照护服务,使风险成本最低,这就是养老机构照护服务的风险管理目标。养老机构在确定本机构的照护服务风险管理目标时,要重点考虑本机构成熟的照护服务,对于新开展的照护服务或不熟悉的服务,风险分析时要谨慎、全面。

3. 根据老人健康档案进行照护服务风险分析 根据老人的健康档案,首先进行全面的风险识别,识别出为入住老人提供养老照护服务所面临的所有潜在风险因素;其次是对入住老人进行系统的风险评估,即基于既往大量的损失数据,运用概率论和统计学的方法预测风险事件发生的概率和损失的大小,从而评估养老机构面临的风险等级;最后在风险评估的基础上,结合风险准则,养老机构对其所面临的风险进行评价,确定本机构对照护风险的可接受度和可容忍度。

4. 根据风险分析的结果制定照护服务风险策略 结合风险等级和本机构对照护风险的可接受度和可容忍度,确定本机构的照护服务风险策略,作出风险避免、风险减缓、风险转移或风险自留等决策。

(1)风险避免:老人情况复杂,超越了本机构照护服务所能承载的极限,此时对养老机构而言,养老机构面临的风险等级较高,因此可以考虑让老人转至服务更好的养老机构,或转至医疗机构先行治疗、待风险等级降至本养老机构可以承受的范围再来接受养老照护服务。

(2)风险减缓:对于照护服务风险属于本机构可接受的,养老机构应根据相应的风险等级确定相应的护理等级,以减少风险事件发生的概率或风险事件发生后造成的损失。

(3)风险转移:对于风险等级较高,符合转院接受养老服务或医疗服务的老人,若其坚持继续留在本机构接受照护服务,则养老机构要与老人或其监护人签订相应的照护服务免责协议。

(4)风险自留:对于风险等级较低的老人,养老机构提供相应的护理等级照护服务即可。

5. 照护服务风险处理 养老机构执行既定的照护服务风险管理策略,在执行过程中动态评价照护服务风险管理的效果,根据风险等级的变化及时调整照护级别。对于照护服务风险管理效果不佳的,要及时寻找原因,并针对相关疏漏进行改进。

(二) 养老机构日常法律风险的管理

1. 确定本机构的日常法律风险管理目标 养老机构通过全面衡量风险与收益,组建本机构适当规模的法律服务团队,制定相关的专业协议,使风险成本最低,这就是养老机构日常法律风险管理目标,养老机构在确定本机构的日常法律风险管理目标时,要重点关注法律纠纷高发的危险人群。

2. 根据老人健康档案进行日常法律风险分析 根据老人的健康档案的基本信息和健康评估内容,首先进行全面的风险识别,识别出法律纠纷高发的危险因素,并对入住老人及其监护人进行系统的风险评估,确定养老机构面临的法律风险等级;最后在风险评估的基础上,结合风险准则,养老机构对其所面临的法律风险进行评价,确定本机构对医疗服务风险的可接受度和可容忍度。

3. 根据风险分析的结果制定日常法律风险策略　结合风险等级和本机构对法律风险的可接受度和可容忍度确定本机构的法律风险策略,作出风险避免、风险减缓、风险转移或风险自留等决策。

(1)风险避免:老人或其监护人情况复杂,发生法律纠纷的可能性较高,此时养老机构面临的风险等级较高,因此可以考虑让老人转至其他法律服务团队更完善的养老机构接受养老服务。

(2)风险减缓:对于法律风险属于本机构可接受的但风险仍较大的,养老机构应根据相应的风险等级制定相应的法律协议以减缓法律纠纷发生的概率,或降低法律纠纷发生后给养老机构带来的损失。

(3)风险转移:对于风险等级较高,符合转院的老人,若其坚持继续留在本机构接受养老服务,则养老机构要与老人或其监护人签订相应的养老服务免责协议,并且在相关协议中务必做到约定清晰、权责分明。

(4)风险自留:对于风险等级较低的老人,养老机构按常规提供养老服务即可。

4. 日常法律风险处理　养老机构执行既定的日常法律服务风险管理策略,在执行过程中动态评价日常法律服务风险管理的效果。对于日常法律风险管理效果不佳的,要及时寻找原因,并针对相关疏漏进行改进。

(三) 养老机构日常消防风险的管理

1. 确定本机构的日常消防风险管理目标　养老机构通过全面衡量风险与收益,建设不低于国家相关标准的消防设施,购买相关商业保险,使风险成本最低,这就是养老机构日常消防风险管理目标,养老机构在确定本机构的日常消防风险管理目标时,要重点关注火灾。

2. 根据本机构的综合特点进行日常消防风险分析　根据养老机构的综合特点(包含建筑结构、人员素质、消防基础设施等),首先进行全面的风险识别,识别出本机构的日常消防风险因素,并对本机构进行系统的风险评估,确定养老机构面临的日常消防风险等级;最后在风险评估的基础上,结合风险准则,养老机构对其所面临的日常消防风险进行评价,确定本机构对日常消防风险的可接受度和可容忍度。

3. 根据风险分析的结果制定日常消防风险策略　结合风险等级和本机构对日常消防风险的可接受度和可容忍度确定本机构的消防风险管理策略,作出风险避免、风险减缓、风险转移或风险自留等决策。

(1)风险避免:当养老机构开展的服务发生消防风险的风险较高时,其面临的风险等级较高,超过了本机构对消防风险的可接受度,此时可以考虑取消此项服务。

(2)风险减缓:对于消防风险属于本机构可接受的但风险仍较大的,养老机构应根据相应的风险等级采取相应的人防、技防、物防措施,以减缓消防风险发生的概率,或降低消防风险发生后给养老机构带来的损失。

(3)风险转移:对于消防风险等级较高但又必不可少的服务项目,养老机构可以考虑购买相关的商业保险以降低消防风险发生后给养老机构带来的损失。

(4)风险自留:对于消防风险等级较低的服务项目,养老机构按常规提供养老服务即可。

4. 日常消防风险处理　养老机构执行既定的日常消防服务风险管理策略,在执行过程中动态评价日常消防风险管理的效果。对于日常消防风险管理效果不佳的,要及时寻找原因,并针对相关疏漏进行改进。

第四节 养老机构的不良事件管理

不良事件是医疗机构、养老机构等机构重点管理的内容,近年来,随着《国家卫生计生委办公厅关于养老机构内部设置医疗机构取消行政审批实行备案管理的通知》(国卫办医发〔2017〕38号)的发布,一系列相关政策得到实施,医养结合型养老机构或内设医疗机构的养老机构越来越多,发生在养老机构的不良事件也从单纯的照看不良事件或管理不良事件,演变成复杂的照护不良事件或管理不良事件。这些不良事件对传统养老机构的不良事件管理提出了挑战,形成制约新型养老机构发展的重要因素,如何做好养老机构不良事件的管理,成为新型养老机构的关注点。

一、养老机构不良事件概述

(一)不良事件的定义

不良事件的概念源于医学治疗,医学界关于不良事件的定义是与患者自身疾病无关的、由于医疗行为或医疗机构的管理所导致的一系列负性事件的总称。一般包含护理不良事件、药物不良事件、医疗器械不良事件及医疗机构管理不良事件等。

(二)不良事件的特点

1. 不良事件与患方自身疾病无关　不良事件的诱发主体是医疗机构,因患方自身疾病而诱发的负性事件称为疾病的进展或疾病的结果,不属于不良事件的范畴。例如,早期肺癌进展成晚期肺癌或死亡,属于疾病的结果。

2. 不良事件与患者所处医疗机构的医疗水平有关　患者所处医疗机构的医疗水平决定不良事件发生的概率和不良事件的严重程度,患者所处医疗机构的医疗水平越高,发生不良事件发生的概率越低、不良事件的严重程度越轻微。例如,对于急性心肌梗死的患者,一般的社区卫生服务中心不具备开展介入治疗的医疗条件,在社区卫生服务中心采取药物保守治疗与在医疗水平较高的医疗机构(如三级甲等医院)采取介入治疗相比,其死亡的风险更高。

3. 不良事件与医学科学发展水平有关　当患者已经得到处于世界顶端医疗水平的医疗服务时,决定不良事件发生的概率和不良事件严重程度的便是医学科学的发展水平。例如,在青霉素问世之前,梅毒的最佳治疗方式是化学疗法,此法与先进的青霉素疗法相比,不良事件发生的概率和不良事件的严重程度均更大。因此,药物、器械不断更新换代,以及医疗技术的不断进步的目标,便是降低不良事件发生的概率和减轻不良事件的严重程度。

4. 不良事件与错误的医疗行为无关　需要明确区分的是,错误的医疗行为导致的负性事件属于医疗事故的范畴,与不良事件无关。例如,因医疗机构未严格执行"三查八对"制度而输错血,导致患者死亡属于医疗事故,不属于不良事件。

5. 不良事件与医疗行为是对立统一的存在　不良事件因为医疗行为而发生,没有医疗行为就没有相应的不良事件。不良事件与相应的医疗行为是矛盾双方对立统一的存在,实施医疗行为的初衷是治疗疾病,但需要正视与之共生的不良事件的客观存在,所有的医疗行为都有发生不良事件的概率,医患双方要正确认识不良事件,才能管理好不良事件,才能提升医疗服务质量。

(三)不良事件的分级

为了更好地管理不良事件,需要对不良事件进行科学地分级。我国常见的分级标准是

《医疗质量安全不良事件分级分类标准》,该标准将不良事件按严重程度分为Ⅰ~Ⅳ等四类、按给患者造成的损害程度分为 A~I 等九级(见表 8-1)。Ⅰ类事件也称警告事件,指造成患者死亡的不良事件;Ⅱ类事件也称有后果事件,指造成患者伤害的不良事件;Ⅲ类事件也称无有后果事件,指虽然发生但未造成患者伤害的不良事件;Ⅳ类事件也称隐患事件,表示不良事件未发生但有隐患。

表 8-1　《医疗质量安全不良事件分级分类标准》关于不良事件的分级标准

不良事件分级	特征
A 级事件	环境或条件可能引发不良事件
B 级事件	不良事件发生但未累及患者
C 级事件	不良事件累及患者但没有造成伤害
D 级事件	不良事件累及患者,需进行监测以确保患者不被伤害,或需通过干预阻止伤害发生
E 级事件	不良事件造成患者暂时性伤害并需进行治疗或干预
F 级事件	不良事件造成患者暂时性伤害并需住院或延长住院时间
G 级事件	不良事件造成患者永久性伤害
H 级事件	不良事件发生并导致患者需要治疗挽救生命
I 级事件	不良事件发生导致患者死亡

(四) 养老机构的不良事件

养老机构的不良事件目前尚无明确的定义,参照不良事件的定义。本书将发生在养老机构内的、与被服务人员自身疾病无关的一系列由养老服务与管理导致的不良事件称为养老机构的不良事件。其主要包括养老机构照护不良事件和养老机构的管理不良事件。由于养老照护服务是养老机构最核心的服务,因此,养老机构照护不良事件是养老机构最常见的不良事件。此外,对于养老机构的管理导致的不良事件亦不应忽视,养老机构的管理导致的不良事件与养老机构的管理特色有关,其与医疗机构管理所致的不良事件有所区别。

二、养老机构常见的不良事件

我国养老机构常见的不良事件主要是照护不良事件和管理不良事件,这些常见的不良事件直接影响着养老机构的日常运营。

(一) 养老机构照护不良事件

1. 压疮　老年人,尤其是长期卧床的老年人,是压疮发生的高危人群,养老机构护理人员对压疮的护理能力不足时更容易发生。

2. 跌倒　跌倒是指患者因突发、不自主、非故意的体位改变而跌倒在地面或更低的平面上所引起的机体创伤。老年人由于反应力降低、行动迟缓,是跌倒发生的高危人群,养老机构护理人员对老年人跌倒风险防范意识不到位或护理人力资源紧张时更容易发生。

3. 坠床　老年人具有体能不足、认知能力减退、感觉反应力较差等特征,因此是坠床发生的高危人群,养老机构护理人员对老年人坠床风险的识别能力或评估能力不足时更容易发生。

4. 误吸　老年人由于口腔、咽部、喉部及食管的功能退化,神经末梢感受器反应迟钝等原因,因此是误吸发生的高危人群,养老机构护理人员对老年人误吸的评估能力不足时更容易发生。

笔记栏

5. 医疗器械类不良事件 与医疗机构不同,养老机构一般不具备众多高级的医疗器械,医养结合型的养老机构需要关注呼吸机等医疗器械引起的不良事件,另外,养老机构也要关注老人在医疗机构安装或使用的医疗器械后在本机构发生医疗器械类不良事件的情况。

6. 自杀 自杀是最严重的养老机构不良事件之一,一般发生于具有精神病病史(如抑郁症、精神分裂症等)的入住老人,另外,有部分老人自杀的原因与其受到的巨大心理应激有关,例如至亲至爱的离世、确诊重大的危及生命的疾病及生活中的其他重大变故等,照护人员未能及时识别到老人的精神心理问题时更容易发生。

7. 猝死 猝死是指平素健康或看似健康的个人,在出乎意料的短时间内因为自然疾病而突然死亡的一种人类严重疾病。猝死也是最严重的养老机构不良事件之一,原发性高血压、糖尿病、血脂异常、动脉粥样硬化等常见心脑血管疾病都是养老机构内老人发生猝死的重要疾病危险因素。此外,不健康的生活方式(如熬夜、酗酒等)、情绪剧烈波动、过劳和不科学运动等也是养老机构内老人发生猝死的重要危险因素。

8. 割伤 割伤主要是指养老机构内老人的身体被锐器(如刀片、破碎的器皿等)划伤的不良事件。割伤的损害程度主要与被割伤的部位和伤口深浅有关,较轻的割伤仅表现为少量出血,较重的割伤(如主要动脉的割伤)可能会导致老人发生失血性休克。此外,对于生锈的锐器割伤,还应注意并发感染破伤风等不良事件。

(二) 养老机构管理不良事件

1. 养老机构感染 与医院感染类似,养老机构感染特指老人在养老机构内获得的感染。老年人由于其免疫力低下,是养老机构感染发生的高危人群,养老机构感染的监测与管理能力不足时更容易发生。养老机构感染一旦发生,对养老机构内的所有老人均是一个较大的健康隐患,且对养老机构的管理形成严峻的挑战。

2. 滑倒 老年人由于其反应力降低、行动迟缓更易滑倒,且老年人滑倒后容易发生骨折等损伤,且此类损伤相对于年轻人而言更严重、恢复更慢,养老机构后勤管理不善致使地面湿滑时更容易发生。

3. 走失 患有阿尔茨海默病等神经系统疾病的老年人具有较高的走失风险,养老机构管理制度不完善时老人走失更易发生。

4. 烧烫伤 老年人由于其自理能力降低、肢体感知能力较差,因此是烧烫伤的高危人群。养老机构对患者的健康宣教不到位,或对机构内老人私自使用热水袋等情况管理不严格时更容易发生。

5. 争吵/打架 养老机构内的老人之间或老人与家属矛盾升级时,可能会发生争吵甚至打架,养老机构未及时调解矛盾时更容易发生。争吵可能导致老人情绪过于激动而晕厥,打架可能导致老人受外伤。

6. 失窃 养老机构管理疏漏时(如门禁系统损坏未及时维修或更新、养老机构出入登记制度不完善等)可能导致老人财物失窃,重要的财物失窃可能给老人的身心造成创伤。

三、养老机构不良事件管理的意义

提高养老机构不良事件的管理能力有利于提高养老机构服务质量和管理质量,从而促进养老机构的健康发展、造福老人。

(一) 养老机构服务质量的基础

老人是养老机构服务的主体,不良事件会降低老人的生活质量,增加老人的医疗经济负担,因此,提高养老机构不良事件的管理能力有助于提高养老机构服务质量,具体表现为提高老人的生活质量、减少老人的经济损失。

(二) 养老机构管理质量的核心内容

养老机构不良事件管理是养老机构管理的核心内容之一,提高养老机构不良事件的管理能力有助于减少养老机构不良事件的发生率、降低养老机构不良事件的等级,因此,提高养老机构不良事件的管理能力有助于提高养老机构的管理质量。

(三) 养老机构良好社会声望的基础

不良事件的管理能力直接影响了入住老人的信心与选择,长期保持良好的不良事件管理能力是养老机构获得信赖的重要途径之一,因此,提高养老机构不良事件的管理能力有助于养老机构获得良好的社会声望,促进养老机构的良性发展。

四、我国养老机构不良事件的管理

养老机构不良事件的管理流程主要包含不良事件的报告、不良事件的处理和不良事件的预案制定等方面的内容。养老机构不良事件的管理的原则可以概括为主动报告、报告在先、处理在后、预防为主、预案常备。

(一) 养老机构不良事件的报告意义

养老机构需要建立良好的不良事件报告制度,通过积极报告不良事件,养老机构可以及时分享不良事件信息,便于尽早发现安全隐患,从而有效地减少养老管理和服务过程对患者的伤害,也能最大限度地避免养老机构内医疗差错与医疗纠纷的发生。此外,建立良好的不良事件报告制度可以为卫生行政主管部门提供决策依据,有利于其制定出相应的有效的控制措施。

(二) 养老机构不良事件处理原则

养老机构应加强对强制上报类不良事件的管理,倡导主动上报与积极处置并重的处理模式,形成非惩罚性报告机制和激励机制。鼓励养老机构建立机构内部不良事件信息报告平台,重点关注医疗质量隐患问题或未造成严重不良后果的负性事件,对不良事件反映出的安全隐患开展重点整改,采取有针对性的措施预防不良事件的发生。

(三) A 级、B 级、C 级和 D 级不良事件的报告制度及处理流程

A 级、B 级、C 级和 D 级不良事件未对老人造成伤害,此类不良事件属于隐患事件,应当进行前瞻性管理,发现此类不良事件后,由当事人或发现人立即报告相关职能部门,由相关职能部门针对此类不良事件制定、落实预防措施。此外,相关职能部门还应自行检查并填写不良事件隐患登记本,定期汇总隐患事件并组织相关工作人员讨论,不断更新和完善预防措施。

(四) E 级和 F 级不良事件的报告制度及处理流程

E 级和 F 级不良事件对老人造成轻度或中度伤害,发生此类不良事件后,由当事人及时上报相关职能部门并填写不良事件报告单,由相关职能部门负责评估的专员评估不良事件的严重程度并报告养老机构分管领导,由后者根据养老机构当前的医疗条件,尽快做出继续留在本机构处理该不良事件或转医疗机构处理该不良事件的决定。

发生不良事件后的所有相关记录及造成不良事件的药品、器材等均应妥善保管,不得擅自丢弃、涂改或销毁,以备发生法律纠纷时鉴定。发生此类不良事件后,相关职能部门应组织部门工作人员充分讨论、分析导致此类不良事件发生的原因,并针对此类不良事件制定、落实整改措施。养老机构相关督察部门应在此类不良事件发生后一个月内对整改措施的落实情况进行检查。

笔记栏

(五) G 级、H 级和 I 级不良事件的报告制度及处理流程

G 级、H 级和 I 级不良事件属于对老人造成重度伤害或死亡的严重不良事件。G 级和 H 级不良事件一般超出了养老机构的医疗水平所能承载的处理范围,建议报告的同时立即转至有相应处理资质的医疗机构处理。对于养老机构内死亡的老人,如果属于正常死亡者,应由养老机构出具情况证明,由死者所在辖区社区卫生服务机构或乡镇(街道)卫生院相关人员根据死亡申报材料、调查询问结果并进行死因推断之后,填写死亡调查记录及死亡医学证明书

对于养老机构不能确定是否属于正常死亡者,须经公安司法部门判定死亡性质,公安司法部门判定为正常死亡者,由负责救治或调查的相关人员填写死亡医学证明书;公安司法部门判定为非正常死亡者,应交由公安司法部门调查。发生此类不良事件后,养老机构应组织全机构工作人员充分讨论、分析导致此类不良事件发生的原因,并针对此类不良事件制定、落实整改措施。养老机构相关督察部门应在此类不良事件发生后一个月内对整改措施的落实情况进行检查。

(六) 不良事件的预案制定

对于坠床、跌伤、药物急性不良反应、误吸等常见的急性不良事件,养老机构要在预防措施的基础上制定完备的应急预案,以最大程度降低不良事件给老人造成的损害。针对自杀等特殊的不良事件,养老机构要从护理、医疗和管理全方位制定完备的应急预案。例如,对于有自杀倾向的老人,要没收其锐利的器物,并为其选择能防止其跳楼等意外的特殊结构房间,医师要定期评估其心理健康状态等。此外,对于自杀未遂者也应该做好相应的应急预案。

第五节　养老机构的突发事件管理

突发事件是任何机构或企业都可能面临的难以预料的事件,这些事件有的会给机构或企业造成巨大的损失,有的则会影响其正常运行。当前,随着养老机构模式的加速转型和发展,养老机构的突发事件也呈现出与以往不同的特点,这些新的特点可能对养老机构的日常运营与发展造成较大的影响,因此,越来越多的养老机构也开始重点关注突发事件的管理。

一、养老机构的突发事件概述

(一) 突发事件的定义

根据《中华人民共和国突发事件应对法》的定义,突发事件是指突然发生,造成或者可能造成严重社会危害,需要采取应急处置措施予以应对的自然灾害、事故灾难、公共卫生事件和社会安全事件。突发事件造成或者可能造成重大人员伤亡、财产损失、生态环境破坏和严重社会危害,危及公共安全。突发事件主要分为突发自然灾害、突发事故或突发灾难、突发公共卫生事件以及突发社会安全事件等四类。

(二) 突发事件的分级

各类突发事件按照其性质、造成的损失、对社会的危害程度和影响范围等因素,由高到低分别为 4 个等级,依次是特别重大、重大、较大和一般。

(三) 养老机构的突发事件

养老机构的突发事件特指突然发生在养老机构的,造成或者可能造成养老机构重大人员伤亡、财产损失、生态环境破坏和严重社会危害,危及养老机构公共安全的紧急事件,此类事件需要采取应急处置措施。

(四) 养老机构突发事件的特点

1. **突发性**　养老机构突发事件的突发性体现在事件发生的真实时间、具体地点和危害程度难以预料,往往超乎人们的心理惯性、扰乱养老机构的正常秩序。

2. **危险性**　养老机构突发事件的危险性体现在事件给养老机构内人员的生命财产或者给国家、社会带来严重的危害,且这种危害的受害主体是群体性的。

3. **紧迫性**　养老机构突发事件的紧迫性体现在事件发展十分迅速,需要采取非常态措施(应急处置措施)、作出非程序化决定,才有可能避免局势恶化。

4. **不确定性**　养老机构突发事件的不确定性体现在事件的发展方向和事件可能的影响往往根据既往的经验和措施难以判断、掌控,如果处理不当就可能导致事态迅速扩大。

二、我国养老机构常见的突发事件

我国养老机构常见的突发事件有突发自然灾害、突发事故或突发灾难、突发公共卫生事件以及突发社会安全事件等四类。

(一) 突发自然灾害

养老机构常见的自然灾害有台风、地震、洪涝灾害、滑坡、泥石流等,上述自然灾害的发生充满了不确定性。其中,地震的发生率与养老机构所在地是否处于地震带有关;沿海地区的养老机构较易受台风自然灾害的影响;养老机构是否受洪涝、滑坡、泥石流等自然灾害的影响与养老机构的选址有较大关系。

(二) 突发事故或突发灾难

养老机构常见的突发灾难有火灾、爆炸、大面积停电停水等。其中,以火灾的危害最大,严重的火灾会给养老机构内的人员的人身安全和财产安全带来重大的损失,火灾的原因有很多,包含用电引起的火灾、用火不慎引起的火灾、易燃物品使用或管理不当引起的火灾,及人为纵火等。

用电引起的火灾常见的几种主要形式有电气设备过负荷、电气线路接头接触不良、电气线路短路等;用火不慎引起的火灾常见的有抽烟、艾灸或拔罐无人看守、在严禁使用明火的场所使用明火等;易燃物品使用或管理不当引起的火灾常见的有酒精、天然气、充电宝、打火机、微波炉等的使用或管理不当。

养老机构发生爆炸的原因主要是易燃易爆物品的使用或管理不当,或人为引起的。以前者较为常见,养老机构最常见的易爆品为各种气瓶(氧气瓶、天然气瓶);此外,在养老机构接受服务的老人从机构外违反管理规定向机构内带入烟花爆竹等易爆物品也是养老机构发生爆炸的隐患之一。养老机构大面积停电、停水一般与供电系统、供水系统故障有关,虽然一般不会给养老机构带来巨大损失,但会影响养老机构的正常运行。

(三) 突发公共卫生事件

养老机构常见的突发公共卫生事件主要有食物中毒和传染病两大类。养老机构发生食物中毒的原因主要是食堂供餐,其所涉及的环节有食材的采购、储存、加工、制作和餐具的处理等,变质的食材、不当的加工或制作、不合理的储存、消毒处理不彻底的餐具等均会导致食物中毒。此外,养老机构内的老人自带过期、变质或没有安全信息的食物也可能会导致养老机构发生食物中毒事件,但此类事件一般发生范围较小。

养老机构发生传染病主要与养老机构对传染病的管理和防控措施不力有关,例如,是否对每位进入养老机构接受服务的老人建立了严格的健康档案、筛选出具备传染性的老人,是否严格执行传染病上报制度,是否对每位在养老机构接受服务的老人的个人卫生用具、餐具等物品进行严格的消毒等。

养老机构突发公共卫生事件的特点在于,相对于青年群体,养老机构内的老人由于其身体素质较差、基础疾病较多,对食物中毒和传染病等创伤的修复能力较差,因此食物中毒和传染病等创伤对老人身体造成的伤害相对更大,恢复更慢,更易造成死亡。

(四) 突发社会安全事件

养老机构常见的突发社会安全事件主要有外来侵害和养老机构内部人员矛盾纠纷两大类。外来侵害一般是养老机构外的不法分子与在养老机构接受养老服务的老人存在矛盾或纠纷,潜入养老机构对老人实施不法侵害。养老机构内部人员矛盾纠纷包含在养老机构接受养老服务的老人之间的矛盾纠纷、养老机构内部服务人员之间的矛盾纠纷,以及在养老机构接受养老服务的老人与养老机构内部服务人员之间的矛盾纠纷。养老机构内部服务人员之间的矛盾纠纷为工作、经济矛盾纠纷,例如养老机构欠薪等,养老机构内部服务人员是养老机构提供服务的核心力量,此类矛盾纠纷如果处置不当容易演变成危害巨大的复杂事件。

在养老机构接受养老服务的老人与养老机构内部服务人员之间的矛盾纠纷主要是老人与服务人员的经济纠纷与服务纠纷。常见的经济纠纷为老人欠缴相关养老服务费用;服务纠纷主要体现在老人对机构养老服务人员的服务质量、服务态度不满意,或认为自身遭受的损害与机构养老服务人员的服务或管理有关。此外,服务纠纷有时也可能与经济纠纷同时交织出现。

三、养老机构突发事件管理的意义

健全养老机构突发事件管理制度是国家法律法规的基本要求,提高养老机构突发事件的管理能力有利于保障养老机构正常运作、提高养老机构服务质量和管理质量,从而促进养老机构的健康发展、造福老人。

(一) 法律法规要求健全养老机构突发事件管理制度

《中华人民共和国突发事件应对法》第二十二条规定:"所有单位应当建立健全安全管理制度,定期检查本单位各项安全防范措施的落实情况,及时消除事故隐患;掌握并及时处理本单位存在的可能引发社会安全事件的问题,防止矛盾激化和事态扩大;对本单位可能发生的突发事件和采取安全防范措施的情况,应当按照规定及时向所在地人民政府或者人民政府有关部门报告。"因此,养老机构务必健全本机构的突发事件管理制度。

(二) 保障养老机构正常运作

突发事件一旦发生,很有可能对养老机构的正常运作造成较大的影响,同时也会严重影响养老机构内的人员(包含老人与服务人员)的生命安全和财产安全。严重的突发事件甚至会对养老机构产生破坏性的影响,直接导致养老机构破产。因此,提高养老机构突发事件的管理能力有利于降低养老机构突发事件对养老机构内人员及养老机构本身的影响,从而保障养老机构的正常运作。

(三) 提高养老机构服务质量和声誉

突发事件的发生是影响养老机构服务质量和声誉的重要因素之一,突发事件频发会对养老机构的服务质量和声誉造成实质性的冲击。安全的运营环境是讨论养老机构服务质量的前提,突发事件频发的养老机构谈不上服务质量。养老机构的安全是大多数老人在选择养老机构接受养老服务时首要考虑的因素,突发事件频发的养老机构意味着其危险系数升高,老人们或其家属通常会对突发事件频发的养老机构的声誉质疑,这直接关系到老人们或其家属对养老机构的选择。因此,只有切实提高养老机构突发事件的管理能力,才能有助于提高养老机构服务质量与声誉。

(四) 提高养老机构管理质量

养老机构突发事件管理是养老机构管理的核心内容之一,提高养老机构突发事件的管理能力有助于减少养老机构突发事件的发生率、弱化养老机构突发事件对养老机构本身和养老机构内人员(包含老人与服务人员)的影响,进而提升养老机构的管理质量。应当指出,提高养老机构突发事件管理能力的效果对养老机构的回报是隐形的、长期的,养老机构应当具备长远的发展眼光,拒绝短视。任何对养老机构突发事件管理的轻视都会给养老机构的运营与发展埋下巨大的隐患。

四、养老机构的突发事件管理

养老机构的突发事件管理内容包括成立专门的突发事件应急管理部门、建立应急预案、建立突发事件预警监测制度、建立突发事件报告制度、建立突发事件应急处置预案、建立对应急预案的再评价与改进,以及应急保障制度等内容。

(一)应急管理部门的组织机构与工作职责

1. 应急管理部门的组织机构　养老机构应当成立突发事件应急管理部门专职负责养老机构的应急管理工作,养老机构突发事件应急管理部门的组织机构包含应急管理领导层、应急管理管理层及应急管理操作层三个方面。

2. 应急管理部门的工作职责

(1)应急管理领导层的主要工作职责为:全面负责本部门的应急管理工作,建立应急组织部门;审查批准本养老机构的应急管理制度、组织制定并实施本机构的突发事件应急处置预案;担任突发事件的总指挥;及时地、如实地向养老机构所在地人民政府的主管部门及相关部门报告本机构的安全事故。

(2)应急管理管理层的主要工作职责为:负责制定本养老机构的安全管理制度及突发事件应急预案;组织实施本机构的日常安全检查工作,督促、落实本机构的隐患整改工作;负责本机构相关应急组织人员的安全培训、应急演练与管理;落实应急管理领导层的指令,担任突发事件的现场指挥,负责协调及信息汇总上传,以及突发事件的综合协调工作。

(3)应急管理操作层的主要工作职责为:在应急管理管理层的领导下,负责突发事件的具体处置,包括疏散引导受害人员,实施应急救援,对受伤人员的医疗救护,重点人员的安全保卫工作,本机构的通讯联络工作,发生险情、灾情时的抢险救灾工作,以及应对突发事件时的后勤保障工作等方面。

(二)养老机构应急预案的建立

良好、完备的应急预案是高效处置突发事件的前提,养老机构应结合本机构的实际情况制定专项突发事件的应急处置预案。这些应急预案一般应包括:突发自然灾害(台风、地震、洪涝、滑坡、泥石流等)应急处置预案;突发事故或突发灾难应急处置预案,如火灾事故应急处置预案;突发公共卫生事件应急处置预案,如食物中毒应急处置预案、传染病应急处置预案;突发社会安全事件应急处置预案,如养老机构内老人人身意外伤害应急处置预案等。此外,养老机构还应该根据本机构的实际情况制定适合本机构的其他必要的预案。

(三)养老机构突发事件预警监测制度的建立

养老机构应建立统一的突发事件预警、监测制度,完善预警机制和监测机制,加强对本机构突发事件监测工作的管理和监督,保证和提升突发事件的监测质量。此外,养老机构突发事件应急管理部门还应该对可能发生的突发事件进行分析和预判,按照应急处置预案的相关程序及时研究相应的应对措施,做好应急处置的准备。

(四)养老机构突发事件报告制度的建立

养老机构应建立突发事件报告制度,应按照《中华人民共和国突发事件应对法》对于突发事件报告的相关规定逐级上报。突发事件发生后,现场有关人员应立即向养老机构突发

笔记栏

事件应急管理部门的应急指挥领导小组报告,应急指挥领导小组在接到相关突发事件的报告后,应由养老机构突发事件应急管理部门的领导层按照《中华人民共和国突发事件应对法》的相关规定立即向养老机构所在地人民政府或者人民政府有关部门报告。在突发事件的应急处置过程中,养老机构突发事件应急管理部门要及时续报有关情况。对重大突发事件要坚决杜绝谎报、瞒报、迟报,或者授意他人谎报、瞒报,相关人员亦不得阻止他人按程序报告。

(五) 养老机构突发事件的应急处置

养老机构突发事件应急管理部门应及时对已发生的突发事件的相关信息进行筛选、整理、分析和评估,由应急指挥领导小组按照《国家突发公共事件总体应急预案》的分类分级规定,依级启动预案。重大级别以下突发事件应急处置工作由养老机构突发事件应急管理部门负责组织进行。

当突发事件的级别超出本机构的应急处置能力时,养老机构要及时报请所在地人民政府的相关行政主管部门提供指导和支持。在突发事件得到有效处置并经相关专家论证后,养老机构突发事件应急管理部门应当根据突发事件的处置情况作出终止预案的决定。

(六) 养老机构突发事件应急预案的再评价与改进

突发事件应急处置结束后,养老机构突发事件应急管理部门应该对原来的应急预案进行评价,对应急预案评价资料进行留存备查,对原来的应急预案表现出的不足的地方进行完善。

(七) 养老机构突发事件的应急保障

应急保障是处置好突发事件的物质基础,突发事件应急保障的原则为分工明确、落实到人。养老机构应根据风险分析确定的主要风险,组建综合性救援部门,并为综合性救援部门配备各种救援设备和设施、监测设备、个人防护装备、医疗设备、医用耗材和药品、救援交通工具、生活应急保障物资、隔离设备,及其他救灾救援材料等。积极引进先进的物防、技防措施,应急物资与装备应定期检查、维护与更新,保证其始终处于完好状态。此外,养老机构还应该对本机构的固定场所按有关技术标准和要求设置应急警报系统。

> **思政元素**
>
> 养老机构风险管理文化建设
>
> "常怀远虑、居安思危"是忧患意识的典型表述,而忧患意识是中华民族的优秀传统文化的精髓之一,中华民族数千年的历史告诉我们:大到国家民族,中到家庭,小到个人,只有心中常怀忧患意识,方可最大限度地实现安全发展。
>
> 养老机构的风险管理文化建设应植根于悠远精深的中华文化之中,着重培养员工的危机意识是建设养老机构风险文化的根本方法。忧患意识与危机意识的树立与培养可以使养老机构各层级的员工在日常工作中始终将养老服务的安全放在首位,密切配合本机构的日常风险管理、不良事件管理和突发事件管理,促进本机构的良性发展,实现本机构的发展战略。

(张 喜)

复习思考题

1. 请结合我国养老机构的发展现状,谈谈建设全面的养老机构风险管理体系的内涵。
2. 我国养老机构日常风险有哪些?
3. 养老机构不良事件管理的流程是什么?
4. 养老机构突发事件管理的流程是什么?

PPT 课件

◇◇◇ 第九章 ◇◇◇

养老机构的财务管理

📖 学习目标

知识目标

1. 掌握养老机构财务管理的基本概念、基本原则和基本方法。

2. 熟悉养老机构财务管理的主要内容及目标。

3. 了解养老机构预算管理、资金管理、成本管理和财务分析的基本程序。

能力目标

1. 能正确运用财务管理原理与方法,制定与调整养老机构的财务预算、对养老机构进行资金管理。

2. 能正确运用成本管理的方法对养老机构进行成本控制。

3. 能正确选择财务分析方法,解决养老机构财务分析的实际问题。

素质目标

树立科学的风险价值观、时间价值观、理财观,培养规范的财务意识和财务管理理念。

思政目标

坚持养老机构"人民性"的第一属性,承担社会责任,统筹经济效益和社会效益,关注和支持老年人养老事业的发展。

财务管理是养老机构经济管理的重要内容。充足的资金与健康的资金流转是所有经济组织持续经营的重要保证。养老机构作为提供养老服务的重要社会组织,其财务管理制度的建立和执行对于保障机构的经济稳定和运行持续具有重要意义。

🔗 案例分析

"乱象丛生,养老机构高额押金"

为适应社会需求,我国养老机构发展迅速,服务内容不断丰富,服务质量不断提升,覆盖范围不断扩大。目前,部分养老机构在养老服务上下足功夫,为老年人提供了高水平的服务,但是涉及内部财务管理工作时,存在基本财务制度和流程严重缺失等问题。养老产业的发展,给老年群体带来更多服务的同时,也带来了各种各样的风险。

某市颐养中心为非营利性养老机构。王女士经亲友推荐,选择了该颐养中心并为母亲办理了入住。入住时,王女士在颐养中心交纳了 10 万元押金、备用金,结果其母出院后却迟迟没有退回。目前该颐养中心还有多名退住人没有拿回押金和备用金,其中最高的一笔达 50 万元。该非营利性养老机构用押金、业务活动收入购买了股票、债券、黄金等作为投资。

　　思考：

　　1. 作为服务型产业，养老机构收取如此高额的押金，符合相关部门的规定吗？

　　2. 养老机构是否可以随意支配押金、备用金？

　　3. 养老机构是否可以用业务活动收入购买股票、债券、黄金等作为投资？

第一节　财务管理概述

　　我国养老事业是政府实行一定福利政策的社会公益事业。养老机构作为养老服务的提供者，在养老服务体系中具有重要地位。根据 2020 年 9 月民政部新修订的《养老机构管理办法》对养老机构的分类，养老机构分为营利性养老机构和非营利性养老机构，划分的主要依据是养老机构的经营目的、服务任务以及执行不同的财政、税收、价格政策和财务会计制度。

一、财务管理的定义及内涵

（一）财务管理的意义

　　"财务"是商品货币经济社会中极为普遍的社会现象，更是一种经济现象。凡与商品货币经济有关的主体皆涉及财务管理。从字面上看，"财务"就是财产（包括钱与物）上的事务。小至个人、家庭、作坊，大至集团、政府、国家，均拥有财产，也均需对它们进行"打理"或"服务"，这样就必然会产生人人、处处都要遇到财务管理。从理论视角看，财务管理是研究个人、经济实体和其他组织如何在一定期间内分配资源，在不确定的条件下进行决策，将资源引向最有价值的用途，是组织进行财务活动、处理财务关系的一项经济管理工作。

（二）养老机构财务管理的定义

　　1. 养老机构财务　养老机构财务是指养老机构在提供养老服务的过程中所形成的财务活动，以及由此形成的各种财务关系。

　　2. 养老机构财务管理　养老机构财务管理是指为了更好地实现社会价值或经济利益，保证养老机构的持续运转，对养老机构在运转过程中所形成的各种财务活动与财务关系进行科学预测、决策、计划、控制、协调、核算、分析和考核等一系列经济管理工作。

（三）养老机构财务管理的特点

　　由于不同类型养老机构的财务管理目标、内容、环境等有较大差异，在分析养老机构财务目标时，应根据机构性质的不同分别讨论。

　　1. 营利性养老机构财务管理的特点　营利性养老机构应在当地工商、税务部门进行注册登记，属于营利性企业组织，包括企业法人、个人独资企业等形式。在我国，营利性养老机构的特点包括：①根据市场需求自主确定服务项目；②服务价格放开，依法自主经营，按规定纳税，一般不享受国家有关优惠政策；③参照执行企业的财务、会计制度和有关政策；④营利性养老机构可以追求利益最大化，在完成税收征缴后，其利润可以分红。

2. 非营利性养老机构财务管理的特点   非营利养老机构应当在当地民政部门注册登记,包括民办非企业单位、事业单位等形式。该类型机构不以营利为目的,收入用于弥补养老服务成本,实际运营中的收支结余只能用于自身的发展,如改善养老服务条件、引进技术、开展新的养老服务项目等,不能进行利润分红。

(四)养老机构财务管理的目标

养老机构财务目标是指养老机构通过理财活动所希望实现的结果,是评价养老机构理财活动是否合理的基本标准。根据养老机构性质不同,财务管理目标的侧重点有所不同。

1. 营利性养老机构财务管理的目标   营利性养老机构的经营行为更多地以市场为导向,投资者投资营利性养老机构的目的在于追求利润及投资回报。但是养老行业作为涉及民生福祉的产业,公益性应该为其第一属性,市场化为次要属性,市场化应在公益性的基础上展开。从财务管理的角度看,营利性养老机构财务管理的主要目标是在保证公益性的基础上兼顾营利性。营利性养老机构就是在这一基本目标之上构建养老机构财务管理原则的。但是,营利性养老机构同样也要接受民政部门的行业管理,其财务管理的目标要在符合政策法规和行业质量标准的前提下实现。

2. 非营利性养老机构财务管理的目标   非营利性养老机构的显著特点是不以营利为目的,其财务管理的目的是保证提供足够的资金以开展公共活动,完成具体的社会使命。要求非营利性养老机构制定科学的财务管理制度,使其能够获取并有效使用资金。非营利性养老机构财务管理的目标可以表述为:获取并有效使用资金,以最大限度地实现组织的社会使命。具体而言,非营利性养老机构财务管理的基本目标是按照国家的方针、政策,根据自身资金活动的客观规律,利用价值形式、货币形式,对其各项经济活动进行综合管理。

二、养老机构财务管理的方法

(一)建立健全内部财务管理制度

养老机构财务管理制度是养老机构进行财务活动、处理财务关系时应遵循的基本制度。养老机构为了强化财务管理,不仅要严格遵循和执行国家财务管理法规,还要建立健全其内部财务管理制度,确定内部财务关系,使各部门互相配合、互相制约、协调一致地组织财务活动,处理好财务关系,实现财务工作规范化管理。

(二)加强经济核算,提高资金使用效益

养老机构在进行财务管理时,要利用价值形式对经营活动进行综合性管理,促使其各个环节讲求经济效益,充分发挥资金的使用效率,促使养老机构增收节支,通过会计核算,用尽可能少的劳动消耗和物资材料消耗,提供更多的优质社会服务。

(三)正确编制预算,合理安排收支

财务预算是养老机构完成各项工作任务、实现组织计划的先决条件,也是养老机构财务工作的基本依据。养老机构的全部财务活动,包括一切收支活动,都要按规定编制预算,实行计划管理。预算既要积极合理,又要保证供给,要分清轻重缓急和主次先后,使有限的资金尽量得到合理安排和使用。

(四)依法筹集资金,保证资金需要

养老机构除取得国家财政补助外,要在国家政策允许范围内,挖掘潜力,多形式、多层次筹集资金,做到应收不漏,控制收入的流失。为了保证业务活动的正常开展,要积极筹措资金。筹措资金时,除了在数量上保证外,还要注意资金需求的计划性和协调性,按期按量筹

措资金,保证资金供应,以满足各方面的需要,保证各项任务的顺利完成。

(五) 节约开支,控制费用成本

养老机构在积极组织收入的同时,必须要加强支出管理,减少一切不必要的开支,严格执行审批制度,制定支出消耗定额,节约使用资金,控制费用和成本。

三、养老机构财务管理的主要内容

养老机构财务管理的内容因机构性质、运营模式等的不同而有所差异。营利性养老机构以盈利为目的;非政府举办的非营利性养老机构的财务目标是在满足人民群众的养老需求前提下实现养老机构价值最大化;政府举办的非营利性养老机构属于事业单位,预算管理是其财务管理的重点。无论哪种性质的养老机构,其财务管理的核心内容主要包括预算管理、资金管理、成本控制、财务分析四个方面(图 9-1)。

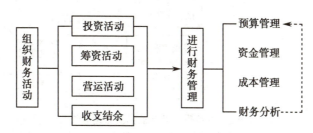

图 9-1 财务管理核心内容

(一) 预算管理

1. 预算管理的定义 预算管理是指养老机构根据事业发展计划和任务,对计划年度内养老机构财务收支规模、结构和资金渠道做出预测。预算管理是计划年度内养老机构各项事业发展计划和工作任务在财务收支上的具体反映,是养老机构财务活动的基本依据。

2. 养老机构预算管理的内容 预算管理是养老机构资金运动的起点,对养老机构财务管理具有重要意义。预算的编制方法主要有固定预算、弹性预算、增量预算、零基预算、滚动预算、概率预算等,每一种方法在理论上都有其适用范围和优缺点。

(二) 资金管理

资金管理涉及养老机构内部和外部资金的筹集、运作和利用,旨在确保机构资金的流动性及有效利用。养老机构资金管理可以分为日常性活动的资金管理和项目性活动的资金管理。

1. 日常资金管理 养老机构的日常资金主要指流动性资金,即机构用于支持日常运营、管理和提供养老服务所需的资金。这些资金用于支付员工工资、购买食品和日常用品、维护设备和建筑、支付水电费用以及其他运营成本等,体现了养老机构的运营能力。在日常资金的管理中,要保证满足流动性需求的前提下,尽量控制流动性资金的占用量,加速流动资产的周转。

2. 项目资金管理 养老机构为了实现其社会价值或组织价值,将资金投放于固定资产等非流动资产中,非流动资产特别是固定资产体现了养老机构的规模。如项目投资常用于机构进行业务拓展、资产增值、技术创新、市场开发等。如何使好的项目得到更多的资金支持,如何有效地使用项目资金从而使其达到最优的资源配置效率,是项目资金管理中最重要的财务管理内容。项目投资作为一种战略,关系到养老机构经营的成败和未来发展的方向。养老机构只有做好项目资金管理,才能避免盲目性投资,保证养老机构稳定高效地运行,确保其社会效益和经济效益的提高。

（三）成本管理与控制

1. 成本管理的定义　成本管理是指养老机构为了实现最佳经济效益和财务可持续性，对各项成本进行有效控制和管理的过程。养老机构在提供养老服务过程中会取得各类收入，同时产生各类成本费用。养老机构最常规的业务资金运转循环如图9-2所示。

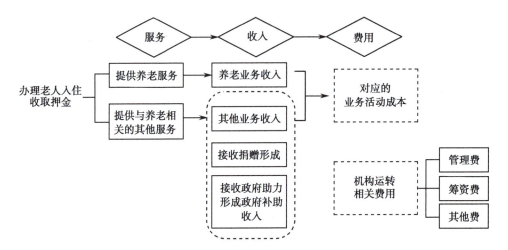

图9-2　养老机构常规业务资金运转循环

2. 养老机构成本管理的主要内容　包括业务活动成本，即养老机构在提供养老服务时发生的相关物料消耗费、人员费、设备设施损耗费等；管理费用，即机构内部管理和行政支出，如办公用品、资产保险、会计和审计费用等支出；筹资费用以及其他费用支出等。通过成本管理可以确保养老机构的经营成本在可控范围内，并提高资源利用效率，为养老机构提供一个稳定的可持续的财务基础，从而更好地满足长者的需求和提供优质的养老服务。

（四）财务分析

1. 财务分析的定义　财务分析是指养老机构根据会计报表及有关资料，采用专门的分析技术和方法，对一定时期内养老机构的财务状况、财务收支情况、效益情况等进行的研究、分析和评价。

2. 养老机构财务分析的内容　养老机构的财务分析包括养老机构的财务状况及资产、负债、净资产情况分析，反映养老机构的筹资能力、发展能力及项目营运与管理效率。应注重财务收支情况分析、工作数量和质量指标的完成情况分析，因其反映了养老机构增收节支、开源节流和社会效益与经济效益协调增长的情况。

四、养老机构财务管理的原则

养老机构财务管理原则是从财务管理实践中总结归纳出来的行为规范，反映了养老机构财务管理活动规范化的本质要求，又体现了财务管理的基本理念。

（一）严格执行国家法律、法规及财务制度的原则

在社会主义市场经济条件下，一切财务活动都必须在法律规定的范围内运行。养老机构财务管理的基本原则是严格遵守国家相关法律、法规和财务制度，牢固树立法律意识，规范养老机构财务行为，使各项财务管理工作在法治轨道上运行。

（二）坚持量入为出、控制成本的原则

控制成本是养老机构财务管理工作必须长期坚持的原则。养老机构在开展日常业务活

动时,应以预算为依据,充分实现资源的有效配置。一方面,积极采取措施,控制成本,反对和杜绝铺张浪费的现象;另一方面,要大力提高资金使用效率,不盲目投资,使有限的资金得到合理的使用。

(三) 实行预算管理的原则

养老机构的全部财务活动都应按规定的编制预算,建立以预算管理为中心的经济管理信息系统,改进管理效果。正确编制组织预算,可以有计划地组织机构的财务活动,保证各项业务的顺利进行。随着财务预算制度的改革和创新,非营利性养老机构组织预算的编制,应更多地采用零基预算等科学的编制方法,按照当地财政对其预算编制的要求,完成组织预算的编制、批准及执行工作。

(四) 坚持以社会效益为主的原则

养老机构承担着一定的政府福利职能,具有社会公益性特征,特别是非营利性的养老机构,其运行目的在于保障国民经济和社会事业的发展,并以社会效益为最高原则。养老机构在追求社会效益的同时,应注重财务管理的资金使用效率,要充分利用养老机构现有的人力、物力、财力,达到社会效益的最大化,更好地满足社会的需求。

(五) 利益关系协调原则

养老机构在组织财务活动的过程中,会与有关各方发生相应的利益关系,如政府、其他法人单位、所有者及机构员工等。在处理机构与相关利益者的关系时,必须在保证机构财务目标实现的同时,注意维护有关各方的合法权益。只有尽力均衡机构及其相关利益者的利润分配,尽可能地减少各相关者的利益冲突,才能更好地保证实现机构财务管理的目标。

第二节　养老机构的财务预算

财务预算是养老机构财务管理的重要环节,提供了养老机构未来资金运动的信息,指明了养老机构理财的具体目标,具有全员性、全程性和全方位等特征,其出发点是通过预算来强化内部管理,使预算成为一种管理上的制度安排。只有以战略为导向的养老机构财务预算管理才能对机构发展起到全方位的支持作用,是养老机构战略目标的具体实施规划。

一、养老机构的财务预算概述

(一) 养老机构财务预算的作用

养老机构财务预算是机构各级各部门工作的最终目标和协调工具,也是控制的依据和考核的标准,其作用归纳起来主要有以下几个方面。

1. 使决策目标具体化、系统化和定量化　财务预算能全面、综合地协调、规划养老机构内部各部门、各层次的经济关系与职能,使之统一服从于未来经营总体目标的要求,同时财务预算又能使决策目标具体化、系统化和定量化,能够明确规定养老机构有关生产经营人员各自职责及相应的奋斗目标。

2. 协调各部门的工作　财务预算可以把养老机构各部门的工作严密地组织起来,将各部门的各项工作统一于养老机构的总体目标之下,使机构内部协调一致,减少和消除可能出现的各种矛盾冲突,使各部门成为一个围绕总体目标而有序运转的有机整体。

3. 作为控制的依据　财务预算是控制养老机构日常业务、经济活动的依据和衡量其合理性的标准。在预算执行过程中,各级各部门应定期将执行情况与预算进行对比,及时发现偏差,分析原因,采取必要措施,以保证整体目标的顺利完成。

4. 有助于财务目标的顺利实现　通过财务预算,可以建立评价养老机构财务状况的标准。将实际数与预算数对比,可及时发现问题和调整偏差,使机构的经济活动按照预定的目标进行,从而实现机构的财务目标。财务预算表达的主要是资金、收入、成本、费用和利润之间的关系,各级部门须根据具体的财务目标安排各自的经营活动,使机构总体目标得到保障。

(二) 养老机构财务预算的分类

1. 按预算期的长短　按预算期的长短,财务预算可分为长期预算和短期预算。长期预算是指预算期超过一年,如资本预算。短期预算是指预算期在一年以内,如业务预算等。长期预算对短期预算有重要影响。

2. 按预算的内容　按预算的内容,预算可分为财务预算、业务预算和专门预算。财务预算是关于养老机构在一定时期内货币资金的收支和财务状况的预算。业务预算用于规划养老机构的基本经济业务。专门预算主要指对养老机构某专项投资所编制的预算。业务预算和专门预算是财务预算的基础,财务预算是业务预算和专门预算的汇总。

3. 按预算的编制方法　按预算的编制方法,预算可分为固定预算、弹性预算、零基预算、增量预算、定期预算和滚动预算等。

二、养老机构财务预算的编制

(一) 养老机构财务预算的编制原则

养老机构财务预算编制应按照上级主管部门交给的工作任务,结合本机构的具体情况和有关规定进行。财务预算应明确体现或反映出养老机构整体经营目标,并使经营目标数量化、具体化。养老机构的财务预算编制应遵循以下原则。

1. 预算编制需要重视前期调研准备　财务预算的正确编制及其有效执行,在相当程度上受到数据资料完备与否的制约。因此,要编制好财务预算,应在现有会计核算资料的基础上,开展广泛、深入的调查,尽其所能充分、全面获取与本养老机构未来经营活动相关资料,作为编制财务预算的基础。

2. 预算编制需要全面、完整　在编制预算过程中应结合上年度预算执行情况进行综合考虑、全面分析,并避免预算缺乏周密、详尽的考虑,有关预算指标要相互衔接,保证整个预算的综合平衡和可靠完整。

3. 预算编制需要全员参与　财务预算的编制和执行,需要各级领导的重视和员工的支持与合作,两者缺一不可。在编制财务计划、预算过程中,原则上不搞赤字,强调开源节流、精打细算,提倡少花钱、多办事,充分发挥预算资金的使用效果。

4. 预算编制需要科学、合理　在预算调整过程中,应区分重要程度,对某些不重要的预算调整事项可以采取相对灵活的方式进行处理,应当把重点放在财务预算执行过程中出现的重要的、非正常的、不符合常规的关键性差异方面。

(二) 养老机构财务预算的编制方法

预算编制方法包含多种,每种预算方法均各有其优缺点,应根据养老机构自身业务特点和需要,针对不同预算项目选择适宜的方法进行财务预算编制。

1. 固定预算与弹性预算　预算编制方法按业务量基础的数量特征不同,可分为固定预算和弹性预算。

(1) 固定预算:固定预算又称静态预算,是一种传统的预算编制方法。根据预算期内正常的、可实现的某一业务量水平编制,一般适用于经营业务稳定、能准确预测成本的固定费用,或者数额比较稳定的预算项目。由于固定预算是根据某一业务量水平为基础编制的,无论预算期内业务量水平是否发生变动,该方法均按事先确定的某一业务量水平作为编制预算的基础,因此,本方法缺乏一定的灵活性。但由于固定预算具有编制过程简单、易理解、易掌握、省时省力的优点,并能体现预算编制的基本理论,是目前被广泛采用的一种方法。同时,预算编制要预留一定赔偿款,确保预算安排符合实际需求。

(2)弹性预算:弹性预算又称变动预算,是在不能准确预测业务量的情况下,以业务量、成本和利润之间的有规律的依存关系为依据,按一系列业务量水平编制的具有伸缩性的预算。弹性预算在一定程度上弥补了固定预算中当实际业务量与计划业务量发生差异时,费用的实际数与预算数缺乏可比性这一缺陷。弹性预算的主要用途是作为成本支出的工具。在计划期开始时,提供控制成本所需要的数据;在计划期结束后,可用于评价和考核实际成本。同时,养老机构入住率是一个重要的经济指标,直接影响着养老机构的财务状况和预算编制。根据国内外经验,养老机构要盈利,其入住率一般应达到70%以上。

2. 增量预算与零基预算　预算编制方法根据预算编制的基础不同,可分为增量预算和零基预算。

(1)增量预算:增量预算是指以基期成本费用水平为基础,结合预算期业务量水平及有关降低成本的措施,通过调整有关原有费用项目而编制预算的方法,是一种传统的预算编制方法。

(2)零基预算:零基预算是指在编制预算时,对任何一种费用的开支数,不以现有费用开支水平为基础,即不考虑以往水平,而是一切以零为起点,根据其必要性来确定预算期内费用支出数额的大小。零基预算的深层含义是一种建立在对预算期内意欲实施的事项进行严格审核、评估基础上编制预算的方法。

3. 定期预算与滚动预算　预算编制方法按照其选择预算期的时间特征不同,可分为定期预算和滚动预算。

(1)定期预算:定期预算是与会计年度相配合定期编制预算的方法。该种预算的预算期间与会计期间相吻合,便于考核和评价预算的执行效果。养老机构的经营预算和时务预算通常定期(如一年)编制。但是,定期预算也存在着如下缺点。

1)远期指导性差:定期预算一般是在上一年末的最后一个季度或年初编制,对预算年度的经营活动难以作出准确的预测,缺乏远期指导性。

2)灵活性差:预算中所规划的各种经营活动在预算期内往往发生变化,而定期预算却不能及时调整,从而使原有的预算缺乏灵活性。

3)连续性差:在预算执行过程中,由于受预算期的限制,管理人员的决策视野局限于剩余的预算期间的活动,不利于养老机构长期稳定的发展。

(2)滚动预算:滚动预算又称永续预算,或连续预算,是在预算有效期内随时间的推移和市场条件的变化而自行延伸,并进行同步调整的预算。在编制预算时,将预算期与会计年度脱离,随着预算的执行不断延伸补充预算,逐期向后滚动,使预算期永远保持为一个固定期间(一般为一年)的一种预算编制方法。滚动预算能与经营活动有机结合,保持预算本身的连续性和稳定性,使预算真正指导和控制养老机构活动。

三、养老机构的财务预算执行与调整

养老机构的财务预算编制首先由财务部门汇总本年度到目前为止各部门预算执行情况,然后根据实际情况修改预算,并上报给上级部门审批。养老机构财务预算一经批复下

笔记栏

达,各级责任部门应以预算为目标,根据预算来组织、安排和控制全部经营活动,以形成全方位的财务预算执行责任体系。财务预算的执行是预算目标实现与否的关键,是财务预算管理过程的核心环节。

养老机构一旦正式下达执行的财务预算,一般不予调整。在执行过程中由于市场环境、经营条件、政策法规等发生重大变化,致使财务预算的编制基础不成立,或者将导致财务预算执行结果产生重大偏差的,为了保证预算的科学性、严肃性与可操作性,则有必要对预算进行适当的调整。

(一) 财务预算的执行

财务预算的执行是预算目标实现与否的关键,是财务预算管理过程的核心环节。在财务预算的执行过程中,为了充分发挥养老机构各级责任部门的主观能动性,应界定各级责任部门的具体活动内容,明确规定其应承担的经济责任,形成一个责任明确的多层网络,同时应该根据各级预算责任主体的经营活动范围和特点,给予相应明确的权和利。只有将权、责、利有机地结合,预算责任主体才能具有主观能动性。

养老机构应当建立财务预算报告制度,要求各预算执行单位定期报告财务预算的执行情况。财务管理部门应利用财务报表监控财务预算的执行情况,及时向预算执行单位提供财务预算的执行进度、执行差异及其对机构财务预算目标的影响等财务信息,促进机构完成财务预算目标。

(二) 财务预算的调整

养老机构应当建立内部弹性预算机制,对于不影响财务预算目标的业务预算、资本预算、筹资预算之间的调整,机构可以按照内部授权批准制度执行,鼓励预算执行单位及时采取有效的经营管理对策,保证财务预算目标的实现。财务预算调整必须按照预算管理制度中规定的调整原则进行。

1. 合理性原则 申请调整预算的部门必须有合理的调整理由,在书面调整申请中具体说明调整预算的目的以及调整后的预算方案比原方案的合理性。同时,预算调整事项不能偏离机构发展战略和年度财务预算目标,调整方案应当在经济上能够实现最优化。

2. 审慎性原则 财务预算管理部门应该严格界定预算调整的范围,只有出现不可控的因素变化或因预算技术问题导致预算严重失准时才允许调整预算。如国家养老服务相关政策发生重大变化、市场养老服务需求或价格发生重大变化、医疗护理设备购置、维修发生变化等问题出现时才允许调整预算。

3. 重要性原则 在预算调整过程中,重点应当放在财务预算执行过程中出现的重要的、非正常的、不符合常规的关键性差异方面。

4. 权限性原则 预算的调整同预算的编制一样,是预算管理的一个重要、严肃的环节。因此,对于确需调整的预算项目,应由相应的责任单位提出申请,依照预算调整程序,经具有相应权限的预算管理部门审批后,才能予以调整。对于重大的调整必须经预算管理委员会集体讨论通过后才能进行。

第三节 养老机构的资金管理

在养老机构经营过程中,为了提高机构的养老服务能力,经常需要将资金投放于维持机构日常运行、引进新的养老服务项目或技术、扩建或翻新现有养老机构等项目中,以获得长期收益。

一、日常资金管理

日常资金管理是指对机构的流动资金及日常财务收支进行管理,以保证各项资金的合理运用以及收支平衡的资金管理活动。一般而言,养老机构日常资金管理的内容主要包括现金管理和存货管理两个方面。

(一) 现金占用与管理

现金是指可以立即作为支付手段、投入流通的交换媒介。其显著特点是普遍的可接受性,即可以有效地立即用来购买商品、货物、劳务或偿还债务。属于现金内容的项目有库存现金,及各种形式的银行存款、银行本票、银行汇票等。现金是一项比较特殊的资产,一方面,其流动性最强,代表养老机构直接的支付能力和应变能力;另一方面,其收益性最低。现金管理的目标在于如何在资金的流动性和收益性之间进行合理选择,即在保证正常业务经营需要的同时,尽可能降低现金的占用量,并从暂时闲置的现金中获得最大的收益。

1. 持有现金动机　现金是养老机构流动的血脉。任何一家正常经营的社会组织都必须持有一定数量的现金。养老机构持有一定数量现金的动机或原因包括以下两个方面。

(1)支付动机:也可称为交易性动机,即为了满足日常的现金支付,必须持有一定数额的货币资金。尽管养老机构也经常会收到货币资金,但货币资金的收支很少能够同时等额发生,如若不维持适当的货币资金余额,就难以保证机构的经营活动正常进行。

(2)预防动机:是指持有现金是为了防止意外事件发生对现金的需求。这种需求的大小与现金预算的准确性、突发事件发生的可能性,以及机构取得短期借款的难易程度有关。现金预算越准确,突发事件发生的概率越小,机构取得短期借款越容易,则所需预防性现金余额越小;反之,所需预防性现金余额越大。当然,这种预防性现金余额的大小还与机构愿意承担的风险程度有关。

2. 现金成本　现金成本包括持有成本、转换成本和短缺成本。

(1)持有成本:现金持有成本是指养老机构因保留一定的现金余额而增加的管理费用及丧失的投资收益。这种投资收益实质上是一种机会成本,属于变动成本,它与现金持有量呈正比例关系。

(2)转换成本:转换成本是指机构用现金购入有价证券或转让有价证券换取现金时付出的交易费用,即现金同有价证券相互转换的成本。转换成本中既有依据成交额计算的费用,也有基于证券转换次数计算的费用。

(3)短缺成本:短缺成本是指机构现金持有量不足且又无法及时将其他资产变现而给机构造成的损失,包括直接损失和间接损失。现金的短缺成本与现金持有量呈反比例变动关系。

需要注意的是,对于非营利性养老机构,其各项收入除用于自身有关的、合理的支出外,其余应当全部用于章程规定的非营利事业。因此,对于非营利性养老机构而言,现金管理成本主要考虑可能发生的短缺成本。

3. 现金管理内容

(1)编制现金计划或预算以便合理地估计未来的现金需求。

(2)对日常的现金收支进行控管,力求加速收款,延缓付款。

(3)用特定的方法确定养老机构的最佳现金持有量,当机构实际的现金余额与理想的现金持有量不一致时,采用短期融资和归还借款或投资于短期有价证券等策略来达到理想的现金使用状况。

4. 现金日常管理策略　养老机构应按照国家规定的现金管理条例,在现金使用范围、库存现金限额等方面进行管理和控制。此外还应当从如下四个方面加强现金日常管理,提高现金使用效率。

(1)力争现金流入与流出同步:养老机构尽可能地使其现金流入和流出发生的时间与额度趋于一致,从而使交易性现金余额降至最低水平。

(2)加速收款:为了提高现金的使用效率、加速现金周转,养老机构应尽快加速收款,即在不影响业务活动的前提下,尽可能加快现金回笼。养老机构加速收款的任务不仅在于尽量让客户早付款,而且要尽快地使这些付款转化为现金。

(3)控制支出:为了最大限度地利用现金,合理地控制现金支出的时间是十分重要的。例如,在采购材料时,可以权衡折扣优惠与养老机构急需现金之间的利弊得失,尽可能推迟付款。这样养老机构可以最大限度地利用现金而又不丧失现金折扣。

(4)正确进行闲置现金投资管理:有时养老机构在经营过程中,会产生大量的现金余额,如居住费收入、护理费收入、膳食费收入、商品销售收入等(不包含押金、保证金等)。对于营利性养老机构而言,这部分暂时闲置的现金可用于短期证券投资以获得利息收入或资本利得。需要注意的是,养老机构现金管理的目的首先是保证正常业务活动的现金需求,其次才是考虑闲置现金的投资收益。

(二) 存货占用与管理

存货是指养老机构在日常业务活动过程中持有,将在生产、提供服务或日常管理过程中耗用的材料、物资、商品等。存货在养老机构的流动资产中一般占有较大的比重,其利用的好坏反映了机构的管理水平,同时对流动资金的周转具有重大影响。

1. 存货管理目标　存货首先是为保证养老机构正常经营的需要,其次是出于价格的考虑以及借机获利。然而持有存货又必然占用一定数量的资金,并且会增加包括仓储费、保险费、维护费、管理人员工资在内的各项开支。进行存货管理就是要尽力在各种存货成本与存货效益之间做出权衡,以达到两者的最佳结合。

2. 存货管理内容

(1)编制存货计划或预算,以便合理地估计未来的存货需求。

(2)对日常的存货采购、进出库进行控管,力求减少甚至避免存货损失。

(3)用特定的方法确定养老机构的经济订货批量、安全储备及再订货点,以确保在满足正常经营的情况下,使存货取得成本、储存成本和缺货成本达到最低。

3. 存货日常管理策略　存货日常管理是指在养老机构的经营过程中,按照存货资本占用计划的要求,对存货的采购、使用和销售情况进行组织、调节和控制。常用的存货日常管理策略有如下两种。

(1)存货归口分级管理:养老机构的存货以各种形态分布在提供养老服务的各个环节,由从事供销活动的各有关职能部门和员工掌握与使用。只有各个职能部门都参与,才能真正管理好存货。存货归口分级管理的基本做法如下。

1)实行存货资本的归口管理:根据使用资金与管理资金相结合、物资管理和资金管理相结合的原则,将存货管理落实到各个部门。每项存货资本由哪个部门使用,就归口给哪个部门负责管理。

2)实行存货资本的分级管理:各归口管理部门应根据本部门的具体情况,将存货资本定额分配给所属单位或者个人,实行资本的分级管理。分级管理应当实行责、权、利相结合的原则,明确各个单位或者人员管理和使用资本的权限与责任,并作为其业绩考核的一个重要指标。

（2）ABC 分类管理：有的存货品种数量少，但价值很高；有的存货品种数量繁多，但价值较小。因此对存货的管理不必事无巨细，面面俱到，而应当分清主次。对于价值昂贵、占用资本较多的存货应当重点管理；对于价值较低、占用资本不多的存货，可以不进行重点管理，实行一般控制即可。ABC 分类管理正是基于这一考虑而提出的突出重点的一种管理方法。其将养老机构的存货划分为 A、B、C 三类，最重要的存货为 A 类，一般存货为 B 类，不重要的存货为 C 类。对 A 类存货进行重点规划和控制，对 B 类存货进行次重点管理，对 C 类存货只进行一般管理。通常分类的标准主要有两个：一是金额标准；二是品种数量标准。

二、项目资金管理

养老机构为满足老年人日益增长的养老服务需求，将资金投放于建设和运营。项目资金管理是指对项目资金的规划、控制和监督，包括确定项目资金需求、编制项目预算、管理项目支出、监控资金流向和报告项目资金状况等方面的工作。资金管理确保项目获得足够的资金以实现项目目标，同时确保资金的有效使用，最大程度地实现项目利益。

（一）项目资金的收入管理制度

1. 建立项目申报制度　建立有效的项目立项申报工作制度，做到申报的每一个项目都有充分合理的科学依据支撑。做好项目选择可行性分析、项目建议书的撰写等申请环节。

2. 保证项目的资金来源　确定项目资金的主要来源，可能包括投资者、贷款、政府拨款、合作伙伴的资金等。这些来源可能会对项目的预算和进度产生影响。根据项目的资金需求，制定具体的筹措计划，确定筹集资金的时间、方式和数量。

3. 监控资金收入情况　定期监控项目的资金收入情况，确保资金按时到位，及时发现并解决可能的资金问题；设置合理的岗位进行项目资金的专项管理，确保项目资金的真实性和完整性。

4. 管理资金收入　建立合理的会计核算和资金管理制度，对项目资金的收入进行有效管理。

（二）项目资金支出管理制度

建立项目资金的支出管理制度，应该从项目资金的预算、使用、项目结算及资金使用效果的绩效评价四个环节进行。完善并细化各环节的实施办法及操作流程，形成一整套行之有效的项目资金支出管理机制，使项目的开展和专项资金的使用做到公开透明。养老机构可以通过完善项目设立申报阶段、实施阶段和验收考评阶段的支出管理机制，来提高项目资金的使用效率。

1. 建立资金预算项目库　预算项目库是指对申请预算项目进行规范化、程序化管理的数据库系统。系统中完整地反映项目名称、总投资、项目执行情况以及资金使用绩效等信息，并实现与预算编制系统衔接，每年列入预算的项目须从项目库中选取。对各类项目申请，从立项依据、可行性论证等方面进行严格审核，按照规模均衡的要求进行筛选、分类、排序，建立项目库。根据工作任务、发展目标，确定当年项目安排的原则和重点，结合当年度财力状况和项目排序、项目资金结余情况，按轻重缓急分类择优筛选，统筹安排项目支出预算，减少立项随意性。

2. 制定项目预算　细化预算支出是当前推进项目支出资金精细化管理的重要手段。

根据项目的需求和目标,制定详细的项目预算计划,包括各项费用、材料采购、人力资源成本、设备租赁等。

3. 加强资金支出管理　根据项目的进度和需求,制定资金支出计划,包括每个阶段或任务的支出金额、时间表和支付方式,确保按计划有效地使用资金。确保项目资金的有效和合理使用,控制和管理支出风险,避免超出预算或浪费。

4. 监控和记录支出　实施有效的项目跟踪和记录系统,监控每笔支出的执行情况,记录支出的详细信息,以便随时了解项目支出的情况和变化。

5. 报告和沟通　定期报告项目的资金支出状况,与项目团队和利益相关者进行沟通,及时解决可能的问题或调整预算。

第四节　养老机构的成本控制

成本控制是指以成本作为控制的手段,由成本控制主体在其职权范围内,根据一定时期预先建立的成本管理目标,在耗费发生以前和成本控制过程中,对各种影响成本的因素和条件采取的一系列预防和调节措施,以保证成本管理目标实现的管理行为。养老机构成本控制是内部控制的一个重要组成部分,是内部控制在资金方面的体现。

一、养老机构成本控制的概述

(一)养老机构成本控制的定义

养老机构的成本控制是指按照一定的程序与方法,对养老机构运营过程中发生的各种耗费进行计算、调节和监督的过程,也是一个发现薄弱环节、挖掘内部潜力、寻找一切可能降低成本途径的过程。

(二)养老机构成本控制的作用

1. 成本控制是实现和执行成本计划的基本手段　切实可行的成本计划为养老机构经营活动指明了方向、提供了依据。为了保证成本计划的有效实现,必须加以控制,成本控制就是对养老机构具体实施过程进行必要的约束和调节,实现预期目标。因此,可以说没有成本控制,成本计划就没有实际意义。

2. 成本控制是实现成本管理目标的有效途径　养老机构成本控制是一种连续的、系统的、综合的经营行为,在整个控制系统中处于举足轻重的地位,发挥着保证、促进、监督和协调等重要功能,是实现养老机构财务管理目标的有效途径。

(三)养老机构成本控制的原则

成本控制是经济控制系统的重要组成部分,成本控制是落实成本目标、实现成本计划的基本手段。养老机构成本控制就是对养老机构提供服务过程中发生的成本进行必要的约束和调节,实现预期目标。进行成本控制时必须遵循以下两个原则。

1. 目的明确　成本控制是养老机构成本管理工作不可缺少的环节,是有目的的财务管理活动,所以必须明确成本管理的目标,按照一定的成本管理标准,进行成本控制。在成本控制过程中,财务人员应注意具体问题具体分析,将原则性和灵活性结合起来,从实际出发,按照机构成本管理的目的进行成本控制。

2. 保证成本预算指标的实现　养老机构成本控制从增加营业收入或降低营业成本入手,主要采取的措施是加强资金支出的日常管理。当实际指标与预算指标不符时,财务人员应及时查明原因,纠正偏差。

（四）养老机构成本控制的分类

养老机构成本控制主要按照成本控制的时间、对象和手段进行分类。对养老机构成本控制进行科学的分类非常重要，只有科学的分类，才能在实际工作中做到有的放矢，更好地进行成本控制。

1. **按控制的时间分类**　养老机构成本控制按照控制的时间，可分为事前成本控制、事中成本控制和事后成本控制。事前成本控制是指养老机构财务收支活动尚未发生之前所进行的控制，如财务收支活动发生之前的申报审批制度等。事中成本控制是指财务收支活动发生过程中所进行的控制，如财务预算要求对预算的执行过程进行监督、对各项收入的去向和支出的用途进行监督等。事后成本控制是指对财务收支活动的结果进行考核及相应的奖惩，如按财务预算的要求对各项财务收支结果进行评价，并以此为标准实施奖惩。

2. **按控制的对象分类**　按照控制的对象，养老机构成本控制可分为财务收支控制和现金控制。财务收支控制是依照财务收支计划对养老机构财务收入与支出活动进行的控制，目的是实现财务收支的相对平衡。现金控制是依据现金预算对养老机构的现金流入与流出活动进行的控制。通过现金控制，应力求实现现金流入流出的基本平衡，既要防止因现金短缺而可能出现的财务危机，也要防止因现金闲置而可能出现的机会成本增加。

3. **按控制的手段分类**　养老机构成本控制按控制的手段，可分为定额控制和定率控制，也可称为绝对控制和相对控制。定额控制是指对机构的财务指标采用绝对额进行控制。定率控制是指对财务指标采用相对比率进行控制。定率控制具有投入与产出对比、开源与节流并重的特征。定额控制没有弹性，定率控制则具有一定灵活性。

二、养老机构成本控制的程序与方法

（一）养老机构成本控制的程序

成本控制是指预先制定合理目标，按照目标执行，将执行结果与目标比较，列出差异的项目，再通过分析、检讨、改正，使成本降至最低。成本控制一般包括以下程序。

1. **根据定额制定成本标准**　建立标准是控制活动的第一步，标准是检查和衡量工作及其结果的测量单位和具体规范，是预定的工作标准和计划标准，是控制工作的基础和前提。成本标准是对各项费用开支和资源消耗规定的数量界限，是成本控制和成本考核的依据。

2. **执行标准**　即对成本的形成过程进行计算和监督。审核各项服务相关费用的开支和资源消耗，实施降低成本的措施，保证成本计划的实现。为了确保整个工作按计划执行，必须选择对计划目标的完成具有重要意义的关键点，对影响计划实施和目标实现的关键点进行有效的控制，有利于保证成本计划整体目标的实现。

3. **确定差异**　核实实际消耗脱离成本指标的差异，分析成本发生差异的程度、确定造成差异的原因和责任归属。成本发生差异的原因复杂多样，可能有养老机构人员主观的原因，也可能有外在的客观原因。有可能属于可控的原因，也有可能属于不可控的原因。只有充分分析导致差异产生的原因，才能在纠正差异时做到有的放矢。

4. **消除差异**　制定消除差异的措施要根据差异分析的结果进行决策，在此基础上，有针对性地采取必要的纠正措施并付诸实施，以确保组织资源的有效利用和组织目标的圆满实现。消除差异是成本控制过程的最后也是最关键的一个步骤，使得成本控制过程得以完善，并将成本控制与其他管理职能紧密联结。针对产生差异的主要原因，组织人员挖掘降低成本的潜力,提出降低成本的新措施或修改成本标准的建议。

(二)养老机构成本控制主要方法

成本控制的方法包含多种,应根据客观环境的变化采用不同的方法加以应对。养老机构成本控制的方法主要包括以下几种。

1. 组织架构控制法　养老机构在控制目标过程中应设立控制的组织架构。合理的组织架构控制是保证经济业务按照机构既定方针执行、提高经营效率、保护资产、增强会计数据可靠性的重要条件。

2. 授权批准控制法　养老机构授权批准控制是规定机构各级员工的职责范围和业务处理权限,各级人员必须获得批准或授权才能实施决策或执行业务,严格禁止越权办理。授权管理的方法是通过授权通知书来明确授权事项和使用资金的限额。进行授权批准控制,需满足的要求主要包括以下几方面。

(1)要求养老机构内部有授权环节并明确各环节的授权者。

(2)授权级别应与授权者地位相适应。

(3)授权人应该是称职的人员,对于不能胜任的人不得授权。

(4)各级人员应严格按所授权限办事,对在授权范围内的行为给予充分信任,对其超越权限外的行为不予认可。

(5)无论采取什么样的授权方式,都应有文件记录。

3. 预算控制法　预算控制法是以预先编制的财务预算为标准来实施控制的方法。养老机构预算管理工作部门应加强与各预算执行单位的沟通,运用财务信息和其他相关资料监控预算执行情况,采用恰当方式及时向决策机构和各预算执行单位报告、反馈预算执行进度、执行差异及其对预算目标的影响,促进养老机构全面预算目标的实现。

4. 政策制度控制法　主要指养老机构以国家有关方针政策为依据,结合机构自身特点而进行的财务控制。养老机构财务管理人员应及时掌握相关制度,以制度为标准,严格进行控制。

5. 责任控制法　岗位责任制是养老机构实现财务控制的组织保证。只有贯彻岗位责任制才能保证各部门对经济活动和资金运作进行相应控制。为了保证责任制的实施,首先应实行分组、分部门核算,保证每个员工都有明确的核算目标;其次,应明确各部门甚至个人的责任权限,加强审核,责任到人,使各部门和员工明确自己的工作权限,便于核查。

第五节　养老机构财务分析

一、养老机构的财务分析概述

(一)养老机构财务分析的定义

养老机构财务分析是指财务报告使用者通过财务报表提供的基础数据资料,结合其他有关信息,运用专门的分析方法,对养老机构的财务状况、业务活动情况和现金流量等情况进行综合比较和评价,以获得相关决策信息的一项工作。

(二)养老机构财务分析的意义

1. 对捐赠者的意义　通过对养老机构的财务报告进行分析,养老机构的捐赠者可以取得自己所关心的资金使用及其业务开展情况的信息,进而合理地进行捐赠,使得捐赠的效用最大化。

2. 对内部管理者的意义　对养老机构内部管理者而言,能够充分了解组织财务状况和报告期内的业务成果,剖析机构的经济情况,进一步查找机构运营过程中的薄弱环节,总结报告期内的经验与教训,从而优化与改进管理方式,确定发展方向和做出正确决策。

3. 对国家有关部门和社会监督部门的意义　对国家有关部门和社会监督部门而言,通过对养老机构的财务报告进行分析,能够更好地掌握养老机构业务活动和财务收支状况,检查其资金运用情况,考查机构对财经纪律、法规、制度的遵守情况,分析不同类型、不同地区、不同规模养老机构经济运营中存在的问题,并以此作为促进养老机构发展的依据,便于进行宏观调控。

4. 对债权人的意义　对债权人来说,养老机构具有充分的偿还能力,才能保证其债权的安全,按期取得利息,到期收回本金。通过对养老机构的财务报告进行分析,债权人可以从财务报告中取得他们关心的机构偿债能力信息,为债权人的借贷决策提供依据。

二、养老机构财务分析的程序与方法

(一) 养老机构财务分析的基本程序

财务分析是一项比较复杂的工作,必须按照科学的程序进行。财务分析的基本程序包括以下几个步骤。

1. 明确财务分析目标　养老机构进行财务分析有多种目的,主要包括评价偿债能力、评价营运能力、评价资产管理情况、评价发展趋势、评价综合财务状况等。财务分析的目的决定了要收集多少信息、选择何种财务分析方法等一系列问题,所以必须首先加以明确。

2. 收集有关信息资料　明确财务分析的目的后,就要根据这一目的来收集有关资料。财务分析所依据的最主要的资料是财务报表,因此,资产负债表、利润表(非营利性养老机构称为业务活动表)和现金流量表便是最基本的分析资料。

3. 选择适当的分析方法　财务分析的目的不一样,所选用的分析方法也不相同。常用的分析方法有比率分析法、比较分析法等,这些方法各有特点,在进行财务分析时可以结合使用。局部的分析可以选择其中某一种方法,全面的财务分析则应综合运用各种分析方法,以便进行对比从而做出客观、全面的评价。

4. 发现财务管理中存在的问题　采用特定的分析方法,计算出有关指标并进行对比后,可以发现养老机构财务管理中存在的问题,对于一些重大的问题要进行深入细致的分析,找出问题的原因以便采取对策。

5. 提出改善财务状况的具体方案　养老机构进行财务分析的最终目的是为财务决策提供依据。在发现问题的基础上,提出改善财务状况的各种方案,然后权衡各种方案的利弊得失,从中选出最佳方案,以便不断改善养老机构的财务状况,实现养老机构财务管理的目标。

(二) 养老机构财务分析的方法

在财务分析过程中,为了揭示财务数据之间的重要联系以获取有助于决策的信息,必须借助一定的技术方法对财务报表的信息进行再加工。财务分析的基本方法主要包括以下几种。

1. 比较分析法　比较分析是将同一养老机构不同时期的财务状况或不同养老机构

同一时期的财务状况进行比较,从而揭示养老机构财务状况差异的分析方法。比较分析法主要有纵向比较分析法(趋势分析法)和横向比较分析法。纵向比较分析法是将同一机构连续若干期的财务状况进行比较,确定增减变动的方向、数额和幅度;横向比较分析法是将本机构的财务状况与其他机构的同期财务状况进行比较,确定存在的差异及程度。

2. 比率分析法 比率分析是指把财务报表中的有关项目进行对比,用比率来反映项目之间的相互关系,以揭示养老机构财务状况的一种分析方法。通常,财务比率主要包括构成比率(结构比率)、效率比率和相关比率等。

(1)构成比率:构成比率是分析某一经济现象在总体中所占的比重,并从比重构成的分析中掌握事物的特点,借以认识事物的本质和客观规律性的一种方法。是反映某项经济指标的各组成部分与总体之间关系的财务比率,如流动负债与总负债的比率。其计算公式为:

$$构成比率 = 某个组成部分数值 / 总体数值 \times 100\%$$

(2)效率比率:效率比率分析是养老机构某项财务活动中所费与所得的比率,反映投入与产出关系的一种方法。利用效率比率指标,我们可以进行得失比较,考查经营成果,评价经济效益。例如,将利润与成本费用加以对比,可以计算出成本利润率,其计算公式为:

$$成本利润率 = 利润 / 成本费用 \times 100\%$$

(3)相关比率:是反映养老机构经济活动中两个或两个以上相关项目比值的财务比率,是以某个项目与其有关但又不同的项目对比所得,用以反映和考察企业相互关联的业务安排是否合理,以保证经营活动顺利进行。如财务比率、流动比率等。

3. 因素分析法 因素分析法是当某项综合指标可表示为若干项相互联系的因素的乘积时,按照一定的程序和方法,计算确定各因素的变动对综合指标的影响程度的分析方法。综合指标往往是由多个相互依存的因素构成的,由于每个因素的变化不同,所产生的影响也不同,因此通过因素分析法可以找出主要的影响因素,为进一步分析和评价非营利组织的财务状况和业务绩效提供依据。因素分析法的一般步骤:①确定分析指标由几个因素组成;②确定各个因素与某项综合指标之间的关系;③分解某项综合指标的各项构成因素;④确定各因素对指标变动的影响方向与影响程度。

在应用因素分析法时,应注意以下问题。

(1)因素分解的关联性:确定构成经济指标的各个因素必须在客观上存在因果关系,能够反映形成该项指标差异的内在构成原因。

(2)因素替代的顺序性:确定替代因素时,必须按照各因素的依存关系依次排列,不可随意颠倒顺序,否则会改变各个因素的影响值而导致计算错误。

(3)顺序替代的连环性:每个因素变动影响数值的计算是在前一次计算的基础上进行的,并采用连环比较的方法确定各因素变化的影响结果。只有保持这种连环性,才能使各因素影响之和等于分析指标变动的差异,才可以全面说明分析指标变动的原因。

(4)计算结果的假定性:计算各个因素变动的影响值会因替代顺序的不同而有所差别,对计算结果具有一定顺序上的假定性和近似性。因此,在进行财务分析时,应力求这种假定性和近似性合乎逻辑,以不影响分析的有效性。

●(梁蕊缨 孟朝琳)

复习思考题

1. 思考不同类型的养老机构其财务管理的目标有什么不同?

2. 养老机构财务预算的分类有哪些?

3. 对养老机构进行财务分析,对不同利益相关者有怎样的作用?

4. 请查阅资料,了解营利性养老机构和非营利性养老机构分别遵循哪种会计制度进行财务核算?

◆◆◆ 第十章 ◆◆◆

养老机构的后勤管理

学习目标

知识目标

掌握养老机构后勤管理的基本概念、基本内容和重要作用,熟悉养老机构后勤管理的主要方法和基本要求,了解后勤管理对于养老机构服务质量、安全和效率的重要意义。

能力目标

初步具备一定的后勤管理能力,能跟踪后勤管理前沿,关注养老事业和产业发展。

素质目标

具备积极专业态度,关爱老人,具有为养老事业服务的奉献精神。

思政目标

树立"老人的事无小事"的服务理念,培育"老吾老以及人之老"的养老行业职业观。

养老机构的后勤管理对于机构的正常运行和持续发展起着重要作用,是养老机构核心竞争力的重要组成部分。因此,持续提升养老机构后勤管理的科学化、规范化、数智化水平非常必要。

案例分析

张先生的母亲入住一家养老机构,近日接到邀请参加重阳联欢宴会。当天张先生开车提前来到养老机构,不想在门口被保安告知因参加人员很多,车位已满无法放行。张先生拿出机构的邀请函交涉多时未果,只能把车停在距机构百米外停车场步行返回。进入机构的时候发现门岗无人值守,访客和老人自由进出,无人过问。

由于时间原因张先生没有多想,急忙找到母亲陪同老人家一起观看文艺演出。演出后是自助餐宴会,由于人员很多,老人和家属一拥而上,场面一度混乱,一些老人害怕被撞到,不敢前去取餐。张先生立即向工作人员提出意见,工作人员答应向领导汇报,情况仍旧没有好转,几位家属挺身而出维护就餐秩序才使大家情绪稳定下来。

随着管理人员及工作人员相继增援,场面得到控制和恢复,可张先生已经没有了品尝美食的心情,他更多的是对母亲在这里生活的担忧。张先生就此对养老机构的后勤工作提出投诉,希望机构立即整改,让老人安心,让家属放心。

分析:

1. 本案例中反映了该机构后勤管理的哪些问题?

2. 养老机构的后勤管理发挥着哪些作用?

3. 针对案例中出现的问题,作为养老机构后勤管理者应该加强哪些方面的工作?

第一节　后勤管理概述

伴随着养老事业在我国迅猛发展,越来越多的管理者认识到养老机构后勤管理的重要性,高效的后勤管理不仅对正常运营起到支持保障作用,更是机构服务质量、运行效率的重要体现。后勤管理的水平直接影响到机构的正常运转、老人的入住体验、员工的工作状态和机构的成本控制,是机构生存发展、服务品质提升的关键因素,是机构核心竞争力的重要保证。

一、养老机构后勤管理的概念及内涵

(一)后勤管理的由来和发展

后勤(logistics)一词在英语中意为"计划和组织涉及许多人的复杂活动或事件所必须做的事情",最早是在19世纪30年代由拿破仑的政史官 A.H. 若米尼在总结对俄战争失败的经验教训时开始使用。作为军事术语,它是"后方勤务"的简称,即以物资、卫生、技术、运输等方面保障军队需要的勤务。至20世纪60~70年代将其广泛应用于工商业领域后得到了空前的发展。"养老机构后勤"是新近产生并日益受到关注的新概念,伴随着中国老龄化的不断深入,养老机构的不断发展而逐渐走上历史舞台。

养老机构后勤管理的科学化、规范化、数智化作为未来发展的方向,将助力机构精细化管理和成本管控,满足老人多层次、个性化的需求,营造温馨和谐的生活氛围,打造家的感受和体验。未来随着人口和社会结构的深入变革,构建安全、高效、优质、便捷、低耗、环保的新型养老机构后勤体系,必将成为社会和大众关注的焦点。

(二)养老机构后勤管理的定义

养老机构后勤管理是运用现代化管理理论和方法,研究机构后勤管理活动本质和规律的一门应用学科,是保证机构正常运行,为客户和员工提供全方位、多样化的供给和服务,从而使其获得满意体验感和归属感的一系列活动的统称,是养老机构管理的重要组成部分。

(三)养老机构后勤管理的内涵

养老机构的后勤管理主要担负管理、保障和服务等职能。后勤管理的范围包括基本建设管理、采购与物资管理、设施设备管理、能源管理、环境管理、安全管理、服务外包管理等方面,涉及卫生、经济、工程建筑、机械设备、环境、营养膳食、通信网络、园艺绿化以及人文服务等多方面的专业知识,具有较强的技术性和专业性。后勤管理水平的高低直接关系到养老机构服务质量、经济效益和社会效益。

二、养老机构后勤管理的特点

养老机构后勤管理是一门实践性很强的应用学科,具有社会性、复杂性、服务性、经济性和专业性等特点。养老机构后勤管理的水平关系到客户的体验和满意度,关乎员工的归属感,直接影响到整个机构的社会评价、社会认可,是机构核心竞争力的体现之一。

（一）社会性

养老机构后勤管理工作与老人、老人家属、机构员工、社会相关人士以及公共管理部门等都有着广泛的联系。随着养老服务精细化、专业化、集约化的不断提升，数量更多、范围更广的机构后勤服务将不可避免地由社会承担。大多数养老机构的物资、设备、能源、交通、人员、技术、空间、信息等都要由机构之外的其他单位或部门来提供。同时，养老服务体系的日益完善也要求机构将其擅长的核心服务能力辐射周边社区，力所能及地创造条件为所在地老人服务，为全社会的养老服务承担更多的责任。

（二）复杂性

养老机构的安全、秩序、物资、设备、基建、房屋、伙食、交通、卫生、绿化、环保及其他综合服务都由后勤部门管理。养老机构的后勤管理要求遵守和履行涉及养老服务、养老机构、老年人权益保护相关的政策法规、专业标准及行为规范。一个全面的后勤管理体系包括规划管理、供应链管理、经济管理、资产管理、工程建设管理、服务管理、安全管理、功能流程管理、应急管理等专业技术领域。作为机构管理的重要组成部分，为了满足机构的长足发展需求，后勤管理需要不断加强体系建设，提升管理水平，提高员工专业素质和能力，提供完善的后勤保障。

（三）服务性

服务性是后勤管理的基本特点，后勤管理的主要目的就是保障养老服务的顺利进行。入住养老机构的老年人服务需求日益多元化、个性化，涉及医疗、饮食、环境、卫生、安全、心理、陪护等一系列的服务，后勤服务的及时性、灵活性显得尤为重要，是保障服务质量和效率、提升老人满意度的一个重要因素。同时，养老机构的后勤服务不单面对老人，还体现在对员工、对家属、对社会来访人员等群体的服务上，为员工提供舒适的工作环境和便利的作业保障，为到访者提供温馨亲切的体验感受，都需要后勤部门热情周到、及时顺畅的保障服务。

（四）经济性

后勤工作的实质是通过市场经济手段和生产（服务）、交换、分配、消费四个环节，对后勤资源进行高效配置，其中经济核算是后勤工作的重要内容，对于机构的运营效率和运营效果产生重大影响。在养老机构运营中后勤部门的成本占很大比重，日常物资采购，设施设备的维护保养，水、电、燃料、物资、人工等运营成本与后勤管控水平息息相关。机构在不断提升医疗照护、养护能力和品质的同时，必须重视后勤成本的管理和控制。这是机构增收节支的一个重点，是实现机构高效管理和运营的关键。

（五）专业性

后勤的综合保障能力要求在复杂分工基础上，各专业的高度综合与高效协同。通常一个问题涉及多个专业、不同部门，要求后勤员工不仅具有扎实的本专业知识和技能，还要具有一定的跨专业能力和组织协调能力，共同保障后勤系统的安全、高效运行。随着现代科学技术在后勤的应用，设备的高科技含量不断提升，要求后勤保障手段更加先进，同时还要有较高的专业管理水平。电子信息技术的广泛应用，提高了后勤管理的智能化水平。这些变化使得后勤管理具有更为鲜明的专业技术性，需要有丰富的知识作为基础，包括社会科学领域所涉及的管理学、会计学、心理学、社会学、法学等，在自然科学领域涉及的学科则更为广泛。

三、养老机构后勤管理的作用

养老机构后勤管理的作用是多方面的，从资源管理到成本控制，从服务提供到安全保障,从凝聚团队到品牌建设,都发挥着至关重要的作用。

(一) 机构运行发展的支持保障

1. 为机构提供供应保障服务　机构的供应保障服务内容主要有医疗物资供应,生活、行政物资供应,动力能源供应,给水、供电、锅炉、空调、采暖供应,交通、通信供应等等。确保各种供应保障的及时性、连续性、完整性直接关系着机构工作的正常运转,是机构后勤工作的基本服务职能。

2. 为机构提供维护、维修保障服务　维护、维修服务包括房屋、设备设施、水、电、气、空调、采暖、电梯系统、消防系统、交通通信等运行项目的维修保养。维护、维修工作有突发性和不可预见性的特点,需要较强的专业性和技术性保障。同时维护、维修保障服务的响应速度和服务效率是关键环节,关系到机构各项工作的正常运行和老人的在住体验。

3. 为机构提供环境保障服务　卫生保洁、消防安全、园林绿化、秩序维护、污水污物处理、洗涤管理、餐饮环境及餐饮质量等保障服务强调的是日常性和持续性,是机构后勤服务水平最直接、最客观的反映。

4. 为机构提供多元化、辅助性服务　此类服务主要包括前台服务、收发快递、陪同外出,协助购物、交费、购药以及其他增值性服务等。这部分工作是与老人直接接触的一线服务,要特别注重对员工的个人素质和沟通能力的培养,规范服务流程,关注细节管理,为机构树立良好的社会形象。

(二) 机构核心竞争力的重要体现

1. 服务质量和客户满意度的前提保障　养老机构后勤管理的特点,决定了其在养老机构整体管理中的重要作用和突出地位。与社会上其他行业有所不同的是,养老机构的后勤服务不再是"台下""幕后",不仅为正常运行提供支持和保障,还要深度参与到为老人的直接服务中,与老人亲密接触,提供及时暖心的餐饮服务、保洁保安、日常维修等服务,对专业技能、服务态度、沟通能力都提出了更高的要求,而老人的评价、满意度则是对后勤工作、对后勤员工最直接、最真实的考评。一个机构的后勤服务能力、后勤管理水平是构建核心竞争力的重要内容,需要机构管理者高度重视、持续改进。

2. 团队凝聚力、稳定性的必要条件　养老机构的各项工作都需要后勤保障,直接影响各部门的绩效达成和服务评价,因此,后勤部门与其他部门的密切合作成为打造团队凝聚力的必要条件。后勤管理工作还是稳定员工队伍、提升归属感的重要条件。机构是员工工作和生活的主要场所,与在住老人同样期待有温馨的家的感受,所以优秀的后勤管理对于提升团队的工作热情、持续提升综合竞争力影响深远。

3. 社会认可度、美誉度的重要体现　老人的口碑、家属的美誉是养老机构生存和发展的根基,关乎机构的入住率,决定着机构的社会认可度。做好后勤管理,老人开心,家属安心,员工放心,有利于形成和谐温馨的生活和工作氛围。后勤工作不仅是服务,还是养老机构的"窗口",社会各界都会通过这个"窗口"透视整个机构的服务品质,参访者的所见、所闻、所感就是后勤管理成果最直接、最真切的反映。只有不断提高专业技能,提升管理能力,才能得到社会的高度认可,才能实现机构的可持续发展。

第二节　养老机构的物业管理

养老机构服务的特殊性决定了物业管理必然走上专业化道路,专业人做专业的事,用社会化、专业化分工的优势来化解机构自身管理的难度,通过有效控制手段,在保证物业服务质量的前提下提升效益。

一、物业管理的概述

(一)物业管理的概念及内容

1. 物业管理的概念 "物业"一词译自英语 property 或 estate,其含义为财产、资产、地产、房地产、产业等。物业管理(estate management)通常指业主通过选聘物业服务企业,由业主和物业服务企业按照物业服务合同约定,对房屋及配套的设施设备和相关场地进行维修、养护、管理,维护物业管理区域内的环境卫生和相关秩序的活动。

2. 养老机构物业管理的方式 养老机构的物业管理通常采用外包方式,即养老机构作为业主与物业管理企业按照服务合同形成服务契约关系。

3. 物业管理的内容 物业管理内容按照服务的性质和提供的方式可分为常规性的公共服务、针对性的专项服务和委托性的特约服务三大类。

(1)公共服务:主要包括房屋建筑主体的管理、住宅装修的日常监督、房屋设备设施管理、环境卫生管理、绿化管理、公共秩序维护、消防保安等内容,是物业管理企业面向所有住用人提供的最基本的管理和服务。

(2)专项服务:在公共服务基础上,根据自身能力和住用人的要求,确定专项服务的具体服务项目和内容,如商业服务类、日常服务类及文化、卫生、金融服务类等,采取灵活多样的经营机制和服务方式,以人为核心,做好物业管理的各项管理和服务,并不断拓展其广度和深度。

(3)特约服务:养老机构的物业管理作为物业管理一个新兴专业化分支,是在传统公共物业管理基础上,根据老年群体的生理、心理、生活习惯和文化习俗等特点对专项服务进行补充和完善,具有其管理上的特殊性。如保洁服务,必须根据客户的要求和习惯进行计划,何时、何种程度的保洁服务因人而异。居室内的保洁工作要针对老年人免疫力低的特点,特别关注交叉感染问题,要将打扫卫生间、地面的工作与床上、桌面的工作划分开,同时避免用具混杂;安保人员要根据老人们不同的护理级别,判别哪些可以自由外出,哪些不能自由外出,对于后者还需要用老年人能够接受的态度和方式加以阻止。

(二)物业管理的总体原则

按照国家积极应对老龄化社会的规划,未来养老机构的物业管理将更多采取规范化、社会化的运营方式,分工逐步精细化、标准化、专业化,最终实现科学管理下的高效经营、优质服务和安全运营。物业管理的总体原则主要有以下几点。

1. 权责分明、统一管理原则 在物业管理区域内,业主、业主委员会与物业管理企业的权利和责任明确清晰。业主委员会是业主权力的执行机构,是物业管理权的主体和核心。在养老机构内,由养老机构管理人员和在住老人代表所组成的物业管理委员会就起到业主委员会的作用,代表机构全权督导物业服务工作,向物业企业管理者及时提出意见和建议并监督整改,定期将落实结果向老人和员工反馈。物业管理企业在物业管理委员会的统一督导下实施管理,整改落实情况将体现在企业月度、季度、年度的考核结果上,直接影响物业服务的最终收益。

2. 服务第一、专业高效原则 这是对于物业服务的核心要求,也是物业管理必须坚持的最基本原则。每一项物业工作都必须紧密围绕着老人和员工的需求,以提升全员的满意度为宗旨,进而营造家一般的舒适温馨环境。物业管理企业对于物业服务进行统一的管理,要求工作人员具备良好的专业技能和热情的服务态度。标准化的流程和验收标准是前提,良好的职业素质和沟通能力是保障,在养老服务中孝心、爱心和细心更是必不可少。人人都要树立"老人的事无小事"的服务理念,急老人之所急,想老人之所想,将"老吾老以及人之老"的职业精神和传统孝老文化落实到行动中,提供专业高效的服务,不断提升老人的满意度,提升团队的绩效。

3. 公平竞争、合理合规原则　物业管理是市场经济的产物,应秉持公开、公平、公正的竞争原则,在选择物业管理企业时严格按照招投标制度规范进行,审查资质背景,明确招标需求,遵守相关法律法规和政策要求,一般在三个以上投标企业的基础上公开透明地择优选择。物业管理企业是营利性的经营实体,合理合规收益是其搞好服务管理的物质基础。在市场化的前提下,应遵循公平、合理、与服务水平相对应的费用收取原则。鼓励物业管理企业根据老人和员工的实际需要,实行有偿增值服务,开展多种经营以满足个性化需求,提升企业服务品质和竞争力。

二、养老机构的环境管理

(一) 环境管理的概述

1. 环境(environment)　一般是指围绕着人群的空间,及其中可以直接、间接影响人类生活和发展的各种自然因素、社会因素的总体。物业范畴下的环境是针对主体"物业"而言的周围的地方及其情况和条件,是能对物业的存在和状况起到影响作用的所有相关事物及相互关系的总和。物业环境对人的行为、精神和健康有着直接或间接影响,这种影响决定着人们对物业管理价值的评价。

2. 物业环境管理　物业环境管理是物业服务企业按照物业服务合同约定,对所管辖区域的物业环境进行一系列的管理活动。物业环境管理是物业管理的一部分,也是一种市场行为和有偿活动,其主要任务是保护和维持物业管理区域内的面貌,防止人为破坏和自然损坏,维护物业管理区域内正常的公共秩序,为管理区域的居住人群提供良好的生活、办公和生产环境。

3. 养老机构环境管理　养老机构环境管理是根据养老项目特点及物业服务合同的约定,运用科学的手段和先进的管理技术,对物业区域的环境进行的维护和改善的一系列活动。通过此项工作,达到机构内老人和员工的环境意识与环境质量两者的高度协调、统一,共同创建一个整洁、舒适、优美、文明的生活和工作环境。

(二) 环境卫生管理

环境卫生管理是一项经常性、长期性的管理工作,其目的是净化环境,给大家提供一个清洁宜人的工作、生活环境。环境卫生管理是一项内容细、任务重的工作,涉及养老机构范围内的每一个地方。环境卫生管理的要点包括以下内容。

1. 明确管理制度和质量标准　目标是明确的、可衡量的努力方向,等于目的＋标准,没有标准就没有目标,管理学著名学者彼得·德鲁克先生曾说过"目标"是管理的核心。所以环境卫生管理必须设定明确的目标,制定清晰的、可操作、可衡量的标准。这个标准应该是符合机构方的期望,结合服务方的能力,同时参考项目特点而确定。为了达成标准,还必须有管理制度的保障,包括保洁人员的劳动纪律制度、环境保洁管理工作考核标准和办法、日常保洁的操作流程规范、保洁员工奖惩条例等。

2. 制定计划、规范流程、严格考评　环境卫生工作应按时间、频度制订每日、每周、每月的计划。以作业指导书的形式指导保洁员的日常工作。把保洁作业的过程以文件的方式写到纸面,通过对保洁人员进行技术性指导,提高其工作效率与品质,更好更快地完成保洁工作。操作流程必须规范统一,明确岗位职责、卫生要求和服务规范,严格进行岗前培训,定期考核,考核结果合格才能上岗。

3. 建立检查机制,持续提升服务质量　检查机制是环境卫生质量控制的常用、有效方法,通常包括员工自查、班组长检查、主管巡查以及经理抽查四个层级,通过检查及时发现问题、解决问题,并进行事后总结制定整改计划,将检查与教育、培训及考核激励结合起来,不断促进质量改善。

(三) 环境绿化管理

高品位、高质量的绿化环境能够营造舒适、美观、休闲、充满活力的居住生态景观,会吸引更多人来参观并选择机构,提升养老机构的入住率和入住体验。

1. 环境绿化管理的内容　环境绿化管理是指对养老机构内外及其附设的园林绿化植物、建筑等进行养护管理、保洁、更新、修建,并对园林植物实施浇水、施肥、修剪、中耕、除草及病虫害防治、防风、防寒等养护措施,达到改善、美化环境,促进环境生态系统良性循环。

2. 环境绿化的配置原则

(1)美观原则:总体布局要协调。规则式园林植物配置采用对称式、行列式栽植,而自然式园林则采用不对称的自然配置,充分表现植物材料的自然姿态。根据局部环境和总体布置要求,可采用不同的种植形式。注意植物配置的色彩变化和形态变化。

(2)适用原则:不同性质的园林有不同的功能,可以通过种植设计发挥园林绿地的综合功能。如行道树的功能是遮阴、吸尘、阻隔噪声、美化环境,配置中多采用行列栽植方式,可选择树冠浓密、生长健壮、寿命长、抗害性强的树木;公共活动区附近可多种植花木,供休憩观赏,营造温馨氛围。

(3)经济原则:注意配置成本问题,包括种植成本和养护成本。尽可能选择节水和耐旱品种,实现绿化管理的可持续发展。

3. 环境绿化的养护管理内容　包括根据不同绿化植物的生长需要和特定要求,及时对植物采取施肥、浇水、排水、除草、修剪、防治病虫害等措施。同时,维护绿地的清扫、保洁等园务管理工作。

三、养老机构的安全管理

养老机构的安全管理包括治安安全管理、消防安全管理、医疗护理安全管理、危险品安全管理、餐饮安全管理、信息安全管理、意外事故应急管理等。养老机构的安全管理应坚持"安全第一、预防为主、全员参与"的方针,严格遵守相关法律法规和强制性标准,明确管理责任,健全相关制度,完善流程体系,建立应急预案,组织安全培训,加强安全监管。本节将重点讨论物业管理范畴下的治安、消防安全管理。

(一) 治安安全管理

1. 建立健全组织架构与管理制度　养老机构要形成法人负总责,分管领导具体抓,专职机构组织实施,其他职能部门密切配合的良好工作格局。"一把手"对安全管理工作的重视程度至关重要,是机构安全运行的前提保证。治安管理制度是安全管理工作的基础,主要包括岗位安全责任制度、日常安全管理制度、值班巡查制度、安全工作检查督导制度、重大事故报告制度、安全人员教育培训和考核奖惩制度等。

2. 规范各项流程措施严格监管

(1)强化人员出入和车辆的管理措施:养老机构不是一个封闭的场所,每天都会有很多人员出入,如老年人外出活动、家属友人探访、志愿者服务、外来人员参观等,涉及的人员多而复杂,流动频繁,是养老机构安全管理的重点,要针对人员和车辆进行分类管理。

1)对老年人的出入管理:要与老人的身体状态、精神状态和自理能力相契合,这直接关系到老人走失、意外跌倒、遭遇不良事件等严重情况的预防,需要机构员工、老人和家属达成共识,必要时还需要监护人的授权。

2)对老人的家属友人、临时出入人员的管理:应执行会客单管理制度,起到甄别外来人员、规范管理的作用。特殊情况下应按照民政部门的要求采取预约探视、指定会客地点、指定活动路线等措施。

3)针对供应商、志愿者、项目施工人员等日常出入时间相对固定的人员:应制定临时出入证管理制度,提高人员的进出效率。

4)对于救护车、消防车等特种车辆的管理:应区别于职工车辆、来访车辆,采取不同的管理方式,以对应不同的现场情况。

(2)落实日常值守巡查,防患于未然

1)实施24小时值班守护制度,安排专人值守。安保人员要定时检查和随时巡查,第一时间掌握安全总体情况。对重点区域、重点时段要加强巡查,例如三餐时间段的食堂区域、上下午活动时间段的公共活动区域、节假日大型活动现场等。夜间巡查时应当至少两人同行,并做好巡查记录。

2)设置安防监控中心,对本单位技防系统的安全信息进行集中统一管理。安全监控中心要实行双人全天值班制,具备条件的应当与当地公安机关联网。同时,应当设定视频监控图像监视查看权限,保护隐私。视频监控图像保存不少于30天,系统故障要在24小时内消除。

3)积极主动地与当地派出所、街道加强横向联系,密切配合,共同构筑起安全防线,为建设和谐平安社区、安全养老机构做出贡献。

(3)严格培训考核促进全员能力提升:养老机构的安全管理是全员的职责,关系到机构内的每一名老人和员工,定期开展安全教育与培训是机构安全管理的重要保障。其中,安保人员的培训和管理,可以聘请专业机构每年至少开展两次专门培训和考核。培训内容应当包括必要的法律基础知识和一定的应急处置能力。要根据岗位实际需要,掌握安全防范系统的操作和维护技能,切实提高安保人员的业务素质和能力水平。同时,安全管理人员还要承担培训其他员工和老人做好安全管理的任务,培训的内容包括安全工作相关的法律法规、规章制度、安全事故的防范意识、应急措施和自救互救知识,应急预案的演练等。对重点岗位和新进员工应加大培训力度,确保培训效果。培训可采用多种形式,要做好培训记录,并进行培训效果的检查和考核。

(二) 消防安全管理

消防安全管理工作要贯彻"预防为主、防消结合"的方针,按照"政府统一领导、部门依法监管、单位全面负责、公民积极参与"的原则进行。

1. 消防安全管理的特点

(1)全方位性:火在生产和生活中无处不在,凡是有用火的场所、容易形成燃烧条件的场所,都可能发生火灾。

(2)全天候性:火灾发生的偶然随机性也是无时限的,任何时刻都应该保持警惕性。

(3)全过程性:养老机构作为老年人长期居住的场所,要求消防安全管理落实到机构服务的每一个环节和过程。

(4)全员性:消防安全管理要求全员参与,人人有责。

(5)强制性:因火灾的破坏性很大,因此消防安全管理具有强制性,必须严格执行。

2. 消防安全管理的制度

(1)养老机构应根据《中华人民共和国消防法》《养老机构消防安全管理规定》等法律法规要求,完善机构内部的消防安全管理体系,逐级落实消防安全责任制,明确各级和各岗

笔记栏

位消防安全职责、权限,确定各级、各岗位的消防安全责任人,保证消防法律法规和规章的贯彻执行,保证消防安全措施落到实处。

(2)建立消防安全制度是消防安全管理的基本措施。由于养老机构所属地域、规模、建筑结构不同,每个机构应该制订的消防安全管理制度及具体内容也不尽相同。各机构应该按照消防法律法规,结合本机构特点,建立健全各类消防安全制度、保障消防安全的操作规程,以及建筑消防设施维护管理标准。

(3)对于委托物业服务企业实施消防安全管理的养老机构,应明确各方的消防安全责任,并在合同中约定承担责任的具体内容,共同做好消防安全工作。

3. 消防安全的日常管理及督导

(1)遵守消防安全要求,严格日常行为管理。养老机构的选址、内部规划设计、功能分区、建筑和装修材料的选择等必须符合《建筑防火通用规范》对老年人照料设施的要求。按照规定配置消防设施、器材,并标明使用方法、注意事项。定期对消防设施、设备进行维护保养检测,确保完好有效。设有自动消防设施的,可以委托具有相应资质的消防技术服务机构进行维护保养,每月出具维保记录,每年至少全面检测一次。疏散通道、安全出口和疏散门必须确保畅通,应急照明、疏散指示标准、完好、有效;各楼层明显位置设置安全疏散指示图,配备轮椅、担架、呼吸器、过滤式自救呼吸器、疏散手电筒等安全疏散辅助器材。

(2)加强用电、用火、用气的管理。养老机构要选用符合国家规定的电器、燃气设备,严禁使用"三无"产品。电气线路铺设、电气设备安装和维修应由具备相应职业资质的人员实施。定期对线路、设备进行检查检测、维护保养并记录存档。规范电动自行车、电动摩托车和电动轮椅的日常管理,尤其是充电设施的安装、使用必须符合要求。

(3)机构内禁止吸烟、烧香,禁止明火照明、取暖。特别是开展中医理疗服务,需要明火进行艾灸、拔罐等操作时,需有专人看护。因特殊施工需要明火作业,应完成动火审批后由具备相应资质人员实施,并指定专人全程看护,确保可燃物及时清理,杜绝隐患。燃气设备需安装可燃气体探测报警、自动切断装置,养老机构的厨房灶具、油烟罩、烟道至少每季度清洗一次,燃气、燃油管道应经常检查、检测和保养。

(4)强化巡查检查,及时督导整改。养老机构防火巡查、检查工作是预防火灾发生、排除火灾隐患、完善防火措施的重要举措。作为消防安全重点单位的养老机构应该严格执行防火巡查检查制度,确定巡查的人员、内容、部位和频次,建立巡检和整改记录,持续提升消防安全管理能力,确保机构安全。

1)防火巡查应每日专人进行,重点部位如老年人居室、公共活动用房、厨房等白天至少巡查两次,其他部位每日至少巡查一次。同时要保证夜间巡查至少每两小时一次。

2)日常巡查的重点内容包括用电、用火、用气有无违章;安全出口、疏散通道是否畅通;应急照明、疏散指示标志是否完好;消防设施、器材是否完好;重点部位人员是否在岗;消防车通道是否畅通等。

3)机构负责人每月至少组织各部门负责人开展一次防火检查,做好检查记录。重点检查内容包括:消防安全管理制度落实情况;电气、燃气设备设施安装使用、检查维护情况;有无违规、违章情况;消防安全各类通道通畅情况;安全指示标志标识和应急照明情况;消防设施、消防器材完好情况;消防控制室值班和管理情况;机构内防火重点部位各项措施的落实情况;防火巡查落实情况和记录情况;火灾隐患整改和防范措施落实情况;全体员工对防火灭火常识和疏散逃生技能的掌握情况等。

4)严格规范的检查、巡查可以第一时间发现问题、解决问题、消除隐患,对于不能现场处理的问题要列入整改方案,限期完成。如整改困难要及时上报,请上级领导指导、帮助解决。

4. 消防安全的培训和演练

(1)定期开展消防安全培训,让员工懂得防止火灾的基本措施和扑灭火灾的基本方法,提高预防火灾的警惕性和同火灾作斗争的自觉性。每名员工应该至少每半年进行一次消防安全培训和演练,培训和演练的内容包括有关消防法律法规、消防安全管理制度、消防安全操作规程;了解本岗位火灾危险性和防火措施,会报火警,会扑救初起火灾,会组织疏散逃生。消防演练应当通知老年人积极参加。演练后应及时总结,并根据情况完善灭火和应急疏散预案。如果能请到所在地消防员现场观摩指导,培训演练成效将更加显著。员工新上岗、转岗前均要进行岗前消防安全培训。

(2)科学制定灭火疏散预案,保证应急救助成效。养老机构应当结合本单位实际制定有针对性的灭火和应急疏散预案,明确组织架构、报警和接警处置程序、应急疏散的组织程序和措施、扑救初起火灾的程序和措施等内容。预案应当充分考虑天气情况,夜间、节假日特殊时段等因素对灭火和应急疏散的不利影响。

(3)针对失能失智老年人,预案应当明确专门的疏散和安置措施,逐一明确负责疏散的工作人员。制定的预案应请当地消防专业人士提出意见建议,从而使预案更具科学性、实践性和可操作性。养老机构应根据需要建立微型志愿消防队,配备必要的装备器材,定期开展实战模拟演练,提高自防自救能力。

四、养老机构的设施设备管理

为了保障老人的生活质量和安全,良好的设施设备至关重要。养老机构的设施设备管理也是做好各项服务工作的必要前提和重要保障,机构管理者必须给予高度重视并常抓不懈。

(一) 养老机构设施设备种类和特点

1. 设施设备的种类 养老机构的设施设备一般分为建筑物设施和附属设备两大类。建筑物设施包括办公和服务场所、防雷设施、电气设施、消防设施、供排水系统、无障碍设施等;附属设备包括通用设备(办公设备、家用电器、健身设备等)、专用设备(医疗护理设备、康复设备、厨房设备、洗涤设备、计量设备等)、特种设备(电梯、锅炉等)。

2. 设施设备的特点

(1)保障性:养老机构的设施设备配置应与机构的运营、服务相适应,为机构的正常运行提供全面保障。

(2)技术性:机构内设施设备正常运行需要多专业支持保障,尤其是专用设备和特种设备的安全稳定运行需要较高的专业技术支撑。

(3)安全可靠性:这是公共机构设施设备的最基本也是最重要的特点。

(4)特殊性:养老机构设施设备还具有一定的特殊性,主要体现在全方位的适老化上,从配置的适用性、使用的安全性、操作的便利性以及功能的舒适性、管理的规范性等都要紧密围绕老年群体的生理特点、行为习惯、日常爱好等规划设计并做好运营中的检修保养,从而达到提高设备利用率、提升服务效率和老人满意度的目标。

(二) 养老机构设施设备的管理

1. 设施设备的安全管理 设备设施的安全管理涵盖选购、安装验收、使用保养、检查维修、配件购置、更新改造,以及日常登记、保管、报废等设施设备管理全过程。其中,维护和使用对于安全的影响最大。

(1)选购过程中控制设备的技术参数是防止设备因设计缺陷而造成事故的首要方法。设备选型除了要满足技术方案要求,还应该满足本身的安全要求,符合老年人的使用特点,从源头上杜绝安全隐患。应设计多种方案进行分析比较,从中选择最佳方案。设备选购主要由使用部门负责提供专业需求,安全部门主要负责安全性能的审查。

(2)设备运行的动态管理要求各级维护管理人员掌握设备的运行情况。依据设备运行状况制订相应措施,包括对每台设备依据其结构和运行方式,确定检查的部位、内容、正常运行的参数标准。针对设备的具体运行特点,参考行业标准,确定明确的检查周期。巡查时要按照流程规范执行,发现问题及时解决,无法解决的要立即通知设备管理部门,由专业技术人员妥善处理。必要时上报管理层确定控制和解决方案。

2. 设施设备的检修保养

(1)根据特种设备、一般设备、通用设备等分类,编制设备检修保养计划,经部门负责人审核及机构负责人批准后执行。使用部门根据批准的检修保养计划,安排具体人员负责实施,检修保养人员应及时在设备保养记录中登记检修保养的项目及完成情况、设备故障处理办法,确保设施设备始终处于正常的运行状态,延长使用寿命,提升使用效率。

(2)养老机构内的特种设备主要是指涉及生命安全、危险性较大的锅炉、压力容器(含气瓶)、压力管道、电梯等。特种设备的维修保养要求作业人员按照国家有关规定,经特种设备技术监督管理部门考核合格后方可从事相应的作业。特种设备作业人员要对在用特种设备进行经常性维护保养并定期检查,至少每月进行一次并进行记录。在检查和日常维护保养时发现异常情况应当及时处理,情况紧急时可以决定停止使用特种设备并及时报告本单位有关负责人。按照安全技术规范的定期检验要求,特种设备在安全检验合格有效期届满前1个月,由后勤部门向特种设备检验检测机构提出定期检验检测申请,未经定期检验或者检验不合格的特种设备不得继续使用。此外,特种设备还应有完整的安全技术档案并专门保管,特种设备的安全使用须知和警示标志要置于显著位置。

五、养老机构的能源管理

养老机构作为老年人集中居住和接受照料服务的地方,日常运转离不开水、电、燃气、燃油等多种能源,需要维持一个适宜的环境温度和舒适的生活状态。由于老年人的行为习惯和身体状况的不断变化,不同功能区域能耗差异较大,同一区域在不同时间差异也较大,容易导致能源浪费。加强能源管理对于养老机构的可持续发展具有重要的经济意义。

(一)能源管理的概述

1. 能源管理的定义　养老机构能源管理是指综合运用自然科学和社会科学的方法及原理,通过技术和管理手段在不影响机构正常运行的基础上,对现有的设备运行、使用者节能行为、员工节能意识、节能管理的组织领导以及相应制度等多方面进行统一管理,以达到节能减排、提升经济社会效益、促进机构可持续发展的目标。

2. 能源管理的意义　《中华人民共和国节约能源法》明确提出节约资源是我国的基本国策,国家实施节约与开发并举、把节约放在首位的能源发展战略。节约资源是我国生态文明建设的根本途径。养老机构运营过程中规范能源管理、开展持续性节能措施、提升能源利用效率、实现节能减排,对于降低运营成本、保护环境、促进机构可持续发展具有重要意义。

(二)能源管理的实施

1. 能源管理制度的制定　《中华人民共和国节约能源法》《中华人民共和国可再生资源法》《中华人民共和国电力法》《养老设施建筑设计规范》《公共机构节能条例》都对节约能源做出了相关规定。养老机构能源管理工作应根据这些规定结合本机构用能设备的特点,制定一套完善的能源管理制度是实现节能管理的前提保障。具体内容包括能源岗位责任制度、能源统计分析制度、能源管理制度、能源目标管理制度、能源管理工作考核奖惩制度、能耗监管平台运行管理制度等。

2. 明确岗位职责　通过各项制度的建立,明确机构能源工作人员的岗位职责,明确年度节能目标,分解落实方案,明确能源数据统计分析上报要求,明确设备采购和运行管理的相关要求。更为重要的是落地执行,例如设备操作制度应该做到运行维护人员人人知晓,并将制度制作展示板张贴上墙。只有将各项制度执行到位,才能真正做好能源管理工作。

(三) 能源管理的要求和措施

养老机构的设施设备、环境照明等是能源消耗的主要来源。明确能源管理要求、严格落实节能措施是养老机构能源管理的核心内容。

1. 能源管理要求　设备运行人员的节能技术水平、节能行为和节能意识对机构能耗影响重大。具备一定的节能经济运行管理知识和技能是对此类工作人员的基本要求,同时还要能将掌握的节能技术与知识应用到工作中,通过细心观察能耗数据的变化情况,客观总结能耗规律,制定针对性的节能措施,并指导全员贯彻落实。因此,加强设备运行人员的行为管理,开展全员节能知识和制度的培训,对于工作中发现用能问题人员、提出合理化建议人员均应给予奖励,树立起"节约能源人人有责,能源管理无处不在"的节能文化等,是建立一个节能环保养老机构的重要手段。

2. 节能管理措施　养老机构存在设施设备多样化、用能多元化的特点,在确保安全运行的前提下制订一套切实可行、卓有成效的节能管理措施非常重要。

(1)摸清能源消耗的特点、规律是前提,将每天、每周、每月的水、电、燃气消耗量分时段予以准确记录,制成图表,画出曲线,并附以分析日记。根据运行、记录曲线和日记,找出水、电、燃气消耗的高峰时期和重点时段,从而准确地掌握整个能耗规律,为节能管理措施的制订提供依据。

(2)对各类用水、用电、用气的主要设施和重点区域,如空调、电梯、动力、照明、食堂、机房等安装分表,实行单体计量。根据分表计量参数,找出水、电、燃气消耗较大的主要设备和重点环节,从而准确地掌握整个能耗现状。然后从管理角度充分利用物业部门积累的经验,为节能管理措施的制订提供技术层面保障。

(3)对提出的节能技改方案进行筛选,选择养老机构最薄弱的项目、操作最成熟的项目、资金最有保障的项目分批有序地执行。

(4)能源和设备管理人员应利用自身的专业优势,根据老年人的身体情况、活动规律,主动开展技术节能措施,例如针对老人居住和活动空间,严格控制温度,减少因过冷、过热增加的能源消耗以及对老年人健康的不良影响;根据老人起居活动规律,合理确定各功能房间的照度,提出不同区域照明开关的集中控制、定时控制、组合控制等多种控制方式;根据机构用水规律主动调节供水管网压力,优先选用节水型用水器具,节约水资源的使用等。

六、养老机构的采购与物资管理

(一) 采购与物资管理的概念和关系

1. 采购与物资管理的概念　采购与物资管理是后勤保障的重要内容,在经营管理中密切相关且相辅相成。物资管理是企业为完成生产、服务全过程对所需各种物资进行合理的组织、配置、使用和控制,以满足企业运营的需求;采购管理是为保障企业物资供应而对企业采购过程进行的组织、实施与控制的管理过程。

2. 采购与物资管理的关系　物资管理和采购管理目标一致,都是为了满足企业经营和服务的需要。两者互相影响,相互协同,共同建立在数据支撑的基础之上,是企业生产经营中不可或缺的环节。简言之,物资管理通过合理配置和控制物资资源,提高企业的生产效率和竞争力,而采购管理通过获取所需物资,确保企业的正常运转和业务发展。两者需要紧密配合,共同制定策略和计划,以实现最佳效果,使企业实现物资资源的最大化利用和效益的最大化。

养老机构中的物资按用途和价值可分为固定资产、低值易耗品、药品、材料、燃料等。采购和物资管理直接影响机构各部门工作效率和服务质量,是机构运营发展、降本增效的重要保障。

(二) 采购与物资管理的内容和注意事项

1. 采购与物资管理的内容

(1)采购管理主要包括以下步骤:①采购订货计划的确定,需要在需求分析的基础上明确所需物资的种类、数量和质量要求。②需要对供应商进行选择和评估,以公开、公平、公正原则,通过市场调研、招标和投标等方式选择合适的供应商,并对其进行评估和审核。③与供应商进行商务谈判达成采购合同,明确采购的关键条款,对采购过程进行管理和监控,确保按合同履约,及时交付所需物资。④实施进货、验收入库、支付、采购评价与分析,完成供应商质量评估报告。

(2)物资管理的内容包括:①通过对企业运营计划和市场需求的分析,制定物资需求计划和预测,与采购部门配合确定物资的需求量和采购计划。②经由采购管理部门完成采购工作后进入物资库存的管理环节,通过物资库存系统,完成进货、入库、出库、盘点等环节的管理。③在物资使用和消耗的过程中还要对使用情况进行监控和分析,及时发现问题并采取相应措施。④对不再使用的物资进行合理的报废和处理,减少对环境的污染。

2. 采购与物资管理的原则

(1)计划采购:按审批计划采购,不准违规采购计划外的物品。特殊情况时需由部门负责人提报临时采购申请,后勤部门领导审核、机构负责人批准后才能采购。

(2)定点采购:列为定点采购的物品一律纳入定点采购,不能列为定点采购的物品进行市场比价采购。

(3)确定定点供应商:根据市场调研考察,货比三家,以质优价廉、售后服务好为原则确定定点供货单位,每月进行询价、比价,每半年进行考核,根据考核结果,确定或淘汰定点供应商,建立供货商名录,根据情况变化及时更新。

3. 采购与物资管理的注意事项

(1)物资管理过程中要明确物资的入库、存储、出库(领用)、盘点、退库、报废等工作流程及职责,针对固定资产、低值易耗品等不同类型的物资,制定相应的管理机制,保证账、卡、物的一致性。养老机构应加强物资定额管理,包括消耗定额管理、储备定额管理和节约定额管理,针对各部门不同的需求和使用情况,根据物资管理制度,按需发放日常物资,提高物资使用效率,提升机构经济效益。

(2)严肃采购与物资管理纪律,采购与物资管理部门是核心、敏感部门,需要警钟长鸣和必要的监管。对于采购过程中出现的超标准、超预算采购,违反公开招标原则强制指定供货商、强制要求使用某一特定供货商,徇私舞弊、吃拿卡要、收取好处费等损害机构利益的违规违法行为,一经发现要严肃追责,涉及违法犯罪的行为交由公安机关处理。

(3)采购合同的签订要全面、严谨,应符合法律法规的要求,明确权利、义务和违约责任。要经过物资使用部门、物资采购部门、物资管理部门以及专业法务人员的会审,确保整个过程的科学、准确、合规和高效。

第三节　养老机构的膳食管理

由于年龄的增长,身体功能衰退,以及罹患慢性疾病等因素影响,老年人在食物消化、营养摄入吸收等方面的能力被限制,容易出现的营养不良及衰弱的问题。因此,养老机构应重视老年人的膳食管理,通过膳食的营养搭配及个体的健康管理提高老年人的营养状态及生活质量。

一、老年人膳食营养特点

(一) 老年人的营养代谢特点

老年人较成年人基础代谢率、能量利用率均有下降。随着年龄的增长,蛋白质的分解大于合成,肌肉组织减少。老年人胆汁酸含量减少、脂肪酶活性下降,对脂肪的消化能力下降,因此老年人身体脂肪比例增加。老年人胰腺萎缩,胰岛分泌功能减弱,外周组织对胰岛素敏感性下降、发生胰岛素抵抗概率增加,影响碳水化合物代谢。

(二) 老年人的热量及营养素需求

1. 热量　在老年人中,能量需求的减少大部分是由于与年龄相关的静息代谢率减少、体重减少和体力活动水平下降。疾病状态、经济困难、独居等,可导致老年人总热量摄入不足。老年人热量需求与活动程度、机体组织活动的代谢程度有关,需要根据个体情况考虑。

2. 蛋白质　老年人膳食蛋白质一定要充足,以保证正氮平衡,每日 1.0~1.2g/kg,以高生物效价蛋白质为好,可提供生命过程所需要的全部氨基酸。注意肾病的老人要根据病情控制蛋白质的摄入,而损伤及手术后老人要增加蛋白质的供给。

3. 脂肪　老年人脂质代谢能力弱,因此摄入量建议不超过总热量的 25%,且以不饱和脂肪酸为主,既可提供必需脂肪酸,又可以减少血脂异常造成机体的损害。

4. 碳水化合物　由于老年人对碳水化合物的代谢能力下降,建议碳水化合物占总热量50%~60%,以全谷类和薯类优质碳水化合物为宜,糖代谢异常的老人要根据实际情况调整碳水化合物的摄入量。

5. 其他　矿物质、维生素是人体不可缺少的营养素,老年人饮食尤其要兼顾到钙、镁、钾、钠、硒等元素及多种维生素,以保证老年人的生理功能。另外,老年人膳食中要有充足的水分,一般情况下,除去饮食中所含水分,老年人每日应饮水 1 500ml。

(三) 养老机构膳食标准

1. 指导原则　根据《中国居民膳食指南(2022)》老年人膳食指南中对一般老年人(65~79 岁)膳食和高龄老年人(80 岁以上)膳食的推荐原则,养老机构在老年人膳食管理方面,应注意提供品种丰富的食物,保证营养均衡;鼓励老年人集体就餐以增进食欲;定期开展营养测评,及时改进。

2. 膳食种类　养老机构膳食由一般膳食、特殊膳食及养生膳食组成。

(1)一般膳食:根据食物的状态进行分类,主要为普通老人膳食、半流质膳食和匀浆膳食。一般膳食可以基本满足养老机构老人的餐饮需求。

1)普通老人膳食:老年人普通膳食应以细软为宜,以减轻老年人胃肠负担,利于消化,注重营养搭配,并定期进行菜品更新。

2)半流质膳食:将食材加工成碎末、小片、泥糊状,烹饪制成软、烂、稀的易于消化吸收及易于咀嚼吞咽的膳食,保证食物的多样性及营养需求,又可以达到咀嚼、品味的满足感。

笔记栏

适用于发热、口腔疾患致咀嚼功能减退、各种原因导致消化不良的老人。

3)匀浆膳食：根据进食困难的老人的营养需求，选用优质的新鲜食材，制成营养全面、均衡的配方流质食物。适合鼻饲、胃造瘘术的老人，也适合于咀嚼困难、轻度吞咽障碍的老人经口进食，以防止噎食、呛咳。

（2）特殊膳食：对于特殊宗教信仰老人餐食需单独制作、固定餐厅用餐。

（3）养生膳食：养生膳食是中医学药食同源思想精髓的体现，目的是通过膳食调整人体阴阳平衡，降低患病率。根据不同节气、所处地域，制订适合大众的养生菜谱，有条件的养老机构可以由中医医师针对特殊体质老年人进行中医辨证，配制个性化的药膳。

二、养老机构的膳食供应管理

（一）食品采购管理

1. 采购合法合规，对供应商定期评估　食品采购过程需符合国家法律法规要求，保证食品来源安全、可溯源，确认供应商资质及服务能力符合本机构要求，定期对供应商进行考核评估以便改进或更换供应商。

2. 采购流程标准化，物资定额管理　按照采购流程进行上报计划、审核、审批、采购、验收、入库、评价、反馈。蔬菜、水果、水产、禽类、肉类等新鲜食材实行每日采购，提前一天提出采购品类及数量，当日送货，当天使用。调料、干货等可储存的易耗品根据储存条件、价格浮动、保质期、消耗周期等因素进行采购，并根据养老机构实际规模及需求设定库存数量，做好登记。

（二）食品加工及储存管理

加工前检查原料，确保质量，蛋类需清洗外壳，蔬菜、肉类、水产品要分槽清洗，避免交叉污染。切配时生熟分开，严格遵照营养师及厨师长制订的烹饪流程进行加工。不能供应剩菜剩饭。制定食品储存管理制度，明确各区域责任人。食品储藏室应保持卫生整洁，不堆放杂物，不进行与储存食品无关的活动；每日检查冷藏室、冷冻室温度，分类分区摆放，物品存取需遵循"先存放，先取用"的原则；定期进行盘点，包括数量、保质期，包装是否完整、有无变质等，避免影响使用。

（三）供餐管理

1. 供餐类型

（1）自助餐厅服务：对于生活自理的活力老年人，采用自助取餐的方式，品种多，可根据个人喜好进行挑选，收费方式可以按月收取固定餐费，也可以根据所选菜品定价现场刷卡缴费。

（2）送餐服务：对生活不能自理的老年人，养老机构应提供送餐服务，由服务人员为老人盛装好食物，送到老人餐桌，要求服务人员要熟悉老人是否有食物过敏史、个人喜好、忌口等饮食习惯。

（3）特殊用餐服务：对于身体原因短期或长期需要特殊食物的老人，需要在营养师的指导下为老人进行营养配餐。如术后的老人根据术后恢复情况，从流食、半流食，逐渐恢复到正常饮食；对于吞咽困难容易呛咳的老人要提供糊状的食物，汤水要加入增稠的食物添加剂，防止发生呛咳引起吸入性肺炎；鼻饲的老人要提供流质食物。

（4）点餐服务：针对老人的亲朋好友探访、老人的特殊需求，可提供点餐服务，提前一天向工作人员预约，根据厨房提供的菜单进行点餐。提供生日宴、节日宴服务，方便老人与家属在机构内聚餐，解决老人外出不便的困难。

（5）社区老人服务：面向周围社区老人开展助餐服务，为社区老人提供便利。

2. 供餐频次 由于老年人消化能力较弱,可以采取每天 4~5 餐,即三餐一点或三餐两点的频次。早、中、晚三顿正餐,营养全面,种类多样,搭配合理;上、下午茶可选择富含蛋白质的饮品、养生茶、水果、坚果、点心,补充正餐中不足的营养物质。

3. 服务要求

(1)开餐前检查餐车、餐具是否已经消毒、是否清洁;准备充足的餐具;按主食、汤品、冷菜、热菜进行归类摆放,合理安排取餐动线。

(2)送餐人员及餐厅服务人员操作前要洗净双手,佩戴口罩和一次性食品级手套,操作时注意避免污染食物。

(3)核对菜单,在特殊菜品的菜牌上做好标识,如高糖、低糖、高嘌呤、低嘌呤等,为罹患糖尿病、痛风等疾病的老人给予提示。

(4)餐车或餐台应具备保温功能,热食餐品应保持在 30~60℃,凉菜 8~13℃,保证食物的口感及进食安全。

(5)服务人员要热情主动、文明用语、微笑服务,打餐、送餐时要轻拿轻放,避免大声喧哗。

三、养老机构食品安全应急管理

(一) 食品安全管理概述

1. 食品安全的定义 食品安全是指食品无毒、无害,符合应有的营养要求,不会对人体健康造成任何急性、亚急性和慢性危害。在养老机构中,入住老人的一日三餐均由机构提供,因而食品安全问题是养老机构安全管理的重要内容,包括食品卫生、环境卫生、从业人员卫生三个方面。

2. 食品安全管理的内容

(1)食品卫生:世界卫生组织(World Health Organization, WHO)对食品卫生的定义,是指在食品的培育、生产、制造直至被人摄食为止的各个阶段中,为保证其安全性、有益性和完好性而采取的全部措施。食品可能存在的卫生问题要从以下四个环节进行把控。

1)食材的来源:养老机构在采购食品原料、调味品、食品相关产品时,应当查验供货商的许可证和产品合格证明,在接收供货时要再次核对保质期、原厂包装是否完整无损坏、食材新鲜度。对无法提供合格证明的食品原料应当按照食品安全标准进行检验。不得采购或者使用不符合安全标准的食品原料、调味品、食品相关产品。

2)食材的运输:包装食材的材料、容器、运输工具要保证清洁卫生,直接接触食物的包装需要保证安全、无害。

3)食材的处理:炊具、砧板、刀具等加工工具用后洗净,保持清洁,用水应当符合国家规定的生活饮用水卫生标准。

4)餐具卫生:餐具及其他盛放直接入口食品的容器,使用前应用无毒的洗涤剂进行清洗,选择有品质保证的消毒设备进行消毒。餐具选用无毒、食品级别的材质。

(2)环境卫生

1)养老机构食品加工区域应合理布局,更衣区、食品存放区、食品加工区、盥洗区、污物区分区明确,利于食品加工流程,保障待加工食品与直接入口食品、原材料与成品无交叉污染。食品加工区域严禁放置有毒物及污染物。

2)有相应的洗消、采光、照明、通风、防尘、防腐、防蝇、防鼠、防虫等设备,具备处理厨余垃圾、厨房废水的隔油池等设施。

3)建立环境管理机制,安排专业团队提供环境消杀、排烟污垢清洗、消防设备维护。

4)做好食堂环境卫生管理,做到每餐一打扫、每日一清洗、每周一次食堂设备设施清洗,做到设备无油污、排水沟无污渍。及时处理垃圾,垃圾桶应有盖和标记。

(3)从业人员卫生

1)养老机构从事膳食服务人员应具备健康证明,并且每年进行健康体检,合格后方能从业。

2)患有国务院卫生行政部门规定的有碍食品安全疾病的人员不得从事养老机构膳食服务工作。

3)符合条件的膳食服务人员应当保持个人卫生,工作时穿戴清洁的工作服、工作帽,加工食品时需佩戴口罩。

4)处理食品期间,需接触其他无关物品或离开食品加工区域返回后,均应当将手洗净。

5)从业人员突然出现疑似传染性疾病时应暂停工作,待治疗后排除与食品卫生相关疾病后,方可恢复工作。

(二)突发事件应急预案及管理要求

养老机构膳食服务中突发情况主要包括食物中毒、厨房火灾及突发停水、停电、停燃气等事件。养老机构的管理人员必须重视安全管理工作,对于可能出现的突发事件要提前做好应急预案。

1. 建立突发事件应急预案　养老机构应依据《中华人民共和国安全生产法》《中华人民共和国食品卫生法》《食物中毒事故处理办法》《食物中毒诊断标准及技术处理总则》和《突发公共卫生事件应急条例》等有关规定,设立应急小组,建立健全安全管理制度,提高安全责任意识,按标准配置安全防护设备,以防为主。应急处置原则:加强教育,重在防范;统一指挥,分工明确;行动迅速,优先救人;有效防止事故蔓延扩大。

2. 食物中毒的预防及应急管理要点

(1)食物中毒的发现:凡是在进食可疑饮食后的一天之内突然出现恶心、呕吐、腹泻、腹痛、头晕、发热等表现,或者进食同样饮食的较多人员在较短时间内出现了同样症状,即应怀疑食物中毒。

(2)预防措施:在日常管理中,为了防止食物中毒的发生,工作人员要严格遵守食品安全管理制度,避免任一环节出现差错,对违规行为按有关规定进行处理、追责。食品留样制度是为保证食品质量安全,为界定食品安全事故责任提供证据、查找原因、采取有效治疗措施而制订。食品留样由专人负责,建立食物留样记录。配备专用留样冷藏柜,温度设置为0~10℃。留取当餐供应所有菜肴并粘贴标签,注明留样时间、留样人员、留样品名,每份留样不少于100g,保存48小时。食品留样采用带盖容器,每次留样前应进行清洗、消毒。留样放置应保持一定距离,不叠放,避免食品相互感染。

(3)应急措施:疑似发生食物中毒时,应立即停止再进食可疑中毒食物,进行催吐,送至医疗机构进行治疗。明确为食物中毒后,要马上向所在地的卫生相关部门报告。保护现场,收集保存所有可疑的食品及原料,保留呕吐物及排泄物以备检,积极配合卫生行政部门进行调查及处理。

3. 厨房火情的预防及应急管理要点

(1)预防措施:食堂负责人要制定预防措施并监督食堂工作人员严格执行。食堂设备安装和使用须符合防火安全要求,食堂工作人员按操作规范执行使用和操作,严禁野蛮操作。食堂内煤气管道及各种灶具附近严禁堆放易燃、易爆物品。煤气罐与燃烧器及其他火源的距离不得少于1.5m。各种灶具及煤气罐的使用、维修与保养应指定专人负责。液化气罐气体用完后,罐内的液体不可随意倒弃,否则极易引起火灾和环境污染。正在使用火源的工作人员,不得随意离开岗位,以防发生意外。下班前,对能源阀门及开关、火种熄灭情况进行检查。固定位置存放消防器材,每月进行检查,按规定进行更换。

(2)应急措施:出现火灾后迅速判断火情,同时根据具体情况进行施救,如燃气、油灶、油锅起火,应立即关闭阀门,并用灭火毯灭火;如火势无法控制,立即拨打119电话,并向上级报告,在应急小组的指挥下进行疏散人员及控制火情等措施。

4. 停水、停电、停燃气的应急管理要点　在获悉停水、停电、停燃气的通知后,应提前做好准备,尽量提前完成停水、停电、停燃气期间的工作,保证正常开餐。储备停水期间的用水,准备备用电源及应急灯,在预定停止供应时间前关闭水阀、电器及燃气阀门。在未接到恢复燃气供应通知前,不要随意打开燃气阀门。在出现突然停水、停电、停燃气导致工作不能正常进行时,立即向相关水务、电力、燃气供应部门了解恢复供应时间并上报应急小组,共同解决开餐问题。

四、养老机构餐饮从业人员管理

(一) 岗位设置及要求

养老机构餐饮从业人员包括厨师长、营养师、厨师、面点师、厨工及餐厅服务人员,机构可根据各自的人员配置情况进行安排。

1. 厨师长岗位职责

(1)负责厨房组织领导,负责全机构老人及员工的膳食供应统筹工作。

(2)负责厨房工作人员的人员调配、分工,协调与其他部门间工作。

(3)负责菜单制作及厨房工作标准化制订,督导厨师菜品制作流程,对菜品质量进行监管。根据季节和需求制定菜单,定期推出新菜品。

(4)掌握食堂成本、开支及预算,了解市场供应情况及价格,通过残食量对餐食用量进行合理把控,杜绝浪费。

(5)负责厨房卫生、原材料进货验收工作,保证食品安全、卫生。监督厨房员工个人卫生,督促每年健康体检,严格遵守《中华人民共和国食品卫生法》。

(6)负责制订膳食管理委员会章程,定期召集相关部门工作人员及老人代表,综合各方意见及建议,对膳食质量进行调整、改进,提高老人及员工满意度。

2. 营养师岗位职责

(1)对入住老人进行营养评估,掌握老人营养状况,进行膳食设计,必要时提供饮食处方,辅助选餐及点餐,帮助老人选择适合自身身体状况的饮食。

(2)定期开展营养知识讲座,向老人、厨房工作人员、分餐人员讲解基础营养知识。

(3)对营养膳食的制作过程进行监督,协助厨师长设计菜单,保证膳食搭配合理。

(4)负责菜品标签制定,标注口味特点、适宜人群或不适宜人群、营养素含量,指导老人选取食物。

3. 厨师岗位职责

(1)服从厨师长的领导,配合厨师长完成厨房的日常经营管理工作,主责三餐两点的制作。

(2)做好个人卫生工作。与厨工共同做好厨房的卫生工作。积极解决老人用餐时的需求,热情服务。

(3)认真对待老人用餐过程提出的建议和意见,及时向厨师长报告及反馈,不断提升个人技能,满足老人对膳食多样化的需求。

(4)按照标准化流程进行操作,保证菜品口味及卫生安全,准时出餐,同时做好食品留样工作。

(5)配合厨师长完成材料入库、出库、检斤等工作,协助完成厨具、餐具的清单查验工作。

4. 面点师岗位职责

(1)在厨师长的领导下,按照菜单制作中西式面点、糕点,并配合养老机构内活动需求提供各类节庆食品。

(2)配合厨师长及营养师制订各类面点食谱,保证营养丰富、种类多样、色味俱佳,配合机构活动为老人开设面点制作体验活动课程。

(3)重视个人营养知识及业务能力提升,定期推出新品,结合老人意见和建议进行改进。

(4)协助厨师长制订面点原料食品的采购计划及原料食品保存管理工作,控制每日出品量,避免浪费。

5. 厨工岗位职责

(1)按照菜单和厨师长的要求,准备食材并清洁、整理、切割,确保食材卫生和质量,以备厨师进行烹饪。

(2)维护厨房地面清洁及餐具、厨具洗消工作。负责消毒柜及各种消毒剂的使用。掌握各种用具、餐具的清洁卫生操作。

(3)严格掌握各种洗消剂的用途、用法及用量,保障卫生与安全。

6. 餐厅服务人员岗位职责

(1)配合厨房做好开餐前准备、分餐、送餐工作。协助老人取餐、选餐。

(2)负责巡视餐厅用餐老人的安全。对于老人的临时特殊需求给予帮助。

(3)负责接待外来宾客,进行引领、点餐、上餐、餐间服务及结账服务。

(4)负责餐厅设备设施的管理、卫生及维护,及时对餐厅家具摆放进行归位,防止对老人造成伤害。

(5)维护餐厅用餐秩序,合理协调安排用餐座位,保障老人用餐环境安全、舒适,老人用餐愉悦。

(二)人员培训考核

1. 新员工上岗前必须接受安全知识培训,包括防火、防盗、防破坏、防灾害、防事故等相关内容,笔试及操作考试合格方可上岗。

2. 餐饮从业工作人员必须每年参加政府部门进行的卫生知识培训,培训合格方可上岗。

3. 制订餐饮部门的人员培训计划,确定培训内容、组织教育形式、教育培训频次及时间。培训内容包括营养知识、与老人沟通交流技巧、安全教育知识、专业技能、标准化流程等。培训形式包括讲座、实操、演练等,包括每年两次全员消防演练。教育培训频次应每月一次重点内容培训及考核,每周周会对本周发现的问题进行针对性讨论、复盘、经验总结。

4. 制订餐饮部门人员培训制度,提高餐饮从业人员的工作技能和素质,确保养老机构食品安全和卫生,提供优质的膳食服务,增强团队意识,提升满意度。

5. 培训及考核结果与晋升及绩效相关联,定期组织技能比赛,鼓励参加职业相关等级认证考试及职业资格考试。

(三)绩效考核及创新团队建设

1. 制定合理绩效,公平考核

(1)实行多个考核主体进行考核。考核主体应包括直接上级、同事、客户(老人及家属),体现公平公正。

(2)精准选择考核评价指标。根据不同岗位特点,精准选择考核指标,包括职业道德、工作纪律、岗位职责、业务能力以及学习成长等方面。

（3）科学界定考核周期。如考核周期过长，考核者不能及时接收反馈，不利于绩效改进，优秀员工得不到及时鼓励；如考核周期过短，会占用考核者大量精力，准确性降低。因此，建议实行月度考核。

（4）及时进行绩效反馈。通过绩效反馈促进员工改进不足，从主观上改进工作质量，让个人目标与团队目标保持一致性，保障养老机构餐饮服务水平稳步提升，提高企业竞争力。

2. 增加团队凝聚力，鼓励创新

（1）目标一致：通过制定团队共同目标，明确个人工作方向及标准。

（2）承担职责：通过个人所承担的职责对团队的整体影响，建立团队荣誉感。

（3）取长补短：发挥个人优势，互相协作，共同分享信息、观点，提高整体服务能力。

（4）创新发展：提升个人专业技能的同时，促进团队学习、讨论氛围，对菜品及服务形式进行创新，应对竞争与挑战。

第四节　养老机构的服务外包管理

外包一词最早是 1990 年由美国管理学家 G.Hamel 和 C.K.Prahaoad 提出的，翻译过来就是"外部资源利用"，简单来说就是做自己最擅长的工作，将不擅长做的工作（尤其是非核心业务）剥离，交给更专业的组织去完成。

一、外包的概念和分类

（一）外包的概念

外包（outsourcing）是指企业动态地配置自身和其他企业的功能和服务，利用外部企业的优势和专长来提高整体的效率和竞争力，使得自身更好地专注于核心的、主要的功能或业务。

（二）外包的分类

1. 根据内容分类　从外部的内容上来看，外包分为生产外包和服务外包。

（1）生产外包：是企业内部将生产委托给外部优秀的专业化机构完成，达到降低成本、分散风险、提高效率、增强竞争力的目的，通常是将一些传统上由企业内部人员负责的非核心业务或生产、服务方式外包给专业的、高效的服务提供商，以充分利用公司外部最优秀的专业化资源，从而降低成本、提高效率、增强自身竞争力的一种管理策略。

（2）服务外包：是企业将价值链中原本由自身提供的基础性、非核心的服务业务剥离出来，外包给企业外部专业服务提供商来完成的经济活动。服务外包广泛应用于 IT 服务、人力资源管理、金融、会计、客户服务、研发、产品设计等众多领域。

2. 根据业务种类分类　从业务种类上来看，外包可以分为信息技术外包、业务流程外包和知识流程外包。

（1）信息技术外包：是指企业专注于自己的核心业务，将其 IT 系统的全部或部分外包给专业的信息技术服务公司。企业以长期合同的方式委托信息技术服务商向企业提供部分或全部的信息服务。

（2）业务流程外包：是指以长期合同的形式，将公司的某项业务交由外部业务提供者去完成，以达到使公司增值的目的。

（3）知识流程外包：是指服务提供商以技术专长为客户创造价值，是比业务流程外包更为高端的知识工作外包,包括研究、设计、分析、咨询、策划、制订规程等服务。各种业务种类虽然都有其自身的业务范围和特点,但并不是彼此割裂分离的,而是有着千丝万缕的内在联系。

随着中国养老机构的快速增长,服务外包正逐渐为养老机构管理者所认可和接受,并在实际运营中不断实践和发展。养老机构很多职能可由社会服务机构承担,包括后勤社会化服务、信息化建设管理、人力资源管理、财务、法务、医疗康复等业务均有服务外包的案例。其中后勤服务作为养老机构最基本的支持保障服务,很多机构都采用了服务外包模式,以期达到机构经济效益、社会效益的最大化。

二、服务外包的作用和管理要点

服务外包作为养老机构的一个战略选择日益受到重视。它在强化机构核心竞争力、提高管理效率、提升服务能力、获取业务专长、优化资本配置等方面发挥着重要作用。

(一)养老机构服务外包的作用

1. 聚焦核心业务,强化核心竞争力 根据核心竞争力理论,核心资源是支持和发展企业核心能力、培育企业核心业务和核心产品的资源平台或技术平台。外包资源与企业核心业务的关联程度比市场资源要强,它为企业提供特定属性的产品或服务,影响核心产品或服务的质量和绩效。

在快速多变的市场竞争中,单个企业依靠自身资源进行自我调整的速度很难赶上市场变化的速度,因而企业必须将有限的资源集中在核心业务上以强化自身的核心能力,而将自身不具备核心能力的业务以合同的形式(外包)或非合同的形式(战略联盟或合作)交由外部组织承担。

通过与外部组织共享信息、共担风险、共享收益,整合供应链各参与方的核心能力,从而以供应链的核心竞争力赢得及扩大竞争的优势。外包已经成为企业利用外部资源获得互补的核心能力、强化自身竞争地位的一种战略选择。

2. 引进专业化服务,提升企业竞争力 企业日常管理中涉及的业务日益复杂,对专业化的需求与日俱增,专业技术扮演着越来越重要的角色。例如企业的人力资源业务对信息技术的依赖程度越来越高,如果企业想自身引进技术管理,不仅成本高,而且缺乏专业技术人才,此时业务外包就体现出其特有的优势。服务商提供的人力资源信息化管理系统,不仅简化人力资源服务的交易程序,便于在操作层面和战略层面做出业务决策,而且助力企业重新梳理组织流程、优化组织结构,同时引进的企业管理软件将大幅简化工作流程,增强流程可控性,推动企业实现现代化管理。

3. 提升管理效率和组织绩效 通过引进水平更高的专业服务,企业能够提高管理的效率和组织的绩效。业务外包可以获取专业化的服务,进而提高企业的管理效率,最终提升企业的整体效益。在企业管理中,各种类型的业务管理的方式和水平各不相同,但彼此是相互联系、相互影响的,一些管理水平比较弱的业务的执行效率会直接影响其他业务的开展,致使企业整体运行效率下降,即出现"短板效应"(又称"木桶效应"),而企业又无法在短期内以较小的成本来消除这些短板业务,业务外包无疑是一种最直接和有效的解决方式。

4. 提高专业化水平,实现最佳资源分配 一家企业或公司,通常只是熟悉自己的业务领域,而在其他业务领域并无优势。有选择地将非核心业务外包给拥有大量专业人才的服务公司,可以大大提高自身的专业化水平,弥补自身的不足,使有限的资源得到更高效的分配,从而提升整体竞争优势。从整个社会来看,通过各个企业的优势互补,最终也将实现社会资源的优化配置。

笔记栏

(二) 养老机构服务外包管理要点

养老机构服务外包的管理有其自身特点,其中外包人员的技术水准、服务意识、行为规范等对服务质量和客户满意度影响很大。因此,对外包公司的规范化、精细化管理和考核尤为重要。以养老机构中应用外包服务较为普遍的后勤业务为例,概述服务外包管理的要点。

1. 后勤服务外包的主要内容

(1)保洁安保服务:包括室内、室外环境保洁,治安管理,安全保卫等。

(2)餐饮服务:包括服务对象饮食、员工及外来人员餐饮等。

(3)环境绿化:包括绿化养护、环境美化等。

(4)物业维修养护:包括各类设备运行、保养、维修等。

(5)其他:包括基建及大修、项目改造、施工管理等。

2. 后勤服务外包的管理要点

(1)确定合理的人员编制明晰各个岗位责任:后勤岗位多、工种杂,精细化管理必须对每一个岗位的工作任务、工作量、工作标准、工作时间按运营需要设置,以满负荷工作量确定服务人员编制是必要的基础工作。这是一个动态的过程,是伴随着业务量也就是入住率不断变化的。在明确人员编制后,明确每个岗位的工作职责与要求,建立考核标准和考核流程,明确评价方法,建立奖惩机制。

(2)保证服务能力及技术水准达到专业要求:以养老机构安全、高效、节能运行为宗旨,根据外包企业服务能力、技术水准、以往成功案例等进行招标筛选,明确机构运行标准与要求,设定安全、效率指标和节能降耗目标,建立督察监管机制,对中标企业进行全面管理。

(3)持续促进养老机构与外包企业间的文化融合:在养老机构中开展季度、年度评优活动,外包企业优秀员工评比与养老机构服务明星评比相结合,在后勤范围内建立后勤示范岗和星级服务岗,把评比与客户满意度考核结合起来,制订相关评选条件及奖励措施,由外包企业与养老机构共同组织表彰,培养员工的荣誉感和归属感,提高员工服务热情和工作积极性。

(4)规范企业行为,保障企业合法经营:外包企业员工的劳动薪资、福利待遇等会直接影响到机构服务质量的好坏,养老机构在服务项目外包招标时,应要求投标单位明确对员工的薪酬、福利待遇。在日常运营过程中,养老机构可要求外包企业把每月为员工所缴纳的保险金凭据和员工工资单复印件交给后勤管理部门备案,以确保外包企业合法合规经营,外包员工利益得到保障。

(5)提升后勤管理信息化水平:在养老机构后勤管理中,由于业务的复杂性和时效性,在部门内部或部门之间与外包企业进行信息交换时,通过人工方式完成将导致信息交换效率低下,而且无法做到业务流程追踪。信息管理系统的建立,可结合工作的实际需要,运用互联网、移动通信等现代信息技术,提高后勤保障的时效性,降低运行成本,如客户点餐系统、物业报修系统、能耗监测系统、紧急呼叫系统、安保监控系统、移动巡检系统等。

将机构各个部门间的交流实现在信息网络系统中,不仅可以减少不必要的资源浪费,降低管理成本,提高工作效率,而且能够为工作人员节省更多时间更好地为客户服务,整体提升养老机构的服务质量,使机构综合实力和核心竞争力得到明显增强。

三、养老机构服务外包的风险管理

(一) 服务外包风险的概念和内容

1. 服务外包风险的概念　服务外包风险是指客户通过与外包服务商订立合约,将部分或全部业务外包给服务商的过程中,由于内外部环境的变化及多种不确定因素导致服务结果与预期产生背离,从而给客户带来各种损失的可能性。服务外包风险受到多种因素的影响,例如文化与目标差异导致的不相容,合同缺乏弹性,忽视外包关系管理所导致的服务水平下降,员工士气和信心下降,以及外包所引起的信息安全与潜在竞争等问题。这些因素都可能对机构运营和发展产生负面影响,因此风险管理是一项至关重要的工作。

2. 服务外包风险的内容 在享受外包模式带来的种种利益的同时,养老机构也面临着一定的风险,主要包括以下几方面。

(1)服务方面:存在着服务商提供的服务不尽如人意,未能达到老人的要求和期望,无法给老人提供及时、温馨的服务感受;服务商在服务过程中由于对老年群体缺乏足够的了解,未能采取适合老年人的服务方式和服务措施;专业服务能力不过硬,出现差错或操作失误导致发生纠纷和事故的风险。

(2)管理方面:养老机构缺乏充分的专业管理能力或重视程度不够,未能对服务商实施适当的督导、检查;服务商为谋求自身利益未能充分遵守国家的法律法规及机构的规章制度,出现有悖于机构的整体战略目标甚至违规违法的风险,包括服务商未遵守隐私法和保密协议,造成客户信息、商业机密泄露等。

(3)其他问题:双方共同开发的项目或者衍生的创新成果被对方占为己有而引发的知识产权纠纷问题;由于政策、市场或服务商的重大变化引发的合同履行甚至退出风险等。

(二)服务外包风险的监督和激励机制

服务外包风险的控制主要体现在对于服务全流程的监督机制以及对于服务质量、服务成效的激励机制的建设和完善上。

1. 完善的监督机制是前提保障 在合同执行期间,对服务商的有力监督可以进一步降低来自服务商的风险。养老机构应成立外包业务督导小组,对服务商的服务质量、安全、效率、成本管控等进行定期、不定期监督,以便及时发现问题,采取有效措施减小风险。为提高后勤管理水平和服务商的服务水平,养老机构通常可采取以下管理方法。

(1)督导:养老机构根据项目总体要求及与服务商签订的管理协议,制订考核目标,每月进行定期检查考核,发现问题及时下发整改通知单限期整改。

(2)考核:考核内容为服务质量、客户和员工满意程度、卫生状况、整改情况等方面。每月还要安排至少一次随机抽查。

后勤部门作为服务商工作的协调、归口管理部门,对其工作进行全面监督管理,跟踪落实问题整改情况并记入季度、年度的考核记录。

2. 灵活多样的激励方式是有效措施 养老机构要采取积极、有效的激励措施,从正反两个方面来促进服务商服务质量的提升和改进,保障机构运营和发展。

(1)公正合理的员工奖励:养老机构应根据确定的服务标准和考核方案,通过科学合理的考核流程,对服务质量、服务态度、服务效率以及客户和员工的满意度进行综合考评。对于表现优异的员工给予相应的奖励。对于服务中的特殊感人事例、专业技术上的改进和突破、重大事件或突发事件中表现突出的员工要及时给予经济上和精神上的奖励,使其对全员产生示范引领作用,全面提升机构的服务水平。

(2)与服务商共享收益:养老机构将自身利润增长的一定比例(按合同约定)分配给服务商,以此来激励服务商更好地为机构目标服务。例如后勤物业成本的管控,按照全年预算指标,结余资金按比例作为服务商的额外收益,从而促使服务商的行为与机构的目标高度一致。双方利益的共通性,将促使服务商加强与机构的沟通,增进对目标的理解,达成双方受益的结果。

（3）引入竞争性激励：通常情况下,较大型养老机构有时会引入竞争性激励,主要是餐饮服务领域,因为餐饮服务是养老机构最基本、最重要,也是最受客户关注的服务内容。竞争性激励就是把一项业务分给多个服务商,或事先拟定后备方案及后备服务商,通过阶段性服务质量的全方位考评来决定是否继续合作。这种竞争性会带给服务商一定的压力,更好地促使服务商提供优质服务以保持合作的持续进行。

（4）共同维护提升信誉度：信誉作为一种承诺或保证,对于养老机构和服务商来说是同等重要的。一方面,养老机构良好的信誉使得服务商对机构在费用交付等方面的信任程度增强,对双方的持续、融洽合作起着重要的作用;另一方面,服务商优良的信誉也会在很大程度上消除养老机构对服务质量的担心,是服务商赢得顾客的重要保证。

（三）服务外包风险的防范措施

服务外包风险的防范要从完善机制、文化保障、合同规避等多方面综合采取措施。

1. 注重机构业务流程的重组　服务外包高效运行的一个重要前提是要对机构现有的业务流程进行重新组合,调整关系结构和管理结构。机构要根据哪些业务由自己完成、哪些由服务商完成,重新确定业务流程。同时实现组织机构的重组,确保内部流程与外部流程的有机结合,最大限度地提高运作效率、提升服务品质,提高机构的竞争力。

2. 增强文化协同管理意识　外包涉及不同企业的资源整合,在这种整合过程中不可避免地会面临由于文化差异而造成的冲突与摩擦,所以实施服务外包的企业必须增强文化协同管理意识,加强文化协同管理,为服务外包顺利进行提供有力保障。养老机构为实现这一目标要定期进行企业文化的培训,促进相互理解和沟通,开展定期的、不同层次的沟通也是非常必要的。要加强以人为本的人性化管理,推行和谐发展理念,强调全员的团队合作精神,努力把机构和服务商融合打造成为积极向上、团结合作、绩效优异的组织。

3. 建立服务商的诚信评价机制　建立服务商的诚信评价机制,保证机构选择服务商的公信度、可靠度是防范外包服务风险的重要措施。通过对服务商的诚信评价,持续促进其服务水平提升的同时,为机构选择具有公信力、优秀可靠的服务商提供依据,从而降低服务外包的风险。

4. 诚信指标体系的内容　建立一套完整的、行之有效的、可以量化的诚信指标体系是防范服务外包风险的前提。具体内容应包括以下几方面。

（1）服务质量指标：如客户满意度、工作完成效率和准确率等。

（2）专业水平指标：如管理绩效、市场占有率、员工专业技术水平等。

（3）经营管理指标：如合同履约率、操作安全率、成本控制率等。其中,以服务质量指标作为核心。

5. 通过严密有效的服务合同防范风险

（1）签订合同的风险防范：要明确服务范围和绩效考核标准。必须具体、明确地说明服务的范围和各项绩效考核标准,以便双方明晰各自的责任、权利和义务。标准要可衡量、基于实际、便于实现。尽可能地数据化,不建议标准过高,使服务商无法达到。标准还必须能不断更新,以适合机构每一个阶段的发展需要。

（2）合同执行的监督控制：要规定违约责任、争议与纠纷的处理程序,明确合同终止的权利。合同应该明确在服务商不能有效地提供服务的情况下,机构有权提出终止合同的权利,服务商承担对机构的相关补偿责任。合同执行的监督控制强调的是机构选择服务外包后,绝不意味着将服务"全权"交给服务商运作,绝不能减少相关的管理人员和管理事务,而是要在管理上建立专业的团队进行统一的管理,确保服务品质,防范可能风险。

(周 强)

复习思考题

1. 养老机构的后勤管理发挥着哪些作用?

2. 养老机构消防安全管理常规检查、巡查的主要内容有哪些?

3. 养老机构如何把控食品卫生?

4. 养老机构后勤服务外包的管理过程中需要注意哪些问题?

第十一章

养老机构的公共关系管理

学习目标

知识目标
1. 掌握公共关系的基本要素、基本特征,养老机构的公共关系协调。
2. 熟悉养老机构公共关系的原则、养老机构的公共关系策划的方法及程序。
3. 了解公共关系的发展历程和养老机构人际交往管理。

能力目标
1. 能够妥善处理养老机构内外部公共关系。
2. 能正确应用养老机构公共关系程序,处理公共关系危机。

素质目标
具有科学化管理养老机构公共关系的专业精神,培养"尊老、爱老、敬老、孝老、助老、为老"的职业素养。

思政目标
坚持"以服务为中心,一切为了老人"的服务与运营理念,弘扬中华民族"孝亲敬老"的传统美德,激发学习兴趣和热情。

公共关系管理作为沟通内外关系的桥梁,是应对内外部事件及舆论的有效途径,不仅连接着政府、社会、养老机构诸多部门及员工,更是一种协调、沟通、反馈、处理各种复杂关系的有效保障。其在养老机构日常运营管理及危机处理过程中发挥的作用逐步得到认可和重视,已成为一项重要管理职能,是养老机构运营管理不可分割的一部分,是为养老机构发展营造良好外部环境的重要手段之一。

案例分析

随着更多的"4-2-1"模式家庭的出现,养老方式的观念也在不断地改变,越来越多的老年人认可去养老机构安享晚年生活,不仅可以加强老年人与外界的沟通,得到更专业的照护,也可以减轻家庭子女负担。由于大部分入住养老院的老年人健康状况较一般,更容易发生意外伤亡事故,导致养老院面临着极大的责任风险问题。

老人王某被家属送至养老院居住。入住时老人身体各方面状况较差,养老院评估为一级护理,按标准规定,一级护理老人的床两边必须安装防护栏。但老人的家属却执意要求拆除防护栏,理由是护栏的存在会严重妨碍到老人的生活起居。无奈之下,院方只得同意他们的要求。某晚,老人夜间熟睡时从床上坠落,造成髋部骨折,养老院及时将其送至医院治疗。事后,家属认为养老院照顾不周,要求赔偿医药费以及其他

217

费用共计30余万元,并将此事件通过自媒体向社会发布,引起公众和媒体广泛关注,给养老院带来极大舆论压力。

分析:

1. 解决该事件应使用什么公共关系活动模式?养老机构如何处理此事件?
2. 公共关系管理对养老机构的发展作用如何?
3. 养老机构公共关系管理的重点和难点是什么?

第一节 公共关系管理概述

随着市场经济和传播技术的迅速发展,公共关系的价值和意义已得到普遍认可,并在多个层面、多重维度上广泛应用。

一、公共关系的定义及内涵

(一)公共关系的定义

公共关系(public relations)是指为改善与社会公众的关系,促进公众对组织的认识、理解及支持,达到树立良好组织形象、促进商品销售等目的的一系列公共活动。本意是社会组织、集体或个人必须与其周围的各种内部、外部公众建立良好的关系,它也是一种状态,任何企业或个人都处于某种公共关系状态之中。

(二)公共关系的内涵

由于公共关系概念涉及面广、内容丰富,不同学说从不同的角度对公共关系的内涵进行了理解与分析。如《大英百科全书》将公共关系定义为"旨在传递有关个人、公司、政府机构或其他组织的信息,并改善公众对其态度的各种政策或行动";英国公共关系学会提出"公共关系是在组织和它的公众之间建立和维持相互了解的、有目的、有计划的持续过程";美国公共关系学会正式采用了一个"关于公共关系的官方陈述",除了概念方面的内容外,还将各种活动、结果和对公共关系实践的知识要求包括在内;世界公共关系协会的定义是"公共关系是一门艺术和社会科学,公共关系的实施是分析趋势、预测后果,向机构领导人提供意见,履行一连串有计划的行动,以服务于本机构和公众利益";国际公共关系协会认为公共关系是一种管理职能,具有连续性和计划性。

(三)我国公共关系的发展历程

公共关系因我国的改革开放而开始进入国内,并随着改革开放的逐步深化而不断获得新发展,我国公共关系发展经历以下三个阶段。

1. 导入时期 20世纪80年代初期。改革开放后,在深圳、广州等地一些中外合资企业和外商独资企业按照海外的管理模式,率先开展了公共关系活动,并设立公共关系部。1984年11月,《经济日报》发表通讯《如虎添翼——记广州白云山制药厂的公共关系工作》,并发表重要社评,对公共关系的引进和发展阐述了原则性的看法和指导性的意见,标志着现代公共关系在中国得到确立。

2. 迅速发展时期 20世纪80年代中后期。这个时期,中国呈现出第一个"公共关系潮",专业的公司、协会、教育培训以及理论研究迅速发展。1985年深圳市总工会开办第一个公共关系培训班;1986年中国第一家公共关系公司成立;1987年中国公共关系协会在北京成立;深圳大学等高校相继开设公共关系课程或设立公共关系专业。第一次"公共关系潮"为以后的公共关系发展打下了良好的基础。

3. 稳定发展时期　20世纪90年代至今。政府大力推动公共关系事业发展,1998年经国家劳动和社会保障部批准,公共关系职业载入"国家职业分类大典",纳入国家正式职业行列。公共关系的教育培训和理论研究日趋成熟,已进入实务研究的领域,并逐渐走进国际公共关系研究前沿的发展趋势。

(四) 现代公共关系发展的趋势

1. 活动范围扩大化　随着市场经济在全球范围的蓬勃发展,公共关系的重要性更为凸显,各国政府都加强了政府管理体制改革,加大外交活动,扩大对外贸易,拓展投资领域,这也是公共关系在政府经济领域中的新突破。

2. 实施主体品牌化　公共关系行业的逐步成熟带来了公关实施主体的职业化,这必然导致竞争的发生,而竞争则促进了公共关系策划主体的品牌化。

3. 传播渠道网络化　网络公共关系优势显著,传播者和受众具有互动性。合理应用网络传播渠道的多元化,必然会更好地为组织公共关系沟通服务。

4. 实物运作整合化　公共关系从单一的活动策划转为全方位的整体策划,在组织中它的各种职能相互协调,相互整合,向人们提出了整合公关的新课题。

5. 文化思想立体化　公共关系具有多学科交叉综合的特征。高级层面,协调国际关系,推进社会文明;中间层面,优化组织行为,塑造组织形象;基础层面,公共关系作为现代人的基本意识和能力在全民中得到普及。

二、公共关系管理的概述

(一) 公共关系的基本要素

公共关系由社会组织、公众、传播三个要素构成,公共关系的主体是社会组织,客体是公众,连接主体与客体的是传播。这三个要素存在于同一个社会环境中,公共关系的理论研究、实际操作和发展都围绕这三者逐层展开。

1. 社会组织　社会组织是人们有计划、有组织地建立起来的一种社会机构,它有领导、有目标,成员之间分工明确、界限清晰,还有完整的工作制度和行为规范。社会组织的生存和发展受很多因素影响,自身的实力、良好的管理、适宜的环境是组织成功的基础。公共关系作为一种管理职能,可以有效建立和维护组织与公众的和谐关系,树立组织良好形象,从而有效促进组织的发展。

2. 公众　公众是指因面临共同的问题而与特定的公共关系主体相互联系及作用的个人、群体或组织的总和,是社会组织赖以生存和发展的基础,也是公共关系的工作对象。公共关系就是要使本组织的各项政策和活动符合公众的要求,在公众中建立良好形象,以谋求公众对本组织的了解、信任与合作,实现共同利益。

3. 传播　传播是社会组织运用媒介向公众进行信息或观点的传递和交流,是思想、知识或信息的共享过程,其目的是通过双向的交流和沟通,促进公共关系的主体和客体之间的了解、共识、好感和合作。传播是沟通联络公共关系主、客体的中介和桥梁,是使组织和公众建立关系的一种手段,传播媒介则是实现这种手段的工具。

(二) 公共关系的基本特征

公共关系是社会关系的一种表现形式,不同于一般的人际关系;作为一种传播过程,又与其他传播形式有本质的区别。公共关系的基本特征主要有以下几方面。

1. 情感性　公共关系是一种创造美好形象的艺术,它强调的是成功的人和环境、和谐的人事气氛、最佳的社会舆论，以赢得社会各界的了解、信任、好感与合作。我国古人办事讲究"天时、地利、人和"，把"人和"作为事业成功的重要条件。公共关系就是要追求"人和"的境界，为组织的生存、发展，或个人的活动创造最佳的软环境。

2. 双向性　公共关系是以真实为基础的双向沟通，而不是单向的公众传达或对公众舆论进行调查、监控，它是组织与公众之间的双向信息传播系统。组织一方面要了解公众信息以调整决策、改善自身；另一方面又要对外传播政策或服务，使公众认识自己，达到更好的有效沟通。

3. 广泛性　公共关系的广泛性包含两层意思：一是公共关系存在于主体的任何行为中，贯穿于主体的整个生存和发展过程中；二是指其公众具有广泛性，因为公共关系的对象可以是任何个人、群体或组织，既可以是已经与主体发生关系的任何公众，也可以是将要或有可能发生关系的任何暂无关联的群体。

4. 整体性　公共关系的宗旨是使公众全面地了解自己，从而建立起自己的声誉和知名度。它侧重于一个组织机构或个人在社会中的竞争地位和整体形象，以使人们对自己产生整体性的认识。它并不是要单纯的传递信息，宣传自己的地位和社会威望，而是要使人们对自己各方面都要有所了解。

5. 长期性　公共关系的管理职能是经常性与计划性的，是一种长期性的工作。如果组织平时就注重公共关系工作，在遇到危机时，就能迅速做出反应，发挥效果。而且，组织要同各种公众群体建立起良好的信誉关系，在公众中塑造好的形象，就必须时时加以维护、调整和发展。

(三) 公共关系的职能

1. 信息管理　作为公共关系最基础的功能之一，通过双向沟通有效地达成组织与公众的信息交流。包括向公众传递有关组织产品、服务、政策等信息，以及收集、处理同组织密切相关的各种信息等。为实现这个功能，组织需要制定合适的沟通策略，运用现代化传播媒介和手段，提高组织的工作效率和公众对组织的支持度，从而实现组织的长期发展目标。

2. 咨询建议　按照现代管理理论与决策理论，组织在决策前，组织的公共关系人员向决策者提供信息情报，根据外部形势、发展趋势和自身状况，及时提出参考意见，帮助组织解决管理中遇到的问题，发挥其在管理决策中的参谋作用。公共关系的咨询建议与信息管理密切相关，公共关系部门就是要利用各种渠道搜集与组织发展有关的一切信息，为组织决策科学化提供保障。

3. 协调关系　随着生产社会化程度不断提高，组织的社会关系网络日趋复杂，不同群体间的矛盾不断变化。协调的本质，在于合理化解不同利益群体的矛盾，使整个组织内外部和谐，且与组织的既定目标一致，取得最终的结果。在公共关系中，组织要关注不同群体的需求，并采取合适的措施来协调各方面的利益关系，以实现多方共赢。

4. 宣传推广　公共关系通过各种传播媒介，将组织的有关信息及时、准确、有效地传播出去，争取公众对组织的了解和理解，在公众心中为组织塑造积极正面的形象，提高其知名度和美誉度，这个过程涉及品牌定位、口碑管理、危机处理等方面。强调长远利益而不是近期经济效益，对营销起到极大的推进作用。

5. 危机管理　组织危机是指组织与公众发生后果严重的冲突，舆论反应强烈，组织形象受到严重损害而陷入困境的状态。危机管理是组织应对突发的危机事件、抗拒突发的灾难变化，为降低损害而建立的防范、处理体系和对应的措施，一般包括危机爆发前的预防管理和危机爆发后的应急善后管理。

🔍 **知识链接**

公共关系与人际关系的区分

公共关系传入中国已经有四十多年了,但仍有人把公共关系与人际关系混为一谈,因此,应在理论上对公共关系与人际关系进行辨析,公共关系与人际关系的区分如下。

1. 产生基础不同　公共关系是特定的社会组织与其公众的利益互动关系,是一种"群体型"社会关系。人际关系是人与人的相互作用、相互影响,是一种"个体型"的社会关系。

2. 主客体不同　公共关系的主体是特定的社会组织,客体是公众。人际关系的主体是个体的人,客体也是个体的人。

3. 目的不同　公共关系的目的是"公",服从、服务于群体利益,以塑造良好的组织形象为目标。人际关系的目的是为个体,服从、服务于个体利益。

二者联系紧密,公共关系以人际关系为基础,良好的人际关系有助于组织内部环境和外部环境的和谐与改善。

第二节　养老机构公共关系的机构管理

现代公共关系在养老机构的运营管理中发挥重要的作用,随着公共关系的职业化和规范化,要求有专门的机构和专业的公共关系人员来履行职能,使公共关系真正服务于社会组织,服务于公众。公共关系人员是公共关系工作的策划者、承担者和执行者,机构与人员的专业化是组织公共关系工作顺利开展的有效保障。

一、养老机构的公共关系组织机构

(一) 养老机构内部设置的公共关系组织机构

1. 特点

(1) 了解内情:熟悉本组织的业务和人事,开展工作切合实际,能够迅速而准确地找到问题的症结所在,并及时制定公关工作的方针和政策,提出有针对性的意见和建议并及时予以解决。

(2) 沟通稳定:保障沟通渠道稳定畅通,不仅能保证组织内外信息得到及时的沟通,而且能使信息沟通达到专业化和较高的水准,可以有效解决矛盾。

(3) 参与决策:能够及时、主动地将对组织发展有意义的信息提供给各个层面的决策者,并向其提出合理化建议,帮助其进行决策。

(4) 持续高效:可以使公关工作做到系统化,保证工作的连续性和高效性,且作为常设机构,能够随时应对突发事件。

(5) 计划性强:能够提出不同时期的公关目标,制订相应的公关计划并予以实施,减少盲从性和随机性,有利于实现组织的总体目标。

2. 类型

(1) 按工作方式分类

1) 公共关系对象型:也称分类公共关系型,即公共关系部下属机构的名称分别是公共关系工作对象的名称。

2)公共关系手段型：也称公共关系技术型，即公共关系部下属机构的名称分别是一种公共关系技术的名称。

3)公共关系复合型：是把对象型和手段型结构合二为一，根据实际需要来设置下属机构，不拘泥于固定模式。在机构内具体部门的名称既反映公共关系的工作手段，又反映公共关系的对象。这也是目前我国大多数组织所采用的公共关系组织机构模式。

(2)按领导方式分类

1)总经理直接负责型：公共关系部负责人由组织负责人兼任或由副职领导担任，能着眼组织的各个经营环节，可以全面地、有针对性地开展工作，具有权威性。

2)总经理间接负责型：公共关系部负责人由组织负责人间接担任或中层经理担任，与其他部门负责人地位并行，并直接对组织负责人负责，处于组织管理层的第二层，这一模式在我国广泛应用。

3)部门所属型：公共关系部隶属于组织的某一部门，受其直接领导，处于组织管理的第三层。

4)公共关系委员会：由组织负责人和各部门负责人组成的公共关系委员会，统筹本单位的各项公共关系工作，具有权威性。

(3)按规模分类

1)小型公共关系部：机构简单，分两个层次，人员较少，适合于小型养老机构。

2)中型公共关系部：机构齐全，分三个层次，分工明确，适用于中型养老机构。

3)大型公共关系部：机构复杂，人员众多，分工较细，适用于大型养老机构。

3. 设置原则

(1)针对性原则：在组建公共关系部时，要根据工作性质及所面向公众的特殊性来设置，无固定模式。部分营利性养老机构必须考虑经济利益，既可以成立部门隶属型公关机构，也可以成立总经理间接负责型公关机构或高层领导直属型公关机构。

(2)目标导向原则：不同组织或组织的不同发展阶段，其目标往往不尽相同，这也影响组织内部公共关系部的设置。例如，在养老机构的成立之初，养老服务的销售与推广是其主要任务，可以设置部门隶属型公关机构；当养老机构发展到一定阶段，具备一定规模时，可以设置总经理间接负责型或高层领导直属型公关机构；当养老机构需要开展大型公关活动或处理公关危机时，则应考虑设置公关委员会。

(3)规模适应原则：公共关系部的规模大小应当与养老机构的规模及其发展相适应。一般来说，大型养老机构人员多，工作复杂，问题较多且反馈慢，可以设置专门的或高层次的公共关系部。而小型养老机构人员少，工作简单，信息沟通容易，可以在养老机构的部门内部设置任务相对单一的公关机构，或人员精干的高层领导直属型公关机构。

(4)整体协调原则：设置公共关系部时，应与养老机构内部各部门相协调，如果有冲突，应尽快调整，减少矛盾的产生。在实现公共关系目标时，公共关系部需要与养老机构其他部门合作，协调多方面、多层次错综复杂的关系，对外起到主动沟通的作用，对内维系组织各方面关系的平衡。

(5)机构权威原则：公共关系部直接对组织最高领导层负责，具有较高的权威性。在养老机构内部，其他任何部门都无权干涉公共关系部的工作，无权对公共关系部下达命令；在组织外部，公共关系部具有代表养老机构发布信息、处理外部事务的权力。

(二) 公共关系公司

1. 特点

(1)专业性强：随时关注社会的变化,广泛收集各种信息,具备专业人员和技术设备,可以为养老机构提供全方位的服务。

(2)灵活性强：具备处理信息、优化人力资源和技术上的优势,可以随时根据养老机构的要求开展不同的业务。

(3)客观公正：能够从第三方的角度来看待事件,客观公正地对待养老机构与公众的关系,提出更切合实际的方案。

(4)运作成本不确定：开展的各项业务都是随着市场变化波动,需要的投入也受市场的调控,无法准确估算成本。

2. 类型

(1)综合性公关咨询服务公司：拥有大量的专业人员,一般是独立设置,为养老机构提供全方位的公共关系服务。

(2)专项公关业务服务公司：在某一方面或某一领域为养老机构提供公关业务,规模小,但专业性强,内容灵活多样,可以提供较高水平的专项服务。

(3)与广告机构合作型公关公司：一般是以广告创意、策划和制作为主,在广告的基础上引入公关理念,增加公关业务。

3. 工作原则

(1)遵纪守法：要遵守所在国的法律法规,坚守道德底线。若客户有违反法律的要求,要委婉拒绝,不为其开展非法或违反道德的服务工作。同时,要说服客户在合理规范的范围内开展公关活动。

(2)求真务实：为客户收集信息或对外宣传,公关公司都要以求真务实的态度开展各项工作,要将真实信息提供给客户,在对外宣传时,不做虚假宣传。委婉拒绝客户不符合实际的做法。

(3)不涉内务：在客户委托的范围内开展相关工作,切忌干涉客户的内部事务。如果确实需要其他组织内部机构配合,要向其作出说明,待组织允许后,再开展相关工作。

(4)保守秘密：公关工作与客户未来的经营发展有十分密切的关联,同时也可能涉及组织的内部秘密。因此,必须为客户保守秘密,除非客户自己解密,否则,公关公司不得将客户的任何情况向他人特别是其竞争对手透露。

(5)不同时为互为竞争关系的组织提供服务：公关工作有时起到提供策划方案、塑造组织声誉的作用,这时,如果同时为互为竞争关系的组织提供服务,难免自相矛盾,最终导致无法开展工作或出现尴尬局面。

(6)保证质量：公关公司在接受客户委托后,要全心全意地为客户提供其委托的业务服务,完成相关工作,让客户满意。

二、养老机构的公共关系人员

1. 素质要求

(1)品德素质：作为养老机构的公关人员,不仅要具备丰富的知识和多方面的才能,更需具备良好的品德修养,主要包括坚定的政治方向、强烈的事业心、诚实守信、遵守职业道德、热爱养老服务事业。

(2)能力素质：能力素质是一个人所具备的能胜任某种任务的主观条件,主要包括组织能力、协调能力、规划统筹能力、宣传推广能力、决策与执行能力。

(3)心理素质：心理素质是经过主体实践训练所形成的性格品质与心理能力的综合体现，主要包括健全的性格、稳定的情绪、坚强的意志、广泛的兴趣。

2. 职业培训

(1)培养目标：公共关系人员的培养目标主要分两种，培养通才式公关人员和培养专才式公关人员。通才式公关人员能全面掌握公共关系的基本理论及相关知识，具备开展各种活动的基本能力，公关意识较强，能有计划开展各项公关工作。专才式公关人员精通某一方面的公关技术，具有专业技能，如新闻写作、广告策划、音乐制作、美工设计、资料编辑等专业人士。

(2)培养途径：公共关系人员的培养途径主要有三种，养老机构内部培养、社会短期培训班式培养、学校专业式培养。

三、养老机构的公共关系协调

(一) 内部公共关系协调

1. 与员工关系的协调

(1)员工关系的含义：员工是组织生存和发展居于首位的人力资源，是内部公众协调沟通的首要对象。员工关系是指在养老机构内部管理过程中形成的人事关系，其主要的任务是实现组织管理者与员工的良好沟通，促使组织的决策及行为能充分体现养老机构与员工双方的利益，并反映双方的愿望和要求，达成双方的相互信任与合作关系。良好的员工关系，可以培养员工的认同感和归属感，形成向心力和凝聚力，同时通过全员公关增强外张力。

(2)协调员工关系的方法：养老机构要关注员工关系协调，及时发现并处理员工的问题和矛盾，确保员工在和谐的氛围中工作和生活。具体做法包括了解员工的意愿；树立组织信念，培养组织精神；定期开展专题活动，增强员工的凝聚力；分享信息，参与决策；建立健全各项管理制度；做好心理调适，妥善处理各种关系；充分利用非正式团体的形式。

2. 与股东关系的协调

(1)股东关系的含义：股东是组织的投资者，或持有股票、债券，或直接参与组织集资。股东关系就是组织与投资者关系的总和，又称为投资者关系。随着养老事业的蓬勃发展，股份制公司也成为营利性养老机构的一种重要存在形式。良好的股东关系是保证养老机构持续发展的重要条件，应加强与股东的沟通，争取现有股东和潜在投资者的信任和支持，创造更有利的投资环境，吸引更多的投资者。

(2)协调股东关系的方法：养老机构要稳定和扩大股东队伍，创造良好的营商环境，为组织在养老市场竞争中不断发展创造有利条件。具体做法如下：①尊重股东的"特权意识"，营造有利的投资气氛。②让股东成为养老机构最有消费能力的"客户群"。③让股东获得组织发展的实惠，吸引潜在股东加盟，提升组织竞争力。

(二) 外部公共关系协调

1. 与政府关系的协调

(1)政府关系的含义：政府是国家权力的执行者，是对社会进行统一、有序管理的权力机构。任何社会组织都必须无条件遵守政府的法律法规，服从政府及各职能部门的管理。政府关系是指养老机构与政府及其各职能机构、政府官员和工作人员之间的关系。政府作为公共关系的公众，是所有传播对象中最具社会权威性的对象。养老机构必须与民政部门、卫健部门、工信部门、住建部门、消防部门等职能机构保持良好的沟通，这是组织生存与发展的重要保障和条件。良好的政府关系可以争取政府的认可和支持，为组织的生存和发展营造良好的政策环境、法律环境和行政支持。

(2)协调政府关系的方法:养老机构的一切活动必须和政府的发展规划、养老产业政策、法律法规保持一致。具体做法如下:①在政府指导下,满足群众需求,为人民服务、排忧解难。②遵纪守法,服从政府的指挥与管理。③及时与政府沟通,把握政策变化。④积极参与政治活动并扩大自己的影响。

2. 与媒介关系的协调

(1)媒介关系的含义:媒介关系是指养老机构与新闻界的关系,包括报纸、杂志、电台、电视台、网站等新闻传播机构,也包括在这些新闻机构或部门工作的记者、编辑等工作人员。新闻媒介具有社会监督、舆论导向等职能,能在很大程度上左右社会公众的价值判断,良好的媒介关系可以形成对本组织生存与发展有利的舆论氛围,加强组织与社会公众之间的联系。

(2)协调媒介关系的方法:养老机构通过获得媒介的支持,争取广大公众的了解和赞誉,有效促进组织的生存和发展。具体做法如下:①了解新闻媒介的性质,遵守与新闻界人士交往的原则和方法。②与新闻界人士保持密切合作关系。③积极安排记者采访和与组织领导的会见。④精心筹备,开好记者招待会。⑤定期向新闻界发送各种资料,供编辑人员选择采用。⑥建立信息库与新闻记者共享,获得传播信息的主动权。⑦妥善处理与新闻媒介的矛盾,争取社会公众的理解和支持。

3. 与消费者关系的协调

(1)消费者关系的含义:消费者公众也称服务对象公众,是指养老机构的具体服务对象,即入住老年人及其家属等,他们是养老机构主体服务对象的总和。了解并满足消费者需求是一切社会组织赖以生存和发展的基础。良好的消费者关系是促使消费者形成对组织及其产品的良好印象和评价,提高组织的知名度和美誉度,增加对市场的影响力和吸引力,为实现组织和消费者公众的共同利益服务。

(2)协调消费者关系的方法:养老机构只有在消费者心中树立良好的形象,其生存和发展才有了保证,协调良好的消费者关系至关重要。具体做法如下:①收集消费者信息,使之成为养老机构运营管理的依据。②向消费者传递组织信息,争取消费者的支持和信任。③适时推出新的养老服务销售模式,合理引导老年人入住。④提供全方位的养老护理服务。

4. 与社区关系的协调

(1)社区关系的含义:社区是由居住在一定地理区域的人们,包括当地的管理部门、地方团体组织、左邻右舍的居民等因利益相互关联而结成的相对完整的社会实体。社区关系是指养老机构地域上相邻且利益相关的一种公众关系。其特点是空间区域性强、生活联系面广、文化背景相近、利益分享相关。建立良好的社区关系是为了加强社区公众对组织的了解和支持,为组织创造一个稳固的生存环境;同时体现组织对社区的责任和义务,通过社区关系扩大组织在本区域的影响。

(2)协调社区关系的方法:良好的社区关系可为养老机构提供稳定的"人和"条件,加强组织形象的正面宣传,进一步促进组织环境的和谐。具体做法如下:①养老机构应按标准处理医疗废液和医疗垃圾等,保护社区的生态平衡。②承担社区责任,支持养老公益活动。③策划并实施大型社区活动,介绍养老服务的各种情况。

第三节 养老机构公共关系的活动管理

以树立组织形象、协调公众关系为目的的公共关系活动是相当复杂的工作,能够达到这个目的的方法千差万别,公共关系没有固定的模式可循。但在各种类型的公关活动中,尤其在公共关系常规工作中又存在某些共同的规律。按照这些规律操作,能事半功倍地达到预期的效果,发挥公共关系的最佳作用。

一、养老机构的公共关系工作程序

(一) 公共关系调查

1. 公共关系调查的内容

(1)自我期待形象调查:自我期待形象是指养老机构所期待建立的形象,是公关工作的内在动力和基本方向。自我期待形象的确立必须依托于对养老机构的主观愿望和客观实际的调查,包括领导层的公共关系目标和要求、员工对组织形象的评价、养老机构的实际状况和基本硬件条件等。

(2)公共关系调查:包括养老机构的组织社会形象状态调查和公众舆论状况调查。组织社会形象状态调查,能反映养老机构的真实面貌,是社会公众对组织的全部看法和评论;公众舆论状况调查,是对公众的态度倾向进行统计、测算,对公众舆论作出准确的判断。

(3)公共活动条件调查:指养老机构在开展公共关系活动前,对开展活动的主客观条件进行调查研究。包括参与活动的人力,组织所能承担的财力,社会、政治、经济形势,市场、人们的社会心理,活动场地,活动设备以及各类规定等。

2. 公共关系调查的方法

(1)间接调查法:指公共关系人员不直接和公众接触,而是通过某些中间环节达到调查目的的方法,常用方法有综合法、相关法、推导法、反馈法、追踪法等。

(2)直接调查法:指公共关系人员与公众面对面地沟通,直接了解情况、掌握信息,常用方法包括观察调查法、访谈调查法和问卷调查法等。

3. 公共关系调查的程序

(1)调查准备阶段:是公共关系调查的基础阶段,主要包括确立调查任务、开展调查设计、准备调查条件。

(2)资料收集阶段:是公共关系调查最重要的阶段。根据调查方案,采取各种调查方法搜集资料,保证资料的真实、准确、全面。

(3)整理分析阶段:是运用科学的方法,对搜集来的公众调查资料进行整理、分析、研究的信息处理过程。

(4)形成成果阶段:调查报告是集中呈现调查所获得的主要信息成果或初步认识成果的一种书面报告,供组织决策层参考。

(5)总结评价阶段:对整个调查过程和调查结果进行总结评价,清晰展示调查的完成情况及取得的成果,还可以总结经验教训,为以后的活动提供参考。

(二) 公共关系策划

1. 公共关系策划的定义　公共关系策划是养老机构为实现形象战略目标和公共关系活动的成功而事先进行的有科学程序的谋划、构思和设计最佳方案的过程。具有鲜明的系统性和创新性,一般分为战略策划和战术安排。战略策划指对养老机构整体形象的长远的规划和设计,而战术安排则是指对具体公共关系活动的策划与安排。

2. 公共关系策划的方法

(1)创意方法:创意方法的应用,在社会各方面产生许多伟大的策划,社会中千万种新创意的运用,便是亿万倍效益产生的引爆器。

(2)头脑风暴法:头脑风暴法是美国创造学家 A.F. 奥斯本于 1939 年首次提出的一种激

发创造性思维的方法,是让所有参加人员围绕某一特定主题,在自由愉快的气氛中交换想法,以此激发创意及灵感,从而产生更多创意的一种方法。

(3)德尔菲法:德尔菲法是 20 世纪 60 年代由美国兰德公司首创和使用的一种特殊的策划方法。指采用函询的方式、电话、网络的方式,反复地咨询专家们的建议,如果结果不趋向一致,就再征询专家,直至得出比较统一的方案。

(4)博弈法:博弈法是一种使用严谨数学模型来解决现实世界中的利害冲突的理论。博弈论模型的求解目标是使自身最终的利益最大化,这种方法建立在对方也采取各自"最好策略"为前提的基础上,各方最终达到一个利益均衡状态。

(5)类比法:类比法是指一类事物所具有的某种属性,可以推测与其类似的事物也应具有这种属性的推理方法。其结论必须由实践来检验,类比对象间共有的属性越多,则类比结论的可靠性越大。

3. 公共关系策划的程序

(1)策划起始阶段:发现问题、提出问题是公共关系策划的逻辑起点。解决问题是公共关系策划的目标,贯穿于公共关系策划的全部过程。

(2)策划准备阶段:为使公共关系活动有针对性、计划性,并收到预期效果,必须针对发现的问题进行公共关系策划,包括搜集信息、整理信息、分析信息、界定公众。

(3)实施策划阶段:这是公共关系策划最重要的阶段,包括确定目标、设计主题、选择媒介、预算经费、拟订方案。

(4)策划完善阶段:是公共关系策划的最后阶段,包括审定方案、形成文件、反馈意见、调整完善。

(三) 公共关系实施

1. 公共关系实施的定义　公共关系实施是指将公关方案中确定的内容转化为现实的过程。公关活动能否获得预期效果,不仅要看公关活动方案是否可行,更重要的是如何实施及实施效果。公共关系实施是公关工作程序中最为复杂、最为多变的关键环节。

2. 公共关系实施的方法

(1)宣传式:利用各种传播媒介,向养老机构的内外公众传播信息。向内部员工宣传,取得内部全体员工的理解和支持。向外部公众宣传,形成良好的社会舆论。特点是主导性、时效性强,有助于提高养老机构的知名度。

(2)交际式:通过各种招待会、座谈会、茶话会等人与人的直接接触,在人际交往中开展公共关系活动,为养老机构建立广泛的社会关系网络,提高本组织的社会地位。特点是富有人情味,具有直接性、灵活性,给人以亲切感。

(3)服务式:通过提高组织的养老服务水平,增强服务意识,端正服务态度,丰富服务内容,加强养老机构与公众的关系,赢得公众更多的好评。特点是具体、实在、效果显著。

(4)赞助式:通过社会性、公益性活动,扩大养老机构的社会影响力,提高社会声誉,赢得公众支持,为树立组织的良好社会形象创造条件。特点是不局限于眼前的利益,着眼于未来,影响力较大,但花费多,需要量力而行。

(5)征询式:通过信息采集、舆论调查、民意测验等手段了解社会的养老需求,为养老机构的管理决策提供参考,使组织目标与方案的实施尽量与公众的利益要求一致。特点是了解公众,建立畅通的公众反馈渠道。

3. 公共关系有效实施的要点

(1)排除障碍:公关方案实施的目的在于实现养老机构和公众的双向沟通,但在沟通过程中存在一定的阻碍因素影响信息的传播,使组织无法顺利实现与对象公众的有效沟通。

笔记栏

因此，必须采取有效的措施排除障碍。

（2）选择时机：时机的选择对实施效果影响较大，既要遵从养老机构整体公关策划，也要满足公众的心理期望。应充分利用权威效应、名人效应及第三者效应；避开或利用重大节日、重大事件；不宜同时开展两项重大公关活动。

（3）科学控制：在公关方案实施过程中，养老机构的管理人员可根据目标对整个实施活动进行引导和制约，以控制活动进程和发展方向。在公关活动的进程中，应经常检查各方面工作的进度，协调各方关系，同步推进整体工作。

（4）及时调整：由于公关方案实施的环境及目标公众的情况复杂多变，在实施过程中，必须不断地把公关方案实施的结果与总体目标进行对照，如有偏差，应及时对方案、行动或目标做出相应调整。

（四）公共关系评价

1. 公共关系评价的意义

（1）总结经验教训：对公共关系活动进行全面、客观的事后评价，可以了解公关活动的优缺点，这种对经验教训的总结评价对养老机构的公共关系工作及其他工作具有"效果导向"的作用。

（2）开展后续工作：公共关系工作贯穿于养老机构生存与发展的整个过程，具有连续性和阶段性的特点。制订新的公关计划，要对前一项公关工作进行系统的评价分析，并将其作为新的公共关系工作的依据。

（3）增进团队合作：日常的公共关系工作对树立良好组织形象起到潜移默化的作用，只有通过公共关系评价，使员工全面了解和认识到公共关系工作的重要性，自觉地将组织的战略目标与本职工作紧密联系，增强团队凝聚力。

（4）评价依据：可以通过衡量公关活动的社会效益来判断公关人员的工作水平，尤其是在外聘公关公司从事公关活动时，公共关系评价是考核它们的重要依据。

2. 公共关系评价的内容

（1）公共关系过程评价：公共关系过程评价是对公共关系工作的各个步骤、各个环节的工作进行评价，主要包括公共关系调查过程评价、公共关系策划过程评价、公共关系实施过程评价。

1）公共关系调查过程评价：是对资料收集全面性和判断准确性的评价，包括调查设计是否合理，调查方法的选择是否得当，调查工作的组织实施是否合理，调查结果的真实性和可靠性，调查结论分析是否科学等。

2）公共关系策划过程评价：是对策划的全面性与创新性的评估，包括公共关系活动的目标是否科学，总体计划是否符合组织实际，战略构想是否科学，目标公众选择是否合理，媒介选择及媒介策略是否得当；预算是否合理等。

3）公共关系实施过程评价：是对实施完整性与有效性的评价，包括各项准备工作是否落实到位；实施过程安排是否合理，信息制作的内容是否准确，传播效果是否明显；实施效果是否达到目标要求等。

（2）公共关系效果评价：包括常规公共关系活动效果评价、单项公共关系活动效果评价、长期公共关系活动效果评价。

1）常规公共关系活动效果评价：是对组织在管理的各个环节的公共关系活动进行评价，包括对组织形象的判断，对组织知名度的量化把握；组织与各类公众的协调状况，全员公关运作情况；公共关系人员的工作状况；公共关系投入等。

2）单项公共关系活动效果评价：是对公共关系战术效果的评价，包括活动计划是否全面;活动目标与组织总目标、公共关系战略目标是否一致,活动目标是否已经实现;公关模式选择是否恰当;项目预算是否合理等。

3)长期公共关系活动效果评价:是对公共关系战略效果的评价,根据组织的公共关系战略目标,系统分析所有公共关系活动评价结果,特别注重公共关系战略得失、公共关系变动规律、公共关系与经营管理关系等。

3. 公共关系评价的方法

(1)文献研究法:也被称作组织活动记录法,即在组织常规公共关系活动和公共关系单项活动时,不间断地记录组织行为,记录有关公众的指标变化及媒体的有关情况。根据记录,进行公共关系评价。

(2)传播统计法:通过对媒介发布的本组织的信息的统计分析,评估组织的信息传播状态,包括对报道数量、报道质量、各方反应及报道时机的评价和分析等。

(3)公众行为检测法:对公众的行为进行测定,通过其行为变化来分析公关活动效果。根据测定的结果与开展公关活动前的公众行为的调查资料作比较,可以清楚地判断出公共关系活动的效果。

二、养老机构的公共关系活动模式

(一)战略型公共关系活动模式分类

1. 建设型公共关系 指养老机构在初创时期,或新的养老服务项目首次推出时,为开创新局面进行的公共关系活动模式。通过宣传和交际主动向公众进行推广,提高美誉度,形成良好形象,取得老年人和家属的信任。

2. 维系型公共关系 指养老机构在稳定发展期,通过不间断的公关活动,维持与公众的良好关系、树立组织形象。通过各种传播媒介持续向社会公众传递养老机构的信息,使老年人在不知不觉中成为顺意公众。

3. 预防型公共关系 指养老机构为防止公共关系失调而采取的公共关系活动模式。在养老机构与老年人出现矛盾之前,采取针对性的预防措施,消除隐患,同时促使其向有利于良好的公共关系建设方向发展。

4. 矫正型公共关系 指养老机构在遇到危机、公共关系严重失调时,为了扭转公众对组织的不良印象或已经出现的不利局面而开展的公共关系活动模式。

5. 开拓型公共关系 指养老机构与外部环境的矛盾冲突已成为现实,及时调整决策和行为,积极改善环境,以减少或消除冲突的因素,从而树立和维护良好形象的公共关系活动模式。

(二)战术型公共关系活动模式分类

1. 宣传型公共关系 指养老机构运用大众传播媒介和内部沟通方法开展宣传工作,树立良好组织形象的公共关系活动模式。特点是主导性强、时效性强、传播面广、快速推广组织形象。

2. 交际型公共关系 指不借助于任何媒体,而是以人际接触为手段,与公众进行协调沟通,为养老机构建立广泛的社会关系网络,形成有利于组织发展的人际环境。特点是节省人力、物力,灵活性强,人情味重。

3. 服务型公共关系 指以提供优质养老服务为主要手段的公共关系活动模式,通过实际行动来获取社会的了解和好评,树立良好形象。组织应依靠向公众提供实在、优质的养老服务来开展公共关系,获得公众的认可。

4. 社会型公共关系 指养老机构通过举办各种社会性活动,来塑造良好组织形象的模式,突出公益性特点,塑造关爱老人的良好形象。目的是通过积极的社会活动,扩大组织的社会影响,提高其社会声誉赢得公众的支持。

5. 征询型公共关系　指以采集社会信息为主、掌握社会发展趋势的公共关系活动模式,为养老机构的经营管理决策提供背景信息服务,使组织行为与国家的养老政策、养老市场发展趋势及养老需求一致。

三、养老机构的公共关系专题活动

(一) 公共关系专题活动的特点

1. 主题的明确性　根据明确的主题设计合适的内容和形式,参与的双方围绕主题来开展各项活动,产生良好的效果。一次养老专题活动通常只能有一个主题。

2. 对象的确定性　公关专题活动就是以树立养老机构的良好形象、创造和谐的发展环境为目标开展的,面对不同的公众,开展活动的目的也不尽相同。

3. 活动的有组织性　养老机构的公关部门负责组织实施,要精心策划每一个步骤,由具体的工作人员按计划实施,这样才能使活动达到预期的效果。

4. 效果的传播性　公关专题活动作为一项有组织的公关活动,产生的效果以不同的形式向社会传播,公众对象或新闻机构记者的参与,都会将组织的信息向社会进行广泛传播。

5. 过程的协调性　公关专题活动是由养老机构的所有成员乃至参与的公众共同配合完成的,在设计时要考虑各种活动形式与内容应协调;在实施操作时,相关部门也必须互相配合,才能达到令人满意的效果。

(二) 公共关系专题活动的作用

1. 树立、维护和完善组织形象　公关专题活动的目的性强,它能使组织集中地、有重点地树立和完善自身形象,提高养老机构的知名度,是塑造良好形象的有力驱动器。

2. 创造和谐的社会发展环境　经常开展各项展览活动、接待公众到养老机构中参观、试用各种养老服务设施等,以获得公众的支持和认可。

3. 实现社会效益和经济效益　养老机构开展各种公关专题活动,不仅提高社会的尊老爱老敬老氛围,同时也增进了组织与公众的感情,获得更多的认可。

(三) 公共关系专题活动的种类

1. 开放参观组织　为增加养老机构的透明度、加强与社会公众的沟通而主动向社会公众开放的一种有组织的活动。它是养老机构对外传递信息,争取公众了解,增强公众信任与好感的有效方式。一般是邀请或接待公众参观。

2. 赞助活动　养老机构通过提供资金或物质,支持某项爱老活动,达到树立良好公众形象的社会活动。通过赞助活动加强养老机构与老年人的联系,使老年人加深对养老机构的了解,对于营造组织良好的发展环境起到重要作用。

3. 庆典活动　指组织开展的带有庆祝或典礼意义的活动,每一个养老机构在不同的发展时期都要举办各种庆典活动,引起社会公众的广泛注意,特别是通过开展一系列对社会养老事业有影响的活动来吸引老年人关注,从而达到树立和维护组织形象的目的。

4. 举办展览　指通过养老设施、文字图片、路演等形式来展示养老服务成果的有效宣传方式。由于图文并茂、形象直观,往往会使公众信服,留下深刻印象。

5. 危机公关　任何一个社会组织即使做了比较充分的预防措施,也难免会出现一些意外情况,而这些意外情况如果不及时加以处理,就会酿成大祸。正确地处理这些危机,对于公共关系来说十分重要。

6. 举办会议　养老机构通过举办会议,可以与内部员工共商大计,通过研究、讨论,同与会者达成共识,增进理解,加强沟通交流,为养老机构的长远发展奠定基础。

四、养老机构的公共关系危机处理

(一) 公共关系危机的概述

1. 公共关系危机的定义　公共关系危机是指突然发生的、严重损害组织形象、给组织造成严重损失的事件。如老年人集体食物中毒、房屋坍塌、家属投诉、员工罢工等。危机使养老机构面临严重的挑战、强大的舆论压力和危机四伏的社会关系环境,直接或间接地影响养老机构的生存和发展。

2. 公共关系危机的类型　按照危机的严重程度,分为一般性危机和重大危机;按照危机的涉及范围,分为内部公关危机和外部公关危机;按照危机给企业带来损失的表现形态,分为有形公关危机和无形公关危机。

(二) 公共关系危机的特点

1. 突发性　危机事件一般是在养老机构毫无准备的情况下突然发生,给组织带来混乱,使管理者措手不及,如果对事件没有任何防备就可能造成更大的损失。

2. 难预测性　危机事件是在正常的经营过程中难以预料的,会给养老机构带来各种意想不到的困难,特别是由外部原因造成的危机,如自然灾害、政策的变化、竞争对手的恶意攻击等。

3. 严重的危害性　危机一旦出现,在本质上会对组织造成损害。对养老机构来说,它不仅会破坏正常的经营秩序,使组织陷入混乱,而且还会对未来的发展带来深远的影响。

4. 舆论的关注性　现代社会大众传播十分发达,加之养老机构危机事件总是在短时间内爆发,造成巨大的影响。因此,常常会成为社会和舆论关注的焦点,成为媒介捕捉的最佳新闻素材和报道线索。

5. 不规则性　每次危机事件的出现原因、影响范围、对养老机构的危害和破坏程度等都不尽相同。因此,对危机事件的处理没有规律可循,这给养老机构处理危机带来了极大的困难。

(三) 公共关系危机处理的原则

1. 真实性原则　养老机构在处理危机的过程中,无论是对组织内部员工,还是对新闻记者、老人家属、上级领导等,都要实事求是,不能隐瞒不报。

2. 及时性原则　危机一旦发生,养老机构管理者必须当机立断,快速反应,与媒介和公众进行有效沟通,迅速控制事态,缩小危机的范围。

3. 主动性原则　危机发生后,养老机构应该主动承担责任,站在受害者的立场上表示同情和慰问,并通过新闻媒介向公众致歉,赢得公众的理解和信任。

4. 灵活性原则　公关危机事件具有不规则性的特点,因此处理手段也不尽相同,公关人员应根据危机事件的具体情况,进行有针对性、灵活性的处理。

(四) 公共关系危机处理的基本程序

1. 成立处理危机事件的专门机构　成立处理危机事件的专门机构是有效处理危机事件的组织保障。组成人员应包括养老机构负责人、公共关系部门负责人和危机处理人员。另外,还要指定新闻发言人和值班人员。

2. 采取措施,控制损失　危机发生后,一定要按照拟定的应急处理方案,全力采取措施,控制事态的进一步发展,把损失控制在最低限度,尤其要珍视养老机构的声誉和形象。

3. 深入现场,了解事实　通过观察、访谈等方式,迅速弄清危机事件发生的原因、老年人受伤害情况及财产损失等情况,掌握事态的发展。

4. 分析情况,确定对策　在掌握危机事件真实情况的基础上,深入研究和确定应采取的对策和措施。不仅仅要考虑危机本身的处理,还要考虑如何处理好危机涉及的各方面关系。针对不同的危机事件,采取相应的对策。

5. 总结评价,重塑形象　养老机构应对危机处理情况进行全面检查、评价,并将检查结果向相关部门、老年人家属和媒介公布。从老年人和内部员工的利益出发,认真做好善后工作,才能恢复和重塑组织形象。

第四节　养老机构公共关系的人际交往管理

人际交往是人们共同活动的最基本形式,是相互沟通的必要途径。它是公共关系活动的一个重要方面。了解和掌握人际交往的特点、基本原则和各种技巧,在公关活动中就能够妥善处理好各种人际关系,从而赢得赞许、支持、合作和友谊。

一、人际交往与形象塑造

(一)人际关系的含义

养老机构要处理好与公众的关系,求得生存和发展的良好环境,就必须开展各种具体的公共关系活动。公共关系活动的主体都是现实中具体的人,因此,开展公共关系活动离不开人际交往,人际关系是人与人的交往,是有意识、有目的的行为,需要实现信息的交流和思想的互动。

(二)人际交往的模式

1. 直接沟通和间接沟通　直接沟通是运用人类自身固有的手段进行的面对面的沟通;间接沟通是借助技术手段进行的不见面的沟通。随着生产力的发展和科学技术的进步,人们间接沟通的比例明显上升,直接沟通相对减少。

2. 正式沟通和非正式沟通　正式沟通是指通过组织系统内,依据组织明文规定的原则进行的信息传递与交流;非正式沟通是一种通过正式规章制度和正式组织程序以外的其他各种渠道进行的沟通。在任何一个社会组织中,既有正式沟通,又有组织成员间自由进行信息交流的非正式沟通。

3. 语言沟通和非语言沟通　语言沟通就是以自然语言为沟通手段的信息交流,分为有声语言和无声语言。非语言沟通是指通过非语言途径所呈现的信息,包括声音、肢体语言等重要部分,分为动态无声沟通、静态无声沟通,辅助语言和类语言沟通。

(三)人际交往的特点

1. 互益性　指交往的双方在交往过程中都可以在精神上或物质上有所收益,满足心理需要。人际交往的保持,意味着双方有着相互的需求和期待。在交往过程中,双方应互相关心、互相爱护,既要考虑双方的共同利益,又要深化感情。

2. 广泛性　指人际交往的视野开阔、人员广泛、范围宽广。现代社会信息发达、交通便利,人们除了要与身边人打交道,还要与许多过去不曾熟悉的行业组织和各式各样的人物打交道,广泛汇集各方面的信息,建立各种联系。

3. 不完整性　指在工作、学习和生活中,由于特定活动的限制,人们所接触的人会有局限性。由于业务增多、人们交往范围扩大,人际交往呈现出选择性,人们只与少数人建立密切的联系,而与多数人只建立一般的联系。

4. 形式多样性　人际交往活动一般没有严格的规定程序,都是根据双方的具体需要来灵活确定,主要以便利、快捷、高效为原则。外交活动、演讲会、讨论会、文化交流、联谊会等都是人际交往的具体形式,有着复杂多样的运行程序。

(四) 人际交往中自身形象的塑造

人格魅力是一个人心理素质和修养的外在表现,它能反映一个人的道德品质、思想情感、性格气质、学识教养、处世态度等。一个人能否为别人所接纳,是否具有人格魅力,关键在于他在别人心目中的形象如何,个人形象的好坏直接影响到与他人关系的性质、程度。

为了广泛建立良好的人际关系,展示自己的人格魅力,养老机构的公共关系人员在人际交往中要塑造良好的自身形象。主要遵循以下原则:精神饱满,神情自然;仪表整洁,衣着得体;谈吐高雅,言语真诚;自然大方,挥洒自如。

二、人际交往的语言技巧

(一) 赞扬的技巧

无论通过言语还是行为,只要表达出对别人的优点和长处的真诚肯定和喜爱,都是一种赞扬或赞美,这也是获得别人喜欢的重要途径之一。它是表达对对方尊重和赞赏最直接的手段。社会心理学家艾略特·阿伦森的实验表明,在人际交往中,人们总是倾向于喜欢那些能给自己带来快乐的人,喜欢那些同样也喜欢自己的人,这是心理学中的相悦性。赞扬他人时应注意:真诚是赞扬的前提,赞扬对方引以为荣的闪光点,赞扬要实事求是,赞扬要适应环境。

(二) 劝说的技巧

劝说是一门艺术,不同谈话方式的效果大不相同,"触龙说赵太后"的故事就是巧用劝说的典范。在工作、生活中,如能将婉言规劝用得恰到好处,则会对人与人的沟通、理解大有帮助。劝说时应注意:以退为进,逻辑诱导,类比借喻,分散注意等。

(三) 否决的技巧

在拒绝或否定别人时,谈话的艺术表现在拒绝对方时能否保留对方的面子,维护对方的自尊心。否决时应注意:选择好谈话的场合与环境,拒绝或否定之前最好先肯定对方的优点,否决对方时要给对方留有余地。

(四) 道歉的技巧

在人际交往中,人们有时会在无意中得罪他人,伤害彼此的情谊,造成不愉快。道歉就是向对方表达出你内心深处真诚的歉意。歉意的表达需要运用一定的技巧,应注意:勇于承担责任,善于把握时机,巧于借物表意,贵在持之以恒。

三、人体语言的交际功能

(一) 人体语言的特性和表现功能

人体语言是一种以人的动作、表情以及姿态等为工具来传递消息、表达思想感情的伴随语言。它是一种无声的语言,又称体态语、身势语、动作语和非语言交际等。人体语言能真实、可靠地反映出人的心理和性格特征,能反映出人们的真实感受和内在需要,人体语言具有强烈的表现力,能弥补有声语言的不足,具有感染力和吸引力。

(二) 人体语言的一致性和矛盾性

人体语言在人际交往中的用途很广泛,动作和姿态的含义也很丰富。在运用人体语言进行社会交往时,要了解到人体语言既有一致性的一面,也有矛盾性的一面。充分认识到人体语言的这种两面性,可以使我们捕捉到人体语言所反映的真实信息,避免判断失误。

笔记栏

（三）交际中需要注意的人体语言

人体语言作为一种能够传情达意的交际工具,它的使用是有一定的常规与习惯可循的。如果运用得当,可以迅速给对方留下端庄、大方的良好印象,增加个人魅力。同时,观察别人的人体语言也能了解对方的心理,有利于交际的成功。

四、人际交往中常见问题及解决方法

（一）人际交往中的常见问题

1. 知觉障碍　知觉与感觉有着紧密的联系,感觉的材料越丰富,知觉也就越完整、越正确。知觉障碍是人在把客观事物反映到意识中和反映事物的外部表现及事物之间的过程中出现错误。常见的有错觉、幻觉和感知综合障碍。部分老年人由于疾病或衰老导致部分知觉障碍,这就要求养老机构的工作人员在日常工作中充分了解老年人情况,予以充分的理解,提供相应的养老服务。

2. 语义障碍　在人际交往过程中,民族、地域、文化背景、生活习惯以及性格、情绪、态度等方面的差异往往会形成语义障碍,使人们的语言沟通产生困难。不同的语气和态度,不同的心态、情感、文化背景、时空环境等因素均可导致人际沟通中的语义障碍。

3. 心理障碍　心理障碍是由各种不良刺激引起的心理异常现象。我们可以从一个人行为上的偏差程度来判断这个人的“障碍”程度,也就是说,如果一个人的行为表现偏离社会生活的规范越厉害,那么他的“障碍”程度也就越深。在人际交往中,还有一些属于心理品质的因素,比如嫉妒、猜疑、羞怯、自卑等也会造成心理障碍。这些心理障碍给人际交往造成了不同程度的危害。

（二）人际交往常见问题的解决方法

1. 认识和完善自我形象　要克服各种心理障碍,成功地与人交往,首先应了解自己。许多人之所以在交往中产生自卑、羞怯等消极心理,主要是对自己缺乏了解。要从两个方面来认识和了解自己:其一,可以通过与别人比较来认识自己;其二,可以通过对自己的行为以及他人对自己的评价来认识自己。在充分认识自己的基础上,要不断地完善自己。完善自己就是克服自己身上存在的短处和不足,找出并发扬自己的长处。这样,在正确认识自己和不断完善自己的过程中,就会逐渐克服各种心理障碍。

2. 严于律己,宽以待人　为人处世需要有宽广的胸怀。要想获得对方的尊重和信任,首先就要尊重和信任别人。在与他人交往的过程中,要想得到理解,减少误解,先要将心比心,只有这样才能真正地体谅他人。其次要严于律己。在日常交往中,要有良好的修养,善于把别人的优点同自己的缺点进行比较。如果发生矛盾,先检查自己,对自己严格要求。倘若在人际交往中真正做到严于律己、宽以待人,我们就会以积极向上的形象感染他人,从而打破人际交往中的障碍,为建立融洽的人际关系奠定基础。

3. 树立新型交往观念和交往意识　随着社会主义市场经济体制的建立和不断完善,人们逐渐从传统的行政隶属关系中解脱出来,发展出以市场为纽带的新型人际关系。在交往中,人们更加渴求平等与互助、信任与理解、真诚与和谐。人们的交往方式也在逐渐地从封闭型交往向开放型交往转变,从被动型交往向主动型交往转变,从单一型交往向多样型交往转变。这些都要求我们抛弃“鸡犬之声相闻,老死不相往来”的思想,崇尚自我尝试、自我表露、自我推销的观念;抛弃个人本位、自我中心的思想,崇尚助人为乐、大公无私的观念。总之,我们要跟上时代的步伐,积极主动地适应当代人际关系变化和发展的新趋势,这也是克服人际交往心理障碍的先决条件。

（蒋　晶）

笔记栏

复习思考题

1. 公共关系的基本要素包括哪些,其与公共关系的内在关系是什么?

2. 公共关系是社会关系的一种表现形式,不同于一般的人际关系,基本特征主要包括哪些内容?

3. 养老机构中员工关系为什么是内部公关的首要对象? 如何协调员工关系?

4. 如何处理养老机构中发生的危机事件?

ER-12-1

PPT 课件

❖❖❖ 第十二章 ❖❖❖

养老机构的营销管理

📝 学习目标

知识目标

1. 掌握营销管理的基本概念和养老机构营销管理内涵。

2. 熟悉养老机构营销管理策略、养老机构的品牌建设管理方法。

3. 了解现阶段养老机构主要营销管理方式。

能力目标

1. 能正确理解养老机构客户的需求和特点,掌握养老机构营销策略和技巧。

2. 能初步建立销售渠道和网络,最终提升客户服务质量,优化营销效果评估。

素质目标

把握养老问题的历史坐标,体会养老机构发展的历史阶段和历史职责,从而了解养老机构营销管理的意义。

思政目标

树立"顾客至上"的养老机构营销管理理念,坚持"服务为本""实事求是"的作风。

🩺 案例分析

某养老企业旗舰项目养老机构开业,通过营销部门的市场调研后,采用月费制(按照护理等级收费 3 000~6 000 元 / 月)与会员制(缴纳 10 万会员费后,按照护理等级收费 2 000~4 000 元 / 月)两种模式并行出售。前期的营销通过传统媒体开展,效果一般。随着入户率的提升,"老带新"销售策略实施效果良好。

分析:

1. 该养老机构采用月费制和会员制定价的销售目的是什么?

2. 会员制定价的风险和法律问题是什么?

3. 为什么"老带新"的销售策略在养老机构营销中效果良好?

第一节 营销管理概述

随着我国养老事业和产业的不断发展,养老机构的类型也呈现多样化、专业化、多元化的趋势,养老机构的入住率、品牌连锁化、口碑度和美誉度、安全管理等成为机构管理的重要内容。营销管理不仅是养老机构在市场中立足并取得成功的手段,更是激发机构内在活力、提高竞争力和实现可持续发展的重要保证。

一、营销管理的概念及内涵

(一) 营销管理的概念

营销管理是指通过科学的管理方法,对企业进行市场研究、产品定位、渠道管理、价格策略、品牌建设和促销策略等活动,实现企业的市场营销目标并提升市场竞争力的一系列管理活动的总称。在不断变化的市场环境下,营销管理的目标是通过满足顾客需求、获得市场份额,确保企业长期发展和利润增长。

(二) 营销管理的内容

营销管理是养老机构运营的核心环节,从早期的产品导向,到现代的客户导向、市场导向,营销管理的理念和方法也在不断地更新和完善。在数字化时代,营销管理不再局限于传统的推广方式,而是通过大数据分析、人工智能等技术手段,深入挖掘市场和客户的潜在需求,实现精准化、个性化的营销策略。社交媒体营销也成为机构与客户沟通的重要桥梁,通过建立品牌形象、传递品牌价值、开展互动活动等方式,增强客户黏性,提升品牌忠诚度。面对市场和客户需求的变化,企业需要更加敏锐地洞察市场趋势,及时调整营销策略。通过构建完善的营销管理体系,从市场调研、产品定位、品牌推广、销售管理等多个方面入手,制定科学、合理的营销策略,不断创新和优化营销管理,以应对市场的挑战和机遇,实现持续、健康的发展。

(三) 养老机构营销管理的意义

1. 帮助企业实现市场导向　通过市场调研、产品定位等活动,营销管理有助于企业更好地了解市场需求和竞争对手情况,使企业更加注重顾客需求,转变为市场导向型企业,有效顺应市场变化。

2. 提升企业市场竞争力　科学的营销管理让企业能够根据市场需求适时调整产品定位、价格策略和促销活动,从而提升产品的市场竞争力,赢得更多市场份额。

3. 促进品牌建设　营销管理有助于企业对品牌进行有效定位和宣传,提升品牌价值和市场地位,赋予产品和企业更强的市场号召力、影响力和吸引力,从而提高市场竞争力。

4. 推动销售增长　通过精准的市场定位和有效的促销策略,企业可以更好地满足顾客需求,提高产品销售量和市场份额,实现销售增长,为企业创造更多的商业机会和经济效益。

5. 提高客户满意度和忠诚度　有效的营销管理让企业能够更好地理解和满足顾客需求,提供优质的产品和服务,从而提高客户满意度和忠诚度,为企业赢得长期稳定的客户群体,促进企业的可持续发展。

(四) 养老机构营销管理的概念及其特点

1. 养老机构营销管理的定义　养老机构的营销管理就是指通过科学的管理方法,对养老机构进行市场调研、服务体系定位、专业渠道管理、价格策略、品牌建设等活动,以实现养老机构的市场营销目标,从而提升养老企业市场竞争力的一系列管理活动的总称。

2. 养老机构营销管理的特点　由于我国养老服务行业刚刚起步,加上养老机构本身的服务特点,其营销管理也有一定的特点。

(1)服务对象和营销对象的特殊性:养老机构的服务对象是老年人,因此,营销管理需要充分考虑老年人和照护者的特点和需求,提供符合其需求的养老服务。此外,营销的对象也不完全是老年群体,比如对于失能失智老人,帮助其选择养老机构的是其家属,这时服务对象和营销对象又是分开的。

(2)服务质量和服务标准的非标准化:养老机构的服务质量直接影响老人和家属的满意度和忠诚度,养老机构的营销管理需要注重提升服务质量,建立良好的口碑,大多数养老机构的入住率和品牌的提升都是通过老客户介绍新客户,称之为"老带新"的口碑传播获得,所以养老机构的服务质量就显得异常重要。由于养老服务行业刚刚起步,无论硬件还是服务体系的标准都存在着较大的差异。具体表现在,经济发达地区的服务标准高于欠发达地区,市场化养老机构标准高于非市场化养老机构,医养结合型养老机构高于普通服务型养老机构。

(3)社会效益和经济效益的双重营销目标:无论是市场化还是非市场化养老机构,通常都具有一定的公益性质,作为社会福利事业的重要组成部分,需要承担一定的社会责任。因此,营销管理在寻求养老企业经济目标时也需要注重社会责任的履行,积极推广公益理念,积极参与社会公益活动和志愿服务,增强社会责任感和公信力。

(4)法律法规对养老机构营销行为的管控:法律法规是规范养老机构营销行为、保障老年人权益的重要手段。在养老机构的营销管理中,同样需要注重法律法规的运用,这样有助于规范养老服务市场竞争秩序,提高养老服务水平,保护老年人的合法权益。同时,法律法规也为养老机构的营销活动提供了指导和依据,有助于降低经营风险,提高经济效益。

二、营销管理的流程和策略

营销管理是一个系统性的过程,主要涉及市场研究、目标市场选择、产品策略、定价策略、渠道策略、推广策略以及客户关系管理等关键环节。每一个环节都对最终的营销效果产生直接影响。

(一) 市场营销调研

1. 市场营销调研的定义　市场营销调研是指企业针对某一特定市场或者产品,系统性地收集、整理和分析相关市场信息、顾客需求、竞争对手情况等活动。

2. 市场营销调研的意义　可以帮助企业更全面地了解市场,预测市场变化,制定合理的市场营销策略,从而更好地满足顾客需求,提高市场竞争力。通过市场营销调研,企业可以全面了解目标市场的消费者需求、行为习惯、购买动机等信息,为产品设计和市场定位提供依据,确保产品符合市场需求。市场营销调研有助于企业对市场进行分析,了解市场变化趋势、行业发展动向、竞争格局等,从而预测市场变化,及时调整营销策略。市场营销调研能够帮助企业了解竞争对手的产品特点、市场表现、定价策略、促销手段等信息,为企业制定竞争策略提供依据。企业能够评估特定市场的潜力和吸引力,了解市场规模、增长速度,为企业未来的市场拓展提供方向。市场营销调研为企业提供了数据支持,可以帮助企业在市场定位、产品策划、营销策略制定等方面制定科学决策,降低经营风险。

3. 市场营销调研的方法　通过有效的市场营销调研,企业可以做出更明智的决策,制定更具针对性和效果的市场策略。

(1)问卷调查:设计并发放针对目标顾客群体的问卷,收集大量反馈信息,了解顾客对产品或服务的需求、偏好等。

(2)面对面访谈:通过与目标顾客直接交流,深入了解其需求,获取更加直观的反馈信息。

(3)焦点小组讨论:聚集一小群目标顾客进行讨论,收集他们的意见和看法,从中发现共性的需求和意见。

(4)实地调研:通过市场营销实地调研,企业能够评估特定市场的潜力和吸引力,了解市场规模、增长速度,为企业未来的市场拓展提供方向。

(5)数据分析:利用统计数据、市场报告和行业研究等信息,进行数据分析,了解市场规模、增长趋势等情况。

4. 市场营销调研的步骤　市场营销调研旨在收集、分析并解决与营销决策相关的问题,它涉及了多个关键步骤,每个步骤都对整体研究目标和结果产生重要影响。

(1)确定研究目标:明确研究目的,确定需要了解的信息内容和范围。

(2)制定调研计划:确定调研方式、对象、时间、地点、调查问题等,制定详细的调研计划。

(3)信息收集:根据调研计划,采用问卷调查、访谈、焦点小组讨论等方式,收集相关信息和数据。

(4)信息整理和分析:整理和处理收集到的信息和数据,进行分析和归纳,寻找规律和重要发现。

(5)总结报告:撰写调研报告,总结调研结果并提出建议,如市场定位、产品策略、促销方案等。

(6)实施落实:根据调研报告,制定相应的营销策略和措施,实施营销活动并进行跟踪评估。

(二) 产品定位

1. 产品定位的定义　产品定位是指企业通过在目标市场上明确自己的产品或服务,使其与竞争对手的产品或服务产生差异化,满足特定的顾客需求,并赋予产品或服务独特的品牌形象和价值主张。产品定位旨在使产品在顾客心目中占据独特的位置,为其制定合适的营销策略奠定基础。

2. 产品定位的意义　产品定位和企业战略存在密切的关系,产品定位是企业战略中的重要组成部分,二者相互影响、相辅相成。

(1)产品定位是企业战略的一部分,产品定位需要与企业整体战略相契合。企业战略指导产品定位,确定产品或服务在整体市场战略中的地位和作用。产品定位需要根据企业的整体战略,明确产品在市场中的差异化定位,确保产品定位与企业整体战略方向一致。

(2)产品定位影响企业战略的制定和实施。产品定位的具体内容和市场定位对企业整体战略的实施和效果产生影响。产品定位的确定需要考虑企业整体战略、品牌形象、市场需求和竞争对手等多方面因素,企业战略的制定和实施需要对产品定位进行支持和配合,确保整体战略能够通过产品定位得到有效实施。

(3)产品定位是企业战略实现的具体体现。企业战略在市场中的实施是通过产品和服务来实现的,产品定位决定了产品在市场中的定位和表现,直接影响企业战略实现的效果和结果。通过明确的产品定位,企业能够更好地实施整体战略,提高战略实施的效率和效果。

因此,产品定位和企业战略是相互交融、相互支持的关系。产品定位需要在企业整体战略的指导下确定,与企业战略相互配合,促进企业战略的实施和战略目标的达成。企业战略也需要充分考虑产品定位的影响和支持,在市场中通过产品定位实现整体战略的目标。

(三) 渠道管理

1. 渠道管理的定义　渠道管理是指企业在销售产品或服务过程中,对销售渠道进行设计、选择、引导和控制的活动,以实现产品销售的最优化和市场覆盖的最大化。

2. 渠道管理的意义　渠道管理是对整个销售渠道的规划和管理,涵盖了渠道的类型、渠道成员的选择和合作、渠道决策的制定和执行。

3. 渠道管理的核心要素

(1)渠道设计:是指企业根据产品的特点、市场的需求和竞争对手情况,设计符合企业战略的销售渠道结构和布局。渠道设计需要考虑产品的性质、市场的地域分布、目标客户群体,以及企业的资源能力等因素。

(2)渠道选择:是指企业在设计好的渠道结构基础上,选择适合的渠道成员来合作,包括经销商、零售商、代理商等。在进行渠道选择时,企业需要考虑渠道成员的实力、信誉、市场覆盖能力等因素。

(3)渠道引导:是指企业对渠道成员进行管理和指导,包括政策激励、培训支持、市场推广等方面的引导。通过引导,企业可以确保渠道成员按照企业的战略要求进行销售,增强渠道成员对企业的忠诚度。

(4)渠道控制:是指企业对渠道销售过程进行监控和管理,包括销售数据的收集和分析、库存管理、价格管控等方面。通过渠道控制,企业可以及时调整销售策略,确保销售渠道的有效运作。

(5)渠道协调:是指企业对不同渠道进行协调和整合,确保各个渠道互相配合和协同工作。对于多渠道销售的企业来说,渠道协调显得尤为重要,它能够减少内部管理冲突,提高整体销售效率。

渠道管理是企业销售战略和执行的重要组成部分,通过合理的渠道设计、选择、引导、控制和协调,企业可以更有效地达成销售目标,提高市场占有率和竞争力。此外,根据渠道的形式和特点,渠道管理可以分为多种类型,主要包括直接销售、间接销售、多渠道销售、O2O渠道等。不同类型的渠道管理各有优劣势,企业需要根据自身产品特点、市场需求和资源情况,选择适合的渠道管理类型,并进行有效的渠道管理和协调,以提高产品的市场覆盖率和销售效果,见表12-1。

表 12-1 各类型销售渠道的特点、优势与劣势

渠道	特点	优势	劣势
直接销售	企业直接面向终端客户进行销售的渠道,通常不通过中间商或经销商,企业直接管理销售团队	①企业可以更好地控制销售过程和顾客体验;②直接接触客户,有利于了解客户需求;③企业可以保留客户资料和数据资产	直销所需成本较高,对销售人员的要求也较高,需要投入较大的人力和财力
间接销售	通过经销商、代理商等中间商进行销售,产品先由制造商销售给经销商,再由经销商售给最终客户	①通过中间商迅速扩张市场覆盖范围;②降低企业在销售方面的管理成本	可能会增加产品售价,企业对销售活动的控制欠缺灵活性
多渠道销售	企业同时采用多种销售渠道进行产品销售,包括直接销售、经销商渠道、电子商务渠道等	①可以充分利用不同渠道的优势;②满足不同消费者群体的需求;③提高销售效率和市场覆盖范围	需要合理协调各个渠道,保持一致的品牌形象和服务标准,管理复杂度较高
O2O渠道销售	结合线上和线下渠道,通过线上引流、线下体验和交易的方式进行销售	①能够整合线上线下资源;②提升客户体验和购买便利性;③增加销售渠道的灵活度和覆盖范围	需要兼顾线上和线下渠道的管理,增加了管理层面的难度

(四) 价格策略

1. 价格策略的概念　价格策略是企业在市场竞争中为产品或服务确定价格目标和实施手段,以达到市场营销目标的计划性安排。

2. 价格策略的意义　价格策略的制定涉及产品定价、价格弹性、定价策略选择等方面的决策,以确保企业在市场上取得竞争优势,并实现盈利和市场份额的最大化。价格策略是

企业市场营销的重要组成部分,对企业的盈利、市场地位、品牌形象等方面具有重要影响。企业需要通过科学有效的价格策略,更好地实现自身的市场战略和经营目标。

3. 价格策略的制定原则

(1)市场定位原则:根据产品的独特性和目标市场的需求来制定价格。不同市场定位需要不同的价格策略。

(2)成本原则:考虑产品的生产成本,包括直接成本和间接成本,确保价格能够覆盖成本并获得合理的利润。

(3)需求弹性原则:了解产品价格对需求的影响程度,制定相应的价格策略,如在需求不敏感时可以提高价格获得更高利润。

(4)竞争原则:考虑竞争对手的定价策略和市场份额,结合竞争情况来制定自己的价格策略。

(5)定价目标原则:明确定价的目标,是追求市场份额,盈利最大化,还是品牌形象的树立等。

(6)定价弹性原则:了解客户对于价格的接受程度,以确定产品的最佳价格区间。

(7)产品生命周期原则:根据产品生命周期的不同阶段,采取相应的价格策略,如新品推出时可以采取溢价定价,成熟期可以采取折扣策略。

4. 价格策略的类型 价格策略可以根据其制定和执行的方式,通常分为多种类型。主要包括以下几种。

(1)成本导向定价:以产品生产成本为基础,添加期望的利润率,确定产品价格的策略。

(2)市场导向定价:根据市场需求和竞争对手的定价情况,确定产品价格的策略。

(3)价值导向定价:根据产品或服务所提供的价值来确定价格的策略,这种定价方式主要应用在通常应用在创新产品或高端产品上。

(4)竞争导向定价:根据竞争对手的定价策略来制定自己价格的策略,常见于激烈竞争的市场。

(五) 促销策略

1. 促销策略的定义 促销策略是指在特定的时间和空间内,通过一定的手段和方式,刺激消费者购买欲望,提高销售量,刺激产品销售,提高市场份额,或清理库存而采取的一系列市场营销手段和策略。

2. 促销策略的意义 促销策略是营销策略的重要组成部分,通常包括特定时期的降价销售、赠品赠送、抽奖活动、礼品卡发放等方式,以激励消费者购买产品或服务(表12-2)。

表12-2 各营销管理促销手段的执行方式一览表

促销手段	执行方式
价格促销	包括打折、满减、买赠等方式,通过降低售价或增加产品附加值来刺激消费者购买欲望
促销赠品	即在购买产品时附送赠品,或增值服务,例如购买指定商品赠送小礼品、样品等
抽奖活动	通过购买产品获得抽奖资格,吸引消费者参与,并以奖品的形式回馈消费者
捆绑销售	将多种产品进行组合销售、打包销售,并赋予一定的折扣优惠。
促销优惠券	向消费者发放购物优惠券,消费者可在购买商品时使用获取的优惠券享受折扣
季节性促销	根据不同的季节、节假日等特殊时期进行促销活动,例如圣诞促销、春节促销等
网上促销	通过电子商务渠道开展促销活动,例如限时抢购、满减优惠等
会员促销	针对会员客户进行个性化的促销活动,如生日礼券、积分兑换等
体验式促销	通过举办促销活动来提升消费者产品的体验,例如举办品鉴会、试用装活动等

（六）品牌建设

品牌建设对企业而言具有重要的意义,不仅仅是一种营销手段,更是企业发展战略中的重要组成部分。品牌建设需要深入市场、深入消费者心里,全方位提升品牌认知度和美誉度,为企业长期发展奠定坚实的基础。

1. 品牌建设的内涵　品牌的核心价值是构建品牌认知和情感联系的基石,它让品牌具有了独特的个性和生命力。一个清晰、有力的品牌价值能够使企业在竞争中脱颖而出,赢得消费者的心,从而稳固并扩大其市场份额。深刻理解和精准传递品牌核心价值,对于任何期望成功的企业而言,都是至关重要的战略举措。

(1)品牌定位:确定品牌的核心竞争力和差异化优势,以及与目标消费者的连接点,确立品牌在消费者心目中的位置。

(2)品牌形象塑造:包括品牌名称、标识、视觉识别系统、品牌语言风格等元素的设计和建设,以及品牌故事的传播,营造出独特而一致的品牌形象;品牌价值观塑造,确定品牌的价值观和文化内涵,履行企业对社会责任、环境保护、创新等方面的承诺,建立积极的品牌形象和社会形象。

(3)品牌体验设计:通过产品、服务、营销活动等多方位的体验设计,为消费者营造出与品牌价值观相匹配的感知和情感体验。

(4)品牌管理和维护:建立有效的品牌管理体系,包括品牌管理规范、品牌传播策略、品牌危机公关处理等,保持品牌形象的持续和稳定。

在竞争激烈的市场中,品牌可以成为企业与其他竞争对手的区隔点,帮助消费者认知、选择产品和服务,从而在市场中脱颖而出。一个强大的品牌意味着产品或服务所附带的品牌溢价,消费者更愿意为具有品牌认知度和信誉的产品支付更高的价格。通过品牌形象和情感连接,企业可以建立与消费者的深层次联系,增强客户忠诚度和重复购买意愿。有力的品牌优势可以吸引更多消费者,帮助企业赢得更大的市场份额,提升市场占有率。一个良好的品牌形象和声誉可以为企业吸引更多的投资和合作伙伴,为企业发展提供更多的机会和资源,稳固企业发展。

2. 品牌建设的方法和策略　在当今这个信息爆炸、竞争日益激烈的商业环境中,品牌建设已经不仅仅是一种市场营销策略,而是企业生存发展的核心力量之一。它如同企业的心脏,为企业输送生命力,赋予产品或服务独特的个性和识别度,在消费者心中建立起信任感和忠诚度。品牌建设的方法和策略通常可以分为以下几个方面。

(1)明确定位:确定品牌的定位是品牌建设的首要步骤。企业需要明确品牌的目标受众、市场定位、产品定位等,明确品牌的独特卖点和核心竞争力。

(2)塑造品牌形象:建立统一、持久的品牌形象,包括设计品牌徽标、品牌色彩、视觉识别系统等,确保品牌在各类媒介和平台上都能一目了然。

(3)品牌传播:通过整合市场营销手段,包括广告、公关活动、社交媒体营销等途径,向目标受众传播品牌故事和形象。

(4)产品和服务质量:通过提供高品质的产品和服务,树立品牌的良好口碑和信誉,这是品牌建设的基础。

(5)情感化品牌:建立消费者与品牌的情感连接,通过营销活动和品牌故事传达品牌背后的价值观和情感共鸣。

(6)品牌社交化:利用社交媒体等渠道,与消费者进行互动交流,建立品牌与消费者的联系和互动。

(7)线下体验:通过线下实体店面或体验店等方式,为消费者提供真实的品牌体验,增强消费者对品牌的认知和信任。

（8）定期品牌评估：定期对品牌形象和市场地位进行评估，及时调整和优化品牌策略。

（9）员工品牌意识培养：培养员工对品牌的认同和忠诚，传达品牌价值观和文化。

（10）品牌扩展：通过品牌延伸和拓展，拓展品牌的市场影响力和盈利空间。

品牌建设的方法和策略需要综合利用营销、传播、客户体验等多方面的手段，形成品牌发展的合力，进而塑造出有竞争力和吸引力的品牌形象，提升品牌的市场竞争力和商业价值。品牌建设是一项全面的投资，它涉及企业文化、市场营销、客户关系管理、产品开发等多个方面。品牌不仅是企业对外形象的体现，更是一种内在的价值观念和经营理念的传达。通过精心的品牌建设，企业能够建立起一种长久的市场优势，这种优势能够转化为实际的销售增长、市场份额扩张和企业价值提升。

第二节　养老机构的营销管理内涵

养老机构营销管理的内涵就是从老年人的需求和期望出发，分析竞争对手、对标企业和市场环境、制定适合本机构的营销策略和计划，进而实施营销活动和监控效果的过程。养老机构营销管理也能够促进和提高养老机构服务质量、增加机构入住率、提升养老企业品牌形象和机构口碑度，从而促进养老机构的可持续经营和发展。

一、养老机构营销管理的基本原则

（一）以老年人为本的原则

养老机构的营销管理应始终以老年人为中心，将他们的需求、利益和尊严放在首位。这一理念要求营销策略的制定、执行和评估都要充分考虑老年人的感受和体验。具体而言，老年人需要的不仅仅是基本的养老服务，还需要在精神层面得到关怀和尊重。因此，养老机构的营销管理需要更加关注如何为老年人创造一个温馨、舒适、安全的环境，提供个性化的服务，以满足他们的不同需求。

（二）公平公正的原则

公平公正的原则在养老机构的营销管理中表现为对所有消费者一视同仁，不因任何原因进行歧视。这意味着，无论老年人的经济状况、家庭背景、身体状况等如何，都应平等地获得养老服务的机会。此外，公平公正原则还要求养老机构在制定营销策略时，应当遵循市场规则，以诚实守信的态度对待消费者，不采用虚假宣传、误导消费等不正当手段。

（三）尊重老年人权益的原则

尊重老年人权益是养老机构营销管理的基石。老年人作为社会的一员，应当享有一系列基本权利，如获得良好照顾、自由选择服务、保护个人隐私等。在营销管理中，任何可能侵犯老年人权益的行为都应被禁止。这包括未经允许收集和使用老年人的个人信息、强制推销、虚假宣传等行为。养老机构应当通过自身的营销行为，积极倡导尊重老年人权益的社会风尚，提高公众对老年人权益的认识和维护。

二、养老机构营销管理的主要内容

现阶段，养老机构市场呈现出两种截然不同的现象，一类床位供不应求，另一类床位空置率较高。这与养老企业的性质、服务对象、企业战略等都有着密切的关系。一般来说，在追求一定经济效益的养老机构还是会面临市场竞争激烈、老年群体需求多样化等问题，消费者在选择养老机构时对服务质量、设施条件、价格水平等都有一定的要求。此外，政策法规的变化、人力资源的短缺、投资回报率的压力等问题也给养老机构的运营带来了不小的挑战。

（一）养老服务体系的设计与定价

养老服务体系的设计与定价是养老机构营销管理的重要环节。在设计养老服务体系时，应充分考虑本机构目标老年群体的需求和特点，如生活照料、医疗照护、康复训练、心理咨询、文艺活动等，并对服务的质量标准和内容进行明确规定。在定价策略上，应考虑成本、市场竞争和消费者心理价位等多方面因素，以制定出合理、有竞争力的价格。

（二）养老服务市场的定位与分析

养老服务市场的定位与分析是实现有效营销的基础。养老机构应根据自身的资源条件、市场环境和竞争状况，明确自身的定位，找准对标企业和机构。通常的市场分析会首先对养老机构进行服务对象的身体状况、经济条件、医疗需求和养老机构收费标准、配套设施、选址环境、企业性质等进行不同维度的分析。定期对市场进行调查和分析，可以了解老年人需求的变化、竞争对手的战略布局以及政策环境的变化，以便及时调整市场策略。

（三）养老服务市场的推广与销售

养老服务市场的推广与销售是实现营销目标的关键环节。养老机构应采取多种方式进行服务推广，如广告宣传、社区活动、老年人活动等，以扩大品牌知名度和吸引潜在客户。同时，应注重销售人员的培训和管理，提高销售人员的专业素质和服务意识，确保销售过程的规范化和专业化。在当今的数字化时代，数据已经成为企业决策的关键因素。对于养老机构而言，利用数据驱动的决策不仅可以提高营销效率，还可以更好地满足客户需求。通过收集和分析客户数据，养老机构可以更准确地了解客户的需求和行为模式，从而制定更加精准的营销策略。例如，养老机构可以通过数据分析发现客户关注的重点，从而优化产品和服务，提高客户满意度。同时，数据驱动的决策还可以帮助养老机构优化营销渠道和推广方式，提高营销投入产出比。

（四）养老机构客户关系的管理

客户关系管理（customer relationship management，CRM）是养老机构营销管理的核心组成部分。通过建立和维护与客户的长期关系，养老机构可以提高客户满意度和忠诚度，从而增加客户黏性并降低获客成本。在实施 CRM 的过程中，养老机构需要关注客户的需求和期望，提供个性化的服务以满足不同客户的需求。同时，良好的客户服务可以增强客户的信任感和归属感，进一步提升养老机构的品牌形象和市场地位。特别需要注意的是，养老机构因为服务对象的特殊性，即便是没有潜在需求的群体，也会成为老年群体中口碑的传播者和品牌的影响者，所以养老机构往往有自己的社群维护系统，通过把公域流量转化成私域流量建成品牌的忠实客户。

（五）老龄化社会创新营销模式的变化

传统的营销策略已难以触及老年消费者的内心诉求，而他们正是新兴消费市场的主力军。面对这一群体，营销模式必须进行质的改变，从产品的本质出发，以健康、便捷、安全为导向，设计出真正符合老年人需求的商品和服务。同时，营销手段也应与时俱进，运用现代信息技术，如社交媒体和移动应用，为老年人提供更个性化、更便捷的消费体验。通过数据分析，精准地捕捉他们的消费习惯和偏好，进而推送定制化的信息和促销活动。此外，建立信任是关键。老年消费者重视品牌的可信度和长期承诺，因此，企业应该通过质量稳定的产品和周到细致的服务，来构建与顾客的信赖关系。营销语言也需转换思路，采用更加温馨、尊重的语气，避免过度夸大或技术性的术语，用简洁明了的语言表达产品的实用价值。养老机构需要不断创新营销模式,以适应市场需求的变化。例如,养老机构可以通过线上线下结合的方式,为老年人提供更加便捷和个性化的服务。同时,养老机构还可以与相关企业合作,共同开发适合老年人的产品和服务,满足他们的多元化需求。此外,养老机构还可以通过社区营销、口碑营销等手段,提高品牌知名度和美誉度,吸引更多的潜在客户。

笔记栏

三、养老机构营销管理的实施策略

(一) 基于互联网的营销策略

随着互联网技术的快速发展,网络营销已成为各行各业不可忽视的推广方式。养老机构可以运用多种网络工具和平台,创新服务营销模式,如采用官方网站、平台在线预订系统等方式,为老年人提供方便快捷的服务体验。通过线上宣传和推广,扩大机构知名度,吸引更多潜在客户。具体实施时,应注重官方网站或平台的客户体验,如提供清晰的服务介绍、在线咨询和预订功能,以及客户评价和分享功能等。同时,优化提升网站搜索排名,增加曝光度。此外,通过社交媒体平台发布有关养老服务的有趣内容,提高话题热度,增加关注度。

(二) 基于社区的营销策略

社区营销作为近年来兴起的营销模式,以其亲民、便捷的特点,为养老机构提供了新的宣传和服务渠道。

1. 养老机构需要深入了解社区的特性和居民的需求。社区营销的核心在于精准定位,这意味着养老机构要对所在社区的人口结构、文化背景、消费习惯等进行详尽的调研。

2. 通过问卷调查、社区座谈会等方式,收集居民对于养老服务的看法和期望,了解他们对养老机构的印象和接受程度。这些宝贵的第一手资料将为养老机构的服务提供、营销策略制定提供科学依据。

3. 构建与社区紧密合作的关系网络。与社区居委会、物业管理公司、居民自治组织等建立良好的合作关系,可以有效拓宽养老机构的服务和营销渠道。例如,通过参与社区组织的公益活动,养老机构不仅可以展示其社会责任感,还能够直接接触到潜在的服务对象,增加机构的曝光率和认可度。同时,这样的合作还能够帮助养老机构更准确地把握社区居民的需求动态,及时调整服务内容和营销策略。

4. 定制化的社区营销活动是吸引居民关注的关键。养老机构可以根据社区居民的特点,设计一系列有针对性的服务项目和营销活动。比如,为社区中的老年居民提供免费的健康讲座、健康检查服务,或者举办养老知识竞赛、养老规划咨询会等。这些活动不仅能够提升居民对养老机构的认知度,还能够激发他们对未来养老生活的兴趣和思考。

5. 在实施社区营销活动时,养老机构还应注重利用现代信息技术手段。社交媒体、社区论坛等线上平台,是连接养老机构与社区居民的有效桥梁。通过这些平台,养老机构可以发布最新的服务信息、分享养老知识、展示机构风采,甚至可以直接与居民进行互动交流。这种线上与线下结合的营销方式,能够让养老机构的形象更加深入人心,同时也便于收集反馈,优化服务质量。

6. 持续的跟踪评估和优化调整是保证社区营销活动效果的关键。养老机构应该建立一套完善的评估体系,定期检查营销活动的执行情况和效果。通过对活动参与度、居民满意度、服务转化率等关键指标的分析,及时发现问题并进行调整。这不仅能够提高营销活动的效率,还能够让居民感受到养老机构的专业性和诚意。

(三) 基于口碑的营销策略

口碑营销是一种高效且可信的营销方式。养老机构应注重服务质量和客户体验,努力创造良好的口碑。通过老客户的口口相传,可以吸引更多潜在客户。为鼓励口碑传播,可以推出推荐奖励计划,如给予推荐其他老年人成功入住的老人一定的优惠或礼品。此外,利用互联网平台,发布真实的服务评价和客户反馈,也是提升口碑影响力的重要途径。机构应积极回应负面评价,解释原因并提供解决方案,展示机构的诚信和专业素养。

四、养老机构营销管理的绩效评价与反馈

(一)绩效评价的标准和方法

绩效评价是养老机构营销管理的重要组成部分,它对于了解营销活动的实际效果、提升服务质量和推动机构发展具有重要意义。在进行绩效评价时,需要制定科学、合理的标准和方法,以确保评价结果的客观性和准确性。这些标准通常包括服务满意度、客户回头率、市场份额等。而评价方法则包括定量分析和定性分析,如数据分析、调查问卷、深度访谈等。

(二)反馈机制的构建和完善

有效的反馈机制是养老机构营销管理持续改进的重要保障。通过建立完善的反馈渠道,积极倾听老年人和相关利益方的意见和建议,有助于发现服务中的不足和改进空间。同时,要重视反馈信息的整理和分析,深入挖掘其背后的原因和规律,为制定针对性的改进措施提供依据。此外,还需定期对反馈机制的有效性进行评估和调整,以确保其始终能反映市场的真实声音。

(三)持续改进和优化的策略

营销管理作为企业发展的关键要素之一,其策略与实践必须不断地进行改进和优化。

1. 客户洞察的深化 养老机构的营销策略应始终以老年群体为中心。通过收集和分析客户数据,更好地了解老人和家属的需求和行为模式。利用先进的数据分析工具,如人工智能和机器学习算法,揭示客户的潜在需求,从而为产品或服务的创新提供依据。此外,实时的客户反馈可以帮助营销团队快速调整策略,确保市场信息的及时性和相关性。

2. 多渠道整合营销 随着老年群体触点的增多,养老机构需要在多个平台上保持一致的品牌信息传播。这要求营销团队对不同的渠道,如传统媒体、社交媒体、线下活动、销售渠道等进行整合,确保品牌信息和客户体验的一致性。多渠道营销不仅可以扩大品牌的影响力,还可以提高营销活动的协同效应,增强客户的品牌忠诚度。

3. 个性化与定制化 现代消费者越来越追求个性化和定制化的服务,养老服务更是一对一的个性化服务,因此,营销团队需要利用客户数据创建个性化的营销信息,满足不同客户的特定需求。通过定制化的内容和推广活动,可以提升客户的参与度和满意度,进而促进销售转化和提升品牌忠诚度。

4. 敏捷营销的实践 在快节奏的市场环境下,营销团队需要具备快速应对变化的能力。敏捷营销需要团队在不断变化的市场中迅速适应和创新。通过短周期的规划、测试和迭代,营销团队可以不断优化策略和执行计划,确保资源的有效利用和最大化的投资回报。

第三节 养老机构营销管理策略

营销管理对养老机构而言,不仅是提升知名度和竞争力的工具,更是构建与消费者情感连接的桥梁,实现共赢的必经之路。在资源有限的情况下,应充分运用营销管理的智慧,为养老机构注入持续发展的动力。

一、养老机构营销策略的概念与内容

(一)营销策略的定义

营销策略是指企业在市场中实施的一系列与营销相关的策略,目的在于满足客户需求,提升品牌形象,并最终实现销售目标。养老机构的营销策略是指通过实施一系列的策略,满足潜在老年群体的需求,提高机构的服务质量和市场竞争力,最终形成市场口碑品牌,实现企业销售目标与战略。

(二)营销策略的要素

营销策略的要素有产品、价格、渠道和促销四个方面。产品策略关注的是如何根据市场需求设计并提供相应的产品或服务;价格策略关注的是如何制定合理的价格以吸引客户;渠道策略关注的是如何选择合适的销售渠道以扩大市场覆盖;而促销策略则关注如何通过各种促销手段来吸引和留住客户。此外,营销策略还可以根据其目标客户的不同进行分类,例如,B2B(企业对企业)、B2C(企业对消费者)和B2G(企业对政府)等。对于养老机构而言,其营销策略应当根据其主要客户群体,即需要养老服务的老年人及其家庭、委托经营方需求的特点进行制定。

(三)养老机构营销策略的内容

1. 市场定位策略　在养老服务市场中,机构首先需要明确自己的定位,这包括确定目标客户群体、分析竞争对手以及评估自身的优势和劣势。机构需要根据市场调查和客户分析,了解老年人的需求和消费习惯,确定服务的对象和目标市场。其次,需要对竞争对手进行深入分析,了解其产品和服务的特点、价格策略以及市场占有率等,以便制定更有针对性的营销策略。此外,机构还需要对自己的优势和劣势进行客观评估,以便更好地发挥自身优势,同时改进和弥补自身的不足之处。

2. 服务体系策略　根据市场的多样化需求和不同客户的特点,养老机构需要精心设计和提供一系列有针对性的养老服务,并形成自己的服务体系。例如,日常生活照顾服务,包括饮食起居、卫生清洁、购物出行等方面的细致关心和周到服务;相配套的医疗护理服务,包括定期健康检查、疾病预防与控制、紧急医疗救助等,以确保他们的身体健康和生命安全;特色的养老康复服务,提供专业的康复训练和心理辅导,帮助他们恢复身体健康和心理健康。此外,还有心理咨询服务、文化娱乐活动等等。养老服务体系是养老机构的"产品策略",也是核心竞争力的体现。

3. 价格策略　制定合理的价格策略,需要全面考虑服务质量、市场需求和老年群体的消费能力。价格过高,会让客户感到难以承受,也不利于扩大市场占有率;价格过低,可能会让客户质疑服务的质量和价值,影响机构的声誉和品牌形象。因此,在制定价格策略时,需要充分了解市场需求和客户心理,根据不同的服务项目和客户需求,制定出合理的价格区间。

同时还需要根据服务质量和成本进行综合评估,制定出既能保证服务质量又能满足客户需求的价格策略。为了更好地吸引和留住客户,促销策略可以起到一定的作用,如推出会员制度、提供阶段性的优惠活动等,以增加客户的忠诚度和满意度。当然,也需要密切关注竞争对手的价格策略和服务质量,及时调整自身的价格和服务质量,以保持竞争优势和市场地位。

4. 渠道策略　在选择销售渠道时,需要充分考虑老年客户群的特点和需求,以及产品或服务的特性和定位。养老机构的销售渠道是随着养老机构的发展应运而生的,主要有各地的老年大学组织、各种行业退休协会、各种老年兴趣组织等。城市的中、高端养老社区在做营销策略时,需要考虑与渠道的负责人、组织者或者意见领袖合作。老年群体的销售渠道往往不是以销售养老机构房间或床位为直接目的,渠道合作的时候,需要组织吸引不同渠道老年群体开展体验活动为机构引流,而不能像传统销售渠道分销制度让渠道独立完成。此外,随着互联网的普及和发展,在线平台成为一种非常重要的销售渠道,可以通过自建公众号、视频号、社群、直播号等,在线上进行服务的展示、推广和销售。

5. 促销策略　通过各种精心设计的促销手段,如充满吸引力的优惠活动、完善的会员制度和口碑营销策略,养老机构可以有效地吸引和留住客户。不仅有助于提高客户对服务的关注度和兴趣,还可以增强客户对机构的信任感和忠诚度。

(1)优惠活动:养老机构可以通过定期推出各种优惠套餐、折扣活动或特别优惠日等形式,吸引潜在客户的目光。这些优惠活动可以针对性地满足不同客户的需求和预算,使客户感受到机构的关心和服务质量的提升。

(2)会员制度:通过建立会员制度,机构可以提供会员专享的优惠、积分兑换、会员日等活动,增加客户的回头率和忠诚度。会员制度还有助于建立长期稳定的客户关系,为机构带来持续的收益。

(3)口碑营销:通过客户的口口相传,可以迅速扩大机构的市场影响力和知名度。养老机构可以通过提供优质的服务、打造良好的口碑,鼓励满意的客户向亲朋好友推荐机构,从而带来更多的潜在客户。

精心设计的促销策略不仅可以吸引更多的潜在客户,还能够保持老客户的满意度和回头率,从而提升整体服务水平和品牌形象。实施促销策略的过程中,养老机构需要注重客户的需求和体验,确保服务质量和营销策略的一致性。同时,机构还需要持续关注市场动态和竞争对手的动向,灵活调整营销策略,以适应不断变化的市场环境。只有在充分了解客户需求的基础上,结合自身资源和能力,制定有针对性的营销策略,才能够真正吸引和留住客户,实现机构的可持续发展。

二、养老机构的营销策略特点

随着社会经济的快速发展和老年人口数量的不断增加,养老服务市场需求不断扩大,竞争也日益激烈。在这种背景下,养老机构需要制定有针对性的营销策略,以满足不同老年群体的需求,提升自身服务质量和市场竞争力。在实践中,营销策略的制订者只有了解养老机构营销策略的特点,才能更好地制定符合自身特色的营销策略,提高营销效果。

(一)更加注重养老服务产品的体验感

体验感是指消费者在接受服务过程中的整体感受和认知。在养老服务行业中,体验感是指老年人及其家属在接触和接受养老服务过程中的感受和认知,包括服务的品质、环境、设施、人员等多个方面。体验感的好坏直接影响到老年人及其家属的满意度和忠诚度,因此,提高体验感是养老机构营销活动的重要目标之一。传统的营销手段往往侧重于宣传和推广养老机构的服务和设施,老年群体更加注重体验和感受,因此养老机构需要从消费者的角度出发,增加沉浸式服务体验营销。例如,让老年群体亲自体验养老机构提供的服务,感受其品质和特色。这种体验式的营销活动能够让消费者更加深入地了解养老机构的服务内容和优势,从而增强他们的购买意愿。养老机构通过举办各类互动活动,如健康讲座、义诊、文艺演出、体验入住等,吸引更多人参与,提高品牌知名度和美誉度。从老年群体首次接触养老机构开始,服务人员就需要为他们提供热情、专业的咨询服务;在服务对象入住后,养老机构需要为其提供全方位的生活照料和医疗护理服务;在服务对象因各种原因离开机构时,养老机构还需要为其提供必要的回访和关怀服务。这种全程化的服务体系能够让消费者感受到养老机构的关爱和责任心,从而增强他们的信任感和归属感。

(二) 注重口碑传播,持续营销

口碑传播在养老机构的营销中发挥着至关重要的作用。由于老年人的消费行为相对比较保守和谨慎,他们更倾向于信任亲朋好友的推荐和意见。因此,口碑传播对于养老机构的营销效果和品牌形象具有决定性的影响。口碑传播的模型通常包括传播者、信息、媒介和接收者四个要素(图 12-1)。

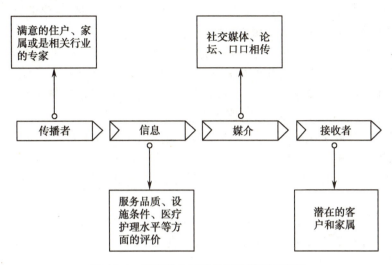

图 12-1　养老机构口碑传播的模型示意图

持续营销是一种基于长期关系的营销策略,旨在与客户建立长期、稳定的关系。对于养老机构而言,持续营销的意义在于提高客户满意度、增加客户黏性、降低客户流失率,从而提高机构的营利能力。通过持续关注客户需求的变化,提供个性化的服务和关怀,养老机构可以与客户建立深厚的情感纽带,促进口碑传播和推荐,从而形成稳定的客源。通常养老机构持续营销有如下方法。

1. 建立客户关系管理系统　建立客户关系管理系统,收集和分析客户数据,深入了解客户需求和行为特征,为个性化服务和营销策略提供支持。

2. 个性化服务　通过对客户提供个性化的服务和产品,满足不同客户的需求,提高客户满意度和忠诚度。

3. 多渠道营销　通过多个渠道进行营销活动,如线上、线下、社交媒体等,提高品牌知名度和客户触达率。

4. 社群建设　通过建立社群、开展社群营销等方式,聚集目标客户群体,提供交流平台,增强客户归属感和参与感;客户全程管理:从客户接触点开始,对客户进行全面管理,提供优质的售前、售中和售后服务,提高客户满意度和留存率。

5. 动态定价策略　根据市场需求、产品定位和竞争状况等因素,制定动态定价策略,提高产品的市场竞争力。

6. 数据分析和挖掘　利用数据分析工具和挖掘技术,对客户数据和市场数据进行深入分析,发现市场趋势和客户需求,为营销决策提供数据支持。

7. 监控和优化　通过监控和分析营销活动的效果,不断优化营销策略和方案,提高营销效率和投资回报率。

(三) 更加注重信任度,成交周期长

养老机构的服务交易流程通常涉及多个环节,包括咨询、评估、签约、入住、服务提供和

后续管理等。在这个过程中,由于涉及的利益相关方众多,包括养老机构、服务人员、家属和老年人等,导致了服务交易流程的复杂性和长周期性。例如,服务需求的匹配过程较长,往往需要经过多次沟通和协调才能达成一致;服务合同的签订过程烦琐,涉及诸多细节和条款的协商;服务实施过程中经常出现延误和调整,导致成交周期的不确定性增加。长时间的成交周期可能导致资源的闲置和浪费,降低机构的运营效率。同时,频繁的服务调整和变动也会增加管理成本和风险。养老机构缩短成交周期的策略和方法有以下几种。

1. 优化业务流程以提高效率　服务流程的合理化、标准化和数字化可以显著提高服务效率,减少不必要的中间环节,降低时间成本。

2. 提升服务质量以增强吸引力　优质的服务内容、个性化的服务方案和温馨的服务体验能够吸引更多的潜在客户,并提高客户满意度和忠诚度。具体说可以提供多样化的服务项目,关注老年人的身心健康,加强与家属的沟通互动,建立完善的反馈机制和评价体系,及时了解客户需求和意见,针对性地改进服务质量。

3. 利用智慧管理手段提高信息传递效率　建立线上服务平台、使用智能化的服务设备、利用大数据和人工智能等技术进行客户分析和市场预测等,都可以提高信息传递效率和决策的科学性。通过科技手段还可以实现服务的远程化和智能化,提供更加便捷和高效的服务体验。

4. 建立长期合作关系以稳定市场　与政府部门、社区组织、医疗机构等相关方建立长期合作关系,可以提高服务机构的知名度和信誉度,扩大市场份额。同时,通过合作可以共享资源、互利共赢。

第四节　养老机构的品牌建设

目前我国养老机构一个很明显的发展瓶颈就是同质化严重。在这种发展态势下,品牌建设已经成为养老机构进一步发展的核心武器。品牌作为企业竞争力的综合体现,其中蕴含着企业的诸多方面。我国养老服务已经进入品牌消费时代,在众多养老机构的竞争性发展中,创建和维护好服务品牌,显得尤为重要。

一、养老机构品牌建设概述

(一)养老机构品牌建设的内涵

1. 品牌是养老机构的无形资产　品牌意味着市场价值,也是企业核心竞争力的重要组成部分。养老机构必须意识到,品牌是自身的生存之本,是企业得以生存和发展的重要基础。在养老服务市场竞争中,顾客会选择品牌知名度较高的养老服务企业,在获得满意且稳定的服务体验后,就会形成对养老企业较高的忠诚度,使得企业利益实现最大化。

2. 体现养老机构的企业文化　品牌建设也可以看作是用企业文化提升竞争力,彰显着养老机构的企业精神与内涵。不单是消费者需要物质和精神价值上的服务,养老服务机构也要为员工输出物质、精神价值。最大限度地保证与外部市场实现最有效的对接、传递与共鸣。

3. 品牌有利于提升机构的辨识度　好的品牌有助于养老机构拓展相关衍生产品与服务的有效识别度。实现以产品为核心的品牌联想,实现养老机构后续良性发展的稳定性与连续性。品牌形象是消费者对养老机构的第一印象和认知,是影响消费者选择的重要因素。一个良好的品牌形象能够增强消费者对养老机构的信任感,提高机构的知名度和美誉度。

因此,养老机构需要注重品牌形象的建立和维护,通过统一的视觉识别系统、规范的员工行为和优质的服务体验,来塑造良好的品牌形象。同时,在品牌形象塑造过程中,养老机构还需要关注品牌危机管理,及时应对和处理各种突发事件,维护品牌形象。

(二) 养老机构品牌建设的意义

1. 决定机构生存与发展的关键因素　一个有力的品牌能够为养老机构带来无形的资产,转化为实实在在的价值。品牌是信任的象征。在众多选择面前,老年人及其家属往往会倾向于那些信誉卓著的品牌。通过持续提供高质量服务,养老机构可以树立良好口碑,这种正面形象将吸引更多的关注和入住率,从而实现可持续的经营。

2. 有助于差异化竞争　面对同质服务的挑战,一个清晰的品牌形象能够帮助养老机构脱颖而出。通过特色服务、创新理念等品牌元素的塑造,机构可以在众多竞争者中独树一帜,吸引特定的客户群体,提高市场竞争力。

3. 促进养老服务溢价　强大的品牌能够赋予服务额外的价值,让顾客愿意为之支付更高的价格。对于养老机构而言,这意味着更高的营利空间和更好的资源配置能力,进一步推动服务质量的提升。

4. 增强内部凝聚的力量　一个明确的品牌理念能够激发员工的归属感和荣誉感,促进团队协作,提高工作效率和服务水平。员工的满意度和忠诚度也会随之提高,形成良性循环。

二、养老机构品牌建设的途径

养老机构品牌建设需要通过长期的、协调一致的传播,打造一个具有独特服务文化和精神内涵的养老服务品牌。这个过程需要企业具备品牌文化意识,从多个层面进行构建和维护。通过有效的品牌建设,养老机构可以提升自身竞争力,满足老年人多样化的养老需求,实现科学养老、健康养老、快乐养老的目标。一般来说,养老机构的品牌建设包括品牌定位、品牌内化、品牌传播、品牌延伸等多个方面。

(一) 明确品牌定位,彰显品牌价值主张

品牌定位是在市场分析的基础上,根据老年人的养老服务需求差异性进行市场细分,机构可根据自身的资源以及竞争优势选择相应的目标市场,通过传达品牌价值主张,树立独特的市场形象。

1. 目标市场的选择及定位　养老服务机构需要根据自身的资源以及经营目标,确定目标市场并做好相应的业务规划。品牌定位是将服务上升为品牌,占领消费市场的过程。值得注意的是,养老机构可以选择多类人群作为目标定位,但需要以不同的子品牌进行区分。例如,某养老集团旗下制定三个不同子品牌,包括定位为生活自理能力强的老年人居住的乐享型社区、居家上门和医院型的护理服务公司、以服务失能老年人为主的护理型养老机构。三个子品牌相对独立,但又与企业总体的战略定位一致。

2. 提炼并表达品牌价值主张　在对品牌进行目标市场定位后,养老机构还需要表达自己的价值主张。品牌价值主张是指养老机构的服务给消费者带来的利益主张以及机构对社会、公众的态度、观点的表达。品牌价值主张有时也被称为品牌理念、品牌诉求,它是由一句精练的话或几个精练的词语组成,通过价值主张的传达打动消费者,从而形成一种与众不同的品牌形象。例如,某养老院的品牌价值主张是"帮天下儿女尽孝,为党和政府分忧",体现了该养老机构对社会的责任感,以及对老人家庭的负责任的态度。

(二) 做好品牌内化,提升员工对品牌的支持度

品牌内化是指将品牌的价值观、理念和文化深入到企业内部,使员工真正理解和认同品

牌,进而转化为积极的工作态度和行为,提升员工对品牌的支持度。品牌内化是一个长期而持续的过程,需要企业领导层的重视和支持,同时也需要全体员工的积极参与和努力,养老服务产业的品牌建设离不开员工对品牌内涵的理解和对品牌文化的践行。

1. 明确品牌核心价值　首先,需要明确品牌的核心价值,包括品牌的愿景、使命、价值观等。这些核心价值应该与企业的长期发展目标相一致,同时也能激发员工的共鸣和认同感。

2. 培训和教育　通过培训,员工可以更加深入地了解品牌,从而增强对品牌的认同和支持。养老机构要在制订服务品牌战略的基础上,借助培训、沟通、激励等手段,将品牌理念和品牌承诺融入员工的价值观和服务行为中,使员工充分理解机构品牌的价值主张,主动参与机构品牌建设,严格履行品牌承诺义务、传递并实现品牌的价值主张。同时,在企业内部树立榜样,表彰那些积极践行品牌理念、为品牌发展作出贡献的员工。通过树立榜样,可以激发其他员工的积极性和参与度,形成积极向上的工作氛围。

3. 强化品牌沟通　"服务与消费不可分割性,服务的无形性、易消失性"等特征决定了员工在服务品牌建设中起着至关重要的作用。加强企业与员工的沟通,让员工了解品牌的发展动态、市场趋势等信息。通过定期的沟通会、内部邮件、企业微信等方式,将品牌信息及时传递给员工,增强员工对品牌的关注度和认同感。养老机构的员工能够实现从"品牌接受者"到"品牌建设者"的转变,在服务的过程中始终以品牌信念和品牌理想约束自己的言行,真正做到融品牌精神于服务过程,不断增强消费者对服务过程的感知和体验,从而提升品牌的影响力。

(三) 注重品牌宣传,提升品牌知名度

品牌传播是打造知名品牌的关键环节,品牌宣传则是品牌传播的外在形式。养老机构的品牌宣传通过讲座、公益活动、宣传标语、广告等形式将机构的价值主张传达给社会,是养老机构与消费者、社会公众沟通的桥梁。

1. 做好品牌形象识别系统　在完成品牌定位之后,要形成以"理念识别、行为识别、视觉识别"为三要素的识别系统。通过理念的内化和传达、行为的标准化和规范化、视觉的统一化等形成一个品牌整体形象。广告设计、员工制服、服务设施与设备等方面均力求高度统一。

2. 做好品牌对外宣传活动　一方面,要采取"请进来"的策略,通过宴请活动、体验营销、媒体传播、路演现场等方法吸引潜在顾客到养老机构亲身体验。另一方面,要采取"走出去"的策略,通过志愿者或经营管理人员直接走入老人家庭进行宣讲,或通过到各大社区开展养老护理专业讲座等方式,推广健康养老的理念,让更多的老人关注机构。此外,可以与民政部门、文化部门合作,开展娱乐活动、表演活动,提升机构的影响力和知名度,从而达到间接宣传的效果。

3. 做好公关活动　通过开展公关活动,实现养老机构与政府及社会组织的互动,实现品牌的推广目标。民办养老机构可以采取的公益活动项目包括:孤寡老人免费服务活动、志愿者招募活动、节日慰问活动、公益性捐赠活动、针对经济困难家庭和超高龄老人提供免费临终关怀服务、为留守家庭的居家老人提供定期上门照料服务及健康体检服务、为老人提供免费法律咨询与心理咨询服务等。多种形式的公关活动能提升公众对民办养老机构的认可度,有利于打造百姓信赖的养老品牌。

(四) 提供优质服务,提升品牌美誉度

提升服务质量,以优质服务提升品牌体验是打造养老服务品牌的前提和核心。根据品牌价值理论,品牌美誉度的建立主要从以满足功能价值为核心和以满足象征价值为核心两

252

个方面入手。

1. 提供优质服务也必须加强养老设备和环境的更新改造,提升养老服务人员的素质,满足养老人群的生活照料、安全保障、医疗护理等功能性需求。

2. 加大养老服务项目的开发力度,加强精神慰藉、娱乐活动、老年人力资源开发等方面的养老项目比重,满足老人的社交需求、自尊需求、自我价值实现需求,实现"老有所享、老有所乐、老有所为"。民办非营利性养老服务机构应该将重心放在功能性需求的满足上,民办营利性养老机构则更多考虑象征价值需求。

(五) 实施连锁经营,打造强势品牌效应

养老机构的品牌建设是一个长期的过程,经过长期的积淀形成的品牌资产、品牌形象需要进一步拓展。实施品牌连锁经营有益于充分利用品牌溢价,发挥品牌价值,对构建养老品牌体系具有十分重要的作用。

1. 连锁经营的意义

(1)由于养老机构的前期投资较大,投资回收周期长,加上养老机构的福利性特征,养老机构很难在短期内取得满意的利润。扩大养老机构的运营规模能够充分发挥规模经济效应,降低经营成本,提高经营利润。

(2)大多数中小型养老机构由于受到物质条件和专业人员匮乏等因素的限制,经营品牌力不从心。利用市场上已经形成的知名品牌的连锁经营带动中小机构发展,无疑为解决结构性供需矛盾、提升中小民办养老机构生存能力和服务水平提供了较好的途径,能够实现品牌机构与加盟机构的双赢。

2. 养老机构连锁经营模式的优点

(1)通过养老机构信息管理系统、运营系统、采购系统、人力资源系统实现统一管理,能最大程度地节约运营成本。

(2)通过连锁经营,有利于树立统一的市场形象,占有更多的市场份额。规模效应形成后,消费者对连锁养老品牌的认知度、理解度越高,入住养老机构的可能性就越大,入住风险也越低。

(3)通过资源整合,实施统一标准,有利于带动行业服务标准的提升,促使养老服务产业健康发展。

(4)连锁经营有利于品牌养老机构开展产业链的延伸,促进养老机构多元化经营,实现利润最大化。大型民办养老服务机构在创建之初要做好连锁发展的总体规划,采取开发直营连锁、特许加盟连锁、合作经营连锁、托管经营连锁、指导运营连锁等多种形式拓展市场。连锁经营可以采取统一的品牌,也可以根据不同的区域及目标人群开发多个子品牌。通过养老机构的统一运营与管理,形成行业内的强势品牌效应。

(六) 品牌意识的树立

品牌意识是品牌建设的命脉,没有品牌意识的品牌建设形同虚设,在品牌意识指导下的品牌建设才能走得更远。

1. 在每一个员工心中都建立品牌意识、实现品牌内化才是品牌意识的核心内容。借助沟通、培训、激励等手段,使员工充分理解企业品牌核心理念,将品牌意识融入员工的服务价值观和行为中,主动参与企业品牌培育,并向消费者和利益相关者传递品牌信息和价值,是企业吸引消费者、建立品牌忠诚度、成功获取竞争优势的重要内因。

2. 养老机构的品牌建设关系到养老机构的服务质量和服务承诺。究其根本,品牌建设来自养老机构的服务质量。广告宣传更多是一种展示和传达,养老机构整体品牌的核心竞争力还是源于机构的服务水平。

3. 品牌的维护是一个持之以恒的过程。养老机构在激烈的市场竞争中建立起了自身品牌,中期与后期的维护和管理更重要。养老机构须在企业运营的全过程中,包括营销体系、售后体系以及金融保证等体制上的配套完善等方面不懈努力。若品牌不能够得到维护,口碑和价值就会弱化,甚至消失。

(黄　璜)

复习思考题

1. 简述养老机构营销管理的概念与特点。

2. 养老机构营销管理的主要内容有哪些?

3. 简述口碑营销对养老机构营销的重要性。

4. 养老机构品牌建设的途径有哪些?

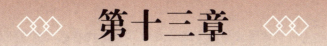

第十三章

养老机构的数智化管理

学习目标

知识目标

1. 掌握养老机构数智化养老管理的基本概念。
2. 熟悉养老机构数智化养老管理的原则和方法。
3. 了解数智化养老管理的具体内容、实施策略。

能力目标

运用数智化管理的方法和技术进行实际问题的分析和解决。

素质目标

1. 培养良好的数智化管理素养,运用数智化信息技术进行工作和学习。
2. 培养良好的职业道德和服务意识,关注老年人的需求和权益。

思政目标

树立正确的价值观,强化社会责任感,认识到数智化养老管理对于提高养老服务质量和满足老年人需求的重要性。

我国人口老龄化问题严重,数智化养老作为新型的养老模式,对推动我国养老服务高质量发展具有重要意义,近年来也越来越受到全社会的广泛重视与关注。结合了现代科技与养老服务的模式,为老年人提供了更加便捷、高效和个性化的生活体验,重新定义了养老服务的新标准。在养老机构经营和管理的过程中,数智化管理正逐渐成为一种新趋势。

案例分析

某养老企业在旗下各养老机构搭建了"数智化管理平台",通过该平台,工作人员可以随时录入和掌握老年人的血压、血糖、血氧和服药等情况,以及三餐搭配、每天活动的情况,家属也可以在手机上了解老年人的身体状况和每日动态。老年人的房间卧床上有智能体征睡眠床垫、智能定位手环,卫生间和走廊配备毫米波雷达跌倒探测器和一键呼救器等智能化预警、报警装置,工作人员可以随时关注老年人的身体状态、活动轨迹和实时位置情况,以保障老年人的安全。

当入住老年人出现突发性事件时,智能一键紧急呼救系统会发出呼叫信息,平台会自动出现来电弹屏,显示该老年人的基本信息及实时定位追踪。除此之外,平台还包括数据分析、决策支持等功能模块,该养老企业可以实时监控旗下养老机构的各项运营指标,如入住率、满意度等,并定期对运营效果进行评估。通过平台的大数据分析结果,优化服务项目、调整人员配置、提高服务质量等。

分析：

1. 现代化养老机构的经营管理方式与传统养老机构相比有哪些不同？
2. 数智化养老服务有什么特点？
3. 养老机构利用数智化管理平台可以达到哪些管理效果？

第一节　养老机构数智化管理概述

从 2011 年开始，国家开展了一系列数智化养老的探索和实践，经过多年发展，已初步建立起数智化养老产业的标准体系，数智化养老产品和服务不断丰富。随着互联网和信息技术的发展，养老产业也不断与之融合。

一、数智化养老概述

（一）智慧健康养老产业的定义

《智慧健康养老产业发展行动计划(2021—2025 年)》中将智慧健康养老产业定义为：以智能产品和信息系统平台为载体，面向人民群众的健康及养老服务需求，深度融合应用物联网、大数据、云计算、人工智能等新一代信息技术的新兴产业形态。近年来，与养老相关的新名词逐渐走进了人们的生活，如"智能养老""信息化养老""互联网＋养老""数字化养老""智慧养老"和"数智化养老"等。

1. 数智化养老的概念　数智化养老是"数字化养老"与"智慧养老"的结合，是数字化和智慧化技术在养老领域的融合应用。

2. 数智化养老的重要性　数智化养老不仅能提供智能化的交互和服务，还能通过互联网、物联网、大数据、云计算、人工智能等新一代网络信息技术对数据的分析，提供更加个性化、精细化的服务，优化服务和管理流程，提高服务效率和质量，实现数据驱动的养老服务决策和创新。数智化养老的目标是构建一个面向全时空、全场景的动态感知、智能决策、主动服务的养老体系，能够为各级政府、养老机构和社区、老年人及其家庭等利益相关者提供智慧化、融合化、个性化的全域养老服务新模式。

（二）数智化养老概念的变革

自从英国生命信托基金会在 20 世纪 90 年代初提出依托现代网络信息技术与养老服务结合的"智能养老"概念之后，人们就不停地探索更加智能化、个性化、高效化、精细化的养老服务模式，由此诞生了一系列养老服务的新理念和新概念。

1. 智能养老　利用网络信息和智能化的技术手段，主要侧重于应用智能设备和技术实现对老年人全方位、全周期的健康管理和服务。包括智能家居、智能医疗、智能安防等方面的应用。例如，通过智能家居技术，可以为老年人提供方便的生活服务；通过智能医疗设备或各类传感器可以收集老年人的健康数据，从而实现对老年人健康状况的实时监控、预警和干预。

2. 信息化养老　主要侧重于利用信息技术手段，如软件系统、数据库等，建立信息化管理系统，实现养老服务的信息化管理和运营，提升服务效率和质量。例如，利用信息化管理系统和设备进行出入院管理、床位管理、护理管理、财务管理、后勤管理等。

3. 互联网＋养老　主要强调利用互联网技术，创新养老服务模式和业务形态。例如，通过互联网平台提供在线预约、在线支付、在线咨询等服务,同时结合智能化技术手段,提高养老服务的便利性和个性化水平。

4. 数字化养老　数字化养老主要是通过数字化技术,对养老服务进行数字化转型,实现养老服务的高效管理和个性化服务。这包括利用大数据、云计算等技术手段,对老年人的需求进行深度分析和挖掘,从而提供更加精准和个性化的服务。

5. 智慧养老　是"智能养老"的升级版,利用云计算、大数据、物联网、人工智能等现代网络信息技术手段,围绕老年人的生活起居、医疗卫生、康复保健、娱乐休闲、安全保障等方面,整合多方资源,来满足老年人的全方面养老需求。对老年人的信息自动监测、预警甚至主动处理,实现数据采集、存储、挖掘的自动化和服务的智能化。智慧养老更强调利用先进的信息技术,实现与老年人的智能化交互和个性化服务。同时通过数字化的综合性、枢纽性和共享性的大数据分析和监管平台建设,养老机构可以通过对大数据的分析优化和调整运营管理策略,政府也可以通过智慧养老平台对养老机构的服务质量进行监督管理,提供政策制定参考。

这些概念都着眼于利用现代网络信息技术手段提高养老服务的质量和效率,但侧重点有所不同。"智能养老""信息化养老"还是"互联网＋养老"都是侧重于将信息和网络技术叠加到原有养老服务模式之上,在不改变原有模式的前提下提高养老服务的效率和质量;而"数字化养老"和"智慧养老"则更注重利用物联网、大数据、云计算、人工智能等新一代信息技术,实现老年人需求的自动识别、主动挖掘和响应并加以满足,同时也有助于为政府部门和养老机构提供监管和决策支持,更加便捷精准地获取并满足老年人的养老需求。

(三) 我国数智化养老的发展

我国数智化养老发展可以追溯到 21 世纪初,根据主导力量、技术创新和政策引领可以将其划分为四个阶段,不同阶段呈现出不同的特点。

1. 萌芽尝试阶段　为了应对老年人的突发紧急情况,21 世纪初我国部分地方开始推出基于语音呼叫或互联网的"一键通"紧急救助服务,信息化养老的概念出现。2011 年 9 月国务院印发《中国老龄事业发展"十二五"规划》,要求"加快居家养老服务信息系统建设,做好居家养老服务信息平台试点工作",养老服务信息化工作开始大力推行。这一阶段的特点是智慧养老的雏形——信息化养老开始出现,政府开始制定养老服务信息化建设的规划,智慧养老理念开始萌发。

2. 起步探索阶段　2012 年 10 月,全国老龄办在首届全国智能化养老战略研讨会上首次提出"智能化养老"的概念,倡导利用现代智能科技服务于养老产业。2013 年 9 月,国务院印发的《关于加快发展养老服务业的若干意见》中指出要"发展居家网络信息服务"。这一阶段的特点是利用现代智能科技服务于养老产业的政策扶持和应用探索进入起步阶段,为下一阶段智慧养老的快速发展奠定了基础。

3. 快速发展阶段　2014 年 1 月国家发改委等印发了《关于加快实施信息惠民工程有关工作的通知》,要求建立养老服务、医疗护理等机构间的网络互联、信息共享服务机制,重点推进养老服务机构信息化建设。同年 6 月,民政部印发《关于开展国家智能养老物联网应用示范工作的通知》,标志着智慧养老的探索从社会行动上升为国家部署。2014 年 10 月,民政部、国家发改委、工信部等 6 个部门联合下发《关于开展养老服务和社区服务信息惠民工程试点工作的通知》,推进互联网、物联网等信息技术在养老服务和社区服务领域的广泛应用。2015 年 4 月和 7 月分别印发的《关于进一步做好养老服务业发展有关工作的通知》《国务院关于积极推进"互联网＋"行动的指导意见》和 2016 年 12 月发布的《关于全面放开养老服务市场提升养老服务质量的若干意见》等多个文件,在规划、土地、财税、金融、人才等方面为智慧养老的发展提供了动力。这一阶段,国家开始顶层设计布局智慧养老,促进智慧养老技术的研发、产品创新和市场发展。各类市场主体开始利用专业优势进入智慧养老业,积极研究智慧养老解决方案。

4. 全面发展阶段　2017年2月,工信部、民政部、国家卫生和计划生育委员会联合发布的《智慧健康养老产业发展行动计划(2017—2020年)》,是我国智慧养老第一个国家级产业规划,标志着我国智慧养老发展进入全面发展阶段。2018年7月,工信部、民政部和国家卫生健康委员会联合制定了《智慧健康养老产品及服务推广目录》,鼓励和规范市场参与智慧养老产业的建设和发展。2021年10月,工信部、民政部、国家卫生健康委员会共同印发《智慧健康养老产业发展行动计划(2021—2025年)》,进一步提升健康养老产品及服务的智慧化水平,推动智慧健康养老技术产品的融合应用。这一阶段,国家开始全面发展智慧健康养老产业与服务,政府、企业和社会组织深化合作,充分发挥人工智能、大数据等技术的优势,共同探索和打造数智化居家养老、数智化社区养老、数智化机构养老及三种养老模式三位一体的全域数智化养老生态系统。

(四) 数智化管理在机构养老中的作用

数智化管理是依托数智化养老理念和技术的养老服务管理模式。养老机构通过搭建数智化管理体系,使机构的经营和管理更加高效和智慧化。不仅提高了养老机构的管理效率,还使得服务更加精准和个性化,极大地提升了入住老年人的生活质量。

1. 个性化服务　借助大数据、人工智能等技术,数智化养老能够深入了解每位老年人的需求和喜好,为他们提供量身定制的精准服务。无论是健康管理、生活照顾,还是休闲娱乐,都能根据老年人的具体需求进行个性化安排,真正做到"想老年人之所想,急老年人之所急"。

2. 高效协同　养老机构可以通过数智化平台打破这四面围墙:机构内部各部门之间的围墙、工作人员与入住老年人之间的围墙、机构与家属之间的围墙,以及机构与政府之间的围墙。在内部,养老机构可以通过平台实现各部门的信息共享和高效协同,工作人员也可以通过平台实时掌握入住老年人的各项数据,促进内部沟通和协作。例如,护理部门与医护团队可以实时查看老年人的健康数据,共同制定治疗方案,为老年人提供更加全面、精准和连贯的服务。在外部,家属可以通过平台实时了解老年人的动态,政府也可以通过平台的大数据分析对养老机构进行监管和指导。

3. 数据分析与优化　数智化养老高度重视数据分析在服务优化中的作用。通过对老年人生活数据的深入挖掘和分析,养老机构可以及时发现服务中的不足和问题,政府也可以进行更有效的监管,并采取有效措施进行改进。这种基于数据的持续改进模式,确保了养老服务的不断完善和提高。

4. 便捷的服务体验　数智化养老注重为老年人提供便捷的服务体验。智能终端设备和移动应用的普及,使得老年人可以随时随地获取服务、查询信息并与家人保持沟通。这种便捷性不仅提高了老年人的生活自理能力,还增强了他们与社会的联系,使他们感受到科技带来的关怀和福祉。

二、养老机构数智化管理的技术支撑

基于数智化养老的理念,养老机构为了实现数智化管理,需要以现代化的网络信息技术手段为基础,通过软件应用的操作和数智化硬件设备的接入,围绕入住老年人生活的方方面面,提供高效、舒适和个性化的养老服务。

笔记栏

(一) 养老机构数智化管理的技术基础

养老机构的数智化管理,离不开数智化养老技术的支持,而数智化养老技术的实现是依托一系列现代数智化网络信息技术基础。

1. 物联网 指通过网络连接各种物理设备,实现数据交换和智能化管理的系统。它是互联网技术的延伸和拓展,将物理世界与数字世界紧密相连。物联网的核心在于将各种物理设备通过互联网进行连接,形成一个庞大的网络。这些设备可以实时地收集、传输和处理各种数据,从而实现感知、监控和控制的功能。

(1)智能健康监测:通过传感器收集老年人的生理数据,如心率、血压等,实时传输到后台进行分析,及时发现异常情况并进行处理。

(2)环境监测:通过安装在养老机构内的传感器监测空气质量、湿度、温度等环境参数,确保老年人居住环境的舒适度。

(3)智能家居:利用物联网技术控制家居设备,如照明和窗帘的开关,提高生活便利性。

2. 移动互联网 指以互联网为基础,以移动通信终端(如智能手机、平板电脑等)为主要接入手段,提供各种信息服务和业务应用的网络。

(1)移动健康管理:通过手机 APP 或者可穿戴设备,老年人可以随时查看自己的健康数据,如运动步数、睡眠质量等,并与医生进行远程沟通。

(2)在线购物和支付:老年人可以通过手机 APP 购买日常生活用品和药品,并实现线上支付,方便快捷。

(3)社交互动:老年人可以通过手机 APP 与家人、朋友进行视频通话,发送语音消息等,满足社交需求。

3. 云计算 是一种基于互联网的新型计算模式,它将大量的计算处理任务通过网络分配给云服务器进行执行,实现了计算资源的共享和按需使用。这种计算模式使得计算资源得到了更加高效和灵活地运用,大大提高了计算资源的利用率。

(1)数据存储和管理:养老机构可以将各类数据(如老年人基本信息、健康档案、服务记录等)存储在云端,方便查询和统计分析。

(2)业务系统部署:通过云计算平台,养老机构可以快速搭建和部署各类业务系统,如养老服务管理系统、医疗护理系统等。

(3)资源弹性扩展:根据业务需求的变化,养老机构可以灵活调整云端计算资源的规模,降低运维成本。

4. 移动定位 指通过接收卫星信号或其他无线信号,获取终端(如手机、手表等)的地理位置信息的技术。常见的有卫星定位系统(GPS、北斗等)和超宽带(ultra wide band,UWB)、毫米波雷达等高精度定位等。

(1)老年人定位和追踪:通过给老年人佩戴定位手环或手表,养老机构可以实时掌握老年人的位置信息,防止老年人走失。

(2)紧急求助功能:当老年人遇到紧急情况时,可以通过一键呼叫功能向养老机构发出求助信号,同时附带自己的位置信息。

(3)活动轨迹分析:通过分析老年人的活动轨迹,养老机构可以为老年人提供更个性化的服务建议。

5. 射频识别(radio frequency identification,RFID)/近场通信(near field communication,NFC) RFID 和 NFC 都是一种无线通信技术,可以通过无线电信号识别特定目标并读取相关数据,而无需建立机械或光学接触。

(1)人员定位:通过给老年人佩戴带有 RFID 标签的腕带或胸牌,可以实时追踪和定位

笔记栏

老年人的位置,防止老年人走失。

(2)出入管理:在养老机构的出入口安装 RFID 阅读器,可以自动记录老年人和访客的出入时间,方便进行安全管理和访客管理。

(3)物品管理:在老年人的个人物品、药品、餐饮等上贴上 RFID 标签,可以方便地进行管理和追踪,防止物品丢失或混淆。

6. 流媒体 是一种通过网络传输音频、视频等多媒体内容的技术,已成为现代数字娱乐和信息传播的重要组成部分。其基本原理是将音频、视频等多媒体内容分割成一个个小的数据包,然后通过网络将这些数据包逐个传输到客户的设备上。客户设备在接收到数据包后,会立即进行解码,实现音频、视频的连续播放。这种技术不仅能够减少网络传输的延迟,还能实现实时播放,让客户无需等待整个文件下载完成即可开始观看。

(1)在线课程:养老机构可以提供在线课程,如养生保健、心理健康等,方便老年人学习新知识。

(2)视频监控:通过安装摄像头,养老机构可以实现对老年人活动的实时监控,确保其安全。

(3)视频交流:养老机构可以通过视频会议系统与家属进行远程沟通,了解老年人的生活状况。

7. 虚拟现实(virtual reality,VR)/增强现实(augmented reality,AR) VR 技术通过计算机模拟产生一个三维虚拟世界,让客户沉浸其中;AR 技术将虚拟信息叠加到现实世界中,使客户能够感知到虚拟与现实的结合。

(1)虚拟旅游:通过 VR 技术,老年人可以足不出户体验世界各地的美景,满足旅游需求。

(2)康复训练:通过 AR 技术,为老年人提供可视化的康复训练指导,提高康复效果。

(3)认知训练:利用 VR/AR 技术为老年人提供认知训练游戏,如记忆游戏、拼图游戏等,锻炼大脑功能。

8. 大数据 指规模庞大、类型多样,且处理速度快的数据集合,通过分析、挖掘这些海量的数据,人们能够发现其中隐藏的潜在价值和规律,进而为评估、决策和发展提供有力的支持。

(1)健康状况分析:通过对老年人的健康数据进行大数据分析,养老机构可以预测老年人可能出现的健康问题,提前采取干预措施。

(2)服务质量评估:通过分析老年人对养老服务的满意度、投诉记录等信息,养老机构可以不断优化服务流程和提升服务质量。

(3)运营决策辅助:通过对运营状况进行大数据分析,养老机构可以及时调整运营情况,制定相应的优化和发展策略。

9. 人工智能(artificial intelligence,AI) 指通过先进的计算机技术实现计算机模拟和执行人类的智能行为的理论、方法、技术及应用系统。AI 的主要目标是让计算机能够像人类一样思考、学习和解决问题,从而模拟和执行人类的智能行为。

(1)智能客服机器人:通过人工智能技术,养老机构可以提供智能客服机器人为老年人解答疑问、提供服务指引等功能。

(2)语音识别和语音合成:通过语音识别技术,老年人可以使用语音指令与智能设备进行交互;通过语音合成技术,智能设备可以将文本信息转化为自然语言输出。

(3)智能推荐系统:通过分析老年人的兴趣偏好、消费记录等信息,人工智能可以为老年人推荐相关的养老服务项目、产品等。

（二）养老机构数智化软件系统

在对养老机构实施数智化管理的过程中,会产生大量数据,而这些数据需要通过软件系统进行处理、分析和呈现,常见的软件系统主要是数智化管理平台,安装在计算机或移动终端上,用以展示平台界面和对平台进行操作的应用程序。

1. 数智化管理平台　集成了大数据、云计算、物联网等技术的养老机构管理平台,实现对养老机构内部各项业务的智能化、自动化管理。数智化管理平台是养老机构实现数智化管理的基础和核心,主要由机构运营管理子系统、客户营销子系统、设备管理子系统、数据监测子系统、呼叫中心子系统、服务订单子系统、移动端 APP 管理子系统等多个模块构成。

2. 电脑端和移动端 APP　安装在计算机或移动终端的数智化管理平台软件应用,是数智化管理平台的前台展示和操作界面。一般来说,可分为服务端和客户端。

（1）服务端:实现对入住老年人信息的实时更新和管理,方便工作人员随时查看老年人的健康状况、活动安排等信息,接收、处理平台派发的服务订单,方便服务记录与数据的上传。

（2）客户端:实现入住老年人及家属远程查看老年人健康数据和预警信息,以及服务的购买和支付,服务订单查询和评价。

（三）养老机构数智化硬件设备

在养老机构当中,有很多依托数智化技术和数智化管理平台的智能硬件设备,这些设备可以显著提高养老服务的质量和效率,给予老年人更加舒心、安心的生活享受和安全保障。比较常见的数智化硬件设备有如下种类。

1. 智能健康监测设备　指通过传感器和物联网等技术实时监测老年人生理数据的设备。这些设备通过先进的传感器和算法,能够实时监测老年人的身体指标,如血压、心率、血糖等,并将数据实时上传至云端平台进行分析。通过这些数据,养老机构可以精准了解老年人的健康状况,为他们提供个性化的健康管理方案和预防保健建议。同时,老年人自身也能通过这些设备及时了解自己的身体状况,调整生活习惯,保持健康的生活方式。

（1）智能床垫:智能床垫可以像普通床垫一样铺在老年人的床位上,在为老年人提供舒适睡眠体验的同时,还可以实时并且无感地监测老年人的心率、呼吸频率、睡眠质量等数据,发现离床等异常情况及时报警。

（2）智能手环:老年人通过随身佩戴智能手环,可以监测步数、血氧、心率、睡眠状况等数据,帮助评估其每日的活动情况和健康状况。

（3）智能血压计、血糖仪等:传统的血压计、血糖仪只能将检测结果存储在仪器内部,调阅历史和动态分析较为不便,而智能血压计、血糖仪通过蓝牙或物联网等技术将血压、血糖等指标存储并上传至智慧终端或数智化管理平台,可以随时监测并动态分析老年人的健康状况。

2. 智能家居设备　指通过互联网、物联网,实现远程控制和自动化管理的家居设备。这些设备可以实现对老年人生活环境的智能化管理和控制,为老年人提供更加安全、舒适、便利的居住环境。

（1）智能照明系统:可以根据时间和场景自动调节灯光的亮度和颜色,在为老年人提供舒适的用光环境的同时,也有助于强化老年人对时间和环境的感知。此外,也可以实现定时开关、语音控制等功能,方便老年人使用。

（2）智能环境调节:通过温湿度、空气质量等传感器或监测设备与家电的连接,可以根据室内温湿度和空气质量等自动运行空调、空气净化器等设备,实现舒适清洁的生活环境。

（3）室内智能安防系统:通过智能摄像头、体姿态动作雷达、门窗传感器等,可以实现远程监控是否出现老年人在房间内跌倒或不法分子闯入房间等风险,可以及时报警,守护老年人的人身和财产安全。

3. 智能康复设备 指可以帮助老年人进行科学康复训练的设备。这些设备通过先进的科技手段,为老年人提供科学、有效的康复训练,促进他们的身体康复和健康。

(1)智能康复床:可以根据老年人的身体状况自动调整床姿,提供舒适的睡姿并预防压疮。通过遥控设备,可以辅助护理人员进行翻身、起身、屈腿、站立、平移、悬浮、洗浴、助便等护理动作。

(2)智能康复训练仪:通过一系列趣味的互动运动游戏,让老年人积极主动地参与康复训练,包含上肢、下肢关节技能,及指关节、肘关节、肩颈等部分。老年人在游戏的过程中,不知不觉完成一系列的肢体康复组合训练。

(3)智能康复机器人:对于无法独立站立的老年人,智能康复机器人采用早期卧床或减重步行训练,协助他们逐步建立正常步态,激发神经细胞活力,最终实现标准步行姿态。对于能站立的老年人,机器人则进行矫正步态的训练。通过精确控制脚掌支撑力度和角度,让患者感受正确步态,实现稳定自然行走。

4. 智能娱乐设备 指可以为老年人提供丰富多样的娱乐活动的设备。这些设备可以播放老年人喜爱的节目和音乐,满足他们的文化需求和精神寄托,同时,还支持智能语音控制和远程控制功能,让老年人可以更加便捷地享受娱乐生活。

(1)智能电视:通过连接互联网,老年人不仅可以观看各种视频节目、电影,进行娱乐活动等,还支持与家人的视频通话和社交媒体互动、网络课堂学习,帮助老年人保持与社会的联系和沟通,缓解他们的孤独感和压力。

(2)智能音箱:不仅可以实现音乐播放、新闻播报等基础功能,还支持语音识别和语音助手等功能,实现智能设备的语音控制等,方便老年人的日常生活。

5. 智能呼叫设备 指可以实现远程呼叫和报警的设备。智能呼叫设备是养老机构数智化硬件设备的核心之一,为老年人提供了全天候的贴心守护。通过有线和无线通信技术,智能呼叫设备可以确保老年人无论身处机构的任何角落,都能迅速与服务人员建立即时通信或发出求助信号;相关人员可以通过呼叫器、电脑、手机、数智化管理平台等与老年人建立联系并迅速处理,确保老年人能够得到及时、有效的帮助。

6. 智能安防设备 指可以保障养老机构安全的设备。这些设备可以全面监控机构的出入情况,同时对老年人的行动轨迹进行实时监控,确保他们在机构内的安全。一旦发生意外事件,智能安防设备会立即发出报警信号,并通知相关人员进行处理,确保老年人的生命财产安全。

(1)智能门禁系统:通过刷卡、面部识别、指纹识别等方式,实现对人员进出的管理和控制,不仅能防止不法分子进入,还可以有效预防老年人的走失。

(2)智能报警系统:能够自动识别老年人的异常行为或可疑情况,并进行预警。当老年人突发意外事件时,能够自动感知并快速呼叫求助,通知相关人员进行处理。

(3)电子围栏系统:可以实时监控老年人在养老机构各个区域的活动轨迹,一旦老年人离开安全区域,会立刻报警,确保老年人安全。

三、构建养老机构数智化管理体系

数智化管理在养老机构中的应用对于提升服务水平、优化资源配置具有重要意义,不仅能够为老年人提供更加优质、高效的服务体验,同时也有助于降低养老机构的运营成本、提高管理效率和市场竞争力,甚至推动养老产业的持续发展和社会进步。

笔记栏

(一) 搭建数智化管理系统

数智化管理系统的建设是养老机构实现数智化管理的核心,通过搭建完善的数智化管理系统,能够为养老机构构建一个智能化、高效、安全的服务体系,养老机构能够实现对每位老年人的全面、细致地跟踪与记录。这种管理系统不仅覆盖了老年人的基本信息、健康状况、服务需求等多个模块,还可以对收集到的信息进行深度挖掘,以准确把握老年人的个性化需求和变化。这不仅确保了服务的高效性和精准性,还有助于提升养老机构的服务质量和效率。

(二) 应用数智化技术和设备

数智化技术和设备的应用是养老机构实现数智化管理的基础,例如运用物联网和大数据技术,将智能手环、智能床垫等设备接入数智化管理平台,养老机构能够实现老年人健康状况的实时监测。这些设备通过人工智能技术对监测数据进行处理和分析,及时发现潜在的健康问题,为老年人提供精准的健康管理和服务。这种管理方式不仅减轻了护理人员的工作负担,提高了工作效率,还能确保老年人的身心健康。

(三) 制定标准化的服务流程和操作规范

标准化的服务流程和操作规范是养老机构实现数智化管理的保障。养老机构需要制定一套详尽、完善、科学的规章制度,明确数智化管理的目标、原则、流程和要求。这些规章制度既需要考虑到数智化管理的实际需要,又需要符合养老服务的行业标准和法律法规。同时,还需要加强对规章制度的宣传和培训,确保每个员工都能够理解和遵守这些规定,从而推动数智化管理的规范化和可持续发展。

(四) 强化人才队伍建设

人才队伍的建设是养老机构实现数智化管理的关键。养老机构需要培养和吸引一批具备数智化管理技能、养老业务知识和创新思维的人才。这支队伍不仅需要掌握数据分析、系统维护、老年人服务等多方面的技能,还需要具备创新思维和解决问题的能力。通过定期的培训和学习,不断提升他们的专业素养和综合能力,以确保数智化管理的顺利推进。

(五) 加强与外部的合作与资源对接

养老机构通过与医疗机构、康复机构、政府部门等建立紧密的合作关系,共同打造数智化管理体系,养老机构能够实现资源共享和优势互补,为老年人提供全方位、高品质的服务体验。不仅能够提高养老服务的质量和效率,还能降低养老机构的运营成本,提高管理效率和市场竞争力。

第二节　养老机构数智化管理系统的建设

养老机构的数智化管理系统包括数智化管理平台、数智化设备以及衍生功能(如大数据分析)等几个方面。目前已经有许多比较成熟的数智化管理平台和系统的整体解决方案,开发企业可以根据养老机构的实际情况定制系统模块和功能,并提供技术支持。虽然不同的数智化管理平台和系统解决方案对于其系统和功能的表述可能不尽相同,但数智化管理系统建设的核心逻辑是相对统一的。

一、数智化管理平台的部署

(一) 搭建数智化管理平台

养老机构实现数智化管理的基础和核心是搭建数智化管理平台。一般来说,养老机构数智化管理平台主要是基于云计算的技术手段实现,云计算按照服务类型可以分为基础设施即服务(infrastructure as a service,IaaS)、软件运营即服务(software as a service,SaaS)和平台即服务(platform as a service,PaaS)。而云计算的载体可以是养老机构自行搭建的本地服务器(私有云),也可以是租赁云服务器提供商的公用云服务器(公有云),或是两者的融合(混合云)。典型的基于云计算技术部署的养老机构数智化管理平台框架如图 13-1 所示。

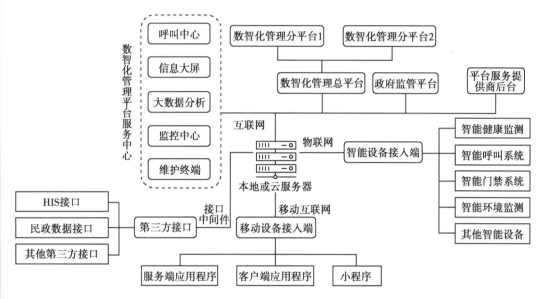

图 13-1　养老机构数智化管理平台的部署框架

知识链接

IaaS、SaaS 和 PaaS

IaaS、SaaS 和 PaaS 是云计算的三种服务模式,它们各自有其特点和优势。

IaaS 是指消费者通过互联网可以租用和使用计算基础设施的服务,比如服务器、存储设备和网络设备等。客户通过 Web 浏览器可以实现相同的功能,并拥有访问数据的能力,但不需要管理底层的基础设施。这种模式让客户可以更专注于应用程序的部署和管理,而不用关心基础设施的管理和维护。

SaaS 是一种软件交付模式,在这种模式下,软件应用程序以 Web 浏览器为界面,客户通过 Web 浏览器可以实现相同的功能并拥有访问数据的能力,但不需要管理任何软硬件。SaaS 模式让客户能够直接使用应用程序,而不需要关心任何与应用程序运行和维护相关的问题。

PaaS 是指将软件开发的平台作为一种服务,通过 Web 浏览器可以让客户使用数据并开发自己的应用程序。PaaS 模式让客户可以更专注于应用程序的开发和部署,而不用关心基础设施的管理和维护。

(二)部署和建设数智化管理平台的方法

1. 前期调研与需求分析　养老机构需要根据自身的运营模式、服务流程以及老年人的具体需求确定数智化管理平台的设计和建设计划。这一过程需要与机构管理人员、工作人员以及老年人进行充分沟通,挖掘潜在需求,为数智化管理平台的设计提供翔实、准确的依据。通过细致的需求调研,确保数智化管理平台能够满足养老机构的实际需求,为机构的运营管理提供有力支持。

2. 综合考虑平台的架构、功能模块和客户界面　平台架构应具备稳定性、可扩展性和灵活性,以满足养老机构日益增长的管理需求。功能模块的划分要精细、全面,涵盖入住管理、护理服务、费用结算等方面,使得各类业务得以高效运转。同时,客户界面设计要简洁直观,符合老年人的操作习惯,也便于老年人家属使用,提高平台的易用性。

3. 选择合适的技术和工具　要选择性能稳定、安全性高的服务器和网络设备,以及高效、可靠的数据库和操作系统等。此外,要考虑所选技术和工具的可扩展性和未来发展潜力,以便在将来方便地升级和扩展平台。

4. 注重安全保障　要特别注意保护数据的安全性和隐私权,采取严格的数据管理和访问控制措施。要采用先进的加密技术确保数据传输安全,并配备严密的安全防护措施以应对潜在的网络攻击。

5. 开展员工培训　为确保养老机构的员工能够熟练使用数智化管理平台,提供全面的培训和支持至关重要。通过培训课程和实践操作,帮助员工熟悉系统的功能和操作流程,提高他们的技能水平。

6. 做好维护与升级工作　要制定定期维护与升级计划,确保系统始终保持最佳状态。维护工作包括检查系统运行状况、修复潜在问题、优化性能等;升级工作则涉及新增功能、更新模块等。在这一过程中,要密切关注系统的运行状况和客户反馈,及时处理出现的问题和优化系统性能。同时,根据养老机构的需求变化和业务发展情况,灵活调整系统功能并进行必要的升级工作。通过持续的维护与升级,数智化管理平台将更好地适应养老机构的发展需求,进一步提升其运营效率和信息化水平。

二、数智化管理平台的架构

从宏观角度来说,数智化管理平台的整体架构如图 13-2 所示,包括展示层、应用层、业务支撑层、技术(网络)层和感知层。

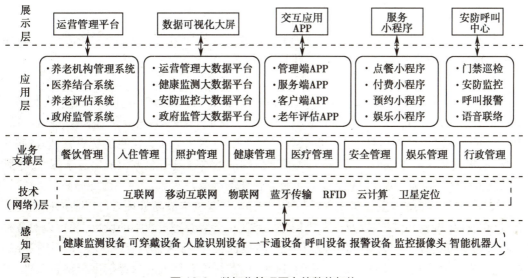

图 13-2　数智化管理平台的整体架构

(一) 感知层

感知层是数智化管理平台的基础,通过智能手环、智能床垫等智能硬件设备获取入住老年人的各项数据,以及通过呼叫器、(可视)对讲设备、智能安防设备与老年人建立通讯和获得预警报警信号。

(二) 技术层

技术层是感知层与业务支撑层的桥梁和纽带,会将感知层的数据和信号通过互联网、移动互联网、物联网、蓝牙、RFID、移动定位等技术手段上传或对接到业务支撑层。

(三) 业务支撑层

业务支撑层是平台的核心功能,它不仅承担了养老机构的业务流程和台账记录,还将各方收集到的数据通过技术手段进行分析和处理,辅助养老机构各项服务的提供,为养老机构的经营管理提供决策支持。

(四) 应用层

应用层是提供给政府、机构、老年人及其家属、第三方服务商接入数智化管理平台的入口,同时也是整合机构业务支撑层功能的子系统,如整合行政业务的运营管理系统、整合护理业务的护理管理系统、整合数据分析的数据监控系统、整合安防监控的安防系统等,这些系统通过安装在计算机或移动终端的软件应用(如 APP 或小程序)实现对业务支撑层各项功能的操作。

(五) 展示层

无论是感知层、业务支撑层还是应用层都是平台的后台构成,最终都是需要一种可视化手段来展示和交互,承担这个功能的便是前台的展示层。一般来说,无论我们是使用电脑或手机 APP 在数智化管理平台的前台进行业务流程的操作处理,还是通过数据可视化大屏对入住老年人的动态进行监控,甚至是接收老年人的报警信息,都是通过展示层实现的。

三、数智化管理平台的系统模块和功能

目前市面上比较成熟的数智化管理平台主要是以养老机构的业务类别(业务流程)及角色类别来设计架构平台的系统模块和功能。

(一) 业务类别

从业务类别的角度来说,数智化管理平台的系统模块和功能主要包括业务管理类、健康照护管理类、增值服务类、移动终端类等四种类型。

1. 业务管理类

(1) 老年人管理模块:主要实现了入住老年人的档案动态管理,除了记录老年人及其亲属的相关信息以外,还对老年人与养老机构签订的合同、入住时的健康评估报告、饮食习惯、生活喜好等等全方位的信息进行档案管理。另外,还实现了老年人信息的变更管理、请假外出管理、护理记录和退住管理等,对入住养老机构的老年人进行全方位的信息掌握,便于紧急情况发生时的处理,更方便对老年人进行个性化的服务。

(2) 资料管理模块:主要实现资料数据的维护,养老机构最高管理者可以根据机构的特点进行个性化设置和维护,以及养老机构管理系统中各级管理员权限的设置;还可以对各种收费及标准进行设定和管理,如月收费标准、阶段性收费、特殊服务费、入住初始费用等;另外,还可以对养老机构内部的楼宇、房间、床位,以及每位老年人的食谱等进行信息管理,更人性化地为入住老年人服务。同时,对于各种数据的变更进行管理,如床位变更、基础信息变更、健康档案变更、管理信息变更、收费标准变更记录等。

（3）人事管理模块：用于养老机构的内部管理，主要实现了员工资料管理、员工工作量管理、员工调动管理、员工离职管理、员工请假或加班等的事件管理，以及输入各种提示信息的员工查询功能。

（4）财务管理模块：费用管理是养老机构运营的基础，包括费用管理、特殊护理费管理、续费管理、阶段性缴费、收费管理，以及费用清单管理和费用结算管理等全方位的费用管理。老年人或老年人家属可以根据自身的情况，选择试住、阶段性住宿和长期住宿等几种方式，然后根据住宿类型缴费。同时，费用清单管理和费用结算管理也有利于养老机构进行成本分析和预算管理。

（5）后勤管理模块：包括固定资产、物品及库存的管理、设备的维保管理、车辆使用管理等，方便养老机构相关部门和领导进行成本核算、资源管控和预算管理。此外，也可以通过数智化管理平台对机构的日常巡查情况进行自动化记录。

（6）营销管理模块：协助养老机构运营和销售人员对营销获客进行管理，既包括客户和渠道挖掘、客户跟进、客户登记、初筛评估等前期获客管理，也包括对销售（成单）情况和业绩进行统计和查询。

（7）访客接待管理模块：为来访的老年人及其亲友提供方便的服务，包括咨询接待管理、床位查询、来访登记和老年人资料查询等，方便来访者快速了解老年人情况、与老年人见面，甚至为老年人缴费、续费等。

（8）OA办公模块：满足养老机构的数字化办公需要，包括公文管理、通知管理、会议管理、用印管理等。

2. 健康照护管理类

（1）照护管理模块：包括查房记录、交接班记录、照护计划、照护实施记录，老年人一天的餐饮记录、卫生记录、大小便记录、服药记录、活动记录、休息状况、心态状况，以及老年人的医疗就诊记录、康复训练记录、膳食营养管理等功能，实现精细化、体贴入微的护理照护管理。

（2）膳食管理模块：专门为养老机构提供全面的餐饮管理功能，为长者提供贴心的饮食护理。同时，系统支持移动端自助点餐、餐饮分析、用餐提醒、餐饮建议等功能。

（3）药品管理模块：包括药品类型、用药方式、用药剂量、用药设置、用药登记、药品缴存、药品领取等。为养老机构提供完善全面的药品管理工作，准确无误地对机构所有药品进行集中统一管理。

（4）评估管理模块：在养老机构当中，对老年人的各项评估至关重要，也贯穿老年人从入住到退住的整个过程，如健康评估、能力评估、心理评估、医疗康复评估等。在平台评估管理模块当中可以设置适用于老年人的各种评估类型和评估内容，通过人工或智能设备对老年人进行评估，生成评估结果和评估报告，并对其进行管理。因政策原因，老年人的评估功能也可能会接入或调用当地统一的评估系统。

（5）活动管理模块：包括对老年人在机构内各种文娱活动的安排和管理，社工的个案、小组工作的记录和管理，以及对志愿者的管理。

3. 增值服务类

（1）健康监测模块：通过与智能监测设备、健康监测设备等智能硬件设备对接，可以在数智化管理平台上给老年人自动建立动态健康档案库，实时掌握入住老年人的健康状态，当监测到健康状况异常时，平台会自动提示养老机构工作人员，也会自动给老年人家属发送必要的信息，告知家属老年人的健康异常状况，及时安排就诊。

（2）安保监控模块：通过智能摄像头、跌倒监测设备、智能门禁设备、轨迹定位设备和电

笔记栏

子围栏等智能安保监控设备,可以在数智化管理平台上对老年人出现的异常情况及时进行预警或报警;通过与呼叫报警设备对接,可以在老年人突发意外状况的第一时间在数智化管理平台上查看并处理。

(3)业务系统对接模块:一些养老机构可能会使用第三方专业的财务系统、物资管理系统和人力资源系统等业务系统,将数智化管理平台与之无缝对接。

(4)医院信息系统(hospital information system,HIS)模块:在医养结合的养老机构当中,通常会将数智化管理平台接入 HIS,包括医保接口和病案接口等,以便医养结合养老机构开展医疗康复保健服务、健康咨询服务、健康检查服务、疾病诊治和护理服务、大病康复服务以及临终关怀服务等。

(5)大数据分析模块:对机构各项数据,如人事数据、客户档案数据、营销数据、经营数据、财务数据等进行统计和分析,并生成统计报表,方便养老机构管理人员获取机构的运行管理数据,协助养老机构管理人员直观了解机构的运营状况,也可使集团化的养老企业的工作人员、监督者查看到下属机构的各项数据和各项报表,进行统筹规划,便于管理和决策。这些数据的统计结果可以实时通过平台的大数据中心大屏查看,也可通过接口接入政府部门进行监管。

4. 移动终端类

(1)服务端:方便养老机构工作人员在服务过程中随时在移动端上进行操作,包括评估、记录、服务、统计、通知、信息查询等功能,同时也包括 OA 办公模块的相关功能。

(2)管理端:管理人员可以查看机构的入住率、入住状况、每月入住人数、每月退住人数及入住老年人的服务等级、每月费用等,对不同角色的用户设置对应权限,同时也包括 OA 办公模块的相关功能。

(3)老年人及家属端:包括健康查询、服务查询、服用查询、活动查询等查询服务,以及费用支付、评价反馈等功能。

(二)人员类别

从人员类别的角度来说,养老机构或数智化管理平台的管理者可以根据养老机构工作人员的角色设置不同的功能访问和使用权限。

1. 管理人员　客户信息统计、职工信息统计、费用信息统计、入住状况统计、照护状况统计等。

2. 营销接待员　客户基本信息、预定的登记、入住申请手续、签订合同、入住办理等。

3. 财务人员　预交押金、收/退费、入住收费、每月定期收费、账户充值、退住结算等。

4. 照护人员　制定照护服务计划、照护服务实施记录、照护交接班等。

5. 医护人员　入住健康评估、健康体检、健康变化风险管理、康复管理、生命体征测量、血糖血压测量、护理服务计划、护理服务实施记录、护理交接班等。

第三节　养老机构数智化管理系统的应用

养老机构数智化管理系统相较于传统管理方式在提升养老服务质量和管理效率方面具有显著优势。本节将以实际应用场景为切入口,通过数智化管理平台的应用和数智化设备及数智化管理系统的集成应用,详细介绍养老机构数智化管理系统如何帮助养老机构提升服务质量和管理效率。

一、养老机构数智化平台的应用

养老机构数智化管理平台有许多功能模块,这些功能模块被分类布置在数智化管理平台操作界面的上方,点击相应的功能模块按钮,其子功能会在左侧一栏显示。下面将通过客户管理、健康护理以及大数据分析几个场景,来介绍养老机构数智化管理平台的实际应用。

(一) 客户管理场景的应用

养老机构数智化管理平台的客户管理场景主要包括客户营销、入住管理、在住管理和退住管理等。在数智化管理平台上,可以对不同阶段的客户信息数据进行录入、管理和分析。

1. 客户营销　通过数智化管理平台,养老机构可以收集并分析客户的年龄、性别、健康状况、家庭背景等多维度信息,为客户画像提供丰富素材。在此基础上,养老机构可以针对不同客户群体制定精准的营销方案,如定向推广、优惠活动、体验课程等,从而提升客户转化率。

2. 入住管理　通过数智化管理平台,养老机构可以实现健康评估、能力评估、定制服务、付款计划、入住办理等入住流程的线上化、自动化操作,从而简化客户办理入住手续的时间和流程。同时,养老机构可以在后台上传相关资料(如评估和体检报告等)、审核客户信息、分配房间和护理人员,实现快速、高效的入住服务。

3. 在住管理　通过数智化管理平台,养老机构可以直观地查看每位在住客户的基本信息、床位信息、服务等级、健康档案等信息,从而方便工作人员为每位在住客户提供相对应的服务。同时,工作人员可以借助数智化管理平台的标签功能,对在住客户的健康状况、注意事项、生活习惯等进行标签标注和客史档案备注,不同工种的工作人员在服务时可以共享这些信息,根据标签和客史档案中的注意事项调整服务策略,为客户提供定制化的饮食、护理及康复等服务。此外,平台还可以实现客户反馈的实时收集和处理,养老机构可以针对客户意见和建议进行及时调整,从而不断提升客户满意度。

4. 退住管理　退住管理是养老机构客户管理的最后一环。养老机构可以通过数智化管理平台办理退住流程的相关手续,并直观了解流程的进度以及审核经办留痕的情况。同时,通过平台记录,养老机构管理者也可以了解客户的退住原因、入住满意度以及意见和建议,为客户提供针对性的解决方案和改进措施,维护客户忠诚度和口碑。

(二) 健康护理场景的应用

养老机构数智化管理平台的健康护理场景应用主要包括评估管理、健康监测、护理记录以及交接班记录等。

1. 评估管理　养老机构通过对老年人的健康状况、认知能力、生活自理能力等多方面进行综合评估,为后续的护理工作提供科学、合理的依据。老人的健康状况和能力状况的评估结果,通过移动端 APP 以图文形式呈现,并通过大数据和 AI 算法自动生成推荐的服务等级和服务计划。同时,在数智化管理平台上可以便捷地查看所有入住老年人的评估情况,包括已评估者的评估记录和未评估者的名单。以及发现实际服务项目与根据评估等级建议的服务等级不匹配的情况,使评估管理和护理工作可以更加高效、精准地进行,避免了传统方式下可能出现的误差和疏漏。

2. 健康监测　养老机构将各类健康监测设备采集到的数据接入到数智化管理平台,实时监测老年人的体温、脉搏、呼吸、血压、血糖、心率等生理指标并自动记录,工作人员也可以手动录入数据,平台能够及时发现老年人的身体异常情况,为护理人员提供及时的预警信息,不仅提高了护理工作效率,也保障了老年人的身体健康。

3. 护理记录　在养老机构中,护理人员需要进行详细的护理记录。数智化管理平台可以协助护理人员在工作中更加便捷和详尽地记录老年人的日常护理情况、身体变化状况等信息,使护理记录更加规范、易查,且能够自动导出符合相关格式的记录文档,方便备查,大大提高了工作效率。同时,养老机构的管理者也可以通过数智化平台对护理工作进行有效监管。管理者和护理人员可以直观地查看护理服务的实施情况,或哪些服务还未实施,并对相关工作进行督促。

4. 交接班记录　在交接班环节,数智化管理平台清晰、明确地展示老年人的当前状况、需要注意的事项等信息,确保了接班护理人员能够迅速了解老年人的情况,继续提供高质量的护理服务。不仅提高了工作的连续性,也降低了因信息沟通不畅而产生的风险。

(三) 大数据分析的应用

养老机构数智化管理平台大数据分析能够将机构的各项工作进展情况进行动态的数据分析和展示,将肉眼难以感知的事件关联和抽象的数据可视化,从而发现潜在的问题,其应用场景主要体现在以下几个方面。

1. 报表统计与分析　通过大数据分析统计入住率、服务利用率、服务满意度、人员配置等指标,能够帮助机构全面了解运营情况和数据指标,及时发现运营状况的异常,为管理者提供决策参考,合理调配资源、改进服务,提高机构的整体运营效率。

2. 不良事件监测与预警　在养老机构中,老年人的意外风险的监测和预警一直是备受关注的问题,大数据分析能够帮助养老机构识别和预防意外风险的发生。通过对历史数据进行分析,机构可以找出导致不良事件发生的各种因素,例如老年人的健康指标、老年人的生活习惯等,在此基础上,制定出更加科学、合理的预防措施,从而降低意外风险的发生率。

3. 提供决策支持　通过对历史数据的分析和对未来趋势的预测,大数据分析可以制定科学合理的规划和发展策略。例如,通过分析入住倾向和流失原因,机构可以制定有效的市场推广策略和服务改进措施,提高入住率和客户满意度。

二、养老机构数智化设备与数智化管理系统的集成应用

养老机构的数智化管理中,各式各样的数智化硬件设备扮演了重要的角色。那么这些设备是如何应用到养老机构数智化管理和服务当中的,又是如何集成到数智化管理系统当中的,这些疑问通过下面的案例可以得到解答。

(一) 老年人生活区域集成应用

在养老机构当中,老年人生活区域是数智化硬件设备配置最为丰富和集中的区域之一,涉及老年人的健康监测、智能家居、轨迹定位、安保监控、安防报警、紧急呼叫等诸多数智化硬件设备。老年人生活区域的不同空间和位置会配置不同的设备,实现相应的功能,这些功能最终集成到数智化管理平台,通过平台进行处理和管理(图 13-3)。

(二) 健康监测应用

健康监测无疑是数智化硬件设备最重要的功能之一。养老机构通过配置睡眠监测床垫和生理参数检测仪等设备,实时监测老年人睡眠质量、夜间基本生命体征、心脑血管健康等情况,并将数据传入数智化管理平台,通过平台的医养服务功能,对接养老机构内部或外部的医养服务资源,从而为老年人提供科学、专业以及个性化的医养健康服务。

(三) 高精度定位应用

部分规模较大的养老机构容易出现老年人走失的情况,特别是具有认知风险的老年人群,因此养老机构中高精度定位设备的配置十分重要。通过老年人随身携带的定位器、一卡

通和智能穿戴设备,不仅可以提供老年人的实时位置信息,还能够通过轨迹跟踪和电子围栏功能,对老年人的活动轨迹和范围进行精确分析和管理。同时,通过数智化管理平台的数据分析,养老机构也可以及时预警和发现老年人的异常行动,从而采取及时有效的措施防止老年人走失。

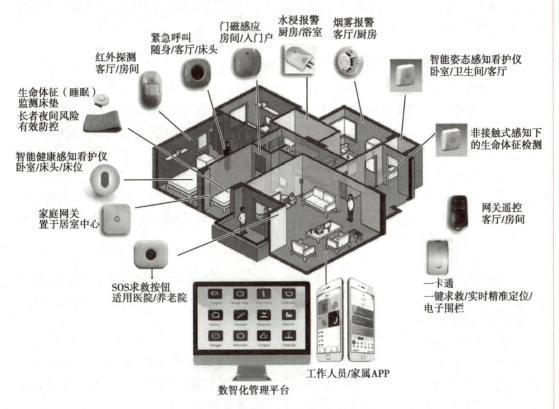

图 13-3　老年人生活区域集成应用

（四）一卡通设备应用

一卡通设备是一种集成了多种功能的智能卡,一般具备门禁、梯控、活动签到、移动呼叫、餐饮消费等功能,可以用于身份认证、消费支付、门禁管理、轨迹定位等多个方面。老年人也可以通过一卡通设备实现多种服务的一站式管理,无需携带多张卡片或频繁输入密码,极大地提高了生活的便利性。养老机构也可以通过一卡通记录的数据全面掌握并分析老年人的行为和习惯,以便提供更加优质高效的服务。

（五）呼叫报警应用

养老机构中一键呼叫报警设备是必不可少的。在卧室和卫生间等风险高发区域设置一键呼叫报警设备,当老年人遇到紧急情况按下呼叫报警按钮时,设备会立刻向养老机构的数智化管理平台发送报警求助信号,平台会自动记录报警时间和地点,并将信息发送到工作人员的移动终端以及走廊的显示屏上,便于工作人员迅速做出反应,采取相应的措施。同时还可以进行语音通话,让老年人在遇到紧急情况时能够及时与工作人员沟通,得到及时的帮助。除了手动报警之外,一些自动化预警报警设备也应用在养老机构中。针对有跌倒风险、行动不便的老年人群,配置跌倒预警设备,能够实时监测老年人的行动状态,并在发现异常时及时发出警报,并实现双向语音通话,以便及时采取应对措施。

笔记栏

第四节　养老机构数智化管理系统的维护

养老机构数智化管理系统的稳定、高效运行,离不开持续的管理和维护。在维护管理过程中应遵循以下的原则、实施要点和服务质量反馈机制。

一、养老机构数智化管理系统维护的原则

(一)制度性原则

为保障数智化管理系统运行维护工作的质量和效率,养老机构需要建立和完善制度标准和操作规范,确保所有维护活动都有明确的指导和依据,使维护管理人员在制度和流程的规范和约束下进行维护操作。

(二)安全性原则

随着信息技术的不断发展,数据安全和网络安全问题日益突出。需要对数据进行加密存储、设置严密的访问控制、定期更新和升级安全补丁等防护措施,确保数智化管理系统数据的安全,防止数据泄露、被篡改或遭受网络攻击。

(三)稳定性原则

养老机构数智化管理系统的运行稳定性,直接关系到养老机构的正常运营和服务质量。需要定期备份数据、定期检查系统硬件和软件的运行状况、及时处理系统故障等措施,以防止系统崩溃或数据丢失。

(四)高效性原则

随着养老机构规模的不断扩大和服务内容的不断增加,数智化管理系统的运行效率将直接影响到养老机构的运营效率和服务质量。需要对系统硬件和软件进行升级、优化系统算法和数据库查询等措施,不断优化系统性能,提高系统的运行效率。

(五)易用性原则

数智化管理系统的客户群体主要是养老机构工作人员、入住老年人及其家属,他们大部分可能缺乏专业的信息技术知识。应当在计划引入数智化管理系统时选择交互界面友好、操作简单、易于维护的解决方案。同时,机构应对工作人员进行培训,或引进相关人才,对入住老年人及其家属提供使用辅导。数智化管理系统的提供商应提供详细的操作指南和维护手册,方便机构工作人员使用和日常维护。

(六)可扩展性原则

随着养老机构的发展和服务的丰富,数智化管理系统的功能和模块也会不断增加和扩展。因此,在搭建数智化管理系统之初就应该为未来的升级和扩展预留足够的空间,方便增加新的功能和模块。例如采用模块化设计、标准化接口和开放式架构等。

(七)规范性原则

数智化管理系统的建设和运行必须遵循相关行业标准和规范,以确保系统的合规性和合法性。包括遵守国家和地方政府的相关法律法规、采用符合行业标准的软硬件产品和技术等。

(八)经济性原则

在维护过程中,在满足以上几条原则的前提下,需要尽可能降低系统的成本和维护费用。一方面,通过合理的财务预算、成本分析等手段,准确分析、记录数智化管理系统在运行和维护管理过程中的各项支出,并合理采购和使用各类软硬件设备及耗材配件;另一方面,

制定合理的收费标准,对系统运行和维护过程中产生的成本进行合理分摊。

二、养老机构数智化管理系统维护的实施要点

为了确保养老机构数智化管理系统的顺畅运作,我们需要从制度建设、设备维护管理、技术维护管理和信息安全管理等方面,精心设计和全面实施一系列基本要求。

(一)制度建设

养老机构数智化管理系统的维护首先需要建立健全一套制度标准和规范流程,并确保各类制度标准和规范流程得以严格遵守和执行。这些制度不仅需要明确责任分工,还要注重操作流程的规范化,以提升系统整体运行和维护的效率。

1. 建立健全制度标准　该制度标准应涵盖系统维护的各个方面,如数据安全、设备维保、人员管理等。通过制定明确的制度标准,可以确保系统维护工作的有序进行,减少因操作不当或管理不善而引发的风险。

2. 明确责任分工　通过制度明确各级管理人员和工作人员的职责分工,可以确保各项维护工作得到有效落实,避免出现责任不清、互相推诿的情况。同时,要明确各级人员的权限范围,确保系统的安全性。

3. 制定规范操作流程　通过制定规范化的维护操作流程,可以确保维护工作的有序进行,避免因个人习惯或技能差异导致的操作失误或纰漏。同时,也可以减少不必要的操作步骤,消除冗余环节,提升系统维护效率。

4. 严格遵守和执行　制度标准和规范流程的制定只是第一步,关键是要确保它们得到严格遵守和执行。为此,养老机构应加强对工作人员的培训和考核,确保他们具备数智化管理系统的操作和日常基本维护的相关知识技能和安全意识,熟悉和掌握制度标准,能够按照规范流程进行操作。同时,要建立健全监督机制,对维护工作的执行情况进行定期检查和评估,确保各项制度得到有效落实。

(二)设备维护管理

为了确保数智化管理系统的正常运行,需要配备一套满足系统工作要求的先进设备,包括网络设备、安全设备、服务器类设备、终端设备、移动设备、传输设备等。这些设备的稳定性和可靠性直接关系到数智化管理系统的正常运行,因此养老机构需要重视这些设备的维护和管理,确保各类设备的正常使用。

1. 日常管理　需要建立健全设备台账,详细记录各类设备的型号、配置、使用情况等信息,方便后续的管理和维护。定期检查设备的使用情况,在收到设备故障报修信息后,应及时进行维修和更换。

2. 设备的管理和维护　需由专业人员负责日常使用和维护,并严格按照操作规程和维护规程进行设备的操作和维护,确保设备的正常运行,延长使用寿命。同时,还需要建立设备维护记录制度,详细记录设备的维护情况和故障处理情况,为后续的设备管理和维护提供支持。

3. 呼叫终端、健康监测、安防监控等关键设备　需要进行定期的检修和维护,确保设备的性能和稳定性始终保持在最佳状态。

4. 服务对象(老年人)所使用的设备　应配备使用说明和维护保养手册。为服务对象配备的专用设备应由服务对象本人使用,服务对象出现变故不再使用该设备时,应与服务对象或监护人核实情况后,通知设备维护人员进行合理处置。

(三)技术维护管理

数智化管理系统的技术支撑系统包括基础环境、主机系统、应用系统、网络系统和安全

系统等多个方面。为了确保这些系统的稳定运行和高效运行,我们需要进行全面的技术维护管理。

1. 基础环境维护　应注重提升安全监控系统和消防系统的性能和可靠性,确保机房动力和环境的稳定。通过定期检查和维护,及时发现和解决潜在的安全隐患,确保基础环境的安全和稳定。

2. 主机系统维护　应关注应用服务器、数据库服务器、存储/备份系统等关键设备的性能优化和扩展。通过定期的升级和扩容,确保主机系统始终保持在最佳状态,满足业务的快速发展需求。

3. 应用系统维护　应注重提升操作系统的稳定性、数据库系统的性能和中间件的兼容性。通过定期更新和优化,确保应用系统的流畅运行,高效处理业务请求。

4. 网络系统维护　应关注网络基础设施和软件的优化和升级。通过提升网络设备的性能和安全性,确保网络系统的稳定和高速运行,满足未来养老机构各项业务的发展需求。

5. 安全系统维护　应注重提升入侵检测(或防御)系统、防火墙、漏洞扫描、杀毒软件等设施和软件的性能和安全性。通过定期更新和升级,确保安全系统的有效运行,及时发现并防范网络攻击等安全威胁。

(四) 信息安全管理

信息安全是养老机构数智化管理系统维护管理的重要环节,需要采取一系列严密的安全措施,保护服务对象的数据和隐私,保障系统的安全稳定运行。

1. 制度管理　应遵循 GB/T 35273-2020《信息安全技术　个人信息安全规范》的要求,制定完善的信息安全管理制度和流程,明确信息安全管理的目标、原则、责任分工和具体措施,为信息安全管理提供制度保障。

2. 信息安全配置管理　应配备先进的防火墙、入侵检测系统等安全设备,防止外部入侵和数据泄露。这些设备通过实时监测和拦截恶意攻击、非法访问,确保信息系统的安全稳定。

3. 数据和隐私保护管理　应定期评估数据存储、数据通信的安全性,并制定相应的数据存储、数据备份、数据恢复等策略。对于在数智化管理系统上收集和处理的数据、记录和隐私资料,应采取安全、可靠的保存方式,在必要时可采取多介质备份与异地备份相结合的数据备份方式,以防止数据丢失或损坏,确保数据的安全性和可靠性得到最大程度的保障。

4. 信息安全风险防控管理　应建立信息安全事件应急预案,一旦发生信息安全事件,能够迅速启动应急响应机制,快速恢复数据和系统运行。通过与专业安全团队的紧密合作和定期演练,可以不断提升信息安全事件的应对能力和处置效率。

三、养老机构数智化管理系统服务质量的反馈机制

养老机构数智化管理系统的持续平稳运行除了日常的维护管理,也离不开服务对象对服务质量的反馈和评价,这些宝贵的意见和建议,是数智化管理系统不断完善系统运行、提升服务质量的重要依据。因此,养老机构应当建立一套科学、规范、有效的数智化管理系统服务质量反馈机制。

(一) 反馈渠道的多样化

养老机构应提供多种反馈渠道,以方便服务对象随时提出关于系统服务质量的意见和建议。这些渠道可以包括电话、邮件、APP、小程序等,多样化的反馈渠道不仅可以提高服务对象的参与度,还有助于养老机构及时收集到各方面的反馈信息。

(二) 反馈内容的全面覆盖

反馈内容应涵盖系统的平台和设备的易用性和使用情况、终端联通情况、数据采集情况等。同时,还应关注老年人及其家属对系统使用的满意度、报警处置情况的满意度等。通过收集这些反馈信息,养老机构可以全面了解服务质量的各个方面,为改进服务提供依据。

(三) 及时反馈与响应

对于收到的反馈,养老机构应建立高效的处理机制。包括及时整理、分类和处理反馈信息,尽快解决并给予回复等规范流程。通过及时反馈,可以让服务对象感受到机构的关注和专业性,提高其对服务的信任度。

(四) 反馈跟踪与回访

为了确保问题得到有效解决,养老机构应建立一套跟踪处理机制。对于已经解决的反馈问题,应进行跟踪和回访,收集客户对解决结果的满意度。这样不仅可以确保问题得到彻底解决,还能为今后的服务改进提供宝贵经验。

(五) 定期调查与评估

为了更全面地了解服务质量,养老机构可以定期进行系统服务质量的调查。通过问卷调查、座谈访谈等形式,了解客户对当前服务的满意度和期望。这些调查结果可以为养老机构提供改进方向,进一步提高服务质量。

(六) 数据分析与挖掘

利用数智化管理系统对反馈数据进行深度分析,可以帮助养老机构找出服务中的不足和改进空间,为优化服务流程、提升服务质量提供有力支持。

(七) 奖励机制与激励

为了鼓励服务对象积极参与反馈,养老机构可以设立奖励机制。例如,为提供有价值反馈的服务对象提供积分、优惠券等奖励,以提高其参与反馈的积极性。这种奖励机制不仅可以激发服务对象的参与热情,还能为养老机构收集到更多真实、有用的反馈信息。

(牛啸尘)

复习思考题

1. 数智化管理在养老机构经营管理中有哪些优势和作用?

2. 如果你经营的养老机构计划引入数智化养老系统,你进行搭建时需要哪些功能模块? 这些功能模块有什么应用场景?

3. 如何对数智化管理平台进行维护?

4. 你认为目前我国养老机构数智化管理存在哪些问题,对未来有哪些展望?

ER-14-1

PPT 课件

第十四章

养老机构规模化运营管理

学习目标

知识目标

1. 掌握养老机构规模化运营中战略规划与品质管理的方法。

2. 熟悉养老机构规模化运营中风险发生的原因和风险管理体系。

3. 了解养老机构规模化运营的主要内容。

能力目标

1. 能结合养老机构规模化的实际情况提出战略规划的主要内容,解决战略规划中的实际问题。

2. 能正确分析养老机构规模化中的服务风险,并能通过建立风险管理体系对服务风险进行管理。

素质目标

建立对养老机构规模化发展过程的客观认识,培养重视细节、强调科学发展的职业素养。

思政目标

秉持以人为本的规模化运营管理理念,引导科学的服务与管理思维,弘扬尊老敬老的传统文化思想。

民政部在《中国养老产业规划》中曾预测,2030 年中国养老产业总产值将超过 10 万亿。2019 年 4 月《国务院办公厅关于推进养老服务发展的意见》中也提出,要"支持养老机构规模化、连锁化发展。支持在养老服务领域着力打造一批具有影响力和竞争力的养老服务商标品牌。"为养老机构及其企业的规模化发展提出了方向和要求。当养老机构自身的业务范围、组织团队、技术积累、服务数量等达到一定阶段后,良好的规模化运营管理是其扩大发展规模,稳定组织人员和服务质量,提升行业影响力与竞争力,树立专业养老品牌的重要保障。

案例分析

某养老服务企业成立于 2012 年,开设了第一家 40 床位的养老服务机构作为进军老龄事业的试点机构。在机构稳定运营后,该企业提出了推动机构的规模化发展、提高专业水平和行业竞争力、树立自身品牌形象的发展战略。

通过不断优化服务内容和工作流程,建立了严格的品质管理体系和风险管理体系,培养了大量专业团队,不仅为自身规模化扩增的养老机构构筑了坚实基础,也促进了当地养老行业的整体发展。同时积极探索开发平台化的信息管理系统,设立运营中心来统筹品牌建设、市场推广、标准制定、风险管理、信息技术导入、对外咨询与培训服务等工作。

到 2022 年,该企业已稳定运营健康活力老年公寓、社区失能照护、医养结合型等多个不同类型的养老机构,总体运营床位达到 1 200 余张,成为当地一家规模化发展的养老机构。随着自身发展和市场的变化,该企业也面临着提高经营效益、稳定运营团队、发展合作合伙和寻找投资支持等新的机遇与挑战。

分析:

1. 该企业如何制定规模化运营管理战略?
2. 该企业如何确保规模化发展中运营品质的相对稳定?
3. 该企业如何预防和应对规模化运营管理中出现的服务风险?

第一节　规模化运营管理概述

从"十四五"国家老龄事业发展和养老服务体系规划,以及诸多国内外学术研究和产业实践的成果中可以发现,面对逐步加深的老龄化程度和老年群体在养老服务上的多样化需求,作为服务的载体,单一、独立的养老机构将越来越难以响应家庭、社区、机构等不同层面在服务上的客观需求,逐步推进规模化是养老机构及其企业持续发展的必然选择。

一、养老机构规模化运营管理的发展

(一)养老服务从市场化到规模化的发展路径

国内外养老服务产业的发展都经历了从市场化向规模化的发展路径。在初期阶段,养老服务市场面临着供给不足和需求增长局面,而随着社会对老年服务福利需求的增加,加上政府寻求减轻公共财政负担的策略,市场化逐渐成为解决问题的关键路径。市场化的主要任务是拓宽服务供给、缩减服务缺口,从而实现养老服务数量和质量的双重提升。在市场引导下,养老服务行业开始通过供给与需求的充分互动来逐步适应市场规律。主要表现在社会资本对从居家养老到社区养老再到机构养老的市场机会的全方位响应,使得市场中参与竞争的服务产品越发多样化,促进服务质量的提升。同时,政府也通过采购公共服务与参与产业投资等措施促进了营利与非营利、国营单位与民营企业等多元供给主体在养老服务产业中的参与和合作。市场化路径的结果也带来了养老服务的多样化和老年人服务需求的细化,并且养老服务供给体量的增加也更多地满足了老龄化社会发展的现实需求,政府与市场共同作用引导养老服务产业向更深层次发展。

随着养老服务市场逐渐形成并日渐成熟,规模化发展成为养老服务的必然路径。规模化过程中的技术创新,尤其大数据、人工智能、物联网等新兴数智技术的快速发展,为养老服务带来了重大的提升机遇。需求导向下的技术创新和服务模式创新,不仅优化了现有的服务流程,降低了服务成本,提高了服务效率,更是推动养老服务产业实现了结构性的突破。主要表现为养老服务机构通过技术创新,创造新的服务内容与服务形式,扩大信息传播,吸引更多的用户并挖掘老年人的需求,扩大消费市场,形成新的供给动能。技术突破、服务创新与需求端的日益增长,与社会经济发展下老年人趋向高品质、个性化服务的转变形成了相互促进的发展局面。

（二）养老机构规模化运营管理的内涵

对养老机构而言，寻求规模化发展是技术与服务创新所带来的必然结果，能够促成其对服务内容、机构体量、业务范围、发展目标、品牌建设等做出新的调整，积极向智能化、专业化、规模化、一体化的方向发展。

1. 规模化运营管理的定义　从具体的运营管理层面来看，养老机构的规模化运营管理是指采用集中管理，建立统一品牌的养老服务网络，通过标准化服务、规模效应和技术创新来提高服务质量与效率，同时降低成本，并为老年人提供全面且定制的全方位、个性化和多层次的照护和生活支持服务。

2. 养老机构规模化运营管理的内涵　规模化运营不仅仅是养老机构规模的扩大，更是要构建统筹的管理模式，以及采用统一的品牌和服务标准，保障服务质量和运营效率，并通过规模发展和技术创新降低运营成本，提高养老机构的经济效益。养老机构规模化运营管理的内涵要求养老机构在不断增长和扩大服务规模的同时，注重服务内容的深化和细分，使得能针对老年人的不同需求提供全方位、多层次、个性化的生活支持和照护服务。同时，技术的高度融合能够实现服务的精确匹配，通过数据分析、智能监测等手段来更为高效地提供富有人文情怀的个性化服务。另外，还需要关注组织内外部资源的有效整合，比如跨界合作，以及与本地社区的互动等，以发展成为不仅促进经济效益最大化，同时也兼顾社会责任的综合性养老服务组织。

（三）养老机构规模化运营管理的意义

1. 契合老年人健康服务体系建设要求　在我国老龄化社会发展的背景下，养老机构的规模化运营管理不仅让养老机构的发展更为契合我国完善社会发展治理体系的整体形势，更好地适应我国"十四五"规划中老龄事业和产业有效协同、高质量发展，居家、社区、机构相协调，医养、康养相结合的养老服务体系和健康支撑体系的目标，也是实现养老机构不断提升运营效率和服务质量，以及推动居家、社区及机构协同发展、创新发展的关键手段。

2. 统筹规划提升服务质量　在业务范围上，规模化运营管理能更为合理地筹划资源，为不同需求的老年群体提供更加多样化的服务项目，完善居家、社区和机构养老的服务关联，形成一个综合性、多功能的服务网络结构。在经营效益上，规模化运营管理能够充分利用前期积累，减少重复性的资源投入，并通过扩大规模降低品牌营销拓展、人力资源开发和新兴技术引进等成本，提升养老机构的经营效益。在服务内容上，规模化运营管理能够建立相对统一的服务流程和质量标准，确保服务的可靠性和稳定性，提升服务的专业性和竞争力。同时，形成规模化平台用于培养专业人才，这对推动整个行业的人才结构升级和技术进步也具有重要意义。

3. 整合优化跨区域跨领域资源　养老机构的规模化运营管理有助于整合跨区域、跨领域的资源，实现优势互补，共享信息和服务资源，优化人力和物力配置，在提升机构本身发展的同时能更好地适应国家政策调整和市场需求变化，有更大的灵活性和适应性来面对复杂多变的老龄化社会环境，减少不可预见因素对机构以及企业的影响。

二、养老机构规模化运营管理的主要内容

规模化运营管理侧重于利用规模化带来的优势，包括但不限于生产物资的批量采购、业务的标准化过程、营销的统一集中，以及人力资源的优化配置等，从而实现单位成本的降低和经济效益的增长。

笔记栏

(一)养老机构规模化运营管理的目的

对养老机构而言,规模化运营管理的主要目的是通过扩大业务规模,分散运营的固定成本,提升自身的市场竞争力,进而树立在养老服务领域中的品牌影响力,其主要内容包括标准化的服务流程、集中化的资源管理、新兴技术的集成应用、行业品牌的树立、对客户多样化需求的响应和对政策和法规的积极适应。

(二)养老机构规模化运营管理的实施

1. 标准化的服务流程　养老机构的规模化运营管理应当形成标准化服务流程,即制定标准操作流程,进而对工作人员形成统一的培训与业务标准,确保不同的设施和服务在质量上保持一致性。

2. 集中统筹的资源管理　养老机构的规模化运营管理需要采取集中化的资源管理方式,即通过集中的采购和物资管理、扩大人力资源储备、全盘的财务管理、整合统筹外部资源等措施,降低日常运营成本,提高机构内外资源的使用效率。

3. 新兴数智术的应用　养老机构的规模化运营管理更加突显在新兴技术上的集成应用,即在规模化形成的管理平台上更加有效地投资和使用新兴的信息技术与数据服务,围绕物资、人力、财务、客户信息、服务动态、政策链接等多方面构建一体化的运营管理系统。

4. 行业品牌的树立　养老机构的规模化运营管理要求在养老服务领域内树立行业品牌,即从机构业务的区域、类别、体量等多方面进行拓展,形成更强的市场推广能力和行业影响力,提高客户的信任度,进一步获得更多发展所需的资源。

5. 对多样化需求的响应　养老机构的规模化运营管理将通过不断完善自身服务以满足老年群体的多样化需求,即能提供从基础的生活支持和照料、到医养结合和失能照护的多层次养老服务体系,以适应不同老年群体的养老服务需求。

6. 对政策和法规的积极适应　养老机构的规模化运营管理能更为积极地适应养老相关政策和法规,即在养老行业政策和法规不断完善加强的背景下,规模化运营管理能整合技术、法律、信息、金融等支持资源,更快地适应行业发展要求,有效规避发展风险。

三、养老机构规模化运营管理面临的限制

尽管规模化运营管理是养老机构发展中的必然过程,但在中国老龄事业的当前发展阶段,规模化运营管理依然受到一定的限制。对机构自身而言,最主要的限制是养老机构有限的盈利能力和较为匮乏的专业人力资源。

(一)机构盈利能力有限

机构规模的扩张必然产生资金投入,包括但不限于机构建设、服务提升、人才培养,以及技术研发等方面。资金投入的压力可能导致机构在经营上面临重大负担,但目前老年人消费市场尚未完全成熟,养老机构盈利能力的受限已经成为其规模化发展的主要困难。

(二)专业人力资源匮乏

随着机构服务水平的提升与标准化过程的推进,对于专业人才的需求也将逐渐加大。然而,当前稳定从事老龄事业的专业人员不仅在数量上严重短缺,其专业技能水平往往也难以符合规模化发展的需要。人力资源的匮乏是影响养老机构规模化发展中保持服务质量、实现高质量发展的重要因素。

在养老机构自身的限制之外,其他诸如尚未成熟的老龄消费市场、不适合养老机构经营的融资方式、传统的家庭养老观念、经济发展的不均衡、地区间社会文化的多样性、长期照护保险制度的有待完善等,也都会不同程度地对养老机构的规模化运营管理形成限制。

第二节　养老机构规模化运营管理战略

养老机构的规模化发展需要系统性地构建一套规模化运营管理的战略,包括精准的市场定位,高效的资本与风险管理,持续的人才培养,创新与科技的深度融合,以及强化品牌建设等关键要素,共同推进养老服务的专业性和可持续发展,维护养老机构及其企业的社会责任。良好的战略规划将有助于提升养老机构在规模化发展过程中的运营效率,完善服务内容和提升专业程度,增强市场竞争力,降低规模化扩张的风险,为养老机构规模化运营管理奠定坚实的基础。

一、养老机构规模化运营管理战略的基础

稳定的战略基础是养老机构能够成功迈向规模化的重要前提。为确保规模化发展的稳健和持续性,养老机构需要围绕市场需求、财务状况及人力资源三个关键维度进行综合性的评估,明确其规模化发展的战略基础。

分析市场需求能让养老机构对业务内容有更加明确的认识,而分析财务状况是为了保证机构在规模化过程的稳定经营,以及能应对未来可能出现的各种经济挑战。分析人力资源是确保有坚实的运营团队来支撑规模化发展中的服务质量和运营效率。只有准确把握了市场、财务、人力资源这些战略基础,养老机构才能制定合适的战略,使得规模化不仅成为业务增长的标志,更是成为服务质量和经营效益提升的有力证明。

(一)市场需求

1. 定量分析　可靠的市场数据是养老机构分析市场需求的客观依据。公开的数据一般可以通过政府官方统计的人口数据、企业和组织的调查报告、科研机构的行业研究课题等途径来搜集,进而获取诸如人口数量、国家和地区老龄化程度、老年人口消费需求、行业发展水平、机构运营状况等关键信息。整理相关数据并通过统计软件建立预测模型,做到能在定量上较为准确地评估目前和未来一定时期内市场对各类养老服务需求情况。

2. 定性分析　实地的调查资料是养老机构分析市场需求的重要参考。深入服务区域,围绕老年群体的家庭结构、生活习惯、社区活动、邻里关系、周边环境等进行实地调研,获取第一手的客户需求与消费信息,在量化数据结果的基础上聚焦于目标人群实际情况开展定性分析,从整体上把握规模化发展所面对的市场需求。

(二)财务状况

1. 财务评估　良好的机构财务状况是规模化运营的必要条件。分析机构的资产结构和负债情况,评估规模化运营中期和长期的投资效益,注意规模化发展中的预期负债和财务成本的合理性。规模化运营的财务评估测算中应当对收入来源、成本结构和利润率,以及核心业务的盈利能力等有较为准确的体现,并对可能影响财务状况的特殊事项预留一定预算空间。

2. 现金流评估　养老机构的规模化发展必须围绕筹资、投入、开支、收入、还款等资金流动过程做到准确把控,确保在盈利能力达到预期目标前整个经营活动都能有稳定的资金保障。在此过程中需要充分联合财务专业人员,立足养老机构成本与收益的客观现实,对规模化运营的现金流情况形成一个清晰客观的评估。

(三)人力资源

1. 人力储备　养老机构在规模化发展时应对自身拥有的人力资源、市场潜在的人力资

源状况进行分析,判断自身的人力储备情况。通常以当前运营情况为基础,梳理诸如人员数量、专业水平、职位职责、工作内容、进出变动等人员信息,进而评估规模化运营所需的人力资源,再以此判断自身和市场中是否有足够的人力资源储备。

2. 成本预留　正常运营的养老机构一般不会在相关职位上有多余的人员配置,因此规模化发展时其人力资源的储备过程往往需要考虑新团队的建立与培养,诸如内部提拔、外部招聘、知识拓展、能力提升、文化构建等所产生的时间投入和经济消耗也应当作为人力资源的成本进行预留。

二、养老机构规模化运营管理战略的制定

区域差异以及养老机构自身业务方向的不同,使得很难有固定的规模化运营管理战略,实践中多是基于养老机构自身规模化运营的基础而采取综合性的战略,并根据规模化发展的实际情况来联合推进,进而在推进过程中逐步调整完善,实现战略制定与实际运营相契合的结果。

(一)差异化服务设置战略

细化目标老年群体的分类,深入探索其生活习惯,把握老年群体的消费偏好,进而提供精准定位的服务内容,同时注意该服务内容的市场消费能力,以及通过服务内容的差异化来体现养老机构规模化运营的特色。注意服务成本与收益的关系是否明确,以此来制定开展各项服务的主次顺序。

(二)筹建成本控制战略

为了实现规模化运营中财务的可持续性,必须筛选低风险、高稳定性的融资方式。对资金渠道的选择应进行深度调研,确保其风险承担能力与规模化运营预期的经营效益相匹配,保障机构长远发展的资金需求。对于机构筹建,必须实行克制与审慎的建设策略,避免因超前配置或盲目追求先进设施导致硬件的过度投入。每一项硬件配置必须符合运营和管理的需求,并通过实际使用价值和投入成本的性价比来分析评估硬件配置的合理性与必要性。

(三)多层次团队培养战略

以协作能力和专业能力为导向,对规模化扩展所需的团队成员按照核心、重要、一般进行分类,优先投入各类培训资源在核心成员的培养上,注重核心成员之间协同关系的搭建与稳固,进而带动整体团队效能的提升。同时,在人才储备上做到一定的前瞻性配置,规模化推进的筹备期间,通过多层次团队的联合培训和实战演练,建立起各个关键职能的人才储备池,确保新机构运营时各职能部门均拥有足够的人力支持。

(四)标准化工作流程战略

针对不同的工作内容,在专业技术操作规范的前提下,结合实际的业务过程和预期的工作环境,制定标准化的工作手册,注意工作手册中应当注重工作的流程步骤,通过演练确保其能提高工作效率和服务质量,避免成为专业技术操作的培训资料从而影响在实际工作中的实用性。在制定工作手册时应突出工作流程的可视化,灵活运用文字、数字、图片、符号、色彩等制定可视化的工作流程与标准,使得流程清晰明确,便于维持服务质量的稳定性,以及工作中的自我检查和管理追溯。

(五)整体性品牌树立战略

养老机构的规模化运营管理中必须重视自身品牌的整体统一,以及与老年生活的多方融合。实际中往往需要梳理自身的发展脉络,依托已经初步建立的行业形象,采用统一设计规划的概念、图形、色彩、画像等元素,使得机构品牌从视觉识别、理念宣传、服务展示等呈现统一整合的形象。另外,在扩大市场营销渠道的同时,品牌的树立应当融入老年人的生活领

域,增加与老年人个体、社区群体、合作伙伴等进行互动的频率,通过多渠道的主题活动、社交媒体、公益宣传活动等加深品牌渗透,增进品牌信息传递的广度和深度。

(六) 协同互利平台构建战略

规模化运营管理的养老机构应当主动搭建开放的合作平台,积极整合外部诸如医疗、教育、家政、民生公益、信息技术、物业社区等可能的合作对象,构建互利的战略联盟,以充实养老机构的多方位服务能力以及对运营环境的适应能力。在平台运行过程中注重优化与外部合作方的联动机制,既可以通过自身规模的扩张降低业务合作的成本,也需要借助规模化的优势形成创新的联动机制,如业务整合、资源共享、职能分配等,确保在规模扩大下实现机构经营效率的增加与成本效益的最大化。

(七) 新兴数智技术的应用战略

基于新兴的数智技术所开发的各种工具设备,特别是经过实践验证的辅助器械和信息设备,诸如各类助行设备、跌倒警报系统、照护辅助工具、安全防护用品、远程医疗设备等,是养老机构的规模化运营管理中提升工作效率和维护服务质量的重要手段。规模化运营管理的实践中非常强调信息的有效传达,因此相关技术的应用应当注重促进信息的传达效率。不仅包括日常工作中的通知、指示汇报等上下层级间的纵向信息,还必须考虑各职能的临时呼叫响应、工作问题的及时沟通、经验案例的分享学习、运营信息变动的日常提醒等。在规模化运营管理战略中借助数智技术的应用,实现数据共享、即时通信、流程管理的数字化与可视化等,是优化流程、完善决策和提高效率的重要手段。

(八) 社会治理发展参与战略

规模化发展的养老机构无论其性质属于商业机构或是非营利性机构,都应当体现自身的老龄事业属性。在追求经济效益的同时,应当主动承担必要的社会责任,积极参与社区发展和相关的民生服务项目。通过公益活动、民生服务、社区建设等宣传推广当前国家老龄政策和现代化社会养老理念,强化自身作为社会责任担当者的形象,打造与社区的和谐共建关系。在规模化运营管理战略中积极响应国家政策,主动参与地区的社会发展治理,不仅能为自身规模化发展打造适宜的成长环境,也是在共享共治的社会发展过程中,展现养老机构的自身效益与社会效益相契合的独特价值。

三、养老机构规模化运营管理战略实施中的主要问题

在养老机构规模化运营管理战略的实施过程中,会出现影响到战略的成效和机构的规模化发展的实际问题。养老机构要想实现长期的稳定发展,就需要在确立战略目标的同时,针对决策问题、规划问题、团队培养和运营环境等关键问题展开深入分析,并提出必要的应对思路。

(一) 差异化服务中的决策问题

现实中老年人除了起居、三餐、如厕、洗浴等基本生活照料外,普遍会表达对社区活动、居家安全、精神慰藉、生活事务等更多样化、差异化的需求。养老机构在规模化运营前期无法全面开展差异化服务,但又需要考虑人气、口碑等其他任务指标时,其运营决策会受到不同程度的影响。由于规模化运营管理的基础是养老机构的专业照护服务,因此养老机构应当考虑以失能老年人的照护服务为优先,通过开展属于养老机构特色的专业照护服务,逐步完善标准化工作流程,达到预期的专业水平和团队协同工作的目标,避免决策不清时引起的服务质量下降、团队疲惫和不稳定、成本高但效益低、服务风险难以管控等困难局面。

(二) 预期目标上的规划问题

良好的预期运营目标是养老机构规模化发展的动力,但现实中养老机构规模化运营管

理所预期的经营效益、服务质量、团队能力、品牌效应等往往需要较为长期的运营过程才能实现。在规模化运营管理的规划阶段，如果过于追求机构新增项目的立项而忽视规模化成效的长期性，期望通过短期的运营过程来实现良好的预期目标，则容易受到团队成员变动、节假日调整、设备设施维护、市场物资价格变动等现实情况所影响，造成预期目标远远落后于实际运营状况的不良局面。当前老龄事业发展的环境尚未完全建立，养老机构在规模化运营预期目标的规划上应当偏向谨慎和保守，避免在规划中为追求短期目标的实现而给实际运营带来不必要负担的情况。

（三）团队培养过程的赋能问题

机构运营团队的能力会直接影响到机构的规模化运营管理水平。在团队培养过程中，应当围绕专业提升、风险管控、资源提供、绩效激励等为团队成长持续赋能。在规模化运营管理中，需要充分给予团队成员职能权限，尊重其提出的工作意见，鼓励团队主动思考和解决规模化运营管理过程中的问题。同时，应当为团队成长预留容错空间，对于可能出现的错误应当做好由上级来承担责任的准备，避免出现领导全程决策、各层级的团队成员被动反应的消极局面。

（四）良好运营环境的维护问题

养老机构规模化发展需要有良好的运营环境。目前社会大众对养老机构依然存在一定的负面印象，忽视周边环境可能导致机构在建设、宣传甚至后期运营过程中出现较大风险，甚至可能导致项目中途废止。因此，养老机构在规划初期就应当主动协调与周边环境的关系，积极通过公益活动参与社区建设，将服务范围与社区公共空间结合，对外塑造自身服务社区、利于大众的积极形象。同时，避免在周边环境中为追求规模化的品牌效应而宣传短期内难以实现的服务和标准，应当根据规模化过程中机构的实际服务水平，突出当前可完成服务优势，打造和维护适合机构逐步实现规模化运营的良好环境。

第三节　养老机构规模化运营品控管理

养老机构规模化运营管理需要确保服务品质的一致性和持续性。统一的工作流程与标准、信息与技术的有效应用，以及充实的人力资源构成了规模化运营中品质管理的基础。内部自检与评估、反馈响应机制，以及预防性的风险管理措施是规模化过程中品质管控的重要内容。良好的品质管理能不断促进服务优化，更好地体现规模化运营管理的积极作用，提升养老机构的竞争力与品牌形象。

一、规模化运营中品质管理的基础

规模化运营中品质管理不仅对维持和提升服务品质至关重要，也是养老机构实现规模化发展的必经过程，主要包括实用的工作流程和质量标准，适合规模化管理的信息平台，以及由个体优势相互补足所组成的团队能力。

（一）实用的工作流程与质量标准

养老机构在运营稳定后会形成制度化的各类工作流程与质量标准的工作文件，并将其作为规模化运营中品质管理的核心工具，而机构的规模化发展又会要求原有的流程和标准能够进一步扩充和调整，使其能在新的机构环境中具备实用性。

1. 通过积累扩充形成流程和标准　养老机构规模化发展，其业务内容的增加对工作流程与质量标准的整体性提出了更高的要求。不仅涵盖了起居照料、医疗护理、文化娱乐、精神关怀等养老服务的主要内容,还需要对规模发展中更加复杂的行政人事、饮食提供、设施维护、财务管理、环境安全、信息系统等制定整体和统一的工作流程与质量标准。

对于规模化运营中老年人多样化的生活照护需求,可以通过生活自理程度进行合理的等级划分,制定各级别的照护服务,再结合个体情况配置专业化的医疗护理和康复训练服务,制定整体统一、适当扩充并呈现差异化的工作流程和质量标准,并通过规模化运营后服务案例的积累过程,最终整合扩充形成能响应多样化需求的工作流程和质量标准的一系列组合模块。

2. 结合实践验证调整流程和标准　制定的工作流程和质量标准应当进行验证和调整,确保其实际运营中的实用性。调整的过程中需要认识到细致的工作流程和质量标准必须涵盖关键的服务与管理环节,其中可以有技术规范的简要说明或辅助提示,但不能以技术规范替代流程与标准。工作流程和质量标准中应避免生涩词汇和复杂长句,必要时可借助简洁的流程图和直观的参考图片,使其更便于在实践中理解和执行。此外,养老机构规模化运营中通常也将面临新的环境,因此需要注意相关流程和标准的灵活性。在符合技术规范前提下允许养老机构结合自身的硬件环境、人员配置、设施设备等进行一定的灵活调整。

(二) 适合规模化管理的信息平台

规模化运营中养老机构位置多较为分散,为了更好地做到品质管理,需要将各个机构的运营信息进行统合管理。构建一个能实现数据监测与采集、统计和分析、分享和反馈功能的信息平台,能在不增加过多经营成本的情况下,有效助力养老机构在规模化运营实现品质的整合管理和稳健提升。

1. 信息管理系统的关键作用　规模化运营管理需要信息管理系统来整合养老机构工作中服务、行政、后勤、人员、财务等各项信息,其根本目的是提供简洁高效的信息管理工具,而非建设庞大的数据收集与储备中心。规模化运营中的信息管理系统应当注重操作便捷和界面简洁,在实际使用中不会增加服务与管理的额外投入,同时避免因数据录入而影响服务开展的情况。简洁高效的信息管理系统是助力信息传递和数据统合的有力工具,而不应该成为方便管理者获取运营信息并进行隔空管控的手段,应当警惕养老机构对信息管理系统的理解偏向会影响系统在规模化运营的品质管理中的作用。

2. 新兴数智技术的应用评价　大数据、人工智能等新兴数智技术的发展,使得养老机构规模化运营的品质管理有了更多可能的工具。通过数智化工具对老年人健康状况、工作人员状态、设备设施安全、服务开展状况、跌倒跌落风险等相关信息进行监测与分析,能够有效减少老年人健康风险和工作中出现错误的概率。对于品质管理而言,数智技术应用的目的在于提高部分效率,而不是替代服务中相互关系。因此,养老机构在注重效率的同时应当充分评估技术应用对人与人之间关系的影响,从提升服务品质的角度出发提出有助于提升技术创新的专业意见。

(三) 个体优势相互不足的团队能力

优质的人力资源是提升养老机构规模化运营品质的关键。养老机构的规模化运营必然伴随大量的人员招聘和培养过程。招聘和组建团队时,应当优先分析个体优势的相互补充,通过培养来强调团队的整体统一,将个体优势组建成为团队整体能力是规模化发展下养老机构品质管理的人力保障。

1. 优势组合的多元化团队构成　随着养老机构逐步走向规模化,现实中所面临的服务对象与服务需求变得日益复杂。因此,从维护服务品质来看,应当依靠团队成员各自的优势,组成多元化运营管理和服务团队来适应规模化发展对人力的要求。在养老服务中,团队成员各自的优势不仅是体现自身价值的关键,还是构建相互协作、取长补短的必要基础。多样化的团队最终所展现的,并非是个别突出成员的性格特点、专业背景、技能水平等优势,而是所有成员通过充分协作,发挥各自优势,能够在不同运营环境中稳步提升的团队综合能力。规模化发展的养老机构应当重视分析团队成员各自的优势,并基于团队整体来判断和把握规模化发展中服务品质的保障情况。

2. 整体统一且持续的培训过程　为了形成稳定的人力资源发展体系,扎实的培训过程至关重要。不仅包括基础的入职培训、定期的专业技能提升、出现突发事件的应急培训等多种培训项目,还应当通过技术指导和案例讨论等灵活形式,在服务与管理中持续性提高团队的理念意识与技术水平。在培训过程中提供清晰的职业发展路径和晋升标准,展示公平合理的薪酬绩效和柔和的职场环境,给予团队成员明确的职业成长目标,帮助团队认可机构的文化理念,进而有利于将个体优势整合为团队的特征。

二、建设规模化品质管理的关键措施

建立有效的品质管理措施不仅要持续优化内部监控机制,还应构建反馈和响应流程,同时培养每位员工的风险管理意识。健全的品质监控与评估体制能够确保服务标准得以遵守并持续改进,开放的反馈机制将促成问题的及时发现并提高解决效率,而全方位的风险管理和全员参与意识则有助于提升机构整体上对品质的维护和创新能力。

(一) 监控与定期评估

高效的质量监控和定期的质量评估是确保规模化运营中服务质量与机构专业水平的关键措施。内部自检策略的精细化、运营成效分析的系统,化以及第三方评审的客观化,共同构建起一个多维度的质量保障网络。

1. 内部自我检查　为了确保服务质量的一致性和持续性,机构需要制定和实施全面的自检策略,包括日常的工作内容检查、设施安全维护、行政考核记录、技能考核结果等资料的检查等。通过自我检查措施的常态化运作,及时发现并解决相应的问题,从而确保服务水平不断提升。同时,这种自我监督机制还有利于增强员工的职业责任感和服务质量意识,为客户提供更加可靠和安心的服务体验。

2. 运营成效分析　定期的运营成效分析是提高服务质量不可或缺的一环。通过结构化的评估流程,员工的个人进步与团队整体表现的成果均得以展现,同时突出机构在成本效益分析、服务质量监控以及风险管理等关键领域的表现。这些周期性的评估过程使得养老机构能够有效地识别优势与劣势,进而依据数据和反馈进行必要的流程调整和资源配置,保持机构在规模化发展的同时能进一步提高自身在行业中的竞争力,不断优化服务标准

3. 第三方评估　第三方评估是在规模化运营的养老机构中进一步提升服务水平和建立公信力的重要手段。通过获得有公信力的第三方质量认证,能展现机构服务的专业水平,并吸引注重高品质服务的潜在客户。定期邀请行业专家审查评估,能从外部视角获得客观反馈,实现服务流程优化。通过第三方开展的客户满意度调查,能更真实精确地掌握客户的反馈,加强客户信任,保持其服务的专业性和可信度,更大限度地发挥规模化优势。

(二) 客观反馈与积极响应

客观反馈与积极响应是养老机构服务质量管理的关键环节。通过细致搜集客户反馈,快速且精准解决问题,并深化客户为中心的服务文化,机构不仅能在规模化运营中稳固服务质量,还能促使全员参与,持续优化服务体验,从而在市场中赢得竞争力和客户忠诚度。

1. 反馈信息的客观性　养老机构需要借助客户反馈来衡量自身规模化过程中其服务品质是否得到维持和改进。通过以服务类别和服务项目来制定供老年人及其家属填答的问卷,系统性地收集意见和建议,能够直观地了解在服务过程中的优点与不足,为分析服务满

意度和具体服务内容之间的关系提供量化的数据,且该数据能为服务品质的维护和改进提供定向参考。同时,详尽的个别面谈也至关重要,能够获得更多个性化和具有代表性的反馈信息。这些综合性的客户反馈对发现服务短板、挖掘改进潜力以及根据需求调整服务策略具有重要意义。

2. 应对问题的有效性 响应问题并进行有效应对是养老机构在规模化发展中体现品质、获得竞争优势的一大关键。养老机构应当对服务团队进行服务响应的专项培训,树立问题响应的责任意识,逐步形成对客户反馈解读和应对策略标准化的过程。养老机构必须赋予工作人员足够的自主权,鼓励其基于客户具体情况做出个性化、即时的服务响应,而不是依靠单一的高层决策。通过周期性回顾会议,分析反馈处理的效率和效果,并据此优化响应过程,最大程度地提升客户满意度。

3. 以客户中心的服务文化 养老机构在规模化的最开始就应当注重形成以客户为中心的理念与文化,让所有团队成员理解到各自工作都将直接或间接地影响客户体验,并赋予团队成员积极响应客户需求的权力。这种全体共通的使命感将促使整个团队更加专注于客户反馈,主动沟通和提供解决方案。在规模化发展过程中,养老机构的服务品质不仅不会因规模化扩大而下降,反而能在规模化发展中获得更多反馈与响应的过程,形成一种在以客户为中心的自我检查与改进机制。

(三) 风险意识与全员参与

规模化发展过程中,养老机构必须强化对风险的重视程度,在风险问题上培养全员的参与意识。通过准确的风险评估、有效的预防措施和积极的应对措施,不断提高机构对各种潜在问题的应对能力。同时,激发机构全员的参与积极性和创新精神,确保服务质量的稳步提升和机构在应对市场变革时的灵活性。

1. 系统化的风险预防与应对策略 在规模化运营的养老机构中,风险管理与预防措施在规避潜在危险及优化服务品质上至关重要。养老机构必须制定严密的风险评估流程,有效辨识与分析那些可能威胁服务品质的各类风险因素,诸如离职率、不良事件、突发公共卫生事件等。基于评估的结果,进一步拟定相应的预防与应对策略,确保能迅捷响应,最大程度减缓负面冲击,并在日常运营中加强周期性演练,增强处理风险问题的能力。

2. 全员的质量意识与积极参与 机构应当在团队全员中形成对服务质量的共同认知,给予团队全员持续推进服务创新的动力。这不只要求机构定期对员工进行服务质量的培训,也包括鼓励团队成员积极提出服务流程的优化建议,使其成为服务提升的积极贡献者。养老机构也需要确定并落实清晰的质量指标,并通过常态化的监督过程指导团队的质量管理工作。此外,机构还应当持续倡导创新思维,不断探索与实践新颖的服务模式与管理方法,以增强效能并提升市场竞争力,帮助机构适应快速变化的市场环境与科技进步。

3. 持续的服务创新与自我完善 将风险管理和持续创新融入养老机构的文化和日常工作,是其在规模化发展过程中稳定和提升服务质量的必要过程。通过全员质量意识与创新的持续推动,机构不仅能够确保服务一致性和持续性,同时也能激励团队成员主动进行思考并提出优化方案,从而在规模化运营的品质管理中营造一种积极进取、自我完善的氛围,并以此形成持续产出高质量服务水平的根本保障。

第四节　养老机构规模化运营风险管理

养老机构的运营风险大多来自各类对老人身心直接或间接造成伤害的问题,诸如跌倒、误食、药品管理不当、压疮、安全事故、财物丢失、人际关系恶化等。随着规模化运营的推进，养老机构的业务范围逐渐扩大，团队成员与目标客户数量快速增加，周边环境的复杂程度越发加深，单一养老机构中的风险问题发生的频率也相应递增，其不利影响也从单一机构扩大到对整个规模化运营品牌的整体损害。面对规模运营中不断加深的风险管理的复杂性，秉承维护老年人生命安全与健康的原则，养老机构必须从规模化的风险管理视角出发，从整体上提出平台化的风险管理策略。

一、养老机构规模化运营中发生风险的常见原因

近年来，在国家政策的大力支持和社会力量的多方投入下，老龄事业取得了显著的进步，特别是在基础建设、硬件环境、技术应用等方面有了明显改善。但一直以来保险制度、经营效益、工作负担、社会评价等问题依然限制着养老机构的规模化发展。养老机构规模化发展的经验尚显不足，相较于单个机构内风险管理，基于平台对风险进行整合性管理的内容相对薄弱，对导致各种风险产生的因素分析也相对不足。

(一) 风险的因果关系

养老机构会借助运营经验提炼风险管理的方法，并将其运用在机构日常的风险管理中。尽管来自实践的经验很有价值，但将整个规模化运营中的风险管理依赖于单一机构的经验判断，则容易在规模化运营风险管理中形成局限性认识。单个机构提出的风险管理经验往往带有机构管理层的主观情感和该机构的独特状况，贸然将个体的观点转化为面向整体的管理策略，就可能忽视其他机构中客观存在的风险因果关系，导致错误的决策。

单纯地借助主观判断对这些原因进行解读，诸如将原因归咎于无法预防的意外，或老人自身机能下降造成的失误等，则会为规模化运营的风险管理留下极大隐患，并在规模化效应的促成下成为总体的错误共识。

(二) 服务互动的稳定性

养老服务的专业性不仅体现在技术规范上，更显著地表现在稳定而富有情绪传达的人际互动中。良好且稳定的互动关系是评价服务专业标准的重要指标。规模化运营必然伴随着工作人员与老年人互动频次的增加，同时也需要有更多统一的工作流程与质量标准，从而在工作人员和老年人形成了一定的行为框架。虽然有利于提升服务效率，但也有可能限制了双方的自由互动，并在一定程度上造成精神和情感上的紧张与压力积累，这些因素均可能影响服务互动的稳定性。有时双方需求，诸如老年人要临时如厕，或是工作人员因眼前工作请老年人稍微静候等，类似需求无法得到有效回应或协调的状况下，则可能演变成风险问题。

因此，规模化运营中工作人员与老年人的服务互动关系的稳定性是预防事故发生与解决纠纷的重要参考。在为规模化运营制定工作流程和质量标准时，应当重视互动中关系的连贯、稳固，并采用相应的策略来建立和维护互动关系。同时，必须强化服务人员对老年人需求与行为的理解预判，以促进相互间的有效沟通，培育出共同预防风险和应对挑战的能力。只有当互动关系达到稳固与默契之时，才能真正降低事故发生率，持续提升养老服务的风险管理水平。

(三) 风险管理与生活品质的联系

养老机构的规模化发展非常重视统一的工作流程和质量标准所带来的服务品质，同时，为了从更大规模的服务频次上减少风险问题，会偏重对流程与标准进行控制，以安全管理为由在其中引入对老年人行动的限制措施。对部分老年人而言，合理范围内的限制措施是有必要的，但为了规模化运营管理，就单方面认为统一的工作流程和质量标准必然带来更高的服务品质和更好的风险管理，则是误解了风险管理与生活品质的联系。诸如为防止老年

人跌倒而在多个养老机构内实行统一的约束性防护措施,尽管短时间内能够有效减少事故发生,但实际上却是单方面侵犯老年人尊严,忽视其生活自主权,以至于造成其抵触情绪,进而产生更加复杂的风险问题。随着服务对象数量的增加,规模化发展的养老机构应更多地立足于老年人的个性化需求,了解其行动的动机和目的,以此构建更为恰当的风险管理策略。

养老机构必须在结合规模化运营中的实际情况,观察和解读老年人的行动意愿,通过提供必要的维护和支持,实现生活品质的整体提升。同时应秉承专业精神,基于老年人利益视角,正确分析风险管理与生活品质的关系,应当认识到二者不仅不会对立,反而相辅相成。将注重尊严和生活意愿的思路贯穿于工作流程和质量标准的制定,既确保专业满足老年人的安全需求,又促进其生活质量的稳步提升。

(四) 工作人员心理与情绪状态

在养老机构的规模化发展过程中,养老机构越发强调通过持续的培训将工作人员能力提升到理想水平,从而维护过程中的服务品质。但同时,工作人员的增加必然带来更为复杂的人际关系和更为多样的个体情况,并且从规模化平台的立场去理解个体的问题也远比单个机构的人员管理更为消耗精力。在平台上制定的风险管理策略措施,最终都需要现场工作人员来实施执行,其心理异常和情绪波动直接影响着相关策略措施的实际效果,以及正常流程下所体现出来的服务质量。若对此没有足够的重视和合理的管理,极有可能会增加服务互动产生的风险问题。诸如工作人员在当时负面情绪影响下可能会说出有损老年人尊严的言辞,从而在短期或长期引起老年人的反感与不信任,甚至会导致老年人采取逆反的互动态度,让原本合理、统一的工作流程出现风险问题。同时,对于此类风险,很容易归咎于培训不到位、老人当时情况特殊等错误的原因,为下一次的风险埋下持续的隐患。

面对此种情况,通过批评教育和加强培训来促使工作人员改正,其实是一种简化和不完整的方式,规模化运营的养老机构需要引入系统化的员工心理健康管理,定期对员工进行情绪和心理状况评估,必要时提供相应的心理支持服务。借助规模化效应,在整体中营造支持和开放的文化氛围,鼓励员工在面对心理压力或情绪困扰时寻求来自平台的帮助,并且借助平台对内外资源的整合,助力工作人员增强其心理韧性,为老年人提供更有品质、更为安全的生活环境。

二、养老机构规模化运营中的风险管理措施

养老机构的规模化发展不仅增加了服务风险的种类,也增加了其发生的可能性。尽管养老机构可能无法完全避免所有服务风险,但理解规模化发展与风险管理的关系,并从整体的视角借助规模化发展来应对和解决服务风险问题,对于提高养老机构的服务品质、维护机构的品牌形象、促进养老机构的良性成长而言至关重要。

(一) 养老机构规模化发展与风险管理的关系

养老机构的规模化发展为风险管理带来更高的要求。面对服务范围、团队规模扩大的客观情况,要杜绝不良事件或事故的发生风险往往是不切实际的。从运营管理的角度来看,可以将可能的服务风险分为两大类,即可预防的风险与难以完全预防风险。可预防的风险指那些可以通过深入分析过往风险案例、制定有针对性的预防措施、优化服务流程以及提高员工专业水平等运营管理手段来有效避免的风险,例如服务操作失误、人员协调不力、现场配置失衡、风险意识缺乏等所引起的服务风险。相对地,难以完全预防的风险则是那些无法通过机构运营管理的手段进行改善的客观因素所引起的服务风险,诸如当前照护人力缺乏、空间功能规划不佳、老年人的特殊健康状况、社会对养老机构的认知偏差等客观条件所带来

的服务风险。

从机构的规模化过程来看,其发展必须面对各项挑战,例如团队经验与磨合不足、设施设备的更换调整、生活空间的场景变化、服务范围增大与需求增加等情况,会导致原本已经可预防的风险问题演变为频发的事故或不良事件,成为机构规模化运营管理的一项重大难题。但随着规模化运营管理的不断完善,规模化优势能让养老机构从更多的案例分析、统计数据、工作记录、客户反馈等诸多集中化的信息统筹管理中逐步实现对这类风险的管理,有效降低其发生的可能性。不仅如此,规模化发展形成的培训体系、辅具设备和信息管理等更为充实和丰富的运营助力,能够有效减少原来个别机构的运营管理中难以完全预防的那部分风险,是养老机构从发展中解决风险问题的重要体现。

(二) 养老机构规模化运营中的风险管理措施

对于规模化运营管理的养老机构而言,应当从整体上、在更为全面的范围内树立强烈的风险防范意识,对单个机构内发生的风险问题保持足够的专注力和警觉性,及时识别并排除在各个机构中可能诱发相关问题的因素,在整体上将风险降至最低程度。

1. 平台层级设置的风险管理组织　平台层级的风险管理组织与机构内的风险管理小组类似,其主要职能是通过收集和分析各个机构内事故和不良事件乃至微小隐患的相关信息,从平台层级整体性把握运营风险,制定相应的对策,以及给出最终决定的运营管理组织。组织的成员应按照纵向职能层级,从各机构的工作人员中选出,以便可以从不同的立场和视角来分析发生的风险问题,并就应对措施提出各项意见。经过组织会议的讨论和决策形成应对措施后,在各机构内按各自职能统一执行风险管理中属于自身工作的内容,并定期将实施效果在平台的风险管理会议上进行汇报,以便整合多方信息进行必要的改良。此外,新兴数智技术在规模化运营的平台层级上更便于获得数据与资料支持,进而实现从整体到个案的风险管理分析与预警。

2. 统一的风险记录的规范　在养老机构规模化运营管理下,所属机构必须在联合会议中就个别机构内发生的风险问题进行共同探讨,对于部分未造成显著伤害但隐含安全风险的事件,同样需要将其视为重要的警示和必须学习的教训。对于风险问题相关信息的收集、整理、分类与分析,以及通过共享和培训使其转化为日常工作的实践,对强化和完善养老机构规模化运营中的风险管理具有重要影响。在记录过程中,要在平台层级上杜绝将风险记录与惩罚措施相挂钩的做法。平台和所属机构都要保持统一的思维,即真实、全面的信息收集远比追究错误源头要重要得多。平台应采取鼓励和支持的态度进行引导,并在适当情况下对于即时、客观报告风险的人给予奖励以增强其动机。通过这种方式,使工作人员能够清晰地明白自己客观描述的风险报告对于提升服务水平、降低机构整体风险的重要价值,创造出积极的风险报告氛围。

3. 系统化的专业培训与学习分享　在平台层级的风险管理组织建立和统一规范的风险报告资料形成后,应当将其融入养老规模化发展的过程,使案例与关键信息能在平台的促进下有效传达至每一个养老机构,并指导工作人员在实际工作中运用这些信息来完善服务风险防范措施。单个养老机构只能对自身发生的风险问题进行传达和指导,规模化运营具有对风险问题、培训安排、人员调动等整体协调的优势,能最大程度地组织系统化学习。在条件许可的情况下,平台应鼓励工作人员以平台代表的身份参与行业学习与经验分享,借助平台数据资料展示风险管理的实践过程,积极与科研机构合作形成公开的科学成果,在品牌建设中强化风险管理的专业形象。

4. 统一正式的沟通联络渠道　在规模化的养老机构管理中,建立统一的官方沟通渠道对扩大影响力和完善风险管理至关重要,其主要方式包括事后响应、意见采纳及家属参与三种。事后响应侧重于快速有效地向家属发出通知联络；意见采纳是主动吸纳有利于促进风险管理的家属意见；家属参与则是缩短机构与家属间的合作距离，提高了风险问题的信息传递效率。通过平台明确告知和引导家属参与老年人在机构中的生活，协助维护其身心健康，增进双方的平等对话，不仅反映了运营信息对接的正规性，也有利于与家属建立互信的合作关系。同时，规模化的平台可以在整合服务数据的前提下，面向家属有针对性地传达老年人的风险管理信息，在可能存在风险的服务内容上鼓励家属参与决策，形成从建议提供到管理参与的渐进式合作模式。此外，统一平台有助于加强与地方行政及业内的沟通联系，有利于风险问题的外部资源整合和区域服务整合，减少不良反馈，并提升区域内的风险管理能力，这对整个行业的稳定性和长期发展都具有显著意义。

● （吴柏良）

复习思考题

1. 养老机构规模化运营管理有哪些主要内容？
2. 如何构建综合性的养老机构规模化运营管理战略？
3. 规模化运营管理的养老机构应该如何实现良好的品质管理？
4. 站在规模化运营的角度，可以采取哪些措施进行服务风险的管理？

附录一 《〈养老机构等级划分与评定〉国家标准实施指南（2023 版）》"行政办公管理"指标构成及评分标准

序号	评定项目	分项总分	次分项总分	三级项分值	四级项分值	得分	操作说明
3	运营管理	150					
3.1	行政办公管理		10				
3.1.1	组织规划			2			
3.1.1.1	明确组织机构图及部门划分。				1		查看机构图
3.1.1.2	制定全面、清晰的年度、月度工作计划、年终总结。				1		查看工作计划、年终总结
3.1.2	行政办公制度			6			
3.1.2.1	建立会议制度(周例会、月度会、年度会等)，并做好会议记录。注:记录不全,扣 0.5 分。				1		查看制度、记录
3.1.2.2	建立行政办公审批流程,并做好执行记录。				0.5		查看流程、最近一年的执行记录
3.1.2.3	建立行政档案管理制度,并做好执行记录。				1		查看制度、最近一年的执行记录
3.1.2.4	建立印章管理制度,并做好执行记录。				0.5		查看制度、最近一年的执行记录
3.1.2.5	建立合同管理制度,并做好执行记录。				1		查看制度、最近一年的执行记录
3.1.2.6	在接待空间的显著位置公布服务管理信息,包括服务管理部门、人员资质、相关证照、服务项目、收费标准等。				1		现场查看
3.1.2.7	行政信息公开制度符合以下条件: (1)制定机构宣传片,运营微信公众号、机构网站等; (2)通过小黑板、公告栏或电子显示屏发布信息。 注:每符合 1 项得 0.5 分,满分 1 分。				1		查看制度、现场查看

续表

序号	评定项目	分项总分	次分项总分	三级项分值	四级项分值	得分	操作说明
3.1.3	信息管理平台			2			
3.1.3.1	设有信息管理平台,包含以下内容: (1)行政办公管理系统; (2)人力资源管理系统; (3)服务管理系统; (4)财务管理系统; (5)安全管理系统; (6)后勤管理系统; (7)评价与改进系统。 注:符合 4~6 项得 1 分,符合 7 项得 2 分。				2		查看平台功能

附录二　典型国家的养老机构
服务质量评价指标体系

国家	时间	指标体系	
		一级指标	二级指标
美国	2008 年 （1991 年第一版）	人际沟通	人文关怀、熟悉程度、相处情况
		个人卫生	老人着装及仪容
		保健服务	注册护士可及性、助食、助行、助医
		机构环境	内部设施、户外环境
		居住氛围	物品布置、会客场所、隐私空间
日本	2015 年 （2004 年第一版）	管理制度	财务、信息、老年人权益保护、人力资源管理
		经营方针	顶层设计、市场营销、安全管理
		建筑设施	无障碍设计、紧急呼叫设施、活动空间、隐私保护
		生活服务	咨询、财务托管、便民服务、服务转介
		饮食相关	助餐服务、丰富程度、适宜程度、饮食管理、口腔护理
		护理管理	护理评估、护理方案制定与实施、员工技术、服务评价
		照护服务	生活照料、健康管理、医疗管理、辅具使用、功能训练
荷兰	2007 年 （2006 年第一版）	照护计划	照护计划制定、客户（含家属）参与
		沟通交流	服务满意度、信息对称性、员工可及性
		身体健康	身体照料、饮食保障
		照护安全	压疮、营养、跌倒、用药、失禁、辅具、尊重老年人意愿
		生活环境	生活舒适度、空气、隐私保护
		社会参与	社会参与、自我管理
		心理健康	心理支持、预防抑郁
		居住安全	环境安全、员工可信度
		充足员工	员工可及性、员工资质
澳大利亚	2014 年 （1997 年第一版）	组织管理	持续改进、法规遵从、人力资源、经营、信息、对外服务
		健康护理	临床护理、特殊护理、用药、临终关怀、营养、疼痛、排便、睡眠、康复服务、皮肤护理、口腔护理
		生活服务	情感支持、文化娱乐服务、生活服务、权益保护
		环境安全	居住环境、安全管理

附录三 国内养老机构服务质量评价指标体系

地区	时间	指标体系	
		一级指标	二级指标
北京市	2014 年 (2004 年第一版)	硬件设施	规模与环境、服务空间、安保系统
		服务人员	人员配备、资质、培训、使用
		服务内容	服务项目总数
		服务绩效	入住率、运营状况、辐射作用、荣誉级别
湖北省	2011 年	规模	床位数、每床平均建筑面积
		环境	建筑、绿化、空气和噪声
		设施设备	居室面积及内部设施、食堂及卫生、医疗康复用房、公共区域
		管理	规范建设、规范执行、质量控制
		服务内容	生活护理、膳食、文娱、医疗康复服务、志愿者服务
		运营情况	入住率、机构效益、示范作用
青岛市	2016 年 (2012 年第一版)	规模	床位数、每床平均建筑面积
		环境	建筑、绿化
		安全	周边环境、标识、消防、安全防护、安全培训
		设施设备	居室面积及内部设施、食堂及卫生、医疗康复用房、公共用房
		管理	规范建设、规范执行、质量控制
		服务内容	生活护理、膳食、文体娱乐、医疗康复
		运营情况	入住率、运营情况
福建省	2014 年	规模	床位数、每床平均建筑面积
		环境	建筑、绿化,空气和噪声
		设施设备	居室面积及内部设施、食堂及卫生、医疗康复用房、公共区域
		管理	规范建设、规范执行、质量控制
		服务内容	生活护理、膳食、文娱、医疗康复

续表

地区	时间	指标体系	
		一级指标	二级指标
天津市	2015 年	床位规模	床位数、床位利用率
		环境建筑	基地与规划、建筑与无障碍设计、各类房间设计、安全与防护
		服务内容	生活照料、医疗保健、精神慰藉、安全保护、文娱、安宁服务
		管理制度	执业资质、行政、人力资源、财务、安全、信息、物业管理
		服务水平	满意度、发展战略与创新策略、法律支持与风险控制
香港地区	2014 年（2008 年第一版）	机构管理	经营、安全、人力资源、财务、权益保护
		环境	内部设施、卫生、合作交流、环境安全
		服务内容	健康评估、临床护理、用药、皮肤护理、跌倒、排便、助餐、营养、疼病、心理支持、临终关怀、文娱
		资料管理	信息管理、沟通
台湾地区	2017 年（2001 年第一版）	组织管理	经营、信息、财务、安全、人力资源管理、权利保护
		照护服务	社工、医疗、康复、紧急送医、健康管理、生活照顾、辅具服务、膳食服务
		设施安全	面积及内部设施、光线、空气、照明、交通设备、卫生情况、活动空间、紧急呼叫设施、无障碍设计、安全维护
		权益保障	安全保险、销售相关、宗教信仰、物品布置、遗产处理、临终关怀、服务评价
		改进创新	整改及创新

◇◇◇ 主要参考文献 ◇◇◇

［1］ 于玲玲，段东山，刘秀.管理学[M].北京：北京理工大学出版社，2022.

［2］ 杨爱华，梁朝辉，吴小林.企业管理概论[M].成都：电子科技大学出版社，2019.

［3］ 贾素平.养老机构管理与运营实务[M].天津：南开大学出版社，2014.

［4］ 杨根来，刘开海.养老机构经营与管理[M].北京：机械工业出版社，2023.

［5］ 汪生夫.养老机构服务与管理实务[M].南京：东南大学出版社，2017.

［6］ 初晓艺.养老机构运营管理[M].北京：人民卫生出版社，2023.

［7］ 徐启华.新时代养老机构院长管理指南[M].北京：中国社会出版社，2021.

［8］ 李蕾，全超，江朝虎.企业管理与人力资源建设发展[M].长春：吉林人民出版社，2021.

［9］ 董克用.人力资源管理[M].北京：高等教育出版社，2023.

［10］ 孙宗虎.人力资源管理职位工作手册[M].北京：人民邮电出版社，2022.

［11］ 马风才，谷炜.质量管理[M].3版.北京：机械工业出版社，2017.

［12］ 杨冬根，雷达.质量管理[M].西安：西安交通大学出版社，2018.

［13］ 李冬梅，许虹，（日）东海林万结美.医养结合养老服务机构运营管理实务[M].北京：机械工业出版社，2019.

［14］ 周素娟，李海燕.养老机构运营与管理[M].北京：北京理工大学出版社，2021.

［15］ 李健，石晓燕.养老机构经营与管理[M].2版.南京：南京大学出版社，2020.

［16］ 黄茜，张迎春.养老服务机构护理管理指南[M].北京：中国劳动社会保障出版社，2018.

［17］ 沙勇，周建芳，白玫.养老服务管理[M].北京：社会科学文献出版社，2019.

［18］ 奚伟东，邵文娟.养老机构管理与服务[M].北京：清华大学出版社，2021.

［19］ 谢培豪.养老机构服务与管理[M].北京：科学出版社，2021.

［20］ 胡欣悦.服务运营管理[M].北京：人民邮电出版社，2016.

［21］ 刘挺军.养老服务机构管理者培训[M].北京：中国协和医科大学出版社，2020.

［22］ 王伟.企业风险管理研究[M].北京：中国原子能出版社，2022.

［23］ 莫春雷.风险管理体系建设[M].北京：经济管理出版社，2019.

［24］ 谢晓霞.民间非营利组织财务管理[M].成都：西南财经大学出版社，2019.

［25］ 王化成，佟岩.财务管理[M].北京：中国人民大学出版社，2022.

［26］ 程薇，赵晓雯.卫生财务管理[M].北京：人民卫生出版社，2023.

［27］ 葛海军.企业办公管理与表格范例[M].北京：清华大学出版社，2021.

［28］ 李建军.医院后勤管理理论与实务[M].北京：经济管理出版社，2019.

［29］ 陈太盛，方忠，薛见寒.物业管理实务[M].北京：经济科学出版社，2021.

［30］ 迟云平.服务外包概论[M].广州：华南理工大学出版社，2018.

［31］ 刘金同，夏学明，刘晓晨.公共关系实务[M].2版.北京：清华大学出版社，2018.

［32］ 周安华，林升栋.公共关系理论、实务与技巧[M].8版.北京：中国人民大学出版社，2022.

［33］ 左美云.智慧养老：服务与运营[M].北京：清华大学出版社，2022.

［34］ 黄勇.智慧养老[M].北京：中国社会出版社，2022.

［35］ 韦艳，尚保卫.智慧健康养老产业高质量发展的现状与路径[M].北京：中国经济出版社，2023.

复习思考题
答案要点

模拟试卷